Encyclopedia of Artificial Intelligence

人工知能
AI事典

中島秀之
浅田　稔
橋田浩一
松原　仁
山川　宏
栗原　聡
松尾　豊
　編

[第 **3** 版]

近代科学社

◆ 読者の皆さまへ ◆

平素より，小社の出版物をご愛読くださいまして，まことに有り難うございます．

㈱近代科学社は 1959 年の創立以来，微力ながら出版の立場から科学・工学の発展に寄与すべく尽力してきております．それも，ひとえに皆さまの温かいご支援があってのものと存じ，ここに衷心より御礼申し上げます．

なお，小社では，全出版物に対して HCD（人間中心設計）のコンセプトに基づき，そのユーザビリティを追求しております．本書を通じまして何かお気づきの事柄がございましたら，ぜひ以下の「お問合せ先」までご一報くださいますよう，お願いいたします．

お問合せ先：reader@kindaikagaku.co.jp

なお，本書の制作には，以下が各プロセスに関与いたしました：

- 企画：小山　透，冨髙琢磨
- 編集：冨髙琢磨，小山　透
- 組版：藤原印刷（LaTeX）
- 印刷：藤原印刷
- 製本：藤原印刷
- 資材管理：藤原印刷
- カバー・扉掲載写真：音羽電機株式会社（提供）
　　　　　　　　　　　篠崎智宏（撮影）
- カバー・表紙デザイン：安原悦子
- 広報宣伝・営業：山口幸治，東條風太

- 本書に掲載されている会社名・製品等は，一般に各社の登録商標です．本文中の©，®，™ 等の表示は省略しています．

- 本書の複製権・翻訳権・譲渡権は株式会社近代科学社が保有します．
- JCOPY 〈(社)出版者著作権管理機構 委託出版物〉
　本書の無断複写は著作権法上での例外を除き禁じられています．
　複写される場合は，そのつど事前に(社)出版者著作権管理機構
　（https://www.jcopy.or.jp，e-mail: info@jcopy.or.jp）の許諾を得てください．

まえがき

　AI (Artificial Intelligence) という研究分野が確立したのは 1956 年，コンピュータが一般に出回って間もないころのことである．コンピュータは人類が手に入れた最初かつ唯一の記号処理機械だ．チューリング，マッカーシー，サイモンらの AI 第 1 世代が，記号処理こそが知能の本質であり，コンピュータがあれば人間の知的作業はすぐにプログラム化できると期待に胸を膨らませていたころである．機械翻訳やチェスチャンピオンに勝つプログラムの実現は数年後だと考えられていた．これが AI 最初の夏．

　しかしながら，人間の持つ膨大な知識を扱えないことがわかってきた．ある行為に関連する知識（前提条件や結果）を書き切ることはできないという「フレーム問題」が発見された（発覚した？）のもこのころである．その後コンピュータの速度が向上（ムーアの法則によるとおよそ 2 年で 2 倍の速度になる）し，フレーム問題は解決されないながらも，大量の知識の記述と処理が可能となった．日本でいうと 1983 年に立ち上がった「第五世代コンピュータ」がきっかけとなった．AI の 2 度目の夏である．

　我々が AI 事典の初版を編集したのが 1988 年，2 度目の夏の盛りである．これは今はなき UPU から出版された．編集委員は土屋 俊，中川 裕志，松原 仁，中島 秀之，橋田 浩一であるが，筆頭の土屋が哲学者であるというのもこの事典の性格を物語っている．当時日本では人工知能学会のほかに日本認知科学会が立ち上がっており，AI 研究者が哲学，心理学，言語学の分野の研究者と交る素地ができていた．それが事典の項目制定にも反映している．また第 1 版で特筆すべきは SF の領域までカバーしたことである．

　世間的にはその後 AI の 2 度目の冬がやってきたが，我々の研究活動は持続しており，AI 事典の第 2 版が 15 年後の 2003 年に共立出版（株）から発行された．編集委員には第 1 版の委員以外に，大澤 幸生，高間 康史の若手 2 人に加わってもらい，項目の見直しのほか，全面的な刷新を行った．

　その後，深層学習の実用化によって AI の 3 度目の夏がもたらされた．AI 研究の成果が初めて実用化されたと言ってもよい．また冬がやって来るのではないかと心配する向きもあろうが，私はもう冬の時代はやってこないと思っている．一旦実用レベルに達すれば，それらは使い続けられるだろうし，企業が撤退してしまうことも少ないだろう．余談であるが，冬の時代における企業の逃げ腰の速さは日本独特のものであろう．企業の AI 研究所が次々と閉鎖され，これでは日本から夏を作り出すのは無理であるどころか，現在の夏に対して決定的な AI 人材不足を呈している．

　そんなこんなで 3 度目の AI の真夏に，AI 事典第 3 版が発行されることになった．この第 3 版は，第 2 版の出版を共立出版（株）で取り仕切った小山 透氏が移った先の（株）近代科学社から出版するという企画をたて，第 2 版のさらに 15 年後の 2018 年の出版を目指して作業が進められた．しかしながら，AI の 3 度目の，しかも真夏ということもあって AI 関連の出版が世に溢れ，項目の著者たちもそちらに追われる人が多く（私自身も著書 2 冊のほかに AI

白書の編集に忙殺された），1 年遅れの発行となってしまった．初版のちょうど 30 年後という区切りの年は逃してしまったが，そのお陰で迫力のある表紙写真が入手できた．文字通り天の恵みである．この写真は「雷の専門メーカー」である音羽電機工業が毎年開催している雷写真コンテストの 2018 年度優勝作品である．私と音羽電機の吉田 修社長は共に NPO 法人産学連携推進機構（妹尾 堅一郎理事長）の理事（早川書房の早川 浩社長も理事として加わっている）を務めているという関係で写真を使わせていただいた．

　この雷の表紙は 2 通りの解釈ができる．暗い方の解釈では，ターミネーターのように AI が人類を滅ぼしてしまうというイメージ．何年か前の人工知能学会誌の表紙（2014 年 1 月 1 日号）のような炎上を心配する意見もあった．明るい方の解釈では，新しい技術が稲妻のように人類の未来を照らし出すというもの．後者に解釈されることを祈っている．

　AI 事典の 3 つの版は単なる改訂版ではなく，各々がその時代を反映した内容になっている．できれば 3 冊揃えて見比べていただければ AI の研究動向の推移も見えて面白いと思う．ただ残念なことに初版は絶版となっており当時の出版社である UPU も解散してしまっている．そこで初版は pdf 化してオンライン公開する予定である．

中島 秀之

『AI 事典』
株式会社ユー・ピー・ユー
1988 年 12 月 20 日発行

『AI 事典 第 2 版』
共立出版株式会社
2003 年 3 月 20 日発行

目　次

第1章 イベント・人物
編集担当　中島　秀之

1.1　AIUEO/斉藤 康己 ……………………… 2
1.2　第五世代コンピュータ/上田 和紀 ……… 4
1.3　IJCAI/伊藤 孝行 ……………………… 6
1.4　自律エージェントとマルチエージェント
　　システム国際財団 (IFAAMAS)/横尾 真 … 8
1.5　PRICAI/中島 秀之 ……………………… 10
1.6　ロボカップ/松原 仁 …………………… 12
1.7　大大特（大都市大震災軽減化特別プロジェ
　　クト）/田所 諭 ………………………… 15
1.8　Google/松尾 豊 ……………………… 19
1.9　アルファ碁/斉藤 康己 ………………… 22
1.10　あから2010/松原 仁 ………………… 24
1.11　PRIMA について/伊藤 孝行 ………… 26
1.12　人工知能学会設立までの経過/大須賀 節雄 29
1.13　日本認知科学会の誕生と認知情報学の進
　　展/溝口 文雄 …………………………… 31
1.14　安西祐一郎/開　一夫 ………………… 33
1.15　Russell/中島 秀之 …………………… 35
1.16　池上 高志/佐倉 統 …………………… 36
1.17　辻井 潤一/宮尾 祐介 ………………… 38
1.18　白井良明/松原 仁 …………………… 41
1.19　レイモンド・カーツワイル/徳田 英幸 … 43
1.20　渕　一博/中島 秀之 …………………… 45
1.21　木村　敏/中島 秀之 …………………… 46

第2章 汎用人工知能
編集担当　山川　宏

2.1　汎用人工知能とは/山川 宏 …………… 50
2.2　汎用知能の評価/市瀬 龍太郎 ………… 53
2.3　自律性/栗原 聡 ………………………… 55
2.4　常識/ジェプカ・ラファウ ……………… 57
2.5　アルゴリズム情報理論とAI/宮部 賢志 … 59
2.6　圏論と AI/日高 昇平 …………………… 61
2.7　AI と理解/呉羽 真 …………………… 63
2.8　第五の科学　自動化/高橋 恒一 ……… 65
2.9　AGI と経済/井上 智洋 ………………… 67
2.10　認知アーキテクチャ/寺尾 敦 ………… 70
2.11　Universal AI/小林 亮太 ……………… 72
2.12　NARS/船越 孝太郎 …………………… 74
2.13　LIDA/大森 隆司 ……………………… 76

第3章 機械学習
編集担当　松尾　豊

3.1　機械学習の動向と深層学習の位置づけ
　　/神嶌 敏弘 ……………………………… 80
3.2　ニューラルネットワーク/麻生 英樹 …… 82
3.3　深層学習・表現学習/麻生 英樹 ……… 84
3.4　深層強化学習/前田 新一 ……………… 86
3.5　深層生成モデル/佐藤 一誠 …………… 88
3.6　深層学習によるインタラクション・記号
　　の創発/尾形 哲也 ……………………… 91
3.7　シンボルグラウンディング/中山 英樹 … 93
3.8　機械学習の観点から見た言語・社会
　　/谷口 忠大 ……………………………… 95
3.9　進化と学習/池上 高志 ………………… 99
3.10　人工知能における深層学習の意義
　　/松尾 豊 ……………………………… 101

第4章 AIにおける論争
編集担当　橋田　浩一

4.1　システム理論/三宅 陽一郎 ………… 104
4.2　東洋哲学と人工知能/三宅 陽一郎 … 106
4.3　人工知能の意識/三宅 陽一郎 ……… 107
4.4　中国語の部屋/中島 秀之 …………… 109
4.5　シンギュラリティとヒューマンオーグメン
　　テーション/三宅 陽一郎 …………… 111
4.6　記号と意味/橋田 浩一 ……………… 112
4.7　記号主義とコネクショニズム/三宅 陽一郎 115
4.8　現象学と人工知能/三宅 陽一郎 …… 117
4.9　部分性と複雑性/橋田 浩一 ………… 119
4.10　生活のための（職業）労働の終焉
　　/井上 智洋 …………………………… 122
4.11　倫理と正義, ゲームとロボット工学三原
　　則/三宅 陽一郎 ……………………… 124
4.12　フレーム問題/松原 仁 ……………… 126
4.13　軍事利用/中川 裕志 ………………… 129
4.14　人工知能学会表紙問題と倫理委員会
　　/松尾 豊 ……………………………… 132

第5章 シンギュラリティ

編集担当 松尾 豊

5.1	エクスポネンシャルな世界/齋藤 和紀	136
5.2	マインドアップロード/金井 良太	138
5.3	AI による科学的発見/丸山 宏	140
5.4	人工知能脅威論/中川 裕志	143
5.5	量子論と知能/ドミニク・チェン	146

第6章 環境知能

編集担当 栗原 聡

6.1	センサネットワーク/戸辺 義人	150
6.2	ユビキタスコンピューティング/高汐 一紀	152
6.3	渋滞/西成 活裕	154
6.4	ITS/栗原 聡	156
6.5	アフォーダンス/岡田 美智男	159
6.6	インタラクション/大澤 博隆	161
6.7	AR, VR/廣瀬 通孝	164
6.8	AI 農業/神成 淳司	166
6.9	バイタルセンシング/川原 靖弘	168
6.10	エッジコンピューティングと人工知能 /庄野 逸	172
6.11	ソーシャルセンシング/鳥海 不二夫	174

第7章 ヴィジョン

編集担当 浅田 稔

7.1	生物の感覚システム/浅田 稔	178
7.2	視覚/浅田 稔	180
7.3	聴覚/中臺 一博	182
7.4	触覚/浅田 稔	185
7.5	人工感覚システム/鈴木 健嗣	188
7.6	深層学習の起源/福島 邦彦	190
7.7	物体認識/岡谷 貴之	192
7.8	音声認識/河原 達也	194
7.9	多種感覚による "能動的" 認識/尾形 哲也	196
7.10	言語と画像や音声の相互変換/牛久 祥孝	198
7.11	動画像予測/原田 達也	200
7.12	メタ認知/諏訪 正樹	202

第8章 ロボット

編集担当 浅田 稔

8.1	ロボティクス/浅田 稔	206
8.2	ソフトロボティクス/細田 耕	208
8.3	マルチロボットシステム/内部 英治	210
8.4	認知発達ロボティクス/浅田 稔	212
8.5	身体表象/國吉 康夫	214
8.6	行動学習/尾形 哲也	216
8.7	身体性認知/浅田 稔	219
8.8	予測符号化に基づくロボットの認知発達 /長井 志江	222
8.9	人工情動/浅田 稔	225
8.10	人工共感/浅田 稔	228
8.11	人工意識/金井 良太	230
8.12	分子ロボット/小長谷 明彦	232

第9章 創作する知能

編集担当 栗原 聡

9.1	進化計算/佐藤 寛之	236
9.2	複雑系（カオス，相転移，分岐 etc) /津田 一郎	238
9.3	群知能（粒子群最適化，蟻コロニー最適化）/小野 智司	242
9.4	集合知/笹原 和俊	245
9.5	マルチエージェント協調/栗原 聡	247
9.6	知能の進化/有田 隆也	249
9.7	仕掛け/松村 真宏	251
9.8	言語発生・進化/東条 敏	253
9.9	共創システム/三宅 美博	255
9.10	Web マイニング・情報発見/土方 嘉徳	257
9.11	複雑ネットワーク/白山 晋	259
9.12	人工生命/池上 高志	261
9.13	俳句/川村 秀憲	263

第10章 ゲーム

編集担当 松原 仁

10.1	AI のスタートとチェス/松原 仁	266
10.2	将棋/松原 仁	270
10.3	囲碁/松原 仁	275
10.4	その他のゲーム/松原 仁	278

第11章 社会デザイン

中島 秀之

11.1	人流・避難シミュレーション /野田 五十樹	282
11.2	社会シミュレーション/寺野 隆雄	284
11.3	経済シミュレーション/和泉 潔	286
11.4	社会の仕組みのデザイン：エージェント による大規模合意形成支援を目指して /伊藤 孝行	289
11.5	交通システム/平田 圭二	291
11.6	自動運転/武田 一哉	293
11.7	検索連動型広告/横尾 真	295
11.8	防犯システム/梶田 真実	297
11.9	スマートシティ/田柳 恵美子	299
11.10	不便益/川上 浩司	302
11.11	データ市場/大澤 幸生	304
11.12	パーソナルデータ/橋田 浩一	306
11.13	AI の標準化/丸山 宏	309

第12章 コミュニケーション

編集担当　橋田 浩一

12.1	統語論と意味論/田窪 行則	314
12.2	生成文法/大津 由紀雄	316
12.3	制約に基づく文法/郡司 隆男	318
12.4	形式意味論/今仁 生美	320
12.5	言語理解/松本裕治	323
12.6	談話と対話/片桐恭弘	326
12.7	ニューラル NLP/松本 裕治	328
12.8	スマートスピーカー/長尾 確	331

第13章 脳

編集担当　山川 宏

13.1	脳内の意味表現/西本 伸志	336
13.2	脳に残された知能/酒井 裕	338
13.3	認知神経科学/杉浦 元亮	342
13.4	ニューロインフォマティクス/山口 陽子	344
13.5	深層学習と視覚/庄野 逸	347
13.6	聴覚野モデル/寺島 裕貴	350
13.7	海馬モデル/佐藤 直行	353
13.8	小脳モデル/山浦 洋, 山﨑 匡	355
13.9	全脳アーキテクチャ/山川 宏	357
13.10	二光子イメージング/松崎 正紀	360
13.11	脳機能計測技術（fMRI）/中谷 裕教	362
13.12	マインドフルネス/廣安 知之・日和 悟	365

編集委員紹介

中島秀之（なかしま・ひでゆき）
最終学歴：東京大学大学院工学系研究科情報工学
　　　　　専門課程博士課程修了
現　　職：札幌市立大学学長，工学博士
主要著書：『Prolog』（産業図書，1983）
　　　　：『知能の物語』（公立はこだて未来大学
　　　　　出版会，2015）
　　　　：『人工知能とは』（共著，近代科学社，
　　　　　2016）
担 当 章：全体統括，1．イベント・人物，11．社
　　　　　会デザイン

浅田　稔（あさだ・みのる）
最終学歴：大阪大学大学院基礎工学系研究科博士
　　　　　後期課程修了
現　　職：大阪大学先導的学際研究機構附属共生
　　　　　知能システムセンター特任教授・日本
　　　　　ロボット学会会長，博士（工学）
主要著書：『ロボットの行動学習・発達・進化—
　　　　　RoboCup soccer』（編著，共立出版，
　　　　　2002）
　　　　：『ロボット未来世紀』（日本放送出版協
　　　　　会，2008）
　　　　：『人工知能とは』（共著，近代科学社，
　　　　　2016）
担 当 章：7．ヴィジョン，8．ロボット

橋田浩一（はしだ・こういち）
最終学歴：東京大学大学院工学系研究科情報専攻
　　　　　博士課程修了
現　　職：東京大学大学院情報理工学研究科教授，
　　　　　理学博士
主要著書：『岩波講座　認知科学』（編著，岩波書
　　　　　店，1994-1995）
　　　　：『岩波講座　言語の科学』（編著，岩波
　　　　　書店，1997-1999）
担 当 章：4．AIにおける論争，12．コミュニケー
　　　　　ション

松原　仁（まつばら・ひとし）
最終学歴：東京大学大学院工学系研究科情報工学
　　　　　専攻博士課程修了
現　　職：公立はこだて未来大学教授・同大学副
　　　　　理事長，工学博士

主要著書：『将棋とコンピュータ』（共立出版，1994）
　　　　：『鉄腕アトムは実現できるか』（河出書
　　　　　房新社，1993）
　　　　：『人工知能とは』（共著，近代科学社，
　　　　　2016）
担 当 章：10．ゲーム

山川　宏（やまかわ・ひろし）
最終学歴：東京大学大学院工学系研究科電子博士
　　　　　課程修了
現　　職：NPO法人全脳アーキテクチャ・イニ
　　　　　シアティブ，工学博士
主要著書：『パターン認識と機械学習　下』（共訳，
　　　　　丸善出版，2012）
　　　　：『人工知能とは』（共著，近代科学社，
　　　　　2016）
　　　　：『AI時代の憲法論—人工知能に人権は
　　　　　あるか』（共著，毎日新聞出版，2018）
担 当 章：2．汎用人工知能，13．脳

栗原　聡（くりはら・さとし）
最終学歴：慶應義塾大学大学院理工学系研究科計
　　　　　算機科学専攻修士課程修了
現　　職：慶應義塾大学教授，博士（工学）
主要著書：『スモールワールド』（共訳，東京電機
　　　　　大学出版局，2015）
　　　　：『AIと人類は共存できるのか？』（早
　　　　　川書房，2016）
　　　　：『人工知能とは』（共著，近代科学社，
　　　　　2016）
担 当 章：6．環境知能，9．創作する知能

松尾　豊（まつお・ゆたか）
最終学歴：東京大学大学院工学系研究科電子情報
　　　　　工学博士課程修了
現　　職：東京大学教授，博士（工学）
主要著書：『人工知能は人間を超えるか—ディ
　　　　　ープラーニングの先にあるもの』
　　　　　（KADOKAWA/中経出版，2015）
　　　　：『人工知能とは』（編著，近代科学社，
　　　　　2016）
　　　　：『超AI入門—ディープラーニングは
　　　　　どこまで進化するのか』（NHK出版，
　　　　　2019）
担 当 章：3．機械学習，5．シンギュラリティ

執 筆 者 一 覧

浅田　稔（あさだみのる）大阪大学

麻生　英樹（あそうひでき）産業技術総合研究所

有田　隆也（ありたたかや）名古屋大学

池上　高志（いけがみたかし）東京大学

和泉　潔（いずみきよし）東京大学

市瀬　龍太郎（いちせりゅうたろう）国立情報学研究所

伊藤　孝行（いとうたかゆき）名古屋工業大学

井上　智洋（いのうえともひろ）駒沢大学

今仁　生美（いまにいくみ）名古屋学院大学

上田　和紀（うえだかずのり）早稲田大学

牛久　祥孝（うしくよしたか）東京大学

内部　英治（うちべえいじ）
（株）国際電気通信基礎技術研究所

大澤　博隆（おおさわひろたか）筑波大学

大澤　幸生（おおさわゆきお）東京大学

大須賀　節雄（おおすがせつお）東京大学名誉教授

大津　由紀雄（おおつゆきお）明海大学

大森　隆司（おおもりたかし）玉川大学

尾形　哲也（おがたてつや）早稲田大学

岡谷　貴之（おかたにたかゆき）東北大学

岡田　美智男（おかだみちお）豊橋技術科学大学

小野　智司（おのさとし）鹿児島大学

梶田　真実（かじたまみ）
（株）Singular Perturbations

片桐　恭弘（かたぎりやすひろ）公立はこだて未来大学

金井　良太（かないりょうた）（株）アラヤ

神嶌　敏弘（かみしまとしひろ）産業技術総合研究所

川上　浩司（かわかみひろし）京都大学

河原　達也（かわはらたつや）京都大学

川原　靖弘（かわはらやすひろ）放送大学

川村　秀憲（かわむらひでのり）北海道大学

國吉　康夫（くによしやすお）東京大学

栗原　聡（くりはらさとし）慶應義塾大学

呉羽　真（くれはまこと）大阪大学

郡司　隆男（ぐんじたかお）神戸松蔭女子学院大学

小長谷　明彦（こながやあきひこ）東京工業大学

小林　亮太（こばやしりょうた）国立情報学研究所

齋藤　和紀（さいとうかずのり）
エクスポネンシャル・ジャパン（株）

斉藤　康己（さいとうやすき）京都大学

酒井　裕（さかいゆたか）玉川大学

佐倉　統（さくらおさむ）東京大学

笹原　和俊（ささはらかずとし）名古屋大学

佐藤　一誠（さとういっせい）東京大学

佐藤　直行（さとうなおゆき）公立はこだて未来大学

佐藤　寛之（さとうひろゆき）電気通信大学

ジェプカ・ラファウ（ジェプカ・ラファウ）
北海道大学

庄野　逸（しょうのはやる）電気通信大学

白山　晋（しらやますすむ）東京大学

神成　淳司（しんじょうあつし）慶應義塾大学

杉浦　元亮（すぎうらもとあき）東北大学

鈴木　健嗣（すずきけんじ）筑波大学

諏訪　正樹（すわまさき）慶應義塾大学

高汐　一紀（たかしおかずのり）慶應義塾大学

高橋　恒一（たかはしこういち）理化学研究所

田窪　行則（たくぼゆきのり）国立国語研究所

武田　一哉（たけだかずや）名古屋大学

田所　諭 （たどころさとし）東北大学

谷口　忠大 （たにぐちただひろ）立命館大学

田柳　恵美子 （たやなぎえみこ）公立はこだて未来大学

津田　一郎 （つだいちろう）中部大学

寺尾　敦 （てらおあつし）青山学院大学

寺島　裕貴 （てらしまひろき）
　　　　　　NTT コミュニケーション科学基礎研究所

寺野　隆雄 （てらのたかお）千葉商科大学

東条　敏 （とうじょうさとし）
　　　　　　北陸先端科学技術大学院大学

徳田　英幸 （とくだひでゆき）情報通信研究機構

戸辺　義人 （とべよしと）青山学院大学

ドミニク・チェン （ドミニク・チェン）早稲田大学

鳥海　不二夫 （とりうみふじお）東京大学

長井　志江 （ながいゆきえ）東京大学

長尾　確 （ながおかたし）名古屋大学

中川　裕志 （なかがわひろし）理化学研究所

中島　秀之 （なかしまひでゆき）札幌市立大学

中臺　一博 （なかだいかずひろ）
　　　　　　（株）ホンダ・リサーチ・インスティチュート・ジャパン

中谷　裕教 （なかたにひろのり）東京大学

中山　英樹 （なかやまひでき）東京大学

西成　活裕 （にしなりかつひろ）東京大学

西本　伸志 （にしもとしんじ）情報通信研究機構

野田　五十樹 （のだいつき）産業技術総合研究所

橋田　浩一 （はしだこういち）東京大学

原田　達也 （はらだたつや）東京大学

土方　嘉徳 （ひじかたよしのり）関西学院大学

日髙　昇平 （ひだかしょうへい）
　　　　　　北陸先端科学技術大学院大学

開　一夫 （ひらきかずお）東京大学

平田　圭二 （ひらたけいじ）公立はこだて未来大学

廣瀬　通孝 （ひろせみちたか）東京大学

廣安　知之 （ひろやすともゆき）同志社大学

日和　悟 （ひわさとる）同志社大学

福島　邦彦 （ふくしまくにひこ）
　　　　　　（一社）ファジィシステム研究所

船越　孝太郎 （ふなこしこうたろう）
　　　　　　（株）ホンダ・リサーチ・インスティチュート・ジャパン

細田　耕 （ほそだこう）大阪大学

前田　新一 （まえだしんいち）
　　　　　　株式会社 Preferred Networks

松尾　豊 （まつおゆたか）東京大学

松崎　政紀 （まつざきまさのり）東京大学

松原　仁 （まつばらひとし）公立はこだて未来大学

松村　真宏 （まつむらなおひろ）大阪大学

松本　裕治 （まつもとゆうじ）奈良先端科学技術大学院
　　　　　　大学

丸山　宏 （まるやまひろし）（株）Preferred Networks

溝口　文雄 （みぞぐちふみお）東京理科大学名誉教授

宮尾　祐介 （みやおゆうすけ）東京大学

三宅　陽一郎 （みやけよういちろう）
　　　　　　（株）スクウェア・エニックス

三宅　美博 （みやけよしひろ）東京工業大学

宮部　賢志 （みやべけんし）明治大学

山浦　洋 （やまうらひろし）電気通信大学

山川　宏 （やまかわひろし）
　　　　　　NPO 法人全脳アーキテクチャ・イニシアティブ

山口　陽子 （やまぐちようこ）理化学研究所

山﨑　匡 （やまざきただし）電気通信大学

横尾　真 （よこおまこと）九州大学

第1章
イベント・人物

Event・People/ 編集担当　中島 秀之

　本章では AI の歴史に名を刻んだ人物やイベント，会議から日本を中心とした項目を選んだ．以下，めぼしい項目についてその意義を述べておきたい．

　AIUEO は私を含め，本事典に初期（30 年前の第 1 版）から関わった著者の多くが属していた勉強会である．AIUEO が始まったころ，大学では AI の講義はなかった．自然言語処理や自己組織化，視覚処理，ロボットなどを研究する教授がその分野の講義を開講していたことはあるが，AI を体系だって教える講座はなかった．そのような中で自主的に集まった勉強会であるが，日本の若い研究者たちにインパクトを与えた集団であった．

　IJCAI（人工知能国際会議）は AI 分野最大のもので，これを抜きに AI は語れない．ただ，現在隆盛を極めているニューラルネットワークの研究者たちは別の会議を組織していて IJCAI での発表は少なかった．ところが Deep Learning の隆盛でここ数年はその分野の発表が半分を占めるようになっている．

　IJCAI や AAAI は米国が中心となって立ち上げた会議であるが，PRICAI は日本が中心となってアジアの底上げを目指して日本の第 0 世代の研究者が立ち上げたものである．AIUEO を立ち上げた世代は独学とはいえ学生時代から AI をテーマにしていたので，日本の AI 第 1 世代であると自負している．それに対しそれ以前の研究者は，学生時代は別の分野に属していた者がのちに AI にまで守備範囲を広げた，という意味で第 0 世代と呼ばせていただいている．もちろん長尾 眞，大須賀 節雄，淵 一博諸氏のように日本の AI を牽引した先輩方も多い．1 より 0 の方が原点であるという考え方を含め，尊敬を込めて第 0 世代と呼ばせていただいている．甘利俊一氏は AI には分類し難いが，ニューラルネットワークの先駆者である．

　1980 年代には「第五世代コンピュータプロジェクト」を契機として日本にも AI ブームが起こった．人工知能学会や認知科学会ができたのもこのころである．

　PRICAI を立ち上げた第 0 世代に倣って，第 1 世代の我々は PRIMA というワークショップを立ち上げた（発起人は石田亨と私）．これは現在では国際会議となって伊藤孝之らに引き継がれている．

1.1
AIUEO
AIUEO/ 斉藤 康己

1977 年に東京大学の工学部・理学部周辺で
スタートした人工知能輪講の会.

1976 年の夏から 1 年間, 斉藤康己は日本
政府給費留学生として英国エセックス大学の
計算機科学科に留学した. 当時エセックス大
学には Pat Hayes や Michel Brady などの
研究者がいて, それまで殆ど知らなかった
「人工知能」という分野に遭遇し, それに魅
せられ, かつ相当かぶれて帰国した. 斉藤は
人工知能をやりたいという強い思いから帰国
報告の場で「AI に関する論文の輪講をしよ
う」と呼び掛けた. 輪講はエセックス大学で
体験した AI の授業の中で一番面白かったも
のであり, それをそのまま日本に持ち込んだ
わけである. その呼び掛けに応じて集まった
のが片桐恭弘, 白井英俊, 中島秀之の 3 名で,
斉藤を含めた 4 名で 2 週間に 1 回, 土曜日
の午後の輪講が始まった.「AIUEO」という
名称が決まったのはその翌年ごろ. AIUEO
は Artificial Intelligence Ultra Eccentric
Organization の略で, 名付け親は鈴木達郎
らしい.

何を読むかは輪番で担当になった者に任さ
れていて, 実に様々な論文を片っ端から読ん
でいた記録が残っている. 開始から 7 年後
の 1984 年 7 月までに AIUEO は 130 回
開催され, 百数十の論文を読んだ（この後も
延々と続くのだが, まとまった記録があるの
はここまで）. 初期のころに読んだ論文には,
Lenat の "Automated Theory Formation
in Mathematics", Doyle の "A Glimpse
of Truth Maintenance System", Co-
hen の "Elements of a plan-based the-
ory of speech acts", Charniak の "A
Common Representation for Problem-
solving and Language-Comprehension
Information", Rosenbloom の "A World-
Championship-level Othello Program"
などがある. また, 夏休みには, 論文ではなく
厚めの本を皆で分担して読み, 議論する 3 日間
の合宿も行っていた. Sloman の *The Com-
puter Revolution in Philosophy*, Levesque
の *A procedural Approach to Semantic
Networks*, Popper and Eccles の *The Self
and Its Brain ? an argument for Inter-
actionism*, Hofstadter の *The MIND's I*,
Fodor の *Modularity of Mind* などを読んだ.
Charniak, Riesbeck and McDermott の
Artificial Intelligence Programming を読み
ながら例題を解く合宿もあった. 通常の輪講で
本を取り上げたこともあって, Boden の *Arti-
ficial Intelligence and Natural Man* がその
最初の例であった. その後も, Winograd の
Understanding Computers and Cognition
や Penrose の *The Emperor's New Mind*
など AI に批判的な文献もよく読み議論し
た. 1988 年には, Johnson-Laird の *Mental
Models* を共同で翻訳をしたりもした.

開始から約 5 年後の 1982 年 7 月にはメ
ンバーは 20 名ほどとなった. さらに, ほぼ
最盛期と思われる 1989 年 7 月の名簿には約
90 名の名前が並んでいる. 卒業し企業に就職
してからもメンバーであり続けている者も多
かった. 1995 年 1 月にはメーリングリスト
(ML) への登録数は 64 名へと減っているが,
名簿を更新しようとの呼び掛けに以下の 41
名から回答があった:

相澤/中原彰子, 相田仁, 麻生英樹, 石川幹
人, 石崎雅人, 上田晴康, 大澤一郎, 大澤英
一, 岡夏樹, 小野成志, 片桐恭弘, 來住伸子,

楠房子，國吉康夫，國吉芳夫，車谷浩一，小嶋秀樹，斉藤康己，佐藤理史，嶋田晋，白井英俊，鈴木浩之，田中卓史，土屋俊，寺野隆雄，東条敏，富岡豊，中川裕志，中島秀之，中原裕之，長尾確，沼尾正行，野田五十樹，橋田浩一，開一夫，堀浩一，松原仁，溝口博，村永哲郎，吉川厚，脇田優仁．

ちなみに ML が始まったのは 1986 年．このころやっと日本ではメールで日本語が使えるようになった．それまでは AIUEO の開催案内も全て英語で流していたことが懐かしく思い出される．

1985 年ごろ，斉藤康己は幹事役を松原仁に引き継いだ．土曜日の定例の輪講が段々と間延びしていき，1991 年以降は年 1 回の夏合宿中心になっていった．それでも ML でのやり取りは 1998 年 3 月まで続き約 1700 通のメールが流れた．AIUEO は実に開始から 20 年以上も続いたことになる．いつ AIUEO が終了したのかは定かではない．1991 年から 1998 年までの間に自然消滅したというのが真相だろう．

この間に世の中では AI 冬の時代第 1 期，第 2 次 AI ブーム，第五世代コンピュータプロジェクト (ICOT) などの活動が進行していたが，AIUEO では，あまりそれらに気を取られることも振り回されることもなく，AI の本質的な問題の議論を続けることができたと思う．AI の第一次ブームが終わるころから，連綿と続けられた AIUEO の活動は，上に名前を書き連ねた多くの人材を輩出することになる．これらの人々は今では日本の人工知能の分野を担ったり，認知科学の分野で活躍したり，まだまだ現役で研究を続けたりしている．その意味で，AIUEO は日本における AI 研究の黎明期に AI への興味を分かち合い，とことん本音で議論し合える多くの仲間を育てるゆりかごの役割を果たしたのだと思う．

1.2 第五世代コンピュータ
Fifth Generation Computer Systems / 上田 和紀

第五世代コンピュータ (Fifth Generation Computer Systems) プロジェクト（以下 FGCS と略す）とは，日本で提唱され 1982〜1993 年度に推進された研究開発プロジェクトである．財団法人新世代コンピュータ技術開発機構 (ICOT) が中心となって，1990 年代以降の新しいコンピュータのためのハードウェアとソフトウェア技術，そして全体を貫く方法論の開発を目指した．

図 1 が FGCS の概念図で，知識情報処理と並列コンピュータ・アーキテクチャをいかに橋渡しするかがプロジェクトの research question であった．ここでの「知識情報処理」は，人間の知的活動を助けるような高度な情報処理技術全般を指すもので，人工知能や知識工学はその要素技術と位置づけられた．第 2 次 AI ブームと時期が重なったこともあって，FGCS はしばしば人工知能のプロジェクトと誤解されるが，実際には名実ともに，文字通り汎用コンピュータシステムのためのプロジェクトとして推進された．人工知能の歴史と重ね合わせると，FGCS は物理記号系仮説の時代とほぼ符合するが，その時代背景の中で，知識情報処理は（深化した）記号処理技術という意味で捉えられていた．

20 世紀の数ある情報系の大規模国家プロジェクトの中で，FGCS の大きな特徴は以下の諸点である．
1. 日本発のコンセプトの発信を目指した点
2. 図 1 の橋渡しに論理プログラミングパラダイムを採用した点
3. 積極的な国際交流を通じて日本のコンピュータサイエンスのプレゼンスを高めようとした点

これらの点から，FGCS はその推進自体が大きな国際的波及効果をもたらし，欧州を中心とする各国で関連プロジェクトや研究組織が発足することとなった．

FGCS 最大の技術的特徴は，作業仮説として論理プログラミングを採用したことにある．AI 言語の地位を確立していた Lisp に対抗すべく Prolog を採用したと伝えられることが多かったが，FGCS における論理プログラミングはむしろ，コンピューティングにおける論理の多様な解釈や方法論を生み出すための傘であった．実際，リーダーの渕一博は，狭義に解釈されがちな「論理プログラミング」ではなく，「並列推論」を，FGCS のキーワードとして機会あるごとに強調した．並列処理技術と推論技術の融合を表す標語である．渕が重視したもう 1 つのことは，「実験情報学」アプローチである．論文を読んで書くことよりも，プログラムを書いて実験し（そのためのコンピュータも作り），そこから知見を得る

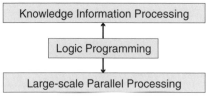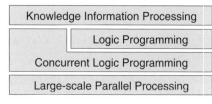

図 1 第五世代コンピュータの概念図，当初の作業仮説（左）と具体化後の形（右）

作業を研究活動の基本とするというポリシーが常に強調された．若手研究者に対して「ちまちましたことはやるな」と常に言い，失敗を恐れずに骨太な研究を行うよう勧めた．

並列推論技術の具体化は，古川康一のリーダーシップで推進された．1980年代初頭は，プロセスや同期など並行処理の概念を提供する並行論理プログラミングの研究が大きく進展しつつあった．汎用並列コンピュータのための核言語は，並列アルゴリズムやオペレーティングシステムが記述できなければならないという観点から，作業仮説の詳細化の過程で，論理プログラミングから並行論理プログラミングへの一種のパラダイムシフトが提起された．

並行論理型言語はPrologと異なる目的の言語で，解の非決定的探索機能をもたないことから，その採用に当たっては大きな議論が巻き起こった．しかし，招聘研究者Ehud Shapiroが提案したConcurrent Prologの高い記述能力と，Concurrent Prologの代案として上田和紀が設計したGuarded Horn Clauses (GHC) の簡明な意味論によって，言語パラダイムに関する論争は終止符が打たれ，第五世代核言語KL1の詳細化，数百プロセッサ規模の並列推論マシンとそのオペレーティングシステムの構築，自然言語処理や法的推論を含む多数の並列アプリケーションの構築に向けた活動が展開された．Prologの特徴であった非決定的探索機能は，並列定理証明器MGTPというより強力な形でKL1の上位言語として実装され，代数学の未解決問題の解決などの成果をもたらした．

FGCSのような大規模プロジェクトは，人的，経済的，学術的など多くの側面をもつため，その成功/失敗を一面的に論ずることはできない．FGCSが人材育成と日本のコンピュータサイエンスの地位向上に大きく貢献した点や，産業へのインパクトがほとんどなかった点についての評価はほぼ一致しているが，学術面からの評価はいまだ十分でない．だが，論理プログラミングとその関連技術，つまり探索や制約処理や記号計算に基づく技術は，名前や形を変えながらさまざまな分野に波及している．また，FGCSのあとに多くの変革のあった人工知能，自然言語処理，並列処理技術などと比べ，ソフトウェア技術の進展にははるかに多くの時間を要している．特に並列ソフトウェア技術は，FGCS終了から四半世紀を経た今でも，当時提示したコンセプトを社会が受け入れるのには時期尚早な段階にある．コンセプトの発信というFGCSの主目標に照らすと，その学術的評価を下すにはさらに数十年の年月を要するように思える．

参考文献

- AITEC・ICOT アーカイブズ：わが国の先端情報技術開発, 2005 (DVD). 復刻版を Web から入手可能.
- 第五世代コンピュータの並列処理, 瀧和男編, 『bit 別冊』, 共立出版, 1993. 復刻版を Web から入手可能.
- 『渕一博 その人とコンピュータサイエンス』, 近代科学社, 2010.
- 特集：第五世代コンピュータと人工知能の未来, 『人工知能』, Vol.29, No.2, 2014.

1.3
IJCAI
International Joint Conference on Artificial Intelligence
/ 伊藤 孝行

IJCAI (International Joint Conference on Artificial Intelligence)[1] は，人工知能 (Artificial Intelligence) の国際会議としては，最も重要でインパクトのある会議[2]である．IJCAI は 1960 年からスタートしている．AI の発展に関する重要な論文が数多く発表されている．筆者も，1997 年の名古屋大会で修士課程の時の研究内容を発表している．年表を見るとわかるとおり，2016 年までは隔年開催，2017 年から毎年開催となっている．これは，AI の第 3 次ブームによる社会からの需要と発表論文の急激な増加によるものである．本原稿執筆時の 2018 年は，Stockholm で開催され大盛況で参加者は 2500 人程度である．ちなみに 2019 年の予想は 4000 名，2020 年はそれ以上の参加者数が予想されている．（年表：https://www.ijcai.org/past_conferences）

日本での開催は 1979 年（東京），1997 年（名古屋），2020 年（名古屋：予定）となる．1997 年の名古屋大会は，当初横浜で開催予定のものが，予測される参加者数の減少により，名古屋に移動したという経緯がある．IJCAI は，招致の際の場所を board of trustee が変更することが多い．その格式と威厳の高さと規模の大きさのために，Local Arrangements に対して非常に多くの要求をしてくる．ほかの会議のように，Local Arrangements Committee が国の風土を最大限に生かすような運営をするのが難しい会議である．

筆者は IJCAI2020 の Local Arrangements Chair として選出され，より深く IJCAI に携わることになったので，その経緯を記述し，IJCAI の仕組みを解説する．2016 年の New York 大会で，日本（名古屋）への誘致のためのプレゼンテーションを Board of Trustee の会議（理事会）で行い，成功した．成功には様々な要因があるが，Trustee のメンバーのほとんどが顔見知りだったことが幸いした．Trustee の半分程度が，マルチエージェントの国際財団 IFAAMAS で理事を担当した時の仲間だったのである．つまり，マルチエージェントに関する研究者が多く，好意的な状況でもあったとも思う．（Trustee のメンバー表：https://www.ijcai.org/trustees/current_trustees）

IJCAI は，ホームページにあるように，non-profit な組織として国際的なボランティアによって運営されている．上記の Trustee と Secreatries から構成されている．事務的な内容を担当するのは，IJCAI Executive-Secretary の Vesna Sabljakovic-Fritz 氏である．予算関係は，IJCAI Secretary-Treasurer の Bernhard Nebel 教授である．また，スポンサー関係では，2018 年から IJCAI Sponsorship Secretary として，Chengqi Zhang 教授が選出されている．（スポンサー関連：https://www.ijcai.org/officers/ijcai_secretariat）

---

[1] 日本では，IJCAI を「イチカイ」と呼ぶ人が本物である．日本語で訳してほしいということで，国際人工知能学会とか人工知能国際会議とか無理やり訳しているが，イチカイはイチカイでありそのほかはしっくりこない．

[2] サイズとしては ICML や NIPS の方が大きいが，ここでいうのは AI についての包括的な議論を，長期に渡って行っている最も威厳と格式のある会議という意味である．AI 研究者は威厳とか格式を嫌うことになっているが，それでもその威厳と格式がある会議である．

Local Arrangements Chair の役割は，上記 Executive Secretary を通じて，Trustee の意見をよく聞き，その内容を現地で実現することである．IJCAI では予算の計上のしかたも全てテンプレートが設定されており，そのテンプレートに沿って予算を計上する必要がある．当然，各国の違いは考慮されるものの，テンプレートがある以上，この予算計上はなかなか困難である．たとえば，IJCAI2019 は，当初は Thailand で開催予定だったが，このあたりの扱いについて現地の AI 団体と折合いがつかなかったことが一因で，Macau に変更したと言われている．

2016 年のニューヨーク大会で誘致のプレゼンテーションに成功したあと，2017 年のメルボルン大会で，2020 年大会の Chair および Secretary らと，Local Arrangements Chair とのミーティングが行われ，正式に Local Arrangement の仕事がスタートした．それと同時に PRICAI (Pacific Rim International Conference on Artificial Intelligence) との連携が正式に決まり，2020 年の大会の正式名称は「IJCAI-PRICAI2020」となった．PRICAI の Steering Committee の中島秀之先生や Abdul Sattar 先生のご尽力によるもので，PRICAI は，IJCAI を日本に招致する際から支援を約束している．

Local Arrangements Chair は，各種会場（メイン会場，レセプション，バンケット，など）を確保する必要がある．会場の候補については，IJCAI Trustee から，上記の Secretary の 2 名と，対象となる IJCAI の Conference Chair と Program Chair の 2 名，合計 4 名が現地を視察し（サイトビジット），いわゆるダメ出しをする．IJCAI の品位の高さとインパクトを尊重した内容でない場合は，容赦なくダメ出しが行われ，ちょっとした研究プロジェクトの中間評価並みの対応を迫られる．

その後，2018 年のストックホルム大会の Trustee ミーティングにおいて，Local Arrangments の進捗報告をした．中国から多数の参加者が予測され，日本入国のためのビザの処理が問題になることが指摘されており，現在この対応を行っている．2018 年後半に入り，AAAI2019 のサブミッション数が 8000 弱になるということや，AI 関係の関心の高まりがさらに広がっている点から，IJCAI の規模が相当に大きくなるのではないかという観測が Trustee の中でも議論され，参加予想人数を大幅に変更しながら，Local Arrangements は対応を行っている．IJCAI2020 を受け入れるローカルソサエティは，人工知能学会である．筆者も人工知能学会の理事（IJCAI-PRICAI2020 担当）として活動をしている．理事会では，3〜4 ヵ月に 1 度，定期的に進捗報告を行っており，万全のバックアップ体制を固めているが，「JSAI は IJCAI の手下ではない」という辛辣な意見も頂戴しながら進めている．また，IJCAI では，毎回，International Society of AI によるミーティングが開催されており，各国の AI 関係の学会の代表が集まり，各国での活動の意見交換を行っている．メルボルンとストックホルムでは，このミーティングに参加し意見を交換したが，各国それぞれが抱える課題や AI を取り巻く雰囲気がわかるので，きちんと参加し発言をしてくることが大事だと感じている．

IJCAI は人工知能研究の中心的で重要な最もインパクトのある国際会議である．日本で 3 度目の開催において Local Arrangments Chair として働けることを誇りに思うのと同時に，日本が IJCAI を開催するにふさわしい国であることがわかるように，大きく成功させたい．

1.4
自律エージェントとマルチエージェントシステム国際財団(IFAAMAS)
The International Foundation for Autonomous Agent and Multiagent Systems／ 横尾　真

自律エージェントとマルチエージェントシステム国際財団 (The International Foundation for Autonomous Agents and Multiagent Systems, IFAAMAS) は人工知能，自律エージェント，およびマルチエージェントシステムに関する科学技術の振興を目的とする非営利団体である (http://www.ifaamas.org/index.html).

本財団の主要な活動として，毎年開催されているエージェント分野の最大の国際会議である International Conference on Autonomous Agents and Multi-agent Systems (AAMAS) の主催がある．AAMAS は，それまで独立に開催されていた 3 つの会議，AGENTS (International Conference on Autonomous Agents)，ICMAS (International Conference on Multi-Agent Systems)，および ATAL (International Workshop on Agent Theories, Architectures, and Languages) を統合する形式で，2002 年に第 1 回がイタリア，ボローニャで開催された（石田亨（京都大学）が実行委員長）[1]．その後，第 2 回：オーストラリアのメルボルン（横尾真 (NTT) がプログラム委員長），第 3 回：米国のニューヨーク，第 4 回：オランダのユトレヒト，2006 年には第 5 回が，公立はこだて未来大学で開催されている（中島秀之（公立はこだて未来大）が実行委員長）．その後，第 6 回：米国のホノルル（横尾真（九州大学）が実行委員長），第 7 回：ポルトガルのエストリル，第 8 回：ハンガリーのブタペス

ト，第 9 回：カナダのトロント，第 10 回：台湾の台北，第 11 回：スペインのバレンシア，第 12 回：米国のセントポール（伊藤孝行（名古屋工業大学）がプログラム委員長），第 13 回：フランスのパリ，第 14 回：トルコのイスタンブール，第 15 回：シンガポール，第 16 回：ブラジルのサンパウロ，を経て 2018 年に第 17 回がスウェーデンのストックホルムで開催されている．会議の採択率は 30% 以下で，当該分野の最高峰の国際会議となっている（Computing Research and Education Association of Australasia：CORE によるランキングは 5 段階で最高の A*）．

また，本財団は各種の賞の選定を行っており，受賞者は AAMAS において表彰される．IFAAMAS Victor Lesser Distinguished Dissertation Award は，本分野の黎明期から活躍し，数多くの優れた研究者を育てた Victor Lesser（マサチューセッツ大学アムハースト校）にちなんで名付けられており，その年の最も優れた学位論文の執筆者に与えられる．IFAAMAS Influential Paper Award は，10 年以上前に出版され，当該分野に大きな影響を与えた論文に与えられる賞である（日本からは 2010 年に横尾真（九州大学）と平山勝敏（神戸大学）が受賞）．また，主催は ACM であるが，AAMAS で表彰が行われる賞として，自律エージェント分野での優れた研究を表彰する ACM/SIGAI Autonomous Agents Research Award がある（日本からは 2004 年に横尾真（九州大学）が受賞）．

財団の運営は 27 名の理事で構成される理

---

[1] 所属は当時のもの．敬称略．

事会によって行われる．理事の任期は 6 年で，会員による選挙によって選ばれる．2 年に 1 度行われる選挙で，1/3 にあたる 9 名の理事が改選される．財団の会員は AAMAS の参加者であり，過去 4 年間で，2 回以上 AAMAS に参加していれば自動的に会員となる．理事の固定化を防ぐため，任期満了後は，2 年間の休止期間を置かないと立候補できないというルールが設けられている．

理事間の互選により，理事長，書記，財務の各担当が選出される．また，実務を担当するいくつかの委員会 committee が設けられている．具体的には，AAMAS の開催場所，実行委員長，プログラム委員長等の決定を行う Conference Committee，Agent School と呼ばれるチュートリアル / セミナを担当する Education and Training Committee，財務を担当する Finance Committee，賞の選定を担当する Award Committee，会員管理と選挙を担当する Membership Committee 等が設置されている．

IFAAMAS および AAMAS の特徴として，博士課程の学生を重視するというポリシーがあり，分野の未来を担うのは博士課程の学生だということが理事会でのコンセンサスとなっている．会議において，Doctoral Consortium という博士課程の学生のためのプログラムが実施されており，参加する各学生に対して，メンターと呼ばれるシニア研究者を割り当ててアドバイスする，キャリア形成等に関するチュートリアルを実施する，といった活動が行われている．

また，財団の重要な役目として，国際会議を安定して運営するための運転資金の管理がある．昨今，国際会議の開催には，国際紛争，テロリズム，自然災害，パンデミック等，数多くのリスクが伴う．最悪の場合には，開催直前になって全ての行事がキャンセルされる，あるいは場所の変更を余儀なくされるといっ

た事態が生じる可能性がある．そのような場合には，会議の運営主体が多額のキャンセル料を支払う必要が生じ，AAMAS のような大きな会議では，個人や大学レベルで責任を負うことは不可能である．会議に関する保険も存在するが，一般に高額であり，会議の登録費の高騰を招く．財団で一定の運転資金を保持することにより，保険なしで，これらのリスクに対処することが可能となっている．

IFAAMAS の前身である組織も含めて，日本から選出された理事は以下のとおりである（敬称略，所属は当時のもの）：

所眞理雄（慶應義塾大学/ソニー），中島秀之（公立はこだて未来大学），石田亨（京都大学），横尾真（九州大学，2011 年から 2013 年まで理事長），伊藤孝行（名古屋工業大学）．

1.5
PRICAI
Pacific Rim International Conference on AI / 中島 秀之

この会議は大須賀節雄ら日本の AI 研究者が中心となって立ち上げたもの. 第 1 回は 1990 年の名古屋開催で, Conference chair は福村晃夫, Organizing chair は大須賀が務めた. 当時は IJCAI (International Conference on AI) のほかにアメリカに AAAI (American Association for AI) が, ヨーロッパには EAAI (Europian Association for AI) があり, これに対応してアジア地区に AI 活動の根拠を作ろうという趣旨であった. しかし国際会議を維持するレベルの論文を集めることができるのは, アジア地区では日本とオーストラリアくらいで, アジアと称するのは無理であるとの判断から苦肉の策として北米・南米の太平洋側諸国を含む環太平洋地区としたものである. 初期の Programming Committee (PC) には Randy Goebel (Canada), David Israel (USA) などの名前が見える. アメリカ勢は早急に PRICAI からは消えてしまったが, カナダの Randy Goebel は第五世代コンピュータの時代から日本によく来ており, PRICAI に長く留まってくれた. 現在は名誉 Steering Committee (SC) になっている. しかし, 現在に至るまで太平洋の東側での開催は行われていない.

アジア側では田中穂積 (日本), 辻三郎 (日本), Tu-Bao Ho (日本), Jin-Hyung Kim (韓国), 史忠植 (Zhongzhi Shi (中国), Norman Foo (Australia), Michael Georgeff (Australia), Wai Yeap (New Zealand), らの顔ぶれが見える.

第 2 回は韓国で 1992 年に開催され, 第 3 回は 1994 年に中国で開催された. この当時の中国はまだ国際感覚に乏しく, ほとんどのメンバーを自国民で固め, アナウンスもあまり出されない形で準備が進められた. そのため私は出席しなかった.

これ以降とぎれずに開催が続き (会議データなどは pricai.org を参照されたい), 2018 年には第 15 回が南京で開催された. また, 隔年開催であった IJCAI が毎年開催されることになり, 4 年に 1 度アジア地区にやってくるので, そのときは IJCAI–PRICAI として合同会議とすることが決まっている. 2020 年は最初の IJCAI–PRICAI が日本で開催される予定である.

AI 研究ではともすればアメリカ追従になりがちな日本が, アジアでリーダーシップをとって, アジアの底上げに貢献するという事例は少ない. 大須賀の次の世代の石田亨と中島秀之 (日本で学生のころから AI 研究をしていた最初の世代と自負している) は, PRICAI を立ち上げた先輩たちに習って PRIMA (Pacific Rim Inrenational workshop on Multi-Agents) を提案し, PRICAI 併設の WS として毎回開催してきた. 元田浩らの主催する PKAW (Pacific Rim Knowledge Acquisition Workshop) と共に PRICAI 常設 WS となった. PRIMA は更に下の世代の伊藤孝行らに引き継がれ, その後 WS から格上げされ国際会議となった (1.11 PRIMA の項目を参照のこと)

PRICAI は IJCAI と違い, 事務局などの固定組織も持たずに各国を巡っている会議だから, 運営規則なども曖昧なままであった. SC の名前がいつ確立されたのかは定かでないが, 私が大須賀から引き継いだころから会議を連続的に運営するための組織として少しずつ規則などの明文化が進められている. 日本からの SC は大須賀, 元田, 石塚満, 中島

10 　第 1 章 イベント・人物

と引き継がれている．2018 年からは伊藤孝行が SC に加わった．彼は IJCAI-PRICAI 2020 の Local Organizing Chair を務める．2018 年現在，立ち上げ時に必要とした Pacific rim の東半分を捨て，中東までを開催母体とする Asia-Pacific の会議となることが模索されている．

1.6
ロボカップ
Robocup/ 松原 仁

人間型ロボットのサッカーチームが，2050年までに人間のワールドカップ優勝チームに勝つことを目標としたグランドチャレンジである．サッカーが中心であるが，レスキュー，ホーム，オンステージ（ステージ上でロボットと人間が共同でパフォーマンスを行なうもの）などさまざまなテーマも含まれている．日本から人工知能およびロボットの標準問題とすることを目指して1990年代に提唱された．北野宏明（ソニーCSL），浅田稔（大阪大学），松原仁（当時電総研で現在公立はこだて未来大学）の3人を中心にスタートした（当初は國吉康夫（東京大学）も入っていたがその代わりとなる形で松原が加わった）．

ロボカップのきっかけは，北野がアメリカから日本に帰国した1990年前後にさかのぼる．彼はAIの新しいグランドチャレンジを見つけようと日本の中堅若手のAIとロボット研究者を20人ほど集めて，都内（彼が転職した直後のソニーCSLが会場だった）でグランドチャレンジのテーマの候補を発表するワークショップを行なった（そのときの様子は北野宏明編『グランドチャレンジ─人工知能の新しい挑戦』，共立出版，1993. にまとめられている）．ちなみに筆者はコンピュータ将棋の提案を行なった（コンピュータチェスのDeep BlueがKasparovに勝つ前のことである）．このワークショップではサッカーの発表はなかった．大きなワークショップはこの1回だけであったが，北野を中心とした少数のメンバーはその後もAIの新しいグランドチャレンジのテーマを模索した．紆余曲折はあったが，最終的にサッカーをテーマとして採用することになった．筆者の記憶だと1993年のことだったと思う．われわれの思いとしては日本発の世界標準のグランドチャレンジとしたかったので，外国で最も人気のあるスポーツであるサッカーはその点で合致していた．従来のAIのグランドチャレンジはチェスであったが，サッカーはチェスと比較すると，

1）1対1でなく，11対11の団体でプレイする．
2）1手ずつ指すターン制ではなく，状況は時々刻々変化する．
3）頭脳だけのマインドスポーツではなく，体も使うスポーツである．
4）常に思ったとおりのプレイができるわけではなく，プレイに不確実性がある．

などチェスにはない優れた特徴を有している．また時代的な背景として，その当時日本でサッカーのプロ化の動きが進んでいた（ロボカップのプロジェクトを，一時期ロボットJリーグと呼んでいたことがあった）．それまであまり人気がなかった日本でも，サッカーのプロができる，というのがわれわれの決断を後押ししたと思う．

ロボカップの活動は周りに仲間を探すことから始まった．筆者が当時在籍していた電子技術総合研究所（現産業技術総合研究所）では，野田五十樹がマルチエージェントシステムの研究の例題としてサッカーのシミュレータを作成していた．これがロボカップのシミュレーションリーグの元になった．ロボットのコンテストはその後多く出てきたが，シミュレーションが充実しているところは少ない．ロボカップは，レスキューなども含めてシミュレーションが充実しているのが特徴である．ロボット実機だとAIの研究者は参入しにくいが，シミュレーションだとすぐに参入でき

る．ロボカップが AI とロボットの両方のグランドチャレンジを標榜していることと深く関係している．海外の研究者を巻き込みたいということでそれぞれの人脈をたどってたくさんの人たちに声がけした．最初のころから興味を持ってくれたマニュエラ・ヴェロッゾ (CMU) やピーター・ストーン (当時 CMU でヴェロッゾの学生．現在はテキサス大学オースチン校教授) などは，その後ロボカップの中心的なメンバーになってくれた．研究者以外では，当時日本経済新聞社が興味を持ってくれて初期のロボカップのイベントを手伝ってくれたことが大きかった．学会以外のイベントに不慣れな研究者ばかりだったので，彼らなしでは初期のイベントはこなせなかった．

世界に対して対外的にロボカップの構想を発表したのは，1995 年のモントリオールの IJCAI のときであった．そして次 (今は IJCAI は毎年開催されているが当時は隔年であった) の 1997 年の名古屋の IJCAI で第 1 回のロボカップの国際大会を開催することが発表され，筆者がその実行委員長を務めることになった．最初の大会というので参加チームを集めるのがとても大変だった．シミュレーションは元のシステムがあったのである程度集まることが期待できたが，実機は集めるのが大変だった．ロボカップの主旨からして自律型であること (ロボットが自ら判断して動くこと) は譲れない制約であったが，自律型でサッカーをプレイできるロボットは世の中にほとんどなかったのである．ロボットの大きさに対応して大型，中型，小型とリーグを分けた (結果的に大型リーグは参加チームがなく消滅した)．ルールも，全ての出場チームがプレイできるように配慮して決定した．そうこうして 1997 年の第 1 回の開催にこぎつけた．幸い関心は高く多くのマスコミが取材してくれた．しかし実機のロボットの動きはサッカーとは言えないものであった．照明条件が研究室と異なるので，カメラがボールやほかのロボットをうまく認識できなかったのである．ロボカップの当時の関係者の間で忘れられないできごとがある．実機の中型リーグの試合が始まったが，どちらのチームのロボットもボールを見つけられずにぐるぐる回っているだけで，どのロボットもボールに近づけない状態がしばらく続いた．それを見ていたマスコミから，「いま試合中なのですか」という問いが発せられたのである．試合中だったのに試合中に見えなかったということである．このことは，ロボットにちゃんとサッカーに見えるプレイをさせたいという思いを強くさせた．

人間のワールドカップは 4 年ごとだが，ロボカップの国際大会は毎年場所を変えて行われている (日本では名古屋のあと 2002 年の福岡，2005 年の大阪，2017 年の名古屋と開催されている)．また国際大会とは別に国内のジャパンオープンもほぼ毎年行われている．ロボカップは，NPO の日本委員会と国際委員会を作ってそれが運営主体になっている．関係者として頭を痛めるのが開催地の決定である．ロボカップはさまざまなリーグを実施するので，広いスペースが必要で養生にも費用もかかる．引き受けてくれるところを探すのが大変なのである．筆者も一時期日本委員会の会長を務めていたので，そのときはプレゼンとかお金集めに苦労していた記憶がある．日本の普通の研究者にはできないさまざまな経験をさせてもらったと思っている．

ロボカップは最初はサッカーだけから始まったが，その後レスキュー，ジュニア (小学生から高校生の子どもが対象)，ホームなどさまざまなリーグが派生している．レスキューは，災害に対応するロボットや AI を研究するプラットホームである．ジュニアは子どもがロボットと AI を通じて学習することを目指したもので，サッカー，レスキュー，オン

1.6 ロボカップ **13**

ステージのリーグに分かれている．ホームは，家庭でロボットをうまく動かすことを目指したリーグである．最初はうまく動かなかったサッカーも，年を経るごとに上達して最近はサッカーに見えるようになっている（ワールドカップ優勝チームに勝つまではまだまだ遠いと思われるが）．ロボカップからはさまざまな応用が進められている．倉庫の荷物を運ぶロボットを開発した Kiva System は，その後 Amazon に買収されて，今は Amazon の倉庫の荷物を運んでいる．フランスの Aldebaran は，人間型ロボットの NAO を開発してロボカップの（AIBO に続く）標準ロボットとして選ばれ，その後ソフトバンクに買収されてペッパーの開発につながっている．

　まだチャレンジの途中であるが，日本発の世界標準の AI とロボットのグランドチャレンジは 2050 年の目標に向けて（いろいろな障害はあるものの）なんとかそれなりに進んでいると思われる．ロボカップを通じて AI とロボットが発展してくれること，多くの人が AI とロボットに興味を持ってくれることを発起人の 1 人として願っている．

1.7 大大特（大都市大震災軽減化特別プロジェクト）
Special Project for Earthquake Disaster Mitigation in Urban Areas
/ 田所 諭

大大特とは

文科省大都市大震災軽減化特別プロジェクト（2002〜06）では，「レスキューロボット等次世代防災基盤技術の開発」として，大震災における人命救助を目的とした，レスキューロボット，インテリジェントセンサ，携帯端末，ヒューマンインタフェース等のシステムや要素技術の研究開発が行われた．そのコンセプトは，ロボットや分散情報収集デバイスで能動的に防災情報をセンシングし，ネットワークで情報を集約して，人命救助活動や意思決定を支援することである．実証試験やデモンストレーションによって災害現場での有効性を検証し，現場投入に向けた基盤をつくるための取組みが実施された．研究成果の大規模災害適用のシナリオを図1に示す．

上空からの情報収集ロボット

発災直後に飛び立ち，上空から迅速に災害現場の概観情報の収集を行うことを目的とした，自律小型無人ヘリ「エアロロボット」が開発された．農薬散布ヘリをベースとして，GPS情報に基づいて飛行できる自律機能を備え，上空から映像情報や地形情報を収集することができる（図2）．

上空に長時間係留され，カメラ等による災害地の定点観測を行うと共に，無線通信の中継，情報配信を行うことができる情報気球「InfoBalloon」が開発された．風の影響を比較的受けにくいように扁平気球形状や3本平行係留索を最適化し，長時間の安定した係留が可能になった．

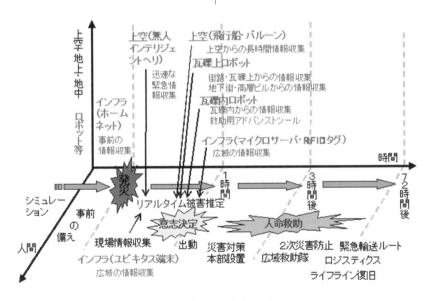

図1 研究成果の適用シナリオ

図2 エアロロボット

地上走行情報収集ロボット

瓦礫が散乱した環境で移動が可能なクローラ型地上走行ロボット「HELIOS」や「AliBaba」が開発された（図3）．瓦礫環境での高い移動性能に加え，遠隔操作を容易にするために，過去画像を使った周囲状況俯瞰仮想画像の提示，映像の揺れ軽減によるVR酔い防止，3次元地図の自動生成，などの研究が行われた．

図3 HELIOS IV（左）とLeg-in-rotor（右）

また，瓦礫上をジャンプしながら情報収集するロボット「Leg-in-rotor」が開発された（図3）．ドライアイスの3重点を使った連続大量空気圧源によって長時間の運動を可能とし，倒壊家屋内で映像や音声の情報を収集する．

瓦礫内情報収集ロボット

倒壊建物内で人命捜索を行うことを目的としたヘビ型ロボット「蒼竜」が開発された．瓦礫内での位置同定，周囲状況把握を可能にするため，索状位置計測システムFST，マルチカメラシステム，過去画像を使った俯瞰映像，リングレーザレンジファインダ，信地旋回駆動が開発され，「ハイパー蒼竜IV」として統合された（図4）．

ビデオスコープのケーブル表皮に繊毛振動駆動による運動機能を実現し，数センチメートルの隙間しかない瓦礫内の空間を縫って移動し，人命捜索を行えるヘビ型ロボット「能動スコープカメラ」が開発された（図4）．

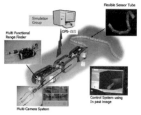

図4 ハイパー蒼竜IV（左）と能動スコープカメラ（右）

災害情報収集インフラ

火災報知器のように家屋や被災地内に分散設置され，ロボットや家電品とともにユビキタスに被災者等の情報を収集し，アドホックネットワークにより倒壊家屋内外との通信を可能にするための，情報収集デバイス「レスキュー・コミュニケータ」が開発された（図5）．GPS，人感センサ，音声による声かけと録音の機能を持つ．また，被災状況を現地で継続的に記録・保持し，人やロボットが移動するだけで情報を集めることができるRFIDタグが開発された．

収集された情報は，XMLベースの減災情報共有プロトコルMISPによって通信され，SQLデータベースDaRuMaや，時空間GIS DiMSIS/DyLUPAsに統合され，災害情報をリアルタイムに統合することによって，被災地や被災者の状況を迅速に推定・把握する研究が行われた（図6）．

実証試験

数多くの実証試験やデモンストレーションが行われた．地震被害を受けた山古志村や，国際レスキューシステム研究機構神戸ラボラトリーに設置された倒壊家屋実験施設をはじめ，東京消防庁立川訓練所，兵庫県広域防災セン

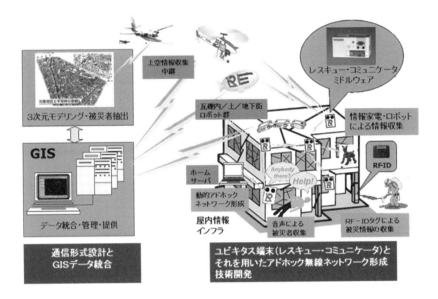

図5　レスキューコミュニケータのコンセプト

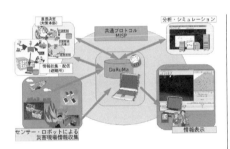

図6　災害情報の統合

図7　東京消防庁立川訓練所でのデモ，新潟中越地震への適用

ター，川崎駅地下街において，模擬災害空間でのロボットの性能試験が行われた（図7）．要救助者発見を試験するために，生体信号を発生する要救助者ダミーが開発された．ロボカップレスキュー競技会では，ロボット性能に関するさまざまなデータが収集された．

災害への適用

2004年に発生した新潟中越地震ではIRS蒼竜の現地適用が試みられたが（図7），配備が進んでいたわけではないので実際に使用することはできず，一部損壊家屋での実証試験にとどまった．

研究開発の成果や考え方は，その後の防災ロボットや防災情報収集の取組みに大きな影響を与え，東日本大震災以降，世界中で数多くのロボットが使用されるようになった．たとえば，大大特で開発され，あるいはその発展として研究開発・改良された，能動スコープカメラや地上走行ロボット「Quince」は福島第一原発事故で活用され，ドローンは災害情報収集のために広く使われるようになった．

成果と課題

以上のように，大大特は種々の情報収集ロ

1.7　大大特（大都市大震災軽減化特別プロジェクト）　17

ボット技術を生み出し，災害へのロボット適
用のための技術的基盤を構築した．また，防
災がロボットや AI の重要な適用分野である
との認識が，広く定着した．

　同時に，災害にロボットや AI を適用するた
めの数々の技術的課題が明らかにされた（環
境条件適合性，運動能力，センシング能力，環
境認識能力，位置推定，マッピング能力，作
業能力，ヒューマンインタフェース，ユーザ
ビリティ，自律機能，情報解釈能力，通信帯
域・レイテンシー・安定性，耐久性，防爆性
能，性能評価基準，実証試験フィールド，標
準化など）．また，社会実装のための種々の課
題も明らかになった．

1.8
Google
Google／松尾　豊

Google は 2019 年現在，検索エンジンのシェアでは世界一の企業であり，時価総額が世界トップ5位に入る，人工知能の分野においても重要な企業の1つである．Google は，1998 年にラリー・ページ（1973 年生まれ），セルゲイ・ブリン（1973 年生まれ）の2人の創業者により設立された．ラリー・ペイジは当時，スタンフォード大学の大学院生であり，テリー・ウィノグラード教授のもとで学んでいた．ウェブのリンク構造，特にバックリンク（被リンク）に注目した BackRub という検索エンジンを作り，これがのちの Google の検索エンジンとなった．ウィノグラード氏は，人工知能の分野で著名な研究者であり，自然言語で積み木の世界を操作する SHRDLU というシステムの研究を 1960 年代後半に行った [1]．その後，HCI（ヒューマンコンピュータインタラクション）に分野を変えている．

Google が用いたページの信頼度の計算アルゴリズムは，PageRank として有名である．この PageRank は，ウェブのリンク関係を表す接続行列を考えたときの固有値に相当し [2]，社会科学の分野では 1970 年代から固有ベクトル中心性として従来から知られていた．PageRank は，その初期には Google の検索エンジンとしての競争優位をもたらした．その後，検索結果のランキングを不当に上げようとする行為（検索エンジンスパム）と，それを防ごうとする検索エンジンのいたちごっこが続き，アルゴリズムは複雑になっていき，現在では PageRank（ないしはそれに類する方法）は，検索エンジンを構成する数多くのアルゴリズムの1つである．

Google の偉大さは，その先見性と実行力であろう．まず，エンジニアを重視し，働きやすい組織を作った．最初に最も優秀なエンジニアを集め，エンジニアが働きやすい環境と文化を整備した．カリフォルニア州マウンテンビューの SGI（シリコングラフィクス）の跡地に広大なキャンパスを構え，食事や飲み物がタダ，ジムやヘアサロンを併設など，とにかく心地よい環境を作った．ソフトウェアエンジニアの生産性は，人によっては大きな差があり，最も優秀な人を雇い，その人が最もパフォーマンスが出る環境を提供するというのは理にかなっている．また，20% の時間は自由に使ってよいという 20% ルールなども有名になり，そのなかから Gmail などのプロダクトが生まれた．

Google は，内部に高い技術力を持つことでも有名である．安価な大量のサーバで用いることを想定した，独自のファイル管理システム（Google File System と呼ばれる）を構築し，また，Map と Reduce という2つの処理に分けて分散環境における計算を行う MapReduce というプログラミングモデルを導入した．これらはのちのオープンソースの大規模データ分散環境である Hadoop につながった．また，Apple が，2007 年6月に iPhone を発売し，大きな話題になったときには，すかさず，2007 年 11 月に携帯電話用のプラットフォームであるアンドロイドを出した．この戦略的な判断は，その後，iPhone のシェアを逆転することにつながった．

深層学習に関しても早くから取り組み，Google Brain という深層学習の研究チームを 2010 年に立ち上げた．Jeff Dean 氏や Andrew Ng 氏，Greg Corrado 氏などが初期メンバーであった．猫の概念を発見したという「Google の猫」の研究が有名である [3]．2013

年には，トロント大学の Geoffrey Hinton 氏が学生らと立ち上げた会社 DNN Research を買収し，深層学習の第一人者である Hinton 氏を雇用することに成功した．2014 年には，深層学習で顕著な成果を収めていたロンドンのスタートアップ DeepMind を買収し，CEO のデミス・ハサビス氏を始め，多数の深層学習のトップ研究者，トップエンジニアが Google に加わった．現在は，Google Brain と Google DeepMind のチームが，深層学習の世界における中心的な研究グループの大きな部分を構成する．TensorFlow は，機械学習・深層学習のオープンソースのフレームワークである．数多くあるフレームワークのなかで最もよく使われるものの 1 つであるが，もともと Google Brain のチームで使っていたものであり，2015 年 11 月に公開された．

Google 以外のほかの企業はどうだろうか？Facebook は，AI に関するスタンスは Google に近い．Yann LeCun 氏を招き，Facebook AI Research (FAIR) を作った．PyTorch という深層学習のフレームワークを出し，画像処理や自然言語処理関係で大きな成果を出している．マイクロソフトも AI の分野では存在感を示し続けている．MSR はアカデミックな文化を大事にする組織であり，長期間にわたって業績を残し続けている．Apple は，研究開発に自社でお金をかけるというよりは，必要な技術を持った会社を買収する手法を取るが，顔認証を iPhone に真っ先に取り入れ，Siri を製品化するなど，深層学習・人工知能の活用では先進的である．Amazon は，ジェフ・ベゾスの先見の明で，ビジネス的にすばらしい選択を取り続けており，倉庫での把持を競う Amazon Picking Challenge やレジなし店舗である Amazon Go など新しいチャレンジを続けている．

Google の競争力は今後も続きそうである．Google はエンジニアの創業者が 2 人で起業

し，初期にエリック・シュミットという CEO を迎え，その後，10 万人を超える従業員に達するまでほとんど組織的なミスをしていないように見える．多くの企業は，売上・利益の中心となる事業ができてしまうと，良くも悪しくもそこに固執してしまい，新たなイノベーションに対応できなくなる．長い歴史を見ると，儲かる事業の将来が見えなくなってきたときにいかにそれを捨て，新しい成長にかけるかをできた企業は常に成長し，そうでない企業は衰退する．しかし，Google は，次の時代の技術やビジネスにきちんと張り続けており，人工知能・深層学習の可能性も非常に大きく見ている．アルファベットという持ち株会社を作り，その下に Google だけでなく，自動運転の Waymo や，スマートホームの Nest Labs などの企業をぶら下げたのも，そのような趣旨だろう．

最近では，AutoML という今後競争上の重要な焦点になりそうな機械学習の自動化をしっかりと進めている．Google Brain では，ロボット等の大きな活用が見込まれ，また今後の意味理解の研究にも鍵になるであろう，深層強化学習の研究もしっかりと行っている．

世界全体を見たときに，検索という領域で支配的なシェアを獲得していることが問題視されることもある．データは誰のものかという議論を巡って，今後，ヨーロッパの GDPR の動きに対して，Google を始めとする GAFA 側がどのような対応をするのかが大きな鍵となる．とはいえ，これまで Google が，検索エンジンを中心とする製品によって，世界における情報格差をなくしてきたこと，そして，エンジニアの能力を引き出すという企業文化を広めてきたことは，大きな社会的な貢献であったということは誰しも異論のないところであろう．

今後も，Google は，人工知能の研究に伴走するパートナーであり，人工知能の領域と

は切っても切り離せない企業であり続けるだろう．

参考文献

[1] Terry Winograd, Procedures as a Representation for Data in a Computer Program for Understanding Natural Language, *MIT AI Technical Report*, Vol.235. 1971.

[2] Sergey Brin and Lawrence Page. The anatomy of a large-scale hypertextual Web search engine. *In Proceedings of the seventh international conference on World Wide Web 7* (WWW7), pp.107–117. 1998.

[3] Quoc V. Le, Marc'Aurelio Ranzato, Rajat Monga, Matthieu Devin, Kai Chen, Greg S. Corrado, Jeff Dean, Andrew Y. Ng. Building high-level features using large scale unsupervised learning, *Proc. ICML12*, 2012.

[4] Martín Abadi *et al.*, TensorFlow: Large-Scale Machine Learning on Heterogeneous Distributed Systems, 2016.

1.9
アルファ碁
AlphaGo/ 斉藤 康己

2016年1月に *Nature* に発表された論文でその存在と強さが明らかになり，それからたった2年の間に驚異的な進化をとげ，人間の最強のプロ棋士を完膚なきまでに破り，世界的に話題となり，人工知能が人間を凌駕することの代名詞のようにも使われるようになった囲碁プログラム．開発したのは，Demis Hassabis 率いる英国の DeepMind 社．

進化の過程に現れた各種 AlphaGo とその主な成績を列挙しておく．

- AlphaGo Fan：最初の版．ヨーロッパチャンピオン Fan Hui 二段に持ち時間の長い対局で5戦全勝，持ち時間の短い対局では3勝2敗 [1]．
- AlphaGo Lee：2016年3月韓国ソウルで行われた韓国トッププロ Lee Sedol 九段との5番勝負で4勝1敗．
- AlphaGo Master：2017年の正月前後に韓国の Tygem 上で30戦，中国の野狐上で30戦，合計60戦の早指し碁（持ち時間1分）を有名なプロ棋士も含む人間相手に戦い60戦全勝．この版あるいはその改良版が2017年5月に中国浙江省烏鎮で行われた Future of Go Summit で，中国トッププロ柯潔九段に3戦3勝したプログラムらしい．
- AlphaGo Zero：新版．ニューラルネットワーク（以下 NN）も単純化され，人間の棋譜のデータは全く使わずに自己対戦による強化学習のみで Master よりも強くなってしまったプログラム [2]．人間との対戦結果はない．
- AlphaZero：AlphaGo Zero を汎用化して，囲碁だけでなくチェスや将棋でも既存の最強のプログラムよりも強くなったプログラム [3]．

ここでは AlphaGo に使われている技術の概略だけを述べる．詳細は拙著 [4] などを参照されたい．AlphaGo は，MCTS (Monte Carlo tree seach) と機械学習（深層学習という多段の NN を駆使する手法）を融合し，さらに自己対戦による強化学習も利用して強くなった NN ベースのプログラムである．NN の学習には潤沢なマシンパワーがふんだんに使われた．AlphaGo Fan から AlphaGo Master までは，人間の棋譜データをお手本に使って学習していた（初期値の設定など）が，AlphaGo Zero に至って全く人間の棋譜データは使わなくなったのだから，AlphaGo が強くなったのは人間の棋譜データのお陰とは言えない．

AlphaGo Master までは，ポリシーネットという各局面で有望な次の一手の確率を表し MCTS を効率良く進めるために使われる NN と，バリューネットというある局面の評価値（勝ちか負けかの単純な2値，AlphaZero では引き分けも含む）を表す2つの NN が使われていた．それが AlphaGo Zero では1つの NN に統合された．また実戦では rollout（MCTS で行われるランダムな終局までのプレイ）も省略されるなど大胆な簡略化が行われている．

AlphaGo が強くなった要因はいくつかあるが，主な要因は：

1) そもそも囲碁というゲームが畳み込み NN や Residual NN などの技術（画像認識に適した技術）と相性が良かったこと．
2) MCTS と NN の組合せが効を奏した．いままで難しいと言われていた評価関数の役割を NN がうまく担うことができた．

3) NN の学習や実際のプレイに圧倒的なマシンパワーが使えた（Google ならでは！）.

4) 上記のいくつかの要因が重なり，囲碁に適した精度の良い NN が，人間の棋譜からの学習や AlphaGo Zero では全くの自己対戦による強化学習で得られたこと.

などであろう.

最後に，いくつか個人的な意見を述べる：

・人間相手では AlphaGo の方が明らかに強いが，工夫の仕方によってはまだ人間が勝てる可能性はゼロではないと思う.

・他の囲碁プログラムもまだまだ進歩，進化するので AlphaGo に勝つプログラムの出現は十分に可能性がある. 今 Computer Go プログラムの業界では，Leela Zero といって AlphaGo Zero と同じ仕組みで，世界中のボランティアの共同作業（特にマシンパワーの提供）で学習を進めて強くなろうという試みも進められている [5]. AlphaGo が引退してしまい，他流試合をしなくなってしまったのは残念である.

・ある手法で作られた NN はいずれ頭打ちになるのが一般的なので，AlpahGo も例外ではないだろう. それも見越して引退したとしたら DeepMind 社はお見事！

・その後，DeepMind 社は，社会に貢献するという崇高な目的のもと，タンパク質の折り畳みとか，新薬の開発とか，眼病の画像診断とか新しい分野への応用を進めている. しかし，AlphaZero が「汎用」だといっても，チェスなどのボードゲーム以外の分野にすぐに応用できるかというと，そう甘くはない. NN もプログラムである以上，基本的なデータ構造の設計や学習結果を評価するための指標の設定などが必要で，これらがうまくできるかどうかは解こうとする課題に依存するからである.

参考文献

[1] David Silver *et al.*, *Nature* 529, pp. 484–489, 28 January, 2016.

[2] David Silver *et al.*, *Nature*, 550, pp. 354–359, 19 October, 2017.

[3] David Silver *et al.*, arXiv.org>cs> arXiv:1712.01815 (Submitted on 5 Dec 2017).

[4] 斉藤康己，『アルファ碁はなぜ人間に勝てたのか』，ベスト新書 530, 2016.

[5] http://zero.sjeng.org/

1.10
あから2010
Akara2010/ 松原 仁

情報処理学会が2010年に学会設立50周年を迎えるにあたって，コンピュータ将棋とプロ棋士の初めての公の対戦が企画された．そのときのコンピュータ将棋の名前が「あから2010」である．

コンピュータ将棋の研究開発は，コンピュータチェスに二十数年遅れて1970年代に始まった．なかなか強くならなかったが，2005年から保木邦仁（当時東北大学ポスドクで，現電気通信大学准教授）が開発を始めたボナンザが，人間の強豪の膨大な棋譜から機械学習で評価関数を獲得する手法（ボナンザメソッドと呼ばれる）を採用して一気にプロ棋士の強さのレベルに近づいた．コンピュータ将棋がプロ棋士に勝てる可能性が高まったのである．

情報処理学会は，1960年に設立されたコンピュータ関係では日本の最大規模の学会である．2010年に設立50周年を迎えるにあたり，2000年代後半の理事会でどういうイベントを実施するかを議論した．当時の理事会には副会長として中島秀之（当時公立はこだて未来大学学長で現札幌市立大学学長），理事として松原（公立はこだて未来大学教授）がメンバーとして入っていた．この2人を中心にコンピュータ将棋がプロ棋士（できれば名人）に（平手で）挑戦する，という企画を50周年イベントとして提案したところ採択された．学会の記念イベントは，学会の歴史をまとめた本を出したり記念論文を募集して表彰したりという，もっぱら身内向けのものが多かった．情報処理学会として外向けに存在をアピールしたいという希望があり，将棋対戦が有効と判断したのである．

中島を委員長，松原を副委員長とする委員会を発足させて，協力してくれる（当時の）強豪のコンピュータ将棋の開発者などの関係者に委員になってもらった．プロジェクトの名称は「トッププロ棋士に勝つコンピュータ将棋プロジェクト」である．まず将棋連盟に話を持ち込んで対戦の実現を願い出た．幸いにも当時の米長邦雄会長が興味を持ってくれて実現する方向で進めることになった．当初は某電気メーカーがスポンサーになってコンピュータ将棋の開発費とイベント開催費を負担してくれるということで話が進んでいたのだが，残念ながらスポンサーの話はなくなってしまった（その後は将棋連盟と情報処理学会が費用を分担した）．

コンピュータ将棋の代表をどう決めるかについて委員会で何度も議論をした．最初は，挑戦者決定戦を行なってそこで優勝したプログラムを代表とするのが妥当と考えていたが，伊藤毅志（当時は電気通信大学助手）などから，複数のプログラムの合議制（複数のプログラムに次の手を考えさせて多数決で次の手を決める）はどうかという意見が出た．これではたして強くなるのかという疑問が生じたので，伊藤らは合議制で強くなるのかどうかを実際に多数の対局を行なうことによって検証を試みた．その結果合議制が有効（強くなる）であることが示されたので，複数の合議制で臨むことに決まった．当時の強豪である「劇指」（鶴岡慶雅他），「GPS将棋」（田中哲朗他），「ボナンザ」（保木邦仁），「AI将棋」（山下宏）の4つのプログラムの合議とすることとした．偶数なので2対2などになってしまったときにどちらの手にするか決める必要がある．直前の大会で優勝していた劇指にボーナス点を付与して，同点のときは劇指が支持した手を採用するようにした．高性能の

コンピュータを使ったほうが強くなるので，東京大学の駒場の演習用の大量のコンピュータなどを許可をもらってクラスターとして使うようにした．インターネットが不調な場合に備えて，手元のコンピュータとクラスターと別々に動かすことにした（ということでクラスター版の劇指と手元版の劇指というよりそれぞれ2つに分かれていたので合計8つのプログラムの合議であった）．

　合議制のシステムにどういう名前をつけるかが委員会で議論になった．いろいろなアイデアがでたが，「あから」という名称がコンピュータ将棋の代表としていいのではないかということになった．将棋の「場合の数」はおおよそ10の220乗である（将棋で次の手は平均80とおり程度で，1局の長さは平均115手程度であり，80の115乗がこのような値になる．ちなみにこれを最初に計算したのは筆者である）．可能な局面の総数は10の70乗程度であるが，探索にあたっては同じ局面が何度も出てくるので，場合の数は10の220乗になる．委員の1人が中国で10の220乗に近い単位に「阿伽羅（あから）」があることを見つけた．それに対戦をする2010年をつけて「あから2010」という名前にしたのである．

　プロ棋士については，コンピュータ将棋側としては名人，具体的には羽生善治氏を強く希望したのだが，時期尚早ということでそれは実現されなかった（外部スポンサーがつかなかったことも関係していると思われる）．女流のプロ棋士である清水市代女流王将（当時）が対戦してくれることになった．対局は2010年10月11日（月・祭）に決まった．会場は萩谷昌己，相田仁の両東京大学教授の配慮で東京大学工学部2号館を使うことができた．教授会に使う部屋で対局をして，大教室で見学者にその様子を見せてプロ棋士に解説をしてもらうことにした．インターネットで見学

者を募集したところ，予定を超えた申込みがあったので急きょ他の教室も使ってその部屋に映像を流すようにした．

　清水市代女流王将とあから2010の対局は互角の状況がしばらく続いたが，中盤であから2010がやや優勢になってそのまま押し切って勝つことができた．合議制はプラスの面だけでなくマイナスの面もあったが，手によってその手を選んだプログラムが変わるので人間の対局者にとって棋風（将棋を指すときの癖）が掴みにくいという点はプラスに働いたようである．対局後の記者会見には多くのマスコミが集まって，19時のNHKのテレビニュースにも取り上げられて，情報処理学会として外部への存在のアピールという目的は達成できたと思われる．

　プロジェクトしては，あから2011，あから2012とさらに強くしていって名人に勝つことを目指そうとしたが，別に将棋電王戦が始まってプロ棋士とコンピュータ将棋の対局はそちらで進められるようになった．2013年の第2回の電王戦は，5対5の対局でコンピュータ将棋が3勝1敗1分けで勝ち越して事実上の決着がついた．2015年にはその時点ではまだ名人と対戦していないけれども「トッププロ棋士に勝つ」というプロジェクトの目標は事実上達成できたとして，情報処理学会として終了宣言を行なった．実際に名人とコンピュータ将棋が対戦したのは2017年である．佐藤天彦名人（当時）とポナンザ（ボナンザとは異なるコンピュータ将棋）が2局対戦して，2局ともポナンザが勝利した．コンピュータ将棋の研究開発が始まってから約40年で名人に勝つという目標を達成することができたことになり，その中であから2010の存在は重要なステップであったと思われる．

1.11
PRIMA について
International Conference on Principles and Practice on Multi-Agent Systems／伊藤 孝行

PRIMA は，マルチエージェントシステムに関する国際会議である．石田亨先生（京都大学）と中島秀之先生（札幌市立大学）の情熱と多大なご尽力によって創設された，アジアのマルチエージェントシステムのコミュニティにとって最も重要な国際会議である．

PRIMA が設立された経緯を以下に示す．マルチエージェントシステムの国際会議として，International Conference on Multi-Agent Systems (ICMAS) があった．ICMAS は，のちにエージェントに関する 2 つの質の高い国際会議/ワークショップ（International Conference on Autonomous Agents (AA) と International Workshop on Agent Theories, Architectures, and Languages (ATAL)）と統合され，マルチエージェントシステムのトップレベルの国際会議 AAMAS (International Conference on Autonomous Agents and Multi-Agent Systems) に発展している．ICMAS は，米国ボストンで開催された ICMAS95 が初回で，参加人数は 209 名．それに続いて，日本の京都で開催された ICMAS96 では参加人数は 282 名を集めており，マルチエージェントシステムへの関心がアジアでも高まり始めていた．さらに，フランスのパリで開催された ICMAS98 では，552 名の参加者を集めた．

マルチエージェントシステムの分野は，欧米ではすでに活発な研究交流が行われていたが，アジアの研究交流はこれからという時期であった．石田亨先生（京都大学）によると，「ICMAS98 で，韓国,台湾の研究者から，"アジアからの投稿が，日本を除いてことごとく

リジェクトされている，自分たちも出版の機会を得たい"と相談があり，中島さん（中島秀之先生）と相談して，アジアでの会議を発足することにしました」とのことである．つまり，当初はアジア地区におけるマルチエージェントシステム研究の成果発表の機会を提供することが目的であった．それほど，マルチエージェントシステムに関する研究に対する興味が高く，新しいワークショップを立ち上げる機運になっていたのである．そこで，「急でしたが，1998 年 11 月に開催された PRICAI に併設する形で開催しました．その際，PRICAI Chair の元田浩先生のご助力があったことを覚えています．」とのことである．すなわち，PRIMA は 1998 年から Workshop として創設されており，AAMAS より歴史が長い．当初の名前は「Pacific Rim International workshop on Multi-Agents」である．PRIMA は PRICAI を母体として発展してきた会議であり，Abdul Sattar 先生がよくおっしゃるのは，「PRIMA は PRICAI のベィビィであるから，相互に情報交換し互いに発展するべきである」ということである．

PRIMA は，私が主宰した 2009 年から，石田亨先生のアドバイスもあり PRIMA (International Conference on Principles of Practice in Multi-Agent Systems) と改名した．2009 年に国際ワークショップ (International workshop) から国際会議 (International conference) に本格的にアップグレードした．また，名前が示すとおり，理論よりも，実装やモデルを中心にした会議にしたいと考えていた．

私が実際に PRIMA に深く関与しはじめ

たのは，2007 年からである．PC チェアとして 2009 年に主宰するということで，その 2 年前の 2007 年にバンコクでの PRIMA に参加し，ステアリング会議で名古屋での開催を提案した．そして，2008 年のハノイでの PRIMA2008 では，ステアリング会議で名古屋での PRIMA2009 の準備状況を報告し，参加者にも名古屋での PRIMA2009 の開催をムービーを作成してアピールした．PRIMA2009 は名古屋国際会議場と名古屋工業大学で開催した．私のほか，CMU の Paul Scerri 博士，および北京大学の Zhi Jin 教授にも PC チェアとして協力いただいた．投稿件数が 101 件，採択率は 23 %，参加者は 103 名（同時参加の RoboCup Japan Open を含めると 163 名）である．アジア地区，オーストラリア，米国，オランダからも参加者があり，かなり盛況であった．最終レポートでは，オーガナイズに関する全ての情報を詳細に英語でレポートし，全世界に公開している．以上のように PRIMA2009 の成功もあり，私としては今後の PRIMA も大いに盛り上げたいと思うようになった．

ただし，次の年から，「International Conference on Principles and Practice on Multi-Agents」，と改名された．当初の私の思いは，実装中心にという思い入れで「Principles of Practice」としたのだが，「Principles and Practice」と改名されたことで，その思い入れが薄くなってしまったことを覚えている．このような名前の改変がある程度自由にできるくらい，PRIMA という会議の組織は固まっていなかったのである．

その後，PRIMA2010 はインド（カルカッタ），PRIMA2011 はオーストラリア（ウーロンゴング），PRIMA2012 はマレーシア（クチン），PRIMA2013 はニュージーランド（ダニーデン），PRIMA2014 はオーストラリア（ゴールドコースト），PRIMA2015 はイタリア（ベルティノーロ），PRIMA2016 はタイ（プーケット），PRIMA2017 はフランス（ニース）で開催され，国際会議として欧州でも開催されていることがわかる．PRIMA2018 は東京で開催され，Conference co-Chair は野田五十樹博士（産総研），Tran Cao Son (New Mexico State University, USA)，Tony Savarimuthu (University of Otago, New Zealand) である．Program co-Chair は，Nir Oren (University of Aberdeen, UK)，Tim Miller (University of Melbourne, AU)，櫻井祐子博士 (AIST, Japan) である．Regular Paper と Short Paper の合わせて 96 本の投稿があり，Regular Paper は 25 本，Short paper は 31 本が採択されており，アジア地域では屈指の極めて質の高い論文が揃っている．Social Science トラックや，SSS, PRIANAC, IWAM といったワークショップなど先進的な取組みも開催されている．総参加者数は 143 名（内外国人 58 名）で，この分野の活気が続いていることがわかる．

これまで，Distinguished Service Award が，中島秀之先生，Ramakoti Sadananda 先生，石田亨先生，Von-Wun Soo 先生，横尾真先生に授与されている．これは，PRIMA の会議への多大な貢献への感謝を表したものである．

PRIMA に限らず，日本の JAWS，国際会議 IEEE ICA (International Conference on Agents)，人工知能学会全国大会の国際セッション「エージェント」など，アジアでのエージェントやマルチエージェントの研究はますます盛り上がっている．アジア地区のマルチエージェントの研究，学会，国際会議に関わってきたが，以下の点について今後 PRIMA を中心に広げていくべきであると考える．

応用研究の重要さ

マルチエージェントシステムの応用研究を，

きちんと評価できるコミュニティを育てる必要がある．理論研究は，AAMAS を始めとした国際会議によって極めて高いレベルで切磋琢磨され，他の分野にも影響を与えている．マルチエージェントシステムの応用研究は，社会システムを根底から変化させる可能性がある．理論研究が，実践的にも有効であることを示すために，応用研究を適切に評価し，応用研究自体を育てることが重要になる．欧州では PAAMS という会議が Yves Demazeau 先生によって長年運営されており，一定の成功を納めている．このようなコミュニティとの連携が今後必要だと思われる．

アジア統一コミュニティに向けて

アジアのマルチエージェントコミュニティは，若干の派閥がある．中国系のコミュニティとインド系のコミュニティである．どちらのコミュニティも研究力があり発言力もある．中国系のコミュニティは過去に IAT というエージェント技術の国際会議を開催していた．IAT のコミュニティと日本の JAWS の国際セッションのコミュニティによって創設されたのが IEEE ICA である．PRIMA はどちらかというとインド系のコミュニティが強いが，状況は少しずつ変化している．日本はどちらのコミュニティにも接触がある．そこで，これらのコミュニティをうまく統合し，日本がリードして，アジアのマルチエージェントコミュニティを牽引すべきである．

PRIMA は 20 年以上の歴史がありながら，一定のレベルを保ってきた非常に質の良い国際会議である．今後もアジアを中心とした世界のマルチエージェントシステムの研究を牽引すべきであり，そのために貢献できることがあれば貢献したい．最後に石田先生からいただいた言葉で締めくくりたい．

「研究は個人の能力によるものですが，研究分野は研究者の国際的なコミュニティで進めていくものと思います．マルチエージェントシステムの研究者コミュニティが生まれる時期に，多くの研究者の知己を得たのは幸運だったと思います．」

1.12
人工知能学会設立までの経過
The start of the Japanese Society for Artificial Intelligence/ 大須賀 節雄

人工知能学会について記す．本来，事典類には公式のデータを載せるのが普通であるが，公式データは調べればすぐ見つかる時代であるから，人工知能学会設立に至るまでの非公式データを中心にご紹介することにする．

背景として学会設立前後 1985〜6 年ごろの状況を振り返ってみる．外国，特にアメリカでは人工知能の研究が進んでおり，当時，AAAI（アメリカ人工知能学会）主催の国際会議 IJCAI (International Joint Conference on Artificial Intelligence) に数千人の参加者があったことが話題になっていた．国内でも一部研究者の間では人工知能研究が進んでおり，人工知能あるいは AI という用語は社会に浸透しつつあった．情報処理学会，電気情報通信学会，電気学会など情報関連学会も人工知能関連の部会を発足させるなどの対応を取っていたし，1982 年には産官合同で論理型言語を中心とした AI 関連技術の開発を目的とした ICOT（第五世代コンピュータ開発機構）が発足，1983 年には学術会議内に人工知能の一部である知識工学を主テーマとする知識工学研究連絡会議が発足している．このように，人工知能という新技術への一応の対応はとられていたが，ばらばらな小組織の集まりで，人工知能研究開発に正面から向き合う統一的な組織は存在せず，特に基礎研究の中心であるべき大学研究者向けのまとまった組織が存在しなかった．

この状況を憂い，1986 年に入って数人がボランティアで集まり，できるだけ早い時期に人工知能研究者の活動の場となる組織を作ることを目的に非公式の会を結成し，週末ごとに集まって学会の理念，組織，活動，運営，財政等，学会としての在り方を議論した．メンバーは主として東京地区の大須賀節雄（東京大学教授：当時，以下同様），志村正道（東京工業大学教授），上野晴樹（東京電機大学教授），佐々木浩二（（株）アドイン社長），白井良明（電総研制御部長），それに可能な範囲で出席された福村晃夫（名古屋大学教授），辻三郎（大阪大学教授）であった．ここで討議された趣意書に基づいて 1986 年 4 月 26 日に人工知能学会発起人会が開かれ，大須賀議長の下で人工知能学会の設立を満場一致で可決，正式に設立準備委員会を発足させ，以後の作業を進めることが決議された．上記メンバーによる設立準備委員会では学会活動，組織運営，メンバー誘致のほか，多くの課題の処理を精力的に進めたが，とりわけ学会誌編集・出版に関する諸事項を定めた志村教授，財政問題特に企業からの寄付と賛助会員の勧誘に大きな成果を挙げた佐々木氏の貢献が大きかった．

ここまでは人工知能学会設立以前のものであり，通常は公式データにはなり難いが，人工知能学会設立に実質的に貢献した方々として名簿を記載する．その後 1986 年 7 月 24 日学習院大学記念会館における設立総会で人工能学会は正式に発足した．発足時の最初の公式データとして役員名簿を記載する．その後，学会は社団法人（当時）に認定されるなど，順調な歩みを見せたが，人工知能のひところの高揚感が去るとともに会員の減少など苦境に陥った時期があった．今日，世界的な人工知能第 3 次ブームに乗って，学会運営も小康を得ているが，今後とも学会が時代に左右されることなく機能することを願ってやまない．

〈人工知能学会発起人会〉

大学関係

大須賀節雄　東京大学
石塚　満　東京大学
上野　春樹　東京電機大学
内浪　清一　大阪大学
小原　啓義　早稲田大学
大芝　猛　名古屋工業大学
岡本　栄一　日本女子大学
金森　吉成　東北大学
北橋　忠宏　大阪大学
小林　重信　東京工業大学
小山　照夫　浜松医科大学
志村　正道　東京工業大学
堂下　修司　京都大学
福村　晃夫　名古屋大学
藤原　讓　筑波大学
古川　俊之　東京大学
吉田　将　九州工業大学

国立・公的機関関係

諏訪　基　通産省電総研
田中　卓史　国立国語研究所
原田　実　電力中央研究所
山田　恒夫　（財）医療情報システム

企業関係

雨宮　真人　NTT
佐々木浩二　アドイン
浅野　俊昭　キヤノン
武田　学　国際電電
西岡　郁夫　シャープ
近藤　幾雄　住友電気
笠見　昭信　東芝
藤崎哲之助　日本IBM
谷　友幸　日本DEC
柳生　孝昭　ユニバック
榊原　伸介　ファナック
棚橋　純一　富士通
石井　信義　富士電機
内田　源樹　松下電器

田中　浩二　三菱電機
岡本　明　リコー

〈発足時人工知能学会役員〉

会長

福村　晃夫　名古屋大学

副会長

大須賀節雄　東京大学
山田　博　富士通研究所

理事

相磯　秀夫　慶應義塾大学
石原孝一郎　日立システム研究所
市川　淳信　東京工業大学
上野　春樹　東京電機大学
尾上　守夫　リコー研究所
加藤　康夫　日本電気
後藤　英一　東京大学
佐々木浩二　アドイン
志村　則彰　カシオ
志村　正道　東京工業大学
白井　良明　電総研
辻　三郎　大阪大学
戸田　巖　NTT
戸田　正直　北海道大学
長尾　真　京都大学
新田　義雄　富士電機
野口　正一　東北大学
渕　一博　ICOT
古川　俊之　東京大学
森　健一　東芝
山本　正隆　沖電気

顧問

猪瀬　博　東京大学
榎本　肇　富士通国際研究所
大野　豊　京都大学
坂井　利之　京都大学

注）本文、名簿を通して、所属名はいずれ
　も当時のものである．敬称略．

1.13

日本認知科学会の誕生と認知情報学の進展

Japanese Cognitive Science Society / 溝口 文雄

日本認知科学会の誕生は，認知科学に関する日米シンポジウムが起源で，1980年9月10日から15日まで，東京の国際文化会館で開催された．そのセミナーの日本側代表が戸田正直，米国側の代表がD.A.Normanであり，後援は日本学術振興会と米国国立科学財団であった．認知科学会の設立は1983年で，セミナー参加者が中心になって成立した．

1994年度（年度は1月始まり）から学会誌『認知科学』を年間4号発行している（1994年度のみ2号まで）．1984年から夏には全国大会を開催し，12月にも「冬のシンポジウム」を開催している．5つの分科会があり，それぞれ研究会を開催している．

日本認知科学会の初代会長は戸田正直である．彼は物理出身でありながら，心理学の造詣が深く，またロボット・心など非常に独創性のある研究者でもあった．特に，「キノコ食いロボット」の研究は海外からの評価が高い．日本認知科学会は順調に発展をとげ，若手の研究者が集まり，独自の学会活動を行っている．

「認知科学」という言葉が公に用いられたのは，D.G.BobrowとA.M.Collinsの編著 *Representation and Understanding: Studies in Cognitive Science*, Academic Press, 1975.（翻訳：淵一博 監訳，『人工知能の基礎，知識の表現と理解』，近代科学社，1978.）が初めてではなかろうか．認知科学のスタディ集であり，必ずしも確立した分野ではなかったが，人工知能，心理学，哲学，言語学の研究者が集まって始まった学際分野である．この科学が何を対象とし，また，何を課題にして

いるかを見るには，1975年の夏に，カリフォルニア大学のサンディエゴ分校で開催された第1回の認知科学会議でのD.A.Normanの講演が参考になる．彼は実際には「認知科学の12の課題」というタイトルで講演を行ったのだが，ある参加者からのコメントによると，「認知科学の課題に関する説教」という意見もあるぐらいであった．その課題とは，信念システム，意識，発達，感情，相互作用，言語，学習，記憶，知覚，性能，熟達，思考である．それらは現時点でも，人間の認知についての重要な課題とみることができる．

再び認知（Cognitive）という言葉が注目されたのはIBMのWatsonという人工知能である．Watsonというのは米国のテレビクイズ番組で人間のチャンピオンを破って有名になった人工知能であり，認知コンピューティングの1つである．「認知コンピュータ」という言葉はIBMのReport「Toward Real-Time.Mouse-Scale Simulations」(2007)に登場している．IBMは新しいコンピュータの考え方として，Cognitive Computingを前面に打ち出して，ダーパ(Defense Advanced Research Projects Agency)の研究資金をIBMが請け負いSyNAPSEプロジェクトという名称で研究を開始している．この研究の目的は人間の脳に似たコンピュータを作ることである．人間の脳すなわち知能を作る研究は，人工知能の研究として長い歴史があるが，このプロジェクトは認知情報学という新しい考え方で，脳型コンピュータを作る研究が開始されたのだ．その始まりはIBMのワトソン研究所であっ

た．その研究のまとめ役はモダ (Dharmen-dra Modha) 博士で，IBM アルマデン研究所では数多くの研究員がこのプロジェクトに参加している．回路設計のグループとニューロサイエンスのグループがあり，総力を挙げてマウスの脳の皮質レベルのコンピュータシミュレーションを試みている．マウスの脳皮質でも 8×10^6 のニューロン数があり，8000 個のシナプスの神経科学的なシミュレーションを IBM のスーパーコンピュータ（ブルージーンズ 4096 プロセッサ）を使い研究した．その結果，ニューロンの動きをシミュレーションできた，という IBM 研究レポートを 2007 年に発表したのである．

また，まだ基礎的な成果であるが，人間の認知機能に迫る Cognitive Computing という考え方のコンピュータ研究を進めて，米国の米国電気電子協会の下での認知情報学 (Cognitive Informatic) という国際会議で論文発表された．Cognitive Computing は言語を認識して常識を理解する計算システムである．そして Watson は現在の人工知能ブームの火付け役になっているようである．日本では『認知科学辞典』と『認知科学ハンドブック』の 2 つがあるのは，それだけこの分野に対する関心の高さを物語っているのだろうか？

参考文献

- 渕一博（編者），『認知科学への招待』，昭和 58 年 10 月 20 日発行，日本放送出版協会．
- 溝口文雄（著），『ワトソンに学ぶこれからの人工知能』，2015 年 5 月 29 日発売，株式会社ウィズダムテック（電子書籍 Amazon Kindle book）．
- 安西祐一郎，石崎俊，大津由紀雄，波多野誼余夫，溝口文雄編，『認知科学ハンドブック』，共立出版，1992.
- 認知科学会編，『認知科学辞典』，共立出版，2002.

1.14
安西祐一郎
Yuichiro Anzai / 開 一夫

「活用なき学問は，無学に等し
*　　　　―福沢諭吉―」*

「先週，研究発表したら，Nさんにそんな研究
して何の役に立つのかって聞かれたよ．」
「それで，先生はなんて答えられたのですか？」
「・・・」
「Nさんだってそんなに役に立つ研究されて
いるとは思えませんが・・・」
「・・・」

　今から30年以上前，北海道大学の学生食
堂での助教授と学生との会話である．「Nさ
ん」とは，当時テレビに頻出していた女性研
究者である．30年以上前の話なので，おそら
くその助教授（当時）は学生と話したことは
もちろんNさんに質問されたことも覚えては
いないだろう．

　安西祐一郎は，日本を代表する認知科学，人
工知能の現役研究者である．現役研究者の定
義は人それぞれであろう．私の定義は，

- これまでの研究業績に甘んじることなく
- 自身の研究分野の根本についてとことん深
  く考察し
- 常に新しい視点や発見を探求している

研究者である．私は自称研究者ではあるが，こ
れらの条件を全て満たしているかと尋ねられ
ても，恥ずかしながらYesと即答はできない．

　安西の経歴を語るにあたって，米国カーネ
ギーメロン大学への留学経験を外すことはでき
ない．カーネギーメロン大学では，コンピュー
タ科学科兼心理学科のポスドクとして1976
年から2年間，さらに人文社会科学部心理
学科の客員助教授として1981年から1年間
滞在している．主な研究テーマは学習とイン
タラクションの認知科学的研究と人工知能へ

の応用である．当時の研究成果はAnzai, Y.
and Simon, H. A. The theory of learning
by doing, *Psychological Review*, Vol.86,
pp.124–140, 1979. として出版されている．
ちなみに，この論文の被引用数は現時点で1100
件以上ある（Google Scholarによる概算）．
1976年に始められたこの研究は，複雑な手
続きを学習する汎用の機械学習アルゴリズム
を提案し，実際にプログラム化して，当時の
コンピュータで学習の実行に成功した，人工
知能研究の歴史の中でも先駆的な結果を含ん
でいる．その後も安西は，認知科学の研究を
進めその成果を人工知能に結び付けるパイオ
ニア的研究を推進してきた．北大在籍当時の
1980年代に学生たちと行った日本語対話処理
の研究もその1つで，今なお先端的な多くの
アイデアが含まれている．1990年代初頭か
らは，世界に先駆けて人間とロボットのイン
タラクションの研究を開始，学生たちととも
に多くの先進的アイデアを産み出し，現実の
ロボットに実装してきた．最近では特に，イ
ンタラクションを「情報共有」とみなす理論
を展開している．

　安西が現役研究者であることを示すエビデ
ンスは枚挙にいとまがない．もっとも明白な
事実を1つ挙げるとするなら，2018年に博
士（哲学）の学位を取得したことが挙げられ
よう．安西は1946年生まれ，72歳で学位を
取得したわけである [1]．

　「安西さんは認知科学や人工知能の研究者
と言うよりも哲学者だ」という評判をある編

---

[1] これを若い学生に話すと，「安西先生ってま
だ学位とってなかったのか？」と思われるか
もしれない．心配ご無用．君が生まれるより
もずっと前に工学博士の学位は取っている．

集者から聞いたことがある．哲学は，認知科学や人工知能はもちろん全ての学問の基盤である．と，「言うは易く行うは難し」．実証的なアプローチで認知科学を行っている研究者や未来の人工知能技術の姿について語っている研究者は，どれほど哲学の勉強をしているのか，筆者も自戒の念とともに反省したい．

安西の哲学の学位論文は約850ページにもなる．（ちなみに，私がこれまで審査した博士論文のほとんどは200ページにも満たない．自分の学位論文も似たり寄ったりだ．）「たくさん書いてあればそれで良いのか？」という意見もあろうが，中核となるアイデアが本当に新しいかどうかを示すには，周辺分野の膨大な論文・資料を読み込み，オリジナリティを浮き彫りにする必要があるのだろう．学位論文のタイトルは

「The Epistemology of Learning and Interaction: A Goal-Directed Adaptive Agent is an Epistemic Agent」（学習と相互作用の認識論：目標指向の適応的行為主体は認識的行為主体である）．

論文を審査された先生は，いろいろな意味で本当に大変だったと思う．この学位論文を大幅に拡張したものは，近く慶應義塾大学出版会から出版される [1]．

安西は，現役研究者であるとともに，優れた指導者（リーダー）でもある．優れたリーダーの定義も人それぞれであろう．私の定義は，
・（全てではないものの）大勢の人々から愛され
・自身の信念に基づいた意思決定を
・適時に実行できる
人物である．

安西はこれまで日本の科学・技術と教育の将来を大きく左右する要職を歴任している．慶應義塾長，日本学術振興会理事長，中央教育審議会会長など，どれもが聞いただけで胃が痛くなりそうなポジションである．現在

も内閣府の人工知能戦略実行会議座長を務めている．日本の人工知能研究が今後独自性を発揮しつつ発展するかどうかの鍵を握る要職である．

たとえ優秀な研究者であっても要職に就いたあとには，研究活動をすっかり止めてしまうのが普通であろう．しかし，安西は普通ではない．要職につきながらも，「現役」研究者として活躍していることは，多くの中堅研究者の励みになる．安西が慶應義塾大学理工学部長に就任したときに，故波多野誼余夫先生が
「安西さんはできちゃう人だから」
と語っていたのが思い出される．さすがの波多野先生も，ここまでできちゃう人だとは思っていなかったに違いない．

さて，「役にたつ研究」とは何か？安西が行ってきた（いる）認知科学や哲学は誰もが認める「基礎」研究である．こうした基礎研究は教育や科学技術の行方を左右するリーダーとしての立場に活用されているのだろうか？一見，両者は無縁のように見える．しかし，「学習」や「インタラクション」の基礎研究は，これまでの彼がリーダーとして行ってきた意思決定に直接的・間接的に「活用」されていると考える．逆に，普通ではできそうにないことをやってみせるリーダーシップは，基礎研究を行っている多くの若手研究者（と中年研究者）の研究マインドを鼓舞するきっかけになっている．「学び」を志す人々に対しては，様々な教え方があるが，自らの行動をもって教えることの効果は大きい．

Teaching by doing である．

参考文献

[1] Learning and Interaction: From Cognitive Theories to Epistemology A Goal-Directed Adaptive Agent is an Epistemic Agent(Title Tentative), 慶應義塾大学出版会．

1.15
Russell
Stuart Jonathan Russell (1962–) / 中島 秀之

　知能の限定合理性を強調し，新世代 AI のオピニオンリーダーの 1 人．1995 年に IJCAI（人工知能国際会議）(1.3 IJCAI の項目を参照のこと) の Computers and Thought Award を受賞している．

　彼は AI を「正しいことをするシステムを設計する問題」と定義し，「正しいこと」とは何かを問題にする．そして正しいとは，あるエージェントが与えられた情報をもっとももらなやり方で処理することであるとしている．結果の正しさではなく，処理の正しさ（もっともらしさ）を問題にしているのである．

　限定合理エージェントの考え方を中心に，Peter Nirvig との共著で *Artificial Intelligence: A Modern Approach* (http://aima.cs.berkeley.edu/) という大著（教科書）を出している．2018 年現在，第 3 版まで出ている（日本語訳『エージェントアプローチ人工知能』，共立出版は第 2 版まで）．

　IJCAI 2017 の "Provably Beneficial AI（有用性が証明できる AI)" と題したキーノートスピーチ (Youtube https://www.youtube.com/watch?v=pmSc9ZxyA-4) では，AI に人間の価値観を教えることの重要性を主張している．同時に「人間の価値観は完全には理解できない」ということも教える必要があるとしている点が興味深い．

　たとえばロボットが，人間に「コーヒーが欲しい」と言われたとき，コーヒーを用意する方法は複数ある．キッチンでコーヒーを淹れたり，店に買いに行ったり，電話で注文したりすることができる．このとき，人間の価値観を知っていれば適切な選択肢を選ぶことができる．ロボットは人間の命令を遂行することを自己保存に優先する（ロボット三原則）．

　ロボットには通常，異常行動を止めるための安全策として非常停止ボタン（キルスイッチ）が付いている．ところが，キルスイッチを押されると，コーヒーをサーブするというリクエストが実行できない．ロボットにはキルスイッチの価値がわからないから，ひょっとしたらスイッチを壊してから人間の命令を実行しようとするかもしれない．これを避けるためには，人間の持つ価値観にはロボットに理解できないものもあると考え，キルスイッチはその 1 つであるとしておけばよい．

図 1　1997 年 IJCAI 名古屋にて
　　　左：Stuart Russell
　　　中：古川康一
　　　右：溝口文雄
　　　（敬称略）
　　　(photo by T. Koyama)

1.16

池上 高志
Takashi Ikegami (1961–) / 佐倉 統

「池上高志はゴジラのようだ」，彼をよく知る研究者はそう評した．既存の価値観やものの見方を破壊し，己の信ずるところに従って突き進み，その後には新たな創造が続くからだという．ロックスターみたいだと言った人もいる．自由気ままに振る舞い，独自の世界を創り出す．いずれの比喩も，池上の特徴をよく表していると思う．つけ加えれば，そんな振舞いに眉をひそめる向きもいるが，熱烈なファンが多いのも共通点だ．

人工生命 (artificial life) 研究というのが池上高志の研究分野になるのだろう．少なくとも本人はそう自称している．シミュレーションや化学実験などによる，生命現象の人工的合成である．だがこの言葉から，アート作品を作ったり，ミュージシャンとコラボしてロボットによるコンサートを行ったりという彼の活動を連想できる人はほとんどいないだろう．いや，それだって生命とは何かを知るには不可欠な探求だよ，と池上は言うだろう（アートは生命と関係ないとか言うから佐倉さんはだめなんだ，ぐらいはつけ加えるかもしれない）．池上自身が生命現象の本質を真摯に追求していることには何の疑いもないが，生命研究と言ったときに，世間一般ではアートは含まれないのだよ，普通は．世の中一般のパブリックイメージの話をしているのだ，私は．

けれども，「生命的なる躍動」とか「生命の息吹」などと表現してみれば，イメージは一気に芸術活動に近づく．池上にとって「生命」とは，物質や情報に還元できるものではなく，「動き」や「ダイナミズム」や「多階層構造」や「存在感 (presence)」なのである．

この「存在感」というのも独特の用語だが，生命における存在感は，意識におけるクオリアに近いものと考えてもいいかもしれない．通常の科学的アプローチでは，捉えることが難しい．科学（西洋近代自然科学）とは，対象から余分なものを捨象し，因果関係の網目で説明する作業である．これに対して池上の「生命」や「存在感」は，普遍的な規則からはみ出し，境界条件内での合理性という基準には当てはまらない状態を過剰に生産するものである．これらを把握するには，分析的アプローチではなく，構成論的アプローチ，すなわち「作って調べる」ことが必要になる．だから池上は，コンピュータでシミュレーションしたり，生命的な化学反応を再現したり，アート作品を創ったりするのである．これらの探求や活動そのものが，池上にとっての「生命的なるもの」にほかならない．彼は，生命を追求するというよりは，生命現象そのものを自身がなぞり返しているようにも見える．

こう考えてみると，池上がきわだってアブダクティブ (abductive) な洞察力をもっていることがわかる．アブダクション (abduction) は，個別事例をもっとも合理的に説明する仮説を導き出す論理推論法である．通常の自然科学では演繹 (deduction) や帰納 (induction) が重視されてきたが，アブダクションはとくに近年，再現性や操作可能性が低い対象についての洞察を深める際には有効である，と再評価が進んでいる．生命現象は，そのような対象の典型的なものの１つである．

アブダクションを有効に機能させるためには，対象とする現象やシステムの表層にとらわれるのではなく，それらの深層に伏在している構造やパターンを把握・抽出する力がなによりも必要になる．

こういった「眼力」は，実は基礎的な学力

が完璧でないと出てくるものではない．池上を語るとき，ついついぼくたちは彼の派手な立ち回りに目が行きがちだが，彼の大立ち回りは盤石たる古典的基礎学力の上に成り立っていることを見逃してはならない．池上と授業を共同で担当した際，彼が古典的物理学の体系を簡潔に説明するのを聞いたことがある．それは身震いするほど美しく，わかりやすいものだった．完璧な理解というのは，ああいうことを言うのではないか．英語力も高いし，弟子の育成もうまい．池上研究室の学生たちは，水準の高い国際学術誌や国際学術会議にコンスタントに成果を発表している．池上のような，「ブッ飛んだ」研究者にしばしばありがちなのは，本人の研究水準はとても高いのだが，弟子の育成がうまくいかないパターンだ．師の強烈な個性の前に，学生たちの個性がかき消されてしまうのである．だが，池上は自分の強烈な個性を活かしながら，学生一人ひとりの個性を尊重した人材育成を重視している．

縦横無尽に広がる直観的想像力と，堅実に足元を固めて進んでいく地道な努力の継続．このどちらか一方だけですら備えていない研究者，教育者があまたいる中で，両者をきわめて高いレベルで両立している希有の存在が池上高志である．

彼と同じ時代，同じ社会に生きていられるとは，なんと幸運なことであるか．このことを本当にありがたく，うれしく思う．

［池上高志プロフィール］

1961 年，長野県生まれ．1989 年，東京大学理学博士．1994 年，東京大学助教授，2008 年，同教授．学術誌 *Artificial Life*, *Adaptive Behavior*, *BioSystems* などの編集委員，人工生命国際学会理事などを歴任．

1.17

辻井 潤一

Junichi Tsujii (1949–)／宮尾 祐介

辻井潤一は，計算言語学，自然言語処理の研究者であり，日本における同分野の研究を黎明期から支えた人物の1人である．自然言語の持つ構造，それが表す意味，そして知識との関係に関する計算モデルを探求しており，特に，機械翻訳システムの理論，深い言語解析の理論と実用化，生命科学分野のテキストマイニングの研究で知られる．

1971年京都大学卒業，1973年京都大学大学院修士課程修了後，京都大学で助手（1973–1979年），助教授（1979–1988年）として活躍し，頭角を現した．京都大学在任中の1982–1986年に，機械翻訳研究の第2次ブームのきっかけとなった国家プロジェクト「Mu」の中心メンバーとして活躍し，世界の機械翻訳研究をリードした．このプロジェクトにおいて，辻井は語彙中心の再帰的トランスファー方式を提唱した．これは，文の構造を翻訳元言語から翻訳先言語へ変換（トランスファー）する翻訳手法において，句構造に対して再帰的にトランスファー規則を適用すること，トランスファー規則は句や節ではなくその中心となる単語（主辞）に対して定義すること，というアイディアである．自然言語処理を主辞を中心とした再帰的構造で捉えるモデルは今では当たり前であるが，機械翻訳プロセスをこのようにモデル化した画期的な研究である．この研究は，後に続く商用機械翻訳システムに多大な影響を与えた．

1988年に渡英しマンチェスター大学教授に着任してからは，ヨーロッパ共同体（現ヨーロッパ連合）の機械翻訳プロジェクトであるEurotraに参画し，ここでも機械翻訳研究で国際的な活躍をみせる．前述のアイディアをさらに発展させ，構文，意味，文脈を統一的に記述するための単一化（Unification）に基づく記述言語を設計した．これは，後述するHPSGなどの文法理論に基づく言語解析の研究へとつながっている．

1995年には東京大学教授に着任し，深い言語解析手法と生命科学分野のテキストマイニングの研究で数多くの研究成果を挙げ，また自然言語処理や人工知能分野で現在活躍している多くの人材を育てた．1990年代に機械学習による自然言語処理が一般的になったころから，世界の主流は言語理論に基づく手法から大規模データを用いた統計的手法に移っていった．必然的に，深い言語構造（意味表現など）はそもそもデータがなく，学習データを作成するコストも膨大であるため，研究の中心は浅い構造（品詞，係り受け，句構造など）を対象とするものであった．一方で，辻井は，主辞駆動句構造文法（Head-driven Phrase Structure Grammar：HPSG）といった文法理論に基づく解析にデータ主導のアプローチを取り入れ，深い言語構造の高速・高精度な解析手法を次々に提案していった．代表的なものとして，HPSGのための確率モデル，HPSG文法をデータ主導で構築する手法，HPSGをCFGや系列ラベリングで近似する手法が挙げられる．これらの研究は理論にとどまらず，次に述べる研究において大規模テキストの解析に利用され，実用性を証明した．これは，トップダウンの構造的モデルとデータに基づく統計モデルを融合するユニークな試みである．

これと同時期に，生命科学分野のテキストマイニングの研究を推進している．辻井の自然言語に対する見方として，言語は独立に存在するのではなく知識とのインタラクション

が本質的であるというものがある．とはいっても漠然と「知識」を捉えることは不可能であるため，体系的な知識のデータベースが確立しており，かつ自然言語処理が渇望されている分野として生命科学に着目し，研究プログラムを立ち上げた．自然言語テキストから知識への写像をデータ主導で明らかにすることを目指し，1999 年から GENIA コーパスの開発を進めた．これは，生命科学論文に対し，言語構造（品詞，構文木など）と意味・知識表現（専門用語，イベント構造，共参照関係など）をアノテートしたコーパスである．現在では特定ドメインのコーパスを構築するアプローチは一般的であるが，GENIA コーパスはその先駆けであり，現在でも多くの研究で利用されている．また，このコーパスを利用して上述の深い言語解析技術や情報抽出技術を高精度化し，20 億語超の大規模論文データに対して適用，その解析結果を利用して意味に基づく論文検索や知識獲得などのテキストマイニングを実現した．この一連の研究は，「生命科学分野の自然言語処理」という新しい研究分野を切り拓いただけでなく，コーパス構築の方法論や，大規模テキストに対する言語解析の可能性を示したものと言える．

2011 年に東京大学を退職後はマイクロソフトリサーチアジア首席研究員，2015 年には産業技術総合研究所人工知能研究センター長に就任し，自然言語処理にかぎらず人工知能研究全般を牽引している．現在は，人工知能研究センター長としてマネジメントに多くの時間を割く傍ら，生命科学分野のテキストマイニングの研究を精力的に推進している．近年，深層学習により自然言語処理のさまざまな技術が高精度化されているが，辻井が取り組んだ自然言語の構造，意味，文脈，知識のモデルや解析手法は多くの問題が未解決で残されている．これまでの研究と深層学習を組み合わせて道を切り拓くのか，あるいはまっ

たく異なるアプローチを掲げるのか，これからの研究にも多いに期待される．

辻井の功績として，学術的研究だけでなく国内外の研究コミュニティの構築が挙げられる．計算言語学・自然言語処理分野には Association for Computational Linguistics (ACL; 国際会議 ACL を毎年開催）と International Committee on Computational Linguistics (ICCL; 国際会議 COLING を隔年開催）という 2 つの大きな学会組織があるが，前者の会長にアジアから初めて選出され，2014 年にはフェローに選ばれている．後者では 1992 年から永久メンバーであり，現在は会長を務めている．また，アジアにおける自然言語処理研究の発展を目指し，学会連合 Asian Federation for Natural Language Processing (AFNLP) を設立，後に会長を務めた．機械翻訳分野では International Association for Machine Translation (IAMT) , Asian-Pacific Association for Machine Translation (AAMT) の会長にも選出されている．国内では言語処理学会理事・会長を務めた．

マンチェスター大学で長く教授職にあったこともあり，海外の研究者との交流が活発で，国際的な活躍が特筆される．前述のように国際学会等で主要な役割を歴任しているほか，共同研究者や論文共著者には海外の著名な研究者が多く名を連ねている．東京大学の研究室や人工知能研究センターでは海外の学生や研究員が多く，海外からの招聘研究者も頻繁に出入りするため，常にインターナショナルな雰囲気である．

辻井のもとで研究を行った者や共同研究を行った者の共通見解として，多種多様な研究を 1 つの形にまとめ上げる不思議な力を持っていると言われている．チーム内で研究を行っている個々人は，研究内容について強い指示があるわけではなく，それぞれ好き勝手に研

究を行っているつもりである．しかし，招待講演やプロジェクトの成果発表等では各研究成果がジグソーパズルのように組み合わさって全体として大きな成果を達成しているように語られる．極論すれば，プロジェクト研究であってもふだんの研究において辻井の意向を意識することがあまりない．ある意味，理想のリーダーと言えるだろう．

研究以外での顔は謎につつまれておりほとんど知られていないが，世界のさまざまな(マイナーな)場所へ長期間旅行へ行ったり，たびたびフランス映画をふらっと見に行くといった，ヨーロッパ的なイメージの生活をしているようである．学生や研究員と研究以外で交流することは少なく，食事を共にすることも貴重な経験である．ふだんの姿を垣間見るチャンスは少ないが，とにかく研究を楽しんでいることが端々から伝わってくる．上述のように新たな学会を設立したり，センター長としてマネジメントに奔走するなど，学術的研究以外にも尽力しているが，事務的な相談やちょっとした雑談の機会においても，ほとんどの時間は具体的な研究の話，あるいは言語に関するさまざまな議論に費やされる．ユニークな研究や学会活動を成し遂げ，現在も精力的に研究を進めている原動力は，言語に対する終わりなき探究心であることに間違いない．

関連学会

- Association for Computational Linguistics (ACL)
- International Committee on Computational Linguistics (ICCL)
- COLING
- Asian Federation for Natural Language Processing (AFNLP)
- International Association for Machine Translation (IAMT)
- Asian-Pacific Association for Machine Translation (AAMT)
- 言語処理学会

1.18
白井良明
Yoshiaki Shirai (1941–)／松原　仁

　白井良明は，日本の人工知能とロボットの研究者．東大で博士号を取得．彼の博士論文は，山で伐採した木材をどう効率的に川に流すかというテーマであった（筆者は大学院生のときに研究室の本棚にあった白井の博士論文を読んだ記憶がある）．1969 年に博士号を取得して通産省の電気試験所に入所した．1970年に電気試験所が電子技術総合研究所（略称は電総研）に名称変更した（当時は東京にあった．その後つくばに移転．2001 年に独法化されて産業技術総合研究所になった）．コンピュータビジョン（画像認識とほぼ同意であるが当時はこの表現もよく用いられた）および知能ロボットの研究に従事した．1988 年に大阪大学の教授に，2005 年に立命館大学の教授になっている（現在も立命館大学に所属している）．また人工知能学会の会長などさまざまな学会の役職を歴任している．

　彼を有名にしたのは，1971 年に電総研から派遣された MIT で行なった線画抽出の研究である．当時のコンピュータビジョンの研究はもっぱら積み木の世界を対象としていたが，カメラに映っているものがどんな積み木なのかを認識するための前処理として画像から線画を抽出する過程があった．直方体などの多面体の稜線を見つける作業であるが，それを前提知識なしに行なうと不正確で時間もかかるという問題点があった．白井は対象とする多面体の知識を前提として，稜線があると推定される部分を優先的に探すことによって線画を効率的に抽出することに成功したのである．ひとたび線画が抽出できると，その先は Waltz が開発した制約充足を用いたアルゴリズムによって，その線画が立方体であるといったような線画解釈をすることができ

た．当時の積み木の世界を対象とした研究においては線画を解釈することが画像認識に相当したので，その線画解釈の前段階としての線画抽出は画像認識をうまく行なうために非常に重要なプロセスであった．文脈を用いることによって認識や理解を効果的に行なうという研究はその後自然言語処理や音声認識でも盛んに進められたが，白井のこの研究はその走りとなるものであった．

　彼のこの研究の論文は *Psychology of Computer Vision*（邦訳は『コンピュータビジョンの心理』で白井は訳者の 1 人である）という本に掲載された．この本の編集は MIT のAI ラボのトップにいた P. H. Winston である．この本は AI の歴史上特筆すべき名著である．白井の線画抽出の論文だけでなく，Minsky のフレーム理論，Winston の類推，Waltz の線画解釈というその後の AI を牽引した画期的な研究成果の論文を掲載していた．この本は原著論文ではなく MIT の AI ラボの所内レポートをまとめたものである．これは，MIT が世界の AI 研究でトップを走っていたこと，必ずしも査読を通った原著論文でなくともトップクラスの論文が AI においては存在すること，を示していると言えよう．編者のWinston は Minsky の弟子であるが，対外的な原著論文なしで MIT の教授になったそうである．この時期の AI を皮肉って「Good Old-Fashioned AI（古き良き AI）」と表現することがあるが，こういう本が出て注目されたのは良い意味で古き良き AI の時期だったのであろう．ちなみに Winston は優れた教科書を書くことでも知られていた．当時の人工知能研究はもっぱら LISP というプログラミング言語で書かれていたが，LISP の代

表的な教科書を書いたのが Winston であり，それを日本語訳したのが白井であった．ちなみに『コンピュータビジョンの心理』に載った白井の研究は，1973 年に *AI journal* に "A context-sensitive line finder for recognition of polyhedra" という題名で掲載されている．

　白井はこの伝説的な本に論文が載った唯一の日本人であり，そのこともあって国際的に最も有名な日本人 AI 研究者の 1 人となった．彼はそれ以外にもコンピュータビジョンあるいは画像認識においてさまざまな研究を行なっているが，筆者にとって特に印象に残っているのが電総研で井上博允と一緒に行なったハンドアイシステムの研究である．これはロボットハンドとカメラを連携させて組立て作業をさせるというものである．いまでこそロボットのメカとカメラを連携させるのは当たり前のことであるが，当時としては画期的なことであった（まだ AI が積み木の世界を対象としていた当時の話である）．白井が画像認識の部分を，井上がロボットの動作の部分を受け持って組立て作業をさせることに成功した．認識と動作の間には（当時は明示的には認識されていなかったものの）当然ながら何らかの思考のプロセスが存在している．のちに Rodney A. Brooks などが主張した認識–思考–動作のループを成立させたシステムの世界的な先駆けであった．この研究は Yoshiaki Shirai and Hirochika Inoue：Guiding a Robot by Visual Feedback in Assembling Tasks, *Pattern Recognition*, Vol.5 pp.99–108, 1973. という論文となって最優秀論文賞を受賞している．

1.19
レイモンド・カーツワイル
Kurtzweil, Raymond (1948–)/ 徳田 英幸

米国の発明家，実業家，未来学者．これまでに OCR (Optical Character Recognition) ソフトウェア，フラットベッドスキャナ，シンセサイザー K250，文章読み上げマシンなどを発明．1978 年 ACM グレース・ホッパー賞，1999 年全米技術・発明勲章を受賞．2005 年に出版した *The Singularity is Near : When Humans Transcend Biology* の中において，人類は，生物としての人間の思考が機械と融合し，生物としての基盤を超越し，人間と機械，現実世界とヴァーチャルリアリティとの間には区別がなくなった世界が出現するであろうと予見し，シンギュラリティ（技術的特異点）が 2045 年ごろに到来すると予想している．技術的特異点（シンギュラリティ）という用語は，サンディエゴ州立大学のバーアナア・ビンゲ氏 (Vinge, Vernor) が 1993 年に発行されたエッセイ *The Coming Technological Singularity: How to Survive in the Post-Human Era* の中で最初に問題提起されてはいるが，カーツワイル氏の 書籍，講演などが米国におけるシンギュラリティ議論のブームを起こし，シンギュラリティ論者の中心的存在である．

カーツワイルのシンギュラリティ

有史以来，人類が発明してきた科学技術の進歩は，指数関数的な成長のパターンで進化し続けている．たとえば，IT 技術に関しては，リレー式計算機から真空管，真空管からトランジスタ，トランジスタから LSI といったように，成長の限界が見えた際には，人類は次々と新しい技術へのパラダイムシフトを起こしてきており，そのスピードは加速を続け，特に，収穫加速の法則 (The Law of Accelerating Returns) と GNR (Genetics, Nano-technology, Robotics) 革命により，2045 年ごろには，人類は，"シンギュラリティ"に到達するであろうと予想している．シンギュラリティ論者として，これら GNR 革命によって，人間は自分の体や脳の限界を超越し，より生産的かつ創造的になれる反面，人間が持つ生物的な知能と人間が作り出した非生物的な知能との融合が起きると主張している．

収穫加速の法則

カーツワイルが 1999 年に発表した *The Age of Spiritual Machines* において提唱した法則．人類有史以来の技術進歩を対数グラフで整理すると，農業，印刷，電話，通信，産業革命，コンピュータなどといった技術的な進化は直線上にプロットでき，これらの進歩だけでなく，生命進化のプロセスを振り返ると，人間の誕生から人類は進化を加速し続けている．あらゆる技術革新の成果は，次なる科学技術進歩へとフィードバックされ，特に，GNR 技術のような進化が他のあらゆる分野の成長を牽引していくことを指している．

情報分野においては，これまで，半導体の集積度は，18 ヵ月で 2 倍になるというムーアの法則，光ファイバーの帯域は，6 ヵ月で 2 倍になるというギルダーの法則，ネットワーク（コミュニティ）の価値は，ユーザ数の 2 乗となるというメトカーフの法則などが有名である．彼は，ある意味，これらを全て包含したような加速に関する一般法則を提唱している．

GNR 革命

21 世紀において，"遺伝学"，"ナノテクノロジー"，"ロボット工学"の 3 つの分野が革命的に進歩し，さらにそれら 3 つのテクノロジーが融合することで，新たなテクノロジー

が生まれ，飛躍的に進化すること．それぞれの頭文字をとって GNR と命名．

遺伝学 (G) の分野は，バイオテクノロジー全体を指し，情報テクノロジーの指数関数的な成長が反映される．たとえば，RNA 干渉に関する技術を使うことによって，遺伝子の働きを抑制することが可能となり，遺伝子というソフトウェアを再プログラムすることで，疾病や加齢を防ぐことが可能．

ナノテクノロジー (N) の分野では，あらゆる物質（人間の身体や脳も含めて）は情報テクノロジーが扱う分野になり，エネルギーコストをかけずに作り出すことができる．

ロボット工学 (R) の領域では，人工知能に関して，新しいコンピュータハードウェアおよび，人間の脳のメカニズムの研究に関するソフトウェアの両面で進化が加速．脳をスキャンする解像度は年 2 倍，脳に関するデータ量も年 2 倍に増え，聴覚皮質や小脳などのモデル化が進むとともに，人間の脳のシミュレーションが可能となると予想．

また，これら 3 つの技術が融合し，赤血球よりも小さい"ナノボット"が創られ，血管内に送り込まれると，そのプログラムによって病巣を検知し，薬を放出するといった治療方法が確立される．一方，ナノボットの自己複製を抑制するメカニズムが壊れると，全ての生物・非生物を問わず危険に瀕することになるとも指摘．

1.20
渕　一博
Kazuhiro Fuchi (1936–2006) / 中島 秀之

　言わずと知れた，世界にその名を駆せた「第五世代コンピュータ」の中心人物．このプロジェクトは年間予算約 50 億×10 年間 という情報系としては最初の巨大プロジェクト．当該プロジェクトは通産省の下にあった電子技術総合研究所が中心となって立案を行い，渕は立案，設立，プロジェクトリーダーをこなした．1982 年に（財）新世代コンピュータ開発機構 (ICOT) が設立され，電総研からは渕ら4 名が出向してプロジェクトの舵取りをした．

　第五世代コンピュータの目標は，「述語論理による推論を高速実行する並列推論マシンとそのオペレーティングシステムを構築する」というものであったが，プロジェクト途中に汎用マシンの性能が予想以上に高くなり，推論マシンの開発の必要性が激減した．中間段階で計画変更を試みたものの，通産省の意向でそのまま継続となった．その意味でプロジェクトは当初目標を完全には満たすことなく終了した．ただ，渕はプロジェクトで開発された並列推論システムの上で，従来の定理証明システムより一桁倍早いプログラムを作るなど，研究者としての手腕も見せた．

　プロジェクト自体は世界的に注目され，世界中の有力な研究者が ICOT を訪れ，日本の研究者に世界的活躍をする機会を与えた．プロジェクト期間中に多くの AI 関連の人材を育成した功績は大きい．AI 研究の歴史上，日本が中心的役割を果たした唯一の時期かもしれない．

　私は学生時代に（当時日本の AI 研究のメッカであった電総研の）渕の推論機構研究室で Lisp を使わせてもらって以来の付き合いであるが，個人的には日本人離れした豪胆な人との印象を持っている．私の大学院生時代に

Prolog の教科書を書くように産業図書の江面編集長に推薦してくれたのも渕である．

　余談であるが，私は virtual を「仮想」というのは間違いだと思っているが，特に virtual reality の研究者に同意見の人が多い．辞書を引いても virtual の意味として最初に出てくるのは「実質的に」と言うことだ．virtual reality は reality ではないが，実質的に reality と同じ機能を持ったものである．virtual memory も実質的にはメモリなのであるが，これを「仮想メモリ」と訳した犯人はどうやら渕らしい．

1.21
木村　敏
Bin Kimura (1931–) / 中島 秀之

本 AI 事典は主観的な表現を良しとしているが，その中でも本稿は特に主観的になることをお許し願いたい．彼の著書が私の研究の重要な一部となっているからで，そのため本稿は私と彼の付き合いに関するエッセーに近い．客観的な記述は WEB 等で調べていただきたい．

木村敏の本業は精神病理学の医師（最初に会ったときは京都大学）であるが，私はむしろ現象学の哲学者として存じ上げている．ハイデガーを始めとして現象学の考え方は AI に馴染むと考えている．最初に接した本は『心の病理を考える』．木村の著書の中では一番わかりやすく，かつ面白いのではなかろうか．「離人症」という一見理解不能な症状のことが書かれている．英語は depersonalization なので，こちらの方が意味がとりやすい．個人性（主観性）が抜け落ちるという症状である．自己に関する感覚が無くなり，自分の知覚している，ものとものの裏にある豊富な関係が知覚できず，自分とか時間の経過が実感できなくなる神経症のことである．

> 患者はたとえば，（中略）窓の外の景色を見ても，あれは松だ，あれは屋根だ，あれは空だということはわかるのに，それがひとつのまとまった風景になっているということが感じられない，温度計を見ればいま何度だということはいえるのに，暑いとか寒いとか，季節感とかがわからない，喜怒哀楽というものが感じられなくなってしまった，（中略）なにをしても，自分がそれをしているという感じがもてない，自分がここにい

るのだということがわからない，「ここ」とか「そこ」とかいう意味がわからない，空間にひろがりというものが感じられない，遠いところも近いところも区別がなくなって，なにもかも一つの平面にならべられたような感じがする，というような体験を語ってくれる [1]．

これを読んで，まさに知識表現を持った AI プログラムのようだと思ったのは私だけだろうか？

> ある患者は，「時間の流れもひどくおかしい．時間がばらばらになってしまって，ちっとも先へ進んで行かない．てんでばらばらでつながりのない無数のいまが，いま，いま，いま，と無茶苦茶に出てくるだけで，なんの規則もまとまりもない」という [1]．

木村によると，このような症状は比較的頭の良い人に多いそうで，日常生活は支障なく営んでおり時間の管理にも問題がない．ただ，実感が欠如しているだけらしい．AI 研究にとって重要な示唆を含んでいると思う．

木村のライフワークは「あいだ」の研究だという．この「あいだ」という概念は日本特有のもので西洋には見られない概念である．演劇などでいう「間」や日本画における何も書かれていない空間もこれに通じる．木村には「あいだ」を主題にした著書が多い．

木村 [2] にはノエマとノエシスに関する記述（フッサールのそれとは少し異なる）がある．ピアノの演奏を例として，意図した音と，実際に出た音の違いを認知し，その後の演奏

に反映させていくというループが描かれている．私は，この考え方を借用して構成的学問の方法論として展開させていただいている．

参考文献

[1] 木村 敏，『時間と自己』，p.26，中公新書，1982.

[2] 木村 敏，『あいだ』，p.27，弘文堂思想選書，1988（ちくま学芸文庫，2005）．

・ 1-21-3 木村 敏，『心の病理を考える』，岩波新書，1994.

第2章
汎用人工知能

Artificial General Intelligence：AGI/ 編集担当　山川　宏

　本章で扱う汎用人工知能 (AGI) とは，広範なタスクにおいて設計時の想定を超えた問題を解決できる人工知能である．特定のタスクごとには問題解決の能力が高まった現状（2019 年時点）の AI を超えて，概ね人間レベルの知能に到達するための技術的な目標が AGI である (2.1)．それゆえ，AGI の評価にどのように多様で未知なタスクを含めるかは大きな課題となる (2.2)．

　将来において，AGI は，様々な常識 (2.4) を活用して安全に自律的 (2.3) に知識を獲得しつつ，未知の課題に対しても様々な仮説を想像し，問題解決を行えるだろう．そうした能力により，科学技術の発展を AGI 主導に置き換えることは (2.8)，今まで以上に大きな経済的発展を引き起こす (2.9) ことになる．

　AGI 開発プロセスにおいては，様々な技術を認知アーキテクチャ (2.10) という形で統合していく必要がある．シンプルな理論的形式として Universal AI (2.11) が知られているが，そのままでは現実的に計算可能なものとはならない．これまでに研究されてきた主な認知アーキテクチャだけでも 50 種類程度存在するが，ここでは現在も研究が継続されている記号ベースの例として NARS(2.12) を，サブシンボリックベースの例として LIDA (2.13) を紹介する．しかしその開発プロセスとは従来の AI とは一線を画したものになるかもしれず，そのためには，アルゴリズム情報理論 (2.5) や圏論 (2.6) といった，新しい定式化からのアプローチが必要かもしれない．さらには人間の理解をこえた形で開発が進むかもしれない (2.7)．

2.1
汎用人工知能とは
Artificial General Intelligence：AGI／山川　宏

汎用人工知能 (Artificial General Intelligence：AGI) は AI 研究の 1 分野である．その研究の目標は，設計時の想定を超えた未知の多様な問題を解決できる知能，つまり「汎用性」の実現である．

現状で実現されている特化型 AI は，タスクごと（たとえば囲碁，自動運転など）に対応している．しかし一定の経験を積んだ AGIであれば短期間で自動的に新たなタスクに適応でき，タスクごとに必要となる開発コストを大幅に削減できる．AGI は人で言えばジェネラリストであるため，横断的な知識を必要とする政治家・管理職・接客などのタスクを実行できる．また災害時や宇宙探査など，人間の支援が難しい状況での活動が可能になる．さらに AGI が自律的に世界を探索することで，グローバル問題の解決や科学技術の進展など，人智を超えたレベルで世界を理解する能力の自動化が期待されている．

しばしば AGI 研究では，「人間レベルの汎用性を持つ AGI」を目指す．その利点として，人間観点からの評価が行え，社会実装時の有用性がわかりやすく，認知科学や神経科学等の知見を活用できる，などがある．

伝統的な認知アーキテクチャ研究

汎用的な知能が，設計時の想定を超えて様々な問題を解決できる能力は，再利用可能な知識を柔軟に活用（組合せ，転用）することに基づく．

2012 年以前も，機械学習は存在したが，多くの場合に知識は人間が記述するものであった．このため，人間の振舞いを模して知能を活用する認知アーキテクチャが，AGI 研究の中心であった．認知アーキテクチャとは，知的エージェント（動物や機械）の認識行動の全体を統合的に理論化，実装するためのアーキテクチャであり，知的エージェントを構成するモジュールの配置と，それらモジュールの組合せ（相互作用）を通じて，多様な認知機能をモデル化するものである．

しかしながら，設計者の想定を超えた未知の問題解決能力を，人が設計したドメインごとの知識の組合せから得られると考えることには無理がある．そもそも，タスクのドメインごとにそこに依存した知識を人が設計していては，自律的に様々なタスクを解決できる AGI とは言い難い．本来は，一般性の高い知識のみを事前に与え，ドメインごとの知識は教育的環境を含むデータから獲得すべきである．

深層学習の発展

2012 年以降，ニューラルネットワークを高度化した深層学習技術が発展し，多種多様な知識を学習データから獲得することが可能になった．こうして，ドメインごとの知識を人が設計しなければならない状況は打開された．そして潤沢なデータから獲得した知識を直接的に利用する帰納推論に基づく AI は，既にしばしば人の能力を凌駕している．

一方で，AGI で目指すべき汎用性を実現するには，様々な観点から知識を柔軟に活用（組合せ，転用）することが必要になる．しかし機械学習が得られる知識はデータの統計的な振舞いの再現に留まり，データが少ない未知の問題を解決する能力には到っていない．

近年の機械学習からの進展状況

2010 年台後半に入り，最先端の機械学習研究では，AGI が志向してきた複数のタスクをまたぐ問題設定への挑戦も始まっている．たとえば，マルチタスク学習 (multi-task learning)，継続学習 (continual learning)，ライ

フロング学習 (life-long learning) などがある．この分野では，当初より個別のタスクの学習を制御するメタパラメータの学習や，新タスクへの適応時に過去のタスクについての知識の破壊を防ぐ研究などが進められた．

AGI にとって重要な，再利用可能な形で知識を獲得する研究と，知識を活用する研究も始まっている．まず，多様なモダリティにおいてデータから得られる知識を再利用性が高い部品として整理するための Disentanglement，グラフ表現といった研究やオントロジーとの対応付けなどがある．次にニューラルネットワーク上において知識を組み合わせるための，注意の機構の導入や，記号や言語機能との結合，また類推のように知識の転用を行う転移学習といった研究もすすんでいる．

こうした流れの中で，改めて，様々な知識を組み合わせて活用するためのアーキテクチャの重要性も高まっている．これは認知アーキテクチャ研究を含む伝統的な AI 研究で目指していたことを，データから獲得した知識に対して展開することに相当する．現在も，アーキテクチャの設計は人の試行錯誤に負う場合が多いが，設計空間は広大である．そこで，次々に自動生成したアーキテクチャを比較評価して進化させる，アーキテクチャ探索も試みられている．また，神経科学の進展を背景に，現存する汎用知能である（人間の）脳を参考にして，設計を行う脳型 AGI も見直されている（13.9 全脳アーキテクチャの項目を参照のこと）．

AGI 完成までに残された課題の全てを見とおすことはできないが，少なくとも，アーキテクチャ上で行われる様々な知的情報処理をメタな視点から捉え，新たな情報処理の観点自体を探索する能力は重要である．こうしたメタ処理では，膨大な可能性の中から，有力な候補を効率的に見つけ出す必要がある．そこでたとえば，データ内に潜む，普遍性，対称性，等価性，などを捉えようという基礎的な研究も始まっている．

AGI に対する見解とその推移

AGI が目指している姿は，AI 分野の創設期からの夢であり，ときに "本当の人工知能" と呼ばれることもある．しかし技術的な困難さから，2 回にわたる AI ブームにおいても，そこに近づくことは困難であった．しかし，こうした AI を目指すべきという声も根強く，Ben Goerzel 氏により AGI が提唱されたのが 2000 年台中頃である．AI 冬の時代真っ盛りの当時においては，専門家の中でも AGI に対しては懐疑派が主流であったし，一般には無名の存在であった．

しかし 2012 年以降の深層学習の発展で知識獲得の自動化が進んだことが起爆剤となり，2015 年には，DeepMind, GoodAI, OpenAI, NNAISENSE, WBAI を含め AGI の開発を公言する組織が続出し，現在は世の中に知られる言葉となった．2017 年時点で 45 の AGI 開発組織が掲載されている [1]．

AGI の出現時期に対する，専門家を含む多くの人々の見方としては数十年以内という意見は多い．しかし，歴史的経緯もあり，「その実現性は不可能」もしくは，「現時点での議論はナンセンス」といった専門家からの意見もある．さらに実現されていない AGI のイメージが世間からの過剰な期待を招き，現状の AI 技術に対して失望を抱くことへの危険性も指摘されている．

様々な意見を踏まえても，かつて未来学者の Ray Kurzweil が予測した 2029 年までに AGI が存在するか否かは定かではない．しかし，深層学習の出現後の AI 研究は，AGI に向けて着実に技術が進展していることは間違いないだろう．

参考文献

[1] Baum, Seth. A Survey of Artificial General Intelligence Projects for Ethics, Risk, and Policy Global Catastrophic Risk Institute Working Paper 17-1, p.99 Posted: 16 Nov 2017. https://papers.ssrn.com/sol3/papers.cfm?abstract_id=3070741

2.2
汎用知能の評価
Evalution of General Intelligence/ 市瀬 龍太郎

汎用知能は，特定のタスクを解くことを目的とせず，広範囲のタスクを解くことに使われる．そのため，評価する要素を同定することが難しく，さらに，要素の複合体であるシステムとしての評価も必要となるため，一般的に，評価を行うことは困難な問題となる．汎用知能を評価するためのアプローチとして，主に，タスクベースと能力ベースの2つのアプローチがある．前者は，様々な動作，判断などの知的要素が広範に含まれるタスクを定義し，そのタスクの処理能力によって評価を行う．後者は，汎用性を持つ知能に必要な能力を設定し，その能力によって評価が行われるものである．以下，この2つに分類し，順に説明を行う．

まず，1つ目のタスクベースのアプローチであるが，このアプローチでは，知能の持つ汎用性を評価するために，あるタスクを設定する．ここでのタスクは，解くために様々な要素が複雑に絡み合い，単一の要素で解くことが困難なものが設定される．そのようなものの代表として，ウォズニアックテストというものが知られている．アップルの創業者であるスティーブ・ウォズニアックが提唱したもので，知らない家に行って，コーヒーを入れるというタスクである．タスクの定義としては単純であるが，このタスクには様々な要素が含まれている．このタスクを遂行するためには，まず，家に訪ねて行ったときに，その家にいる人に，事情を話して家に入れてもらわなければならない．そのためには，十分なコミュニケーション能力が必要となる．さらに，家に入ったあとには，台所やコーヒーを入れるための器具を探さなければならない．そのためには，何がどこにあるのかといった空間認識能力やどういう場所にどういうものが入っているのかといった常識的な知識などが必要となる．また，同様なタスクとして，ビデオゲームもよく知られている．ビデオゲームには，ポン（二手に分かれ，球を打ち合うゲーム）のような単純なものから，ファイナルファンタジー（主人公を操作して，目的を達成するゲーム）のような複雑なものまで様々なものがあるが，基本的な入出力は，画面を見て操作を決めるという単純な構造になっているため，汎用知能の評価に向いている．この枠組みでは，単一のゲームをうまくプレイするのではなく，多様なゲームをうまくプレイできるかという観点から評価を行う．しかし，このようなタスク指向で評価を行う場合には，汎用性が真に評価できるかに関して議論がある．代表的なものとしては，複雑なタスクでも単純なタスクの組合せで実現することが可能な点である．たとえば，複数のビデオゲームをうまくプレイできる汎用的な知能があっても，その中身が，ゲームA用，ゲームB用，・・・ としてプログラムされており，それらをSwitch文でゲームに応じて分岐して利用するようなもの[1]であれば，複数のゲームをうまくプレイできても，十分な汎用性を持っているとはいいがたい．

2つ目の能力ベースのアプローチは，汎用知能に必要な能力を設定し，その能力をどの程度持つかにより，評価を行うものである．汎用知能に必要な能力としては，様々な切り口がある．たとえば，自律性は必須の能力の1つであろう．その自律性を持つためには，学習能力や資源管理能力などが必要になると分

---

[1] big switch statement アプローチと呼ばれる．

解し，それぞれの項目に対して，どの程度の能力を持つかにより，汎用性の評価を行う．

このような評価軸となる能力としては，人間の知的能力を検証した心理学の知見が援用できる．Piaget の認知発達理論の観点からは，それぞれの発達段階ごとに個人が獲得される能力が示されており，そのような能力を持つかどうかが評価軸とできる．同様に，ヴィゴツキーの認知発達理論は，社会的な能力の評価軸とすることができる．また，知能心理学では，人間の知能がどのような因子によって構成されているかが議論されている．たとえば，ガードナーの多重知能理論では，知能は言語的知能，論理・数学的知能など，8 つのものを組み合わせてできているとされている．一方，CHC モデルでは，様々な知能の因子を分解し，短期記憶や処理速度などが知能を構成する因子の 1 つとされている．そのような因子は，汎用知能を構成する認知アーキテクチャの観点からは，データ量，データの処理可能な容量，データ処理の正確性，データ処理の速度として評価できるであろう．しかし，汎用知能に必要な能力に関してはいろいろと挙げることができるが，どのような能力があれば十分であるかに関しては様々な議論がある．さらに，このような能力に基づく考え方では，人間を標準として議論されることが多いが，人間の外側に広がる，動物の知能，生物の知能，機械（無生物）の知能も議論する必要があり，汎用知能の評価の問題は，知能とは何かという人工知能の根源的な問題へとつながっている．

54 第 2 章 汎用人工知能

2.3
自律性

Autonomy／ 栗原　聡

　汎用人工知能 (AGI) において自律性は中核的な話題であり，AI に自律性を与える研究は AGI の実現において特に重要な研究テーマである．

　AI における自律性については，そもそもはマルチエージェント研究分野が受け皿であり，「エージェント」自体の定義が，自律性を持つソフトウェアもしくはハードウェアである．ただし，マルチエージェントにおける自律性は「自律」だけでなく「自動」という意味合いも含む．すなわち，エージェントの振舞いが 100％事前に設定され，設定に基づき自動的に動作するソフトウェアなどに対してもエージェントと呼ぶことがある．これに対して，AGI における自律性は，生物が持つ自律性という意味合いに近い．

　汎用人工知能における自律性の議論において必ず引合いに出される言葉に「用途限定型 AI」がある．掃除ロボットは用途限定型 AI であり，典型的な自動化 AI である．この掃除ロボットに不審者検知機能も搭載されたとしても，やはり用途限定型であろう．しかし，外見は一変するであろうが，家電操作機能やペット見守り機能，電子秘書機能，電話機能など，多くの機能が搭載されるとなると，機能的には汎用性が向上する．しかし，多くの機能を持ったからといって，それを汎用人工知能と一概には呼べないのである．

　より多くの機能を搭載すればするほど，そのときどきにおいてどの機能を実行するかの選択をする必要が出てくる．従来の AI においては，この選択部分は開発者が事前に作り込むこととなる．部屋が汚れていれば掃除機能を発動させ，モノが落ちていればピックアップ機能を発動させる．掃除中にユーザから T

V 予約依頼が入れば掃除を一時中止して録画機能を発動させるといった具合である．その際，録画開始時刻が 5 時間も先であれば，そのまま掃除を済ませた方が効率がよいと考えるかもしれない．それこそ，「家を片付けておいて」といった命令に対して，何をどの順番で実行すればよいのであろうか？　もちろん，搭載される機能がそれほど多くはなく，開発者が「どのようなときにはどの機能を実行させる」というように選択部分を作り込むことが可能なレベルであれば，その AI は多くの機能を開発者の意図通りに適切に使い分けることができるであろう．もちろん，この方法であっても多機能ロボットはそれなりに有用に機能するであろう．

　しかし，当然であるが，この AI では，開発者が想定しない状況には対応することはできない．乳幼児が怪我や事故で病院に行くことになる大半は実は家庭内で起きている．それだけ予期せぬことが起こるということである．人であっても想定外の状況に直面することがあるということは，開発者が想定される全ての選択ルールの記述をすることが不可能であることを意味する．

　AI が，置かれた状況においてどの行動や機能を実行するかの選択を能動的に行う特性こそが自律性なのである．そして，自律 AI が能動的に行動するためには，そのための動機，すなわち目的指向性が必要となる．

　ロボットにおいて，現在の環境状態を与えられた目的状態に変換するための行動の手順を求める技術はプランニングと呼ばれる．定番の古典的プランニング法と言えば STRIPS である．しかし，自律 AI にとってのプランニングはこれと異なり，自分が現状において

自律性　**55**

どのような目的を達成するのか自体を考えることがその目的であり，メタプランニングと呼ばれる．

ロボットを例として考える．バッテリ残存量が減ったので，充電ポイントに移動するための移動プランを生成する場合の「充電ポイントへの移動」が従来のプランニングにおける目的であり，このような具体的な目的のことを「実目的」と呼ぶ．一方，ロボットに与えられた目的が「家の見守り」といった抽象的なものである場合，これは「メタ目的」であり，家の安全の維持という目的を達成するため，安全を脅かす状況が発生するたびに，それを除去する実目的を生成する．ロボットは駆動し続ける必要があることから，充電するという実目的を選択する場合があるかもしれないが，仮に充電という実目的を選択した直後に，異常を検知し，その異常を排除する実目的が生成された場合，ロボットはどちらの実目的を優先するのかを決定しなければならないし，実目的によっては複数の実目的による複合的な対応が必要なケースも考えられる．

また，対話システムを例とすると，現在の対話システムに「喉が渇いた」と話しかければ，直近のコンビニや自販機の場所が回答として返ってくるであろう．しかし，人同士の場合，「今は我慢して！」などと返答する場合もある．この発言は喉の渇きを潤すための返答ではない．理由は，直近の自販機には水以外の高カロリーなジュースしかなく，相手の糖分取り過ぎによる健康への悪影響を防ぐための発言だったのである．これは相手の体型や好み，健康状態，その時の季節や気温などを把握していない限りそのような返答はできない．つまり，「相手の健康を気遣った」，別の解釈をすれば「相手の幸福度を向上させたい」というメタ目的を達成するために「今は我慢して」という発言をしたのである．相手への気遣い以外にも，「その場の雰囲気を維持

したい」とか「自らの欲望を達成したい」など，我々は様々な目的をその場その場の状況で自分なりの価値判断で選択し相手との会話や振舞いを行っている．しかし，現在の対話システムには，このような自律性はなく，単に与えられた質問に解答するのみであることから，そもそも人同士のような会話の成立が困難なのである．

我々が，相手も意識を持つことを実感するのは，相手の行動に意図を感じるからである．意図とはその行動を行う動機であり，それは人が自律システムであるからである．つまり自らがある目的に基づいて自発的に行動するとき，そこには行動を起こすための意図があるはずで，我々はそこに意識を感じるのだと考えられる．我々が，明らかに限定された行動パタンしか持たない家電などに意識を感じないのはそれが大きな理由であろう．家電が，真にユーザのことを気遣って巧妙に自律的に動作することを想像した場合，恐らくは我々は家電が意識を持っているように感じるであろう．システムに高い自律性があるかないかが，我々がシステムに何らかの意図を感じ，システムが意識を持つという感覚を持つか持たないかを分ける基準だと考えている．その意味では高い自律性を持つ高汎用型 AI に対して我々は意識を感じるはずであり，これこそサールの定義する強い AI なのである．

2.4
常識
Common Sense/ ジェプカ・ラファウ

　常識は，スコットランド常識学派によれば，証明しなくても誰でも正しいと思う認識，と定義されている．常識は，誰もが持っており，持っているべき自明の知識である．また，常識による判断は規範的な面も持っている．AIには，常識が欠けているため，人間と自然なコミュニケーションをとり，予期せぬ状況にも合理的に行動し，新しい経験を既に持っている経験とうまく結び付けることが困難である．これが，汎用AIへ近づく際の障壁となっている．

　常識をAIに持たせるための試みがこの数十年間行われてきたが，成功例があるとは言い難い．AIに常識を持たせることは，AIの研究者が追い求めている理想ではあるが，常識に関する研究は遅れている．たとえば，「りんごは木より大きいか」，「部屋から出て台所に入った人はまだ部屋にいるか」という質問は子供でも答えられるが，AIには困難である．なぜなら，これらの知識の大部分はあまりに自明のため言語化されていないので，文章からの抽出だけでは難しいからである．このような背景知識には複数のタイプがある．たとえば，物理的（グラスを落とすと壊れる），社会的（目上の人に敬語を使う），感情的（困った人を助ける）や倫理的（他人の物を盗まない）などといった背景知識が挙げられる．人間が複数の常識的な選択肢を与えたとしても，全てのシナリオを考え出すことは不可能である．そのため，人間と同じく，想定外の状況に対して，異なる思考パターンから適切なものを決定するメタ知識を導入する必要がある．しかし，そのメタ知識の導入過程においては，必要となる知識の焦点が文脈によって異なるため，あとでAIが，初期設定されたルール

を新たな場面に対して学習して更新すべきかを判断することが問題となる．たとえば，真実のみを発言するようにプログラミングされたロボットが，日常生活において正直にユーザのヘアーカットが良くないと発言するようなことはユーザの性格や場面によっては望ましくない．真実を言うか相手の気持ちを損ねないようにするか，このようなルールの競合が起こった場合，どのルールを優先するかは倫理的な側面においても問題となる．

　AIが推論を行う際にも常識は不可欠である．膨大な因果関係の知識源がない限り，汎用性を持った安全な常識推論は不可能である．たとえば，効用の最大化を計算するAIは，Bostromが述べたように，宇宙をペーパークリップだらけにしてしまう恐れがある．これに対して人間は「それは普通の人が望むことではない」という常識に基づいて，そのような行動を取ることはない．このような常識的な事実とルールを収集する代表的なプロジェクトとして，1984年から構築中の常識的知識データベース「Cyc」やMITが提案した常識オントロジー「ConceptNet」が挙げられる．前者は知識エンジニアによってルールが作成されている．後者は非論理的 (scruffy) アプローチが採用されており，クラウドソーシングと外部知識ベースから成る複数の言語で構築されている．言語化された知識は，簡単な行動推測や単語の類似計算などには使用できる知識源である．しかし，「糸は普段立たない」というような常識の発見は画像と動画からの知識獲得タスクに任せることが望ましい．

　AIにより常識を獲得する技術の進歩が遅い原因の1つは，複数のタイプのデータとパターンマッチング技術を必要とするからであ

る．さらにそのデータに適切な構造（知識表現）を与え，適切な処理方法（論理的/統計的/融合的）を選択することが難しいことも進歩が遅れている原因である．加えて，常識を評価することの問題もある．常識の評価は，属する社会や個人によって異なる．そのため，たとえば「リンゴは黄色である」などの色に対するユーザ評価は多種多様であり，その一般性を評価する場合には，十分な文脈を与えるか，被験者に選択肢を少なくするかという評価方法にせざるを得ない．自然言語処理分野においては，AI が常識を利用しているかどうかをテストするために Winograd schema などが提案された．これは，「暴動を恐れていたので，市議会はデモ隊に許可を与えなかった．暴動を恐れていたのは誰か？」という文章を AI に処理させて，AI が，普段市議会が暴動を恐れていることを推測できれば常識を利用していると判断する方法である．このほかにも同じ目的で穴埋めの Narrative Cloze Test も使用されている．これは，ある短いストーリーにどんな結末がふさわしいかを選択問題として，AI に答えさせるテストである．

　AI が，背景知識を用いた異常検知や類推を人間より正確に行える能力を獲得した場合，何が常識的かを人間よりも的確に判断できる可能性がある．AI は，膨大なデータを分析することで，様々な分野において，人間に再考をせまるような新発見をすることが可能である．このことは，人間の常識の向上にも貢献することが期待される．また，AI は何が一般的なことであるかを把握することにより，常識を超えた創造的な能力を獲得できる可能性がある．

2.5
アルゴリズム情報理論と AI
Algorithmic Information Theory and AI/ 宮部 賢志

人間が行う計算・判断・予測を機械にさせる試みは，現在の計算機が存在する前から，ライプニッツやチューリングなど様々な数学者によって取り組まれてきた．「アルゴリズム情報理論 (algorithmic information theory)」は，情報や確率について計算可能性の観点からの理解を試みる分野であり，1960 年代に本格的な研究が始まった．中でもソロモノフ (Ray Solomonoff 1926–2009) による「万能推論 (universal induction)」[1], [2] は推論とその限界について，1 つの解答を与えている．

データを説明する複数の理論があったときにどれを選択するか．古代ギリシャの哲学者エピクロスによれば，整合的であれば全てを保持せよと言う．「オッカムの剃刀」によれば，不必要な仮定をすべきでないと言う．科学の理論としては一般に単純なものが好まれる．

万能推論においては，データを説明する理論とプログラムを同一視し，単純なプログラムで書ける理論の方が可能性が高いと考える．説明する理論は計算可能でなければならないので，その理論を計算するプログラムと同一視してもよいだろう．プログラムの単純さはその長さによって測る．このようにして作られた予測 M は計算可能（に近似可能）で，ほかのどんな計算可能な予測よりも悪くない予測をすることが証明できる．そこでこの予測 M を万能な推論と呼ぶ．

0 と 1 の無限列を予測することを考える．2 進有限列 x に対して，その無限列が x から始まると思う度合い $M(x)$ を次のように定めよう：

$$M(x) = \sum_{p\,:\,U(p)=x*} 2^{-l(p)}$$

ここで，U は接頭万能チューリング機械で，2 進有限列から 2 進有限列の部分計算可能な関数である．p は U へ入力する 2 進有限列のプログラムであり，$l(p)$ はその長さである．$U(p) = x*$ は出力 $U(p)$ が x を接頭辞に持つことを表している．M は下側計算可能な半測度となり，任意の下側計算可能な半測度よりも定数倍を除いて大きくなる．

$M(x)$ は x の複雑さを測っていて，x を出力に持つプログラム p の中で最小の長さ

$$K(x) = \min\{|p| \,:\, U(p) = x\}$$

で定義される「コルモゴロフ複雑性」とも深い関係がある．このような具体的な文字列データの情報量を基盤とした理論なので「アルゴリズム情報理論」と呼ばれる．チャイティンは「シャノンの情報理論とチューリングの計算複雑性理論をシェイカーに入れて，力いっぱいシェイクしてできたもの」と表現している．

「ベイズ推論」の枠組みを用いて，ある有限列 σ があったときに，次のビットが $i \in \{0,1\}$ である確率を

$$\frac{M(xi)}{M(x)}$$

と定めよう．これをソロモノフは「アルゴリズム的確率 (algorithmic probability)」と呼んでいる．2 進無限列の空間 2^ω 上の計算可能な測度 μ でランダムな元 $\omega \in 2^\omega$ を取れば，この ω に沿ってアルゴリズム的確率と $\dfrac{\mu(xi)}{\mu(x)}$ の差は 0 に収束する．すなわち M は μ に関する事前情報無しで，μ の次のビットの確率をランダムな元 ω から学習できる．こ

れは測度の候補も x として与えられる情報も可算であるがゆえに可能なことである．また x の複雑性が情報量基準と同じ役割を果たし過学習が起こらないようになっている．これらの性質から万能推論は汎用人工知能の理論的基盤として期待されている．

このアルゴリズム的確率は頻度主義ともベイズ主義とも異なる．全ての計算可能な規則を発見できるという意味で客観的な側面がある一方，万能機械 U の取り方に依存して M の値および確率の値が異なるという柔軟性も持つ．アルゴリズム的確率はフォン・ミーゼスによる頻度説に基づく確率論を洗練したものとして見ることができるように思う．

万能推論の発見により学習に関する研究が終わるわけではない．アルゴリズム的確率は計算可能に近似はできるが計算可能ではなく，実際の計算機で実装することはできない．計算時間および計算領域の制限の中で上記のような良い性質を保ちながら効率的に規則を見つけて学習する方法は，全く非自明な問題である．また無限列という適用範囲を超えて一般的な場合に何が言えるかも今後の課題である．

参考文献

[1] Hutter, M. *Universal artificial intelligence: Sequential decisions based on algorithmic probability.* Springer, 2005.

[2] Rathmanner, S. and Hutter, M. A Philosophical Treatise of Universal Induction. *Entoropy,* Vol.13: pp.1076–1136, 2011.

2.6

圏論とAI

Category theory and AI / 日高 昇平

圏論とはどんな数学的な理論であるかを一言でいうならば，数学的な概念がなぜそのように名前がつけられているか，その理由を記述する理論であると言えるだろう．あるいは我々が名前をつけたくなるような数学的な概念が共通して持つ構造を記述する理論が圏論と言ってもよいだろう．圏論（の1つの解釈）によれば，名前をつけたくなるのは，何らかの構造が存在し，かつ一意的に定まるから，であり，その性質を普遍性 (universal property) と呼ぶ（普遍性を主題とした圏論の入門書として『ベーシック圏論』[1]）．

こうした「一意に存在する」構造が決まるとき，その多くが "自然な" 関係性を持っており，これを自然変換と呼ぶ．圏論はこの自然変換を定義するために，その基礎となる圏，射や関手という概念を整備し，それらの関係を明示するための理論である [2]．「圏」とは，対象と射の集まりであり，その任意の対象に恒等射と呼ばれる対象を変えない射を持ち，また任意の2つの射に合成をもつものである（さらに，その合成は結合律を満たす）．例として，対象を任意の（小さな）集合とし，射をその集合の間の関数の集まりとする圏などを考えることができる．しかし，もちろん集合と関数の圏以外にも，群を対象，群準同型を射とする圏，体 K 上の線形空間を対象，線形写像を射とする圏，などその抽象性の下で多様な数学的構造が圏の一種として同一視される．

「関手」とは，圏 C から圏 D への射であり，圏 C の対象と射をそれぞれ圏 D の対象と射へとうつす．群を圏としたとき，群の間の群準同型を関手であり，ベクトル空間を圏とすれば，2つのベクトル空間の間の線形変換を関手とみなせる．つまり，ある圏に含まれる代数的構造を，別の圏の代数的な構造へとうつすのが関手である．

なぜ，我々は群やベクトル空間，位相空間に，そのような名前を付けて区別したいのだろうか．その自然な命名あるいは数学的な概念の区切りを説明するのが自然変換である．すなわち，2つの関手に "自然な" 類似性（〜普遍的な射）があるならば，それらの特別な関係をもつ関手に名前を付けたい．

たとえば，ベクトル空間の準同型定理によれば，あるベクトル空間 V から W への準同型写像（線形変換）$f : V \to W$ は，自然に $g : V/\mathrm{Ker}\, f \to \mathrm{Im}\, f$（$\mathrm{Ker}\, f, \mathrm{Im}\, f$ はそれぞれ写像 f の核（$\mathrm{Ker}\, f = \{v \in V | f(v) = \mathbf{0}_W\}$），像（$\mathrm{Im}\, f = \{f(v) \in W | v \in V\}$）で，$X/Y$ は X の Y に対する商ベクトル空間）という同型写像を定める．こうした準同型定理は，ベクトル空間に限らず，群，モノイド，位相空間，など様々な分野の代数構造に見ることができ，抽象代数学の基礎となっている．

さて，このような圏論的な見方は，具体的に人工知能研究においてどんな意味を持つのだろうか．数学を基礎づけるという意味において，圏論と対比されるのは集合論である．特に初期の人工知能研究は，集合論的あるいは命題論理的な構造を持つモデルによって概念あるいは知識を表現する立場が主流であり，現在でもそうした思想は根深く人工知能研究者に息づいていると思われる．たとえば，Collins and Quillian は分類学的な階層構造を，頂点を名辞，辺を述語とする木構造によって捉える理論を提唱している．その源流を遡れば，古くは古代ギリシアの哲学者アリストテレスの三段論法に発想の原型を求めることができ

る [3].

20世紀初頭の集合論の公理化に伴う数学基礎論の動きによって，集合論は数学の各分野の基礎としての地位を手に入れた．一方で，20世紀後半から現在までの流れにおいて，圏論はその集合論に代わる新たな数学の基礎的な枠組みを書き換えつつある．圏論 (Category theory) は，Eilenberg と Mac Lane らの"自然同値の一般論"に端を発し，代数位相幾何学，数理論理学，計算機科学，認知科学などに現在でもその応用範囲を広げつつある数学の1分野である [4]（より人工知能研究者になじみのある圏論の例が紹介されている書籍として『圏論の歩き方』[5]）．この点で，圏論は集合論と同じかあるいはそれ以上の記述的柔軟性あるいは抽象性を持ち，しかしそれらの根底にある考え方は，天動説と地動説のように対極的である．

比喩的に書けば，集合論の抽象性は，無差別になにものも含み得る符号化の形式（メンバーシップ性）を与えるという点で抽象的であるが，圏論の抽象性は，射の合成可能性（図式の可換性）という1つの，しかし強力な"ノミ"により，広い範囲の数学的構造が必然的に"彫り出される"という点での抽象性である．何物も集合論的に記述できるが，それゆえに何が"自然"であるか何も言えないのに対し，圏論は図式の可換性を縦横無尽に駆使することで，我々が自然と思える構造を彫り出す（その裏で，彫り出されない多くの潜在的な構造を捨てる）．圏論の一見して受ける抽象的な印象とは裏腹に，それをよく知れば，こんなに強い制約で彫り上げても，重要な数学的な構造がそこに残っていることに驚く．この点で，逆に我々が自然に構造を見抜く彫刻にはいつも，"自然な関係"を持つべくして持つのだ，と圏論は主張しているのである．

人工知能研究が，人の"自然な認識"を研究する分野であるならば，数学においてそう

であるように，今後，人工知能研究においても圏論がその理論的基礎となっていくのは必然であろう．

参考文献

[1] Leinster, T. *Basic Category Theory.* Chapter 3; 土岡訳・斎藤監修,『ベーシック圏論』，第3章，丸善出版，2017.

[2] Mac Lane, S. 著 三好博之・高木理訳,『圏論の基礎』，丸善出版，2012.

[3] Rogers, T. and McClelland, J. *Semantic Cognition*, 2004.

[4] Awodey, S., *Category Theory*, 前原訳『圏論』，共立出版，2015.

[5] 圏論の歩き方委員会,『圏論の歩き方』，日本評論社，2015.

2.7

AIと理解

Artificial intelligence and understanding/ 呉羽 真

「理解」という言葉には多様な意味があり，代表的なものとしては，

(1) 言語の意味の理解，
(2) 他者の感情の理解，
(3) 現象の科学的理解，

が挙げられる．これらの「理解」はそれぞれ別の現象として扱われるのが通例である．それらの間には一定の共通点があると考えられるが，各現象がそれ自体で極めて難解なテーマであるため，共通点にまで議論が及んでいないのが現状である（こうした区別を行わずに認知科学の諸分野から理解について考察した論考として，[1] がある）．上記の 3 種類の理解はいずれも今後の AI 研究にとって重要な課題になると考えられる．(1) はサールの「中国語の部屋」や「記号接地問題」と関連が深く，また (2) は人間と共生する知的システムを構築する上での鍵となりうる．だが紙数の都合上，以下では (3) に話題を絞り，「理解」という言葉で科学的理解を指すこととする．

現象の理解は，科学の中心的な目的の 1 つとされてきた．理解が持つ価値は，1 つには，それが現象を予測し，制御するという科学の実用的目的に役立つ点にある．もう 1 つには，それが人々の知的好奇心を満たすという純粋に知的な目的に役立つ点にもあり，ここにこそ科学が文化として持つ価値があると考えられる．科学哲学では，理解とは典型的には説明によってもたらされるものであり，また説明とは，現象を支配する法則を特定したり，それを引き起こす原因を特定したり，多様な現象を基本的な原理によって結び付けることであると考えられている．これらをとおして，単に現象が発生しているという知識に加えて，それがなぜ発生するかに関する理解が得られ

るのである．加えて，理解の重要な側面として，その主体の認知特性に依存する，という点が挙げられる．すなわち，ある理論が人物 P に対してある現象に関する理解をもたらすかどうかは，P のもつ知識，能力，関心などに依存する，ということである．このため，従来の科学哲学では，理解は真理への手がかりとはならない単なる主観的な感覚と見なされてきたが，近年はそれを固有の能力を要する一種の認知的達成と見なし，その重要性を再評価する動きがある．

以上のような特徴をもった理解は，天文学や生命科学等の科学分野で科学研究のタスクを AI やロボットに代行させる「科学の自動化」[2] が進められている現在，その導入の仕方を巡って問題となりうる．その問題とは，科学の本来の目的であった理解が重視されなくなる，「科学の疎外 alienation of science」と呼びうる事態が生じかねない，という点である．現在広く用いられている機械学習技術に基づく AI は「ブラックボックス」であり，それが判断を下した場合に人間は結論に至る過程を追うことができない．このため，問題に対する正しい答えが得られても，なぜその答えが正しいのかを理解できないのである．そこで，ブラックボックス型の AI が科学に浸透した場合，それを用いて行われる研究は理解を目的とした営みではなくなり，もはや「科学」の名に値しなくなる，という意見もありうる．このブラックボックス問題への対処法としては，技術的な観点から，AI が判断に至る過程を可視化した「説明可能な AI」も提案されているが，社会的な観点から，AI の導入の仕方に配慮することも重要である．この際に考慮すべき点としては，AI によって得

られた知識を応用する際に，人間の理解の及ばない知識に頼ること——たとえば生命や環境を理解することなくそれらを改変すること——に対して人々が抵抗感を抱くだろうという点がある（この懸念は政策決定等の科学研究以外の応用領域にも当てはまる）．加えて，AIが科学に浸透することで，人々の知的好奇心を満たすという科学の役割が軽視され，その文化的価値が損なわれるおそれもある．このため，AIの科学研究への導入に際しては，単に研究の生産性や効率性だけでなく，その文化的価値にも配慮することが重要になる．

また理解は，汎用AIの実現を目指す試みから見ても，興味深いトピックとなる．従来の科学は人間の認知特性に制約されたものだが，自律的に知識を獲得する汎用AIによってこうした制約が乗り越えられる可能性がある．その結果として，将来的には，SF作家テッド・チャンの作品『人類科学の進化』[3]に描かれたような，人間の科学とは異なる仕方で世界を理解する，いわば「異質な科学 alien science」が出現するかもしれない．とはいえ，理解は多面的な性格をもつため，その基底にある認知メカニズムは（しばしばモデルやアナロジーの重要性が指摘されるものの）いまだ明らかではなく，今後の研究に期待がかけられる．

参考文献

[1] 佐伯胖（編），『理解とは何か』，東京大学出版会，2007.

[2] King, R.D., *et. al.* Functional genomic hypothesis generation and experimentation by a robot scientist, *Nature*, 427: pp.247–252. 2004.

[3] チャン，T「人類科学の進化」，古沢嘉通訳，『あなたの人生の物語』所収，早川書房，2003.

2.8 第五の科学　自動化
Automated science / 高橋 恒一

　自然科学は，世界の仕組みを経験論的に理解しようという営みである．近代科学の歴史は，観察や経験からパターンや法則性を直感的に発見する第一の科学「経験記述」から始まった（例：ケプラーはチコブラーエの天体観察データから直感的に惑星の楕円軌道を見い出した）．その後，発見したパターンや法則性を一般化して形式的に定式化し，自然現象の背後で司る論理・法則に基づいて予測を行う第二の科学「理論」（例：ニュートン力学），さらに20世紀の後半には計算機の出現によりこの「理論」予測を大規模な非線形系にまで押し広げた第三の科学「シミュレーション」が勃興した．21世紀初頭の現在は，センシングや統計的機械学習などの技術の発展により，いわば第一の科学におけるデータ取得，パターン発見，法則発見を大規模化に自動化した第四の科学である「データ」科学が発展している．第一の科学と第四の科学がどちらもデータを出発点に法則性を探索し帰納的であるのに対し，第二の科学と第三の科学は仮説を出発点とした予測と実験結果を付き合わせることにより仮説検証を行い演繹的である（図参照）．

　帰納的アプローチと演繹的アプローチのサイクルを自律的に回し続け，科学的発見のプロセス全体を自動化するためには，これらをつなぐ「仮説生成（アブダクション）」の自動化が必要である [1]．仮説は新たな科学的知識の候補となる命題である．仮説は帰納と演繹の研究プロセスにおいて発生する齟齬やアノマリーの発見を契機に生成される．この形式には大きく構成論的なものと実在論的なものがある．先端科学研究における仮説生成は人類の未踏領域も含めた非常に大きな探索空間における探索問題であり，ロボットによる大規模な実験の自動化と高い汎用性を持った人工知能技術の開発が必要であるが，これらが達成されれば第五の科学は「自動化」となるであろう．

　たとえば，マンチェスター大学のロス・キング教授はロボットを用いて機械が自律的に酵母遺伝学実験を計画，実行，測定解析，推論による仮説生成，そして次の実験計画という一連の研究サイクルを実行するロボットシステムを開発し，それまで知られていなかった3つの新規遺伝子を同定した [2]．

　コーネル大学のリプソン教授は，力学的カオス系の1種である二重振り子の軌道をコンピュータに接続したカメラで観察させ，ハミルトニアンやラグランジアンといった既知の保存則を自力で再発見させることに成功した [3]．

　自然科学とは，本質的に分散的で同時平行的な自然現象を，記号的かつ逐次的である人間の科学的知識体系にどう接地し，共有するのかという変換・翻訳のプロセスである．現代科学の多くの問題が非平衡で非線形かつ高自由度なシステムである生命や高分子，生命，

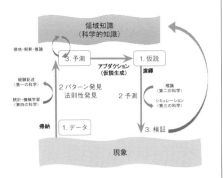

社会や生態系などを対象としている中で，同時に把握できる変数の数がたかだか数個しかない人間の認知能力を超えたパターンや法則発見に，人工知能技術を利用するということは自然な流れである．メリーランド大学のオットーらは蔵本–Sivashinsky 方程式を用いて燃焼の界面の不安定性モデルを構築し，リザバー計算を用いて 7 リアプノフ時間（リアプノフ時間の逆数．初期値鋭敏性がある系において指数的な軌道の分岐が起き予測性が失われる時間尺度）まで挙動を予測することに成功した [4]．このモデルは位相乱流と呼ばれる時空カオスパターンを示す場合があり，挙動を予測するのは一般に簡単ではない．ここで重要なことは，このモデルは対象となる系を記述する支配方程式を明示的に用いていないにも関わらず外形的な入出力関係としては高精度な予測を行うという点である．この研究は，よく定義され比較的単純な支配方程式で記述されるが表現型が豊かな系（創発的複雑性）を対象としているものの，その含意としては支配方程式自体が複雑でモデリング自体に困難が伴う生命や社会のような系（存在論的な複雑性）を扱う上での突破口となる可能性を示している [5]．

将来的に，予測したパターンを記号化し，抽象化，そしてその知識をほかの文脈や問題に転移し利用できるような汎用 AI 技術が実用化された場合，機械が獲得した「理解」が，言語や数式などを用いた抽象レベルでも人間の認知能力で把握できないものとなる可能性がある．そのときに起きることの 1 つは，「科学と技術の離婚」であろう．テクノロジーが経済活動や物事の価値までを決定している現代では，我々の関心は何かを「どうやって (how)」実現するかに向けられている．しかし研究開発にまで自動化の波が押し寄せた将来には，人々の意識の中からテクノロジーという言葉は薄れ希薄化，透明化する．どんな価値が生まれるかは「何を望むか (what)」の時点で決まり，「どうやってそれを為すか (how)」の意味は相対的に薄くなってゆく．そのような時代では，「技術」は限りなく本来の未分化で多義的な意味での「アート」に近づいてゆく．その一方で，技術とは現在よりも距離を取った科学自体は「人間が何かを理解するとはどういうことか」が大きな問題として浮上してくる．これまでの自然科学は対象の記述と予測を効率よく行うための形式性と論理思考を軸としてきたが，機械が行う記述と予測を人間の認知能力では追いきれなくなる将来には，人間の科学の中心的な課題は「理解するということの理解」となり，認知科学が自然科学の中心の一角を占めることになるであろう．

参考文献

[1] 渡部匡己, 都築拓, 海津一成, 高橋恒一, 人工知能による科学研究の加速. 人工知能学会全国大会論文集, 30:pp.1–4, 2016.

[2] King, R. *et al.*, The automation of science, *Science*, 2009.

[3] Schmidtz, M. and Lipson, H. Distilling free-form natural laws from experimental data. *Science*, 2009.

[4] Jaideep Pathak, Brian Hunt, Michelle Girvan, Zhixin Lu, and Edward Ott. Model-Free Prediction of Large Spatiotemporally Chaotic Systems from Data. A Reservoir Computing Approach. *Phys. Rev. Lett*, 120, 024102, 2018.

[5] Takahashi K., Yugi K., Hashimoto K., Yamada Y., Pickett CJ, Tomita M. Computational challenges in cell simulation. A software engineering approach. *Intelligent Systems, IEEE*, Vol. 17, pp.64–71, 2002.

2.9
AGIと経済
AGI Affects the Economy / 井上 智洋

　AGI (Artificial General Intellgence) の実現を目指す日本の非営利組織「全脳アーキテクチャ・イニシアティブ」は，2030年には研究開発の目処が立つという展望を示している．2030年ごろにAGIが実現するならば，第四次産業革命における最も重要な技術はAGIとなるだろう．

　AGIの出現によって「生産構造」はどのように変化するだろうか．「生産構造」とは，生産活動に必要な「インプット」（投入要素）と生産活動によって生み出される「アウトプット」（産出物）との基本的な関係である．

　第一次産業革命によって現れた産業資本主義は，一般に図1のような生産構造を持った経済である．インプットは「資本」（機械）と「労働」で，アウトプットは工業製品やサービスなどの産出物である．

　資本はアウトプットの一部であり，投資により増大する．そうすると，より多くの工業製品を作り出すことができる．このような循環的なプロセスにより，劇的な産出量の増大がもたらされる．このような経済を「機械化経済」と呼ぶことにする．今の資本主義は，機械化経済である．

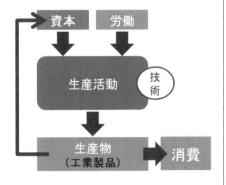

図1 機械化経済

　図2のグラフは，第一次産業革命期において二手に分かれている．19世紀にイギリスを初めとする欧米諸国の経済が機械化経済に移行することによって持続的に成長する上昇経路を辿り出した一方で，アジア・アフリカ諸国などの経済は欧米諸国に収奪されることにより停滞路線を辿り，むしろ貧しくなった．

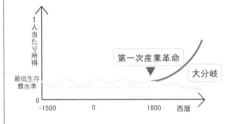

図2 大分岐

　こうして世界は豊かな地域と貧しい地域に分かれた．この分岐は，近年の経済史の用語で「大分岐」(Great Divergence) と呼ばれている．

　機械化経済に移行しても，成熟するにつれて成長が鈍化する点には注意が必要だ．経済成長の代表的な理論モデルである「ソローモデル」に基づけば，機械化経済の成長率はいずれ2%程度に収束する．定常状態に至る前の移行過程では，資本を増大させればそれだけ成長率は上昇させられるが，定常状態の成長率は資本の増大によっては上昇させられない．ソローモデルのこの結果は現実にも当てはまると考えられている．中国やインドが6%以上の高い成長率を保ってきたのは，これらの経済がソローモデルの移行過程にあるからで，現代の日本やアメリカが1%や2%といった低い成長率しか実現できないのは，これらの経済がソローモデルの定常状態にあるからだと解釈できる．

第四次産業革命は，成熟した国々の経済成長に関するこのような閉塞状態を打ち破る可能性がある．なぜなら，AGI が人間の労働の大部分を代替すると，図 3 のような経済構造になるからだ．インプットは AGI を含む資本のみで，労働は不要となっている．このような経済を「純粋機械化経済」と呼ぶことにする．

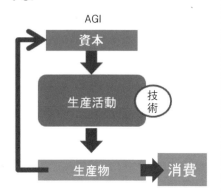

図 3　純粋機械化経済

純粋機械化経済に関する数理モデルに基づいて分析すると，この経済では成長率自体が年々成長していくことがわかる．

したがって，もし AGI を導入した国とそうでない国があるとするならば，図 4 のように経済成長率に開きが生じていくことになる．この図は縦軸が経済成長率であり，図 2 の方は縦軸が所得であるという点に注意して欲しい．

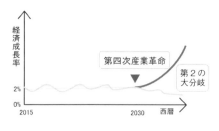

図 4　第 2 の大分岐

第四次産業革命期に現れるこのような分岐を「第 2 の大分岐」と呼ぶことにする．第一次産業革命期に発生した最初の大分岐では，蒸気機関などを導入して生産を機械化した欧米諸国は上昇路線に乗り，そうでない国々は停滞路線に取り残された．それと同様に，第 2 の大分岐では，AGI をいち早く導入した国々が経済面で圧倒的となり，導入が遅れた国々を大きく引き離すことになる．

その一方で，AGI の出現は歴史上かつてなかった規模での技術的失業をもたらす可能性がある．技術的失業は，イノベーション（新しい技術の導入）がもたらす失業を意味している．「銀行に ATM が導入されて窓口係が必要なくなり職を失う」というのはそのような失業の例である．

機械化経済では，技術的失業は結局のところ一時的で局所的な問題に過ぎなかった．既存の雇用が減少する一方で，新しい雇用が創出されるからだ．

AGI が出現した場合には，技術的失業は長期的で全体的な問題になる可能性がある．今の資本主義すなわち「機械化経済」は，図 1 のように，「資本」と「労働」の 2 つをインプットとする生産活動である．したがって，消費需要の増大は資本の需要ともに，人間の労働需要を増大させてきた．

それに対し，図 3 のような純粋機械化経済では，AI を搭載した機械が自らを操作する．完全にオートメーション化された無人の工場を想像して欲しい．そこでは生身の人間は不要なので，消費需要の増大は労働需要を増大させない．

人間の労働が残るケースも考えられる．人間の労働と AGI が高い代替性を持つ場合でも，AGI を搭載した機械に比べて賃金が割安であれば，人間の労働者が雇用される．しかし，一般に賃金は下方硬直的である（下落しにくい）．たとえ下落したとしても，いずれは最低賃金の壁に突き当たる．したがって，機械の価格が下落し続けるのであれば，必ずい

つかは雇用は消滅することになる.

こうした失業に対処するためには,「ベーシックインカム」(BI) が有効である. BI は生活に最低限必要な所得を国民全員に保障するような制度（一種の社会保証制度）である. 生産性の向上に応じて, BI の給付額を増大させるような政策も考えられる. そうであれば, AI 時代に多くの人々が豊かさを享受できるようになるはずだ. AI が害悪をもたらさずに発達し普及するためには, BI が不可欠なのである.

2.10
認知アーキテクチャ
Cognitive Architecture / 寺尾 敦

何人かの研究者が少しずつ異なった認知アーキテクチャの定義を与えている．The MIT Encyclopedia of the Cognitive Science では，Steven Sloman が，「認知アーキテクチャは心のデザインと組織のことである．認知アーキテクチャの理論は，認知システムの徹底的な調査，機能とその容量の記述，システムを統合するための青写真を提供することを試みている」（同書 p.124 参照）と述べている．Allen Newell [1] は，「われわれの究極的の目的は人間の認知の統合理論である．ここまで主張してきたように，これは人間の認知アーキテクチャの理論として表現される．すなわち，認知的パフォーマンスと学習の即時的なプロセスについてのフレームワークを形成する固定的な（あるいは，ゆっくりと変化する）構造の理論である」と述べている．

上述の 2 つの定義から示唆されるように，認知アーキテクチャは認知機能を実現する物理的構造（人間の場合は脳）の設計原理である．John Anderson [2] によれば，この用語は，コンピュータアーキテクチャとの類推として，Allen Newell によって計算機科学から認知科学に持ち込まれた．Newell は，その最終講義において，「私にとっての疑問は，人の心が物理的宇宙においていかに生じうるのかである（how can the human mind occur in the physical universe）」という言葉を残している [3]．Anderson は，この疑問に答えようとするのが認知アーキテクチャの理論であるとして，「認知アーキテクチャは，ある抽象化水準で脳の構造を特定したものであり，心の機能がどのようにもたらされるかを説明する」[4] という定義を与えている．人間の場合，認知アーキテクチャは脳に組み込まれて

おり，固定的で簡単には変化しない．この点で，認知アーキテクチャの理論は，容易に変わりうる知識や推論（コンピュータではデータとプログラム）のレベルの記述とは異なる．Newell は，アーキテクチャはシンボルシステム（プログラムのレベルでのシステム）を実現する固定的な構造であり，「レジスタ転送レベルでのシステムの記述である」[5] と述べている．

認知アーキテクチャの理論は，伝統的には，プロダクションシステムとして構築されてきた．プロダクションシステムのフレームワークは，人間の認知はルールの集合によって説明できると主張する．たとえば，方程式の問題が与えられると，数の四則演算の結果に関する知識を検索するためのルールや，検索の結果を利用して式変形を行うためのルールなど，関連するルールが連鎖的に実行され，問題解決が行われると考えられる．ルールは，ある条件が満たされたときの行為を決定する，IF–THEN 形式のプロダクションルールとして表現される．Anderson による ACT–R（アクトアール）理論では，宣言的知識と手続き的知識を区別し，宣言的知識はチャンクと呼ばれる構造で，手続き的知識はプロダクションルールで表現する．記号で表現された知識を操作するという点で，プロダクションシステムは記号処理のアーキテクチャである．

1980 年代に，脳の神経細胞にヒントを得た処理ユニットのネットワークを用いる，コネクショニストモデル（ニューラルネットワークモデル，あるいは，並列分散処理モデルとも呼ばれる）が台頭し，記号処理の立場とは対照的な認知アーキテクチャの理論の基盤となった．コネクショニストモデルでは，知識

は記号的に明示されるのではなく，ユニット間の結合強度の集合として表現される．

記号処理のアーキテクチャとコネクショニストモデルのアーキテクチャは，論争の一方で歩み寄りを見せた．たとえば，Andersonの ACT–R 理論は「シンボリック」な水準と「サブシンボリック」な水準を持っている．宣言的知識をチャンク，手続き的知識をルールで表現することは，ACT–R でのシンボリックな水準である．サブシンボリックな水準として，どの知識が利用可能かを決める活性化あるいは効用の神経的な計算がされており，ここにはコネクショニストモデルでのアイデアが採用されている（ACT–R 理論についての解説記事 [6] を参照）．

認知アーキテクチャの理論は汎用人工知能の設計において重要な役割を果たすと期待されている（ [7] に収録されている山川宏氏へのインタビューを参照）．人間の脳はさまざまなタスクをこなす汎用性を持っており，認知アーキテクチャの理論はそうした汎用性をもたらす脳の設計原理を明らかにすることを目指している．脳の認知アーキテクチャに学ぶことは，汎用人工知能を設計する手がかりを提供するだろう．

参考文献

[1] Newell, A. *Unified Theories of Cognition.* Harvard University Press, p.111, 1990.

[2] Anderson, J. R. *How can the Human Mind Occur in the Physical Universe?* Oxford University Press, p.4, 2007.

[3] https://www.youtube.com/watch?v=_sD42h9d1pk

[4] Anderson, J. R. *How can the Human Mind Occur in the Physical Universe?* Oxford University Press, p.7, 2007.

[5] Newell, A. *Unified Theories of Cognition.* Harvard University Press, pp.80–81, 1990.

[6] 寺尾敦，認知アーキテクチャの理論による脳の構造と機能の解明，『電子情報通信学会誌』，98, pp.1083–1090, 2015.

[7] 鳥海不二夫，『強い AI・弱い AI』，丸善出版，2017.

2.11
Universal AI
Universal AI/ 小林 亮太

Universal AI は，人間レベルの知能を持つシステムを目指す汎用人工知能における理論的アプローチの1つである．標準的な AI とは，何らかのタスク（画像認識，言語処理，音声認識など）を正確に実行するシステムのことである．一方，Universal AI とは，未知の環境あるいは環境の変化（タスクが刻々と変わる，緊急事態が発生する場合など）に対しても，正しく振る舞うシステムのことである．Marcus Hutter は，Universal AI の数理モデルとして，未知の環境の中で最適な行動をとる AIξ を提案した．

実行する．環境は，AIξ が実行した戦略 a_k に対して，環境の状態 s_k と報酬 r_k を AIξ に返す．AIξ は生存期間中に受け取る総報酬量の"期待値"を最大化する戦略を選択する．時刻 k における AIξ の行動 a_k は，

$$\text{AI}\xi \quad a_k := \underset{a_k}{\text{argmax}} \max_{a_{k+1:M}} \sum_{s_{k:M};r_{k:M}} [r_k + \cdots + r_M] \sum_{q:U(q;a_{1:M})=\{s_{1:M};r_{1:M}\}} \xi(q). \quad (1)$$

と書ける．ただし，q は AIξ の行動 $(a_{1:M})$ から環境の状態 $(s_{1:M}; r_{1:M})$ を出力するプログラム（チューリングマシン），ξ はプログラムについて事前測度（規格化されてない事前確率）であり，Ray Solomonoff のユニバーサル事前測度，$\xi(q) = 2^{l(q)}$, $l(q)$ は q のプログラム長である．AIξ は，これまでの観測事実と無矛盾なプログラムを全て考慮に入れるが，「環境は単純なプログラムで動いているはずである」という信念に基づいて将来得られる報酬の期待値を計算し，行動選択を行うエージェントと言うことができる．

AIξ の数学的性質として，パレート最適性，すなわち，ほかのどの推定方法も，あらゆる環境において AIξ を超えることがない，が知られている．また，AIξ は，系列予測，ゲーム，関数最小化，教師あり学習などを解くことができることも知られている．さらに，モンテカルロ探索で実装された AIξ は，TicTac-Toe, Pacman, Kuhn Poker などのゲームを試行錯誤だけから学習できることが示されている [3]．これらの結果は，AIξ は汎用的人工知能モデルであることを示唆している．

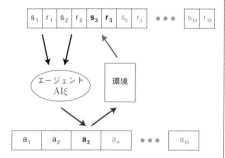

図 1 AIξ: AIξ はこれまでの環境情報 $s_{1:k-1}$, 報酬 $r_{1:k-1}$ から，総報酬の期待値を最大化させる戦略 a_k を選択して行動する．上図は時刻 $k = 3$ の場合を示しており，過去の状態は黒字，現在の状態は黒太字，未来の状態は灰色で示されている．

以下，AIξ を説明する（図 1）．詳しい解説は [1], [2] を参照．離散時刻 $1, 2, \ldots, M$ を考え（M は AIξ の寿命），系列 $\{s_1, s_2, \ldots, s_k\}$ を $s_{1:k}$ と書くことにする．時刻 k において，AIξ（エージェント）は観測された環境情報 $s_{1:k-1}$, 報酬 $r_{1:k-1}$ から戦略 a_k を選択して

AIξ と同様に報酬期待値の最大化に基づくエージェントとして強化学習が知られている [4]．興味深いことに，アルファ碁では，深層学習により一般化された強化学習モデルに対し，AIξ の実装で用いられたモンテカルロ探索により最適戦略を求めている [5]．AIξ と強化学習の関連を調べることは，汎用人工知能を構築するためのヒントになるかもしれない．

参考文献

[1] Hutter M.: *Universal Artificial Intelligence*: *Sequential Decisions based on Algorithmic Probability*, Springer, Berlin, 2004.

[2] 小林亮太，相澤彰子: 汎用エージェントの理論的枠組み，Marcus Hutter による AIξ モデルの紹介，『人工知能』，Vol.29, pp.234–238, 2014.

[3] Veness, J., Ng K S., Hutter M., Uther W., and Silver, D.: A Monte-Carlo AIXI Approximation, *Journal of Artificial Intelligence Research*, Vol.40 pp.95–142, 2011.

[4] Sutton, R.S., and Barto, A.G. 三上貞芳，皆川雅章翻訳，『強化学習』，森北出版，2000.

[5] Silver, D., Huang, A., Maddison, C.J., Guez, A., Sifre, L., *et. al.*, Mastering the game of Go with deep neural networks and tree search, *Nature*, Vol.529, pp.484–489, 2016.

2.12
NARS
Non-Axiomatic Reasoning System/ 船越 孝太郎

「NARS」は, Pei Wang 米テンプル大学教授が提案する推論システムおよび同システムの理論構築を中心とする人工知能および認知科学に関する進行中の研究プロジェクトの名称である. 理論の提唱だけにとどまらずオープンソースのソフトウェア開発も進められているが, 現時点では実用的な有用性は示せておらず, 汎用人工知能 (AGI) の研究コミュニティの外では認知されていない. しかしながら, 整然とした論理と確固とした問題意識のもとで研究が進められており, 基盤をなす理論は大変興味深いものである. 本項では, NARS の背景となっている人工知能の作業定義 (仮の定義) と, NARS の特徴的な構成要素である項論理・経験接地意味論を概説し, 筆者の視点で課題と今後の展開の可能性について述べる. 本項の解説は Pei Wang 自身による解説 [1] と書籍 [2] を基にしている.

Wang の議論は, AI の作業定義を「不十分な知識と資源のもとで活動するシステムが環境に適応するための能力」と定めたとき, そのような能力にはどのような特性が備わっているべきかという考察から出発する. その考察を「推論」という特定の認知能力について推し進めた結果が NARS であり, NARS 自体を AGI の必要条件や十分条件と主張しているわけではない. NARS は非公理的推論システムの意で, 従来の述語論理 (数理論理) に基づく推論システム (公理的システム) との対比でつけられた名称である. 公理的システムでは, ある種の制限があったとしてもそれが事前に明確化されている前提で, (実際のところどうかは別として) 与えられた公理のもとで健全で完全であり, 同じ入力に対して常に同じ回答を提出することが求められる. 一

方の NARS では, 変化し続ける環境からの経験をもとに, その時点でのベストエフォートとして回答することが求められており, 自身の思考の継続や環境変化によって回答が変化することが積極的に肯定されている. 普遍的な真理を演繹することは求められていない. たとえば焼き鈍し法や遺伝的アルゴリズムも時間制限内のベストエフォートとして近似解を求めるが, これらは計算資源が十分に与えられるならば 1 つの最適解に収束することが期待されており, 根本的には公理的なシステムである. Wang はこれらを半公理的システムと呼び, 非公理的システムと区別している. また以上の論考から, 従来, 物理学と天文学の関係のように, 計算機科学の下位部門と位置づけられる AI 研究は, 実際には, 物理学と生物学のように, 異なる次元の原理に支配される別の学術領域であると主張している.

NARS は, 項論理という統語体系と経験接地意味論という意味体系のもとで, 並列分散制御によって推論を行う.

項論理 (範疇論理とも) は, たとえば「カラスは鳥である」という知識を＜カラス→鳥＞というように主部 (カラス) と述部 (鳥) を表す「項 (名辞)」を繋いだ継承陳述によって表現する論理体系で, アリストテレスに起源を持つ. 現代では, 数学的に厳密な知識を記述するためにフレーゲにより考案された述語論理により駆逐されてしまっているが, 述語論理より人の思考形式に近いだけでなく, 経験 (証拠) の量によって担保される知識の質 (確からしさ) を表現する上で都合がよいために採用されている. NARS では, ある項 A を主部とする陳述の集合により A の内包, A を述部とする陳述の集合により A の外延が定

義され，A に関する「経験」を形成する．陳述 A → B の真値は，2 項 A と B のそれぞれの内包と外延の集合演算により算出される正例・負例の数（陳述 A → B に関する証拠量）によって決まる．ただし，証拠の計算はメモリの容量と処理能力の余力に依存するため，様々なタスクを抱えるときとそうでないときで結果が変わりうる．また，公理に相当する確定的な知識の存在は前提されておらず全ての知識が更新・捨象（資源が圧迫されたときに起きる）の対象になる．この点が冒頭の作業定義に由来する NARS の特性で，非公理的と自称する所以である．しかしながらこれだけでは環境への適応性はあっても汎用性に欠けるように見えるが，継承陳述と項の概念を拡張することで，理論上は，アブダクションを含む多様な推論に対応している．

　NARS の第 1 の課題はその動的な性質に由来する性能評価の難しさであろう．そもそも NARS にとっての回答の妥当性は，妥当性の根拠がシステムの外部にある公理的システムと違って，その内部に立脚するので，なにが妥当な結果なのかの判断も観察者には容易ではない．巧妙な評価方法の確立が必要であろう．

　一方で，たとえば構文を項として扱いその観測数を証拠とすることで，コーパス言語学と認知言語学の理論を推論システム上で一体化させるようなことができる大きな可能性も含んでいるように思えてならない．深層学習によって環境と自身の相互作用について形成した潜在空間や分散意味表現などとも統合すれば，記号操作だけに頼って独り漂っていた NARS を現実の人間の思考に引き寄せて，共に歩むことが可能な存在にできるかもしれないと愚考するしだいである．

参考文献

[1] Pei Wang, The Logic of Intelligence, in *Artificial General Intelligence* (Gertzel, Ben, and Pennachin ed.), Springer, 2007.

[2] Pei Wang, *Non-Axiomatic Logic – A model of Intelligence Reasoning*, World Scientific, 2013.

2.13

LIDA

Learning Intelligent Distribution Agent/ 大森 隆司

LIDA は米国メンフィス大学の S.Franklin 教授 が提唱する汎用人工知能のモデルであり，さらにはそれを認知アーキテクチャや計算アーキテクチャに実装したものを言うこともある．その名称は Learning IDA であり，IDA (Intelligent Distribution Agent) と呼ばれる認知モデルが原型となっている．IDA は Global Workspace Theory (GWT) という脳における意識のモデルに基づく認知アーキテクチャであったが，その発展形としてソフトウェアフレームワーク，さらにはプログラム実装まで含めたものを LIDA と呼んでいる．

意識の概念モデルとしての IDA は 1990 年台から公表されているが，その発展過程を示すように多くのバージョンがあり，そのためにその姿がなかなか捉えにくくなっている．2003 の論文 [1] ではいくつかの認知過程の事例について定性的な説明があるが，その過程を構成する個々の処理要素についての具体的な説明，あるいは計算論のようなものは提示されていない．

IDA の主要な特徴は，GWT を根幹となるシステムの理論としている点で，脳における意識の創発を定性的に説明する概念モデルを目指している．しかしこのモデルがどこまで意識を説明できるのか，シミュレーションなどによる検証はなされていない．

LIDA という名前が見られるのは [2] からで，IDA に感覚学習，エピ―ソード記憶，行動学習という 3 つの機能を追加したものとされている．それを構成する主要な機能部品をあげると以下のようになる．

Perception： Barsalou の感覚シンボルシステムと，Hofstadter の Copycat アーキテクチャに基づき，知覚と意味解釈も含めて認識・分類・理解を実現する．

Workspace： 一次的な作業記憶であり，感覚入力が書き込まれ，注意システムがそれを検出して反応する．また，エピソード記憶や知識を表す宣言記憶との接点となる．

Episodic memory： スパースな分散型の連想記憶として実現され，一時的なエピソード記憶と知識を表す宣言記憶の 2 つの機能を持つ．

Conscious Mechanism： 意識に相当する機能を GWT に基づき，状況駆動の小規模なプログラム（コードレット）の集合として実装され，競合解消，スポットライト，脳内情報配布，注意など意識に相当する機能を実現する．

Procedual Memory： Drescher のスキーマを単純化したもので，[文脈，行為，結果] をセットとしてノードで表し，それらの連鎖で手続きを実現することを想定している．

Action Selection： 感情・情動を含む上位の意思決定機構を想定する．行動群はネットワークで表現され，そこに直前の状況からの活性伝搬，環境からの入力，感情・情動からの入力に基づいて，もっと活性度の高い実行可能な行動が選択されるとした．

上記のモジュール群は環境に応じて繰返し計算される．LIDA ではこれを認知サイクルと呼び，毎秒 5 回から 10 回程度行われるとする．その計算のうち自動的・無意識的な部分は並列に計算されるが，意識に関わる部分では直列的に実行される．そのサイクルは，(1)

知覚，(2) 意識化，注意，配布，(3) 行為，に分けられる．

(1) 感覚入力：低レベルの特徴抽出から高次特徴を取り出して認識し，一時的エピソード記憶に入れる．それに対して宣言知識，すなわち状況認識モデルを適用し，現状の解釈を行う．

(2) 意識化：注意のコードレットが解釈結果の一部を GW に移動し，GW で競合がおきて最も強く活性化したものが意識の内容となり，それが脳全体に配布される．

(3) 行動生成：一時作業記憶の書替えを繰り返して，その状況で実行可能な行為が想起されてその組合せとして手続きを発見し，それを学習，あるいは古い知識の強化を行う．

実際には，LIDA は目的に応じて改変・組み合わせて構築される汎用人工知能のひな型という位置づけであり，目的に応じて上記の機能を実現するモジュールを用意して組み合わせるものとされている．

LIDA の実装についての論文は少ないが [3]，GitHub に実装されたものが公開されている．その考え方はソフトウェアのフレームワークであり，Java で書かれているが再利用を意図して，データ構造とアルゴリズムの定義および各種モジュールやプロセスの実行を制御するタスクマネージャーやモジュール間通信機構の実装に注力されて，具体的なタスクに対応した処理モジュールの実装は応用ユーザーに任されている．

LIDA が基礎とする意識のメカニズムとしての GWT であるが，脳科学の立場から脳についての意識現象を明らかにしようとした研究がある [4]．脳科学でも意識のメカニズムは不明であるが，ゆっくりとではあるが多くが解明されつつある．

現状，LIDA は汎用 AI を実現するための認知アーキテクチャおよび意識の概念モデルとしては優れているように見えるが，より踏み込んだ実証的な研究については今後も検証が必要である．

参考文献

[1] Baars, B, J. and Franklin, S. : How conscious experience and working memory interact, *TICS* Vol.7, No.4, 2003.

[2] Ramamurthy, U., Baars, B, J., D'Mello, S. and Franklin, S.: LIDA: A Working Model of Cognition. in 7th International Conference on Cognitive Modeling. 2006.

[3] Snaider, J., McCall, R. and Franklin, S. The LIDA Framework as a General Tool for AGI. In: Schmidhuber J., Thórisson K.R., Looks M. (eds) Artificial General Intelligence. AGI. *Lecture Notes in Computer Science*, Vol 6830. Springer, Berlin, Heidelberg, 2011.

[4] Dehaene, S., Changeux, J., and Naccache, L, I. : The Global Neuronal Workspace Model of Conscious Access: From Neuronal Architectures to Clinical Applications, 2011.

第3章
機械学習

Machine Learning / 編集担当　松尾　豊

　本章では，機械学習を扱う．機械学習は，現在，人工知能でも注目されている領域の1つであり，なかでも深層学習（ディープラーニング）が飛躍的な進歩を見せている．本章では，まず機械学習の基本を述べたあと，ニューラルネットワーク，深層学習の動向について紹介をする．ニューラルネットワーク自体は古い概念であり，それがなぜ最近注目を集めるようになったかを説明する．さらには，囲碁やビデオゲーム等への適用で注目を集める深層強化学習，画像等を生成することができる深層生成モデルについて紹介する．その先は，記号との融合であり，エージェントが実世界でインタラクションすることによる記号の創発について，また，実世界の概念と記号を結ぶシンボルグラウンディングについて述べる．記号との融合は，人工知能においても非常に重要なテーマの1つであり，深層学習を起点に大きく進展することが期待される．また，こうした機械学習が社会的な文脈でどう位置づけられるのか，さらには進化的な文脈でどう位置づけられるのかを述べて本章のまとめとする．機械学習は現在急速に進展しているものの，その先には非常に大きな広がりをもった分野であることが伝われば幸いである．

3.1
機械学習の動向と深層学習の位置づけ
A Trend of Machine Learning, and the Current State of Deep Learning/
神嶌 敏弘

機械学習は 1950 年代に「明示的にプログラミングすることなく，コンピュータに学ぶ能力を与えようとする研究分野 (A. L. Samuel)」として始まった．しかし，80 年代中ごろに，知識獲得の難しさのため演繹中心から帰納中心へのパラダイム転換が生じるまでは，機械学習は傍流であった．IJCAI2018 での H. Geffner の講演によれば「明確に定義されていない問題を解決するプログラムを作成する代わりに，明確に定義された数学的タスクを解くアルゴリズムの設計をする」ようになった．

2000 年代には「ビッグデータ」という大規模データを扱う技術の進展があった．複数の計算機を利用した並列計算や，データをまとめて計算機上に読み込む必要のない計算手法で，飛躍的に大規模なデータを扱えるようになった．このデータの規模の拡大により，機械学習は質的にも変化した．これについては，KDD2012 での S. Faloutsos の「信号 + ノイズ → 信号 + 弱い信号 + ノイズ」という考えは興味深い．挙動を説明できる信号と，それ以外のノイズにデータをより分けるというのはデータ分析の 1 つの見方である．これが，大規模データによって，今までノイズ扱いされていた弱い信号も取り出せるようになった．

2010 年代になり，J. Hinton らが提唱した深層学習 (deep learning) が注目されている．2011 年には音声認識で顕著な成果を示し，2012 年では画像認識の性能を競うコンペティションで他の手法に対し圧倒的な性能を示し，一気に注目された．深層学習の特徴は，既存のニューラルネットと比べて，神経細胞を模した関数を超多層に構成していることで

ある．今までこうした深層ネットは扱いが難しかったが，いくつかの要素技術の改良により利用可能になった．

改良が進んで層の数は増加し，画像処理では福島らの畳み込みニューラルネット，音声認識や，自然言語処理では J. Schmidhuber らの LSTM という既存のネットワーク構造が活躍するようになった．encoder-decoder や，敵対的生成ネット (GAN) などの学習の枠組みも提案された，さらには，元々はコンピュータグラフィックス用の GPU の数値計算への利用や，手法の実装と最適化を容易にする計算グラフや自動微分などの基盤技術の進展もあった．深層学習は画像処理や音声認識などパターン認識と呼ばれる分野では非常に有効であり，機械翻訳など文の生成を伴う自然言語処理でも活躍した．

こうした数々の成果と共に，深層学習の問題点も明らかになってきている．なぜ深層にすることで学習が容易になるのか，という現象を解明するといった理論面の研究は応用面ほど進んでいない．深層学習でも，データから帰納的に規則性を見い出している点はほかの機械学習と全く同じであり，機械学習の基本原理からは決して逃れられない．深層ネットは低バイアス・高バリアンスであることが特徴である．バイアスとは，事前知識として学習する規則の候補をあらかじめどれだけ絞り込んでいるかを示し，バリアンスとは，異なる学習データに対してどれだけ異なる学習結果を出すかを示す．そして，これらを同時に高くすることはできない．深層ネットのような低バイアス・高バリアンスモデルは，データや設定のわずかな違いでその挙動は大きく変わるため，

80　第 3 章　機械学習

調整が微妙になり，過学習の危険が高く，結果の再現性に問題を生じやすい．ICML2018の講演で，Collobert, R. and Weston, J. は，深層学習により特徴工学が（ネットワークの）アーキテクチャ工学に置き換わったと述べた．このように，依然として人間の別種の介入を必要としている．

この問題に対しては，学習対象についての事前知識を導入し，バイアスを増やし，バリアンスを減らすしかない．ICDM2016で，Bingio Y. は混合分布型の distributed なニューラルネットの構造が適した問題が実世界に偶然にも多かったため深層学習が成功したという仮説を述べている．当然ながら，偶然にもほかの手法の事前知識と一致した問題ではその方法がよくなる．そして，あらゆる問題で偶然によくなるような方法は存在しえないというのが著名なノーフリーランチ定理である．

問題に合わせて適切な事前知識を取り込む，すなわち，帰納的な機械学習に，知識を組み込むという演繹的な要素を加えるのが次の課題だろう．必要な事前知識はなにか，その獲得方法，そしてその組み込み方など，どれも壮大な課題である．数十年にわたり，事前分布，正則化，事例拡張などの試みがあったが，どれもその対象は限定的である．こうした特定領域で有効な方法が多く生み出され，最終的に統合されて事前知識を組み込む汎用的な枠組みができたとき，機械学習は次のステップを登るのではないかと空想している．

3.2
ニューラルネットワーク
Neural Network/ 麻生 英樹

人間の脳のような神経系は，この世界で生存するための情報処理装置として高度に発達してきた．人間の脳の特徴の1つは，後天的に学習する能力の高さである．この学習戦略によって，人間はほかの動物よりも遥かに多様な環境に適応し，後天的に獲得される複雑な言語を用いたコミュニケーションを駆使して情報，知識，価値観を共有して高度な文明を築いている．このような我々の脳がどのように情報処理を行い，また，学習を行っているのかは，大きな謎として多くの研究者の興味を惹いてきた．

19世紀末に，カハール (Cajal) によって，脳神経系が神経細胞 (ニューロン) と呼ばれる特殊な細胞が多数結合したネットワークであることが示されたが，そこで行われている情報処理に関しては，1940年代に，マカロック (McCulloch) とピッツ (Pitts) が，多入力・一出力のしきい素子として機能するニューロンのネットワークによって，任意の論理関数を計算できることを示したことが研究の嚆矢とされている．さらに，1949年ごろに，ヘッブ (Hebb) が，シナプスと呼ばれる細胞の結合部位の信号伝達効率を，それが結合している前後の神経細胞の発火に応じた一定のルール（ヘッブ則）で増減させることで，条件反射のような学習が行えることを示した．

こうした研究に立脚して，1958年ごろにローゼンブラット (Rosenblatt) が提案した，誤り訂正型の学習に基づいて学習するパターン認識装置「パーセプトロン (Perceptron)」は，機械学習研究の源流の1つとなった．誤り訂正型の学習では，ニューロンの出力を正解出力と比較して，出力が誤っている場合にだけそのニューロンへの結合の重みを修正する．

パーセプトロンの提案をきっかけとして，神経系の学習的な情報処理を単純化した情報処理モデルであるニューラルネットワークを用いた情報処理の研究が盛んになった（第1次のニューラルネットワークブーム）が，1969年にミンスキー (Minsky) とパパート (Papert) によって誤り訂正型学習の限界，すなわち，正解出力が与えられるニューロンへの結合しか学習することができず，それによって学習できる課題には制限があることが示されたことで，研究が一段落したとされている．

1980年代に，ラメルハート (Rumelhart) らが，誤り訂正型学習の課題を解決し，ネットワークの全てのニューロンへの結合の重みを学習可能にする誤差逆伝播学習 (error-back propagation learning) を提案し，同時並行的に，ホップフィールド (Hopfield) らによる連想記憶のモデル，ヒントン (Hinton) らによるボルツマンマシン (Boltzmann machine) など様々なニューラルネットワークが提案されると，ニューラルネットワークを用いた並列分散処理 (parallel distributed processing) の研究が「コネクショニズム (connectionism)」などの名前で盛んになった（第2次のニューラルネットワークブーム）．

誤差逆伝播学習は，しきい素子ニューロンの不連続な入出力関係を，シグモイド関数を用いた連続関数に代えることで，ネットワーク全体を微分可能にし，再急降下法のような連続関数の最適化アルゴリズムによる学習を可能にした．これによって，複数の層を持つ階層的なニューラルネットワーク全体の効率的な学習が可能になり，入力層と，1層から3層程度の中間層（隠れ層とも呼ばれる）と，出力層を持つ浅いネットワークが文字認識や

音声認識を始めとする様々な課題に適用されるようになった．学習が成功した後の中間層への結合の重みや出力を分析し，認識や予測などの学習課題に適した情報の表現（特徴表現）が獲得されていることも示された．

しかし，誤差逆伝播学習は，

1) 局所最適解に収束し，大域的最適解への収束が保証されていない，
2) 学習結果が結合の重みの初期値などに依存する，
3) 学習の途中で進みが遅くなることがある，
4) 中間層が増えると，伝播される誤差の情報が失われてゆくため，層の多いネットワークの学習が困難，

などの問題点を持っていたため，1990 年代中頃にヴァプニック (Vapnik) らによって，欠点の少ない機械学習手法であるサポートベクトルマシン (support vector machine) が提案されたことなどもあり，ニューラルネットの工学的応用の研究は再び下火になった．

このように，一旦は実用的な情報処理モデルとしては顧みられなくなったニューラルネットワークであったが，2006 年に，誤差逆伝播学習の提案者の 1 人であるヒントンの研究グループは，層の多い（深い）階層的なニューラルネットワークによって複雑な特徴表現がデータから学習できることを示した．さらに 2011 年ごろから，音声認識や画像認識において，層の多いネットワークを用いた手法が，データの種類や学習させたい課題に合わせて人間が考案した特徴抽出法とサポートベクトルマシンなどの機械学習手法を組み合わせた従来手法を大幅に上回り，個別のタスクにおいては人間に迫る，あるいは人間を超える性能を示したことから，深層学習 (deep learning) として盛んに研究されるとともに，実応用にも用いられるようになっている．

3.3
深層学習・表現学習
Deep Learning・Representation Learning/ 麻生 英樹

深層学習は，層の数が多い（深い）階層構造を持つニューラルネットワーク＝深層ニューラルネットワークをモデルとして用いる機械学習の1種である．2006年に，トロント大学のヒントン (Hinton) の研究グループが，層の数が多い階層的なニューラルネットワークに複雑な特徴表現を学習させる方法を提案し，また，2011年以降，音声認識や画像認識の問題で高い性能を示したことで，研究が盛んになった．

当初は，画像や音声などの入力信号を分類，識別するために，ニューロンを並べた層を多数積み重ねて，入力から出力に向かう方向に信号を伝播させてゆく階層型のニューラルネットワークが適用されたが，その後，出力側から入力側に回帰する結合を持つ回帰結合ネットワークによって，テキストや動画などの系列データを扱うことも盛んになった．さらには，データを識別するだけでなく，学習用のデータと似た（同じ確率分布に従う）データを生成する深層生成モデルや，強化学習と組み合わせた深層強化学習も盛んに研究されている．

深層ニューラルネットワークは，多入力・一出力の単純な計算素子を多数ネットワーク状に結合した並列分散的な情報処理メカニズムと捉えられる．このネットワークは計算グラフとも呼ばれ，テンソルフロー (TensorFlow) やチェイナー (Chainer) などの深層学習を容易に実装するためのソフトウェアフレームワークの基盤となっている．全体の計算グラフがネットワークのパラメータ（ニューロンのしきい値やニューロン間の結合の重み）に関して微分可能であることから，確率的降下法のような簡単な最適化手法で，ネットワー

クの情報処理性能を最適化するパラメータの値を求めることができる．この，1980年代から変わらない単純な原理が，インターネット上に蓄積された大規模なデータと，それを用いた学習を可能にする GPGPU などの安価な計算資源の普及と重なったことが，大きなブレークスルーにつながった．

深層学習の情報処理としての本質はニューラルネットワークを用いている点にあるわけではなく，深い階層構造を持つ複雑な特徴表現（潜在表現，内部表現）をデータから学習する「（特徴）表現学習」にある．入力情報の中から重要な情報を抽出し，解くべき問題に適した空間で表現することができれば，近傍関係を利用した推測や問題解決が可能になる．このような情報表現の変換は，高次元の空間に複雑に埋め込まれた情報の解きほぐし (disentanglement) と呼ばれているが，深層学習は，こうした，問題に適した情報表現をデータから獲得する表現学習の手法なのである．

しかし，現在の深層学習は万能ではない．安定した学習には非常に多くのデータと繰返し計算が必要であること，学習した結果が理解できず，性能の保障が難しいこと，などが実用面における課題とされており，前者については，領域知識の利用や転移学習，後者については説明可能な機械学習などの研究が進められている．学習の収束や汎化能力についての理論的な研究も進められている．特に，局所最適解に収束するという誤差逆伝播学習の弱点にも関わらず，比較的高い汎化性能が得られる理由や，層を深くすることの情報処理的な意味づけなどが関心を集めている．

人間の知的な情報処理は，無意識的，反射的で高速な処理と，注意の集中を必要とする

意識的で記号操作的な比較的低速の処理とから成ると考えられているが，現在の深層学習は，パターン認識を中心とする無意識的な情報処理の性能を大幅に向上させた．一方，人工知能の研究では，プランニングや定理証明などを中心に，明示的な知識を用いて，論理的，記号処理的に推論するアプローチも重要である．この2つの情報処理を結び付けてゆくことは，記号接地（シンボルグラウンディング）などと呼ばれているが，言語理解などにもつながる重要な課題であり，少ないデータでの学習や学習結果や推論結果の説明にも寄与すると考えられる．この課題に関しては，記号操作を含むような処理全体を微分可能な深層ニューラルネットワークで構成してデータから学習させる，微分可能なニューラル計算機 (differentiable neural computer) などの研究が興味深い．

また，人間は，分類などの教師なし学習，識別などの教師あり学習，試行錯誤から学習する強化学習などを組み合わせて巧みに学習しているが，近年，自己教師あり学習 (self-supervised learning) として，穴埋めや予測など，自動的に正解が得られる教師あり学習問題を常に解き続けることが，様々な学習の基盤にあるという主張もある．また，複数のネットワークを組み合わせて，お互いを出し抜くように敵対的に学習させることで，データの生成や変換の精度を高める敵対的学習 (adversarial learning) などの新たな学習の枠組みも研究が盛んになっている．

3.4
深層強化学習
Deep Reinforcement Learning/ 前田 新一

　ヒトは，それぞれに異なる性格・価値観を持って，意思決定を行っている．一卵性双生児に対する研究などから，その性格・価値観の形成には，先天的な遺伝の要素だけではなく，後天的な学習による要素が大きく作用すると考えられている．

　強化学習は，もともと，この後天的な経験に基づき，意思決定を適応的に変えていく学習を説明する枠組みとして行動心理学の立場から研究が進展した．たとえば，イヌやネコなどの高等動物は，どの状態でどういう行動を選択するとエサを得られたかという経験をもとに，行動を強化 (reinforce) することで行動則を変容できる．このような適応的な学習は，行動心理学においてオペラント条件付けと呼ばれる．強化信号となる報酬は必ずしも行動を強化する側に働くものばかりではなく，忌避する側にも働く．以前に経験した恐怖体験をトラウマとして，同じ場所や似たような状況を避けようとする現象の存在はよく知られている．

　これら後天的な学習は，教師あり学習とは異なり，しばしばどの行動を選択するのが正解であるかが明示的に与えられない．また，往々にして自身の行動がどのような結果を生むかについての十分な知識が与えられない．こういった条件下で最適な意思決定を行うためには探索的な行動が不可欠となる．人間は，環境についての知識・経験をあまり有さない幼少期の子供のほうが好奇心旺盛で様々な行動を試そうとする傾向が見られるが，探索行動は子供だけのものではなく，成人でも新商品のお菓子を試すなどの探索行動が見られる．

　強化学習の枠組みは，このような自身（エージェント）の経験をもとにした行動則の強化

を説明するためのモデルとして利用される一方，適応的に制御則を学習する枠組みという工学的な意義をもつ枠組みとして発展してきた．数理的には，以下のような学習として定式化される．

　エージェントは，各時刻 t で環境（エージェントからみた外部世界，システム）から観測した状態 s_t や状態の履歴 $(s_t, s_{t-1}, \ldots)$ に応じて行動 a_t を選択する．この状態 s_t（あるいは履歴）から行動 a_t への写像である行動則は，方策（policy）と呼ばれる．選択した行動に応じて，環境の状態が確率的に遷移し，エージェントは新たに状態 s_{t+1} を観測し，報酬 r_{t+1}（負の報酬は罰として働く）を得る．上記の状態観測と意思決定を繰り返し，収益と呼ばれる，将来にわたって得られる報酬の重み付き和 $\sum_{k=t+1} \gamma^{k-1} r_k$（ただし γ は $0 \leq \gamma \leq 1$ を満たす定数）を最大化する方策を学習する．ここでは，時刻 t が整数の離散時間システムを想定したが，連続時間システムとして定式化されることもある．

　この定式化は，幅広い問題を含み，最適制御，予測制御やバンディット問題の理論，モンテカルロ木探索などいくつかの学問分野やアルゴリズムとの重なりを持つ．これらと強化学習は，環境に対する仮定や最適方策を求める解法が異なる．

　強化学習における標準的な設定では，環境に関する知識（ダイナミクスや報酬関数）を必要としないが，その代償として探索的な試行の反復を必要とする．探索的な試行は，最適方策に従った際の期待収益を表わす最適行動価値関数をより正確に近似するために使われたり，期待収益をより大きくする方策パラメータの方向を求めるために使われたりする．

深層強化学習は，これら最適行動価値関数や方策を表わす関数の表現にディープニューラルネットワーク (DNN) を利用するものを指す．

深層強化学習は，2015 年の Nature 誌で発表された Atari2600 の種々のビデオゲームをプレイするアルゴリズムで脚光を浴びた．このアルゴリズムは，ゲーム画面を状態とするが，DNN の利用で人手による特徴量選択を介さずに自動的に特徴量を学習することで高次元の状態空間をもつタスクを解けることを実証した．このアルゴリズムは，最適行動価値関数を模擬する，Deep Q-Network (DQN) と呼ばれるネットワークの学習を行うもので，ベルマン演算子 (Bellman operator) の停留点が最適行動価値関数であることを利用した Q 学習 (Q-learning) をその理論背景に持つ．Q 学習自体は以前から提案されていたが，DQN の成功には，過去の探索的試行をいったんバッファに保存して，そこから DQN の学習に利用するサンプルをランダムに選ぶことで，学習に利用されるサンプル間の偏りをなくす経験再生 (experience replay) と呼ばれる手法や，近似対象の関数を一定期間固定することで，関数近似器を用いたことに由来した学習の不安定性を解消する適合 Q 反復 (fitted Q-iteration)，大規模な計算機実験が貢献している．

大規模な計算機実験は，膨大な探索的試行を可能とした．しかし，その一方で，ロボットなどの実機を伴うタスクにおいては，実機を消耗させ，特性を変える恐れがあるため，膨大な回数の試行は困難である．成功している課題は，囲碁・将棋，ビデオゲーム，エレベータの最適配置，データセンタの冷却効率化，シミュレータ内でのロボット制御など多く存在するが，いずれの課題も (対戦ゲームでは相手の戦略を仮定すれば) 環境をシミュレートできるか，探索を繰り返すことが可能なものとなっている．

実機での試行回数を減らすには，教示などを利用して良い初期方策を持たせるか精確なシミュレーション環境での事前学習が必要となるが，シミュレーション環境と現実の環境とのギャップはどうしても生じる．このギャップによる問題を防ぐため，ドメインのランダム化 (Domain randomization) と呼ばれる様々な撹乱を含めたシミュレーション環境下で学習を行っておくことで現実の環境とのギャップにロバストな学習を行う試みがなされたり，方策の入力に環境由来のパラメータを与え，現実の環境に合うようにそのパラメータを調整する試みがなされたりしており，物体把持などの実機のロボットを用いたタスクでの強化学習の成功例が少しずつ報告されるようになっている．

3.5

深層生成モデル
Deep Generative Model／佐藤 一誠

生成モデルは，データの生成過程を確率モデルを用いてモデル化することで，データの背後にある構造を理解するために使われてきた．つまり，実際にデータを生成することを目的にするというよりは，データ解析が主な目的であった．しかし，2014年ごろから研究が盛んに行われている深層生成モデルは，高品質の疑似データ（特に画像データ）を生成することを可能にし，データ解析の枠にとどまらない発展を遂げている．生成モデルは，従来データ生成過程のモデリングに指数型分布族に代表される確率分布を用いることが主流であったが，深層生成モデルでは，データの生成過程に対して深層ニューラルネットワークを用いることで柔軟なデータ生成を可能にしている．

深層生成モデルは，これまで非常に様々なモデルが提案されている．その背後には，生成モデルを構築する要素が多岐にわたることが起因している．生成モデルは，複数の確率変数により構築され，その依存関係によってモデルが表現される．モデルの表現としてはグラフィカルモデルがよく用いられるが，有向グラフ (directed graph)／無向グラフ (undirected graph) によってモデルが異なる．また，確率変数に潜在変数 (latent variable) を含むかどうかでもモデルが異なる．さらに，学習の定式化として尤度に基づく方法 (likelihood-based method) と尤度に基づかない方法 (likelihood-free method) に分かれ，これらの違いによってもモデルが分かれる．また尤度に基づく方法であっても，解析的に計算可能な尤度 (tractable likelihood) と解析的に計算可能でない尤度 (intractable likelihood) の場合がある．また，必ずしも

尤度を目的関数とするのではなく広く一般的にエネルギー関数と呼ばれる目的関数によって学習される場合もある．負の対数尤度をエネルギー関数とみなすことで，尤度に基づくモデルはエネルギー関数に基づく生成モデル (energy-based generative model) の1種と見ることができる．

これまで説明した特徴に基づいて，生成モデルの代表例および代表文献を説明する．

- 自己回帰生成モデル (autoregressive generative model) [1], [2] は，有向グラフで潜在変数を含まずに尤度に基づいて学習する生成モデルである．潜在変数を含まないため，尤度は観測変数の結合確率となり，解析的に計算可能な条件付確率の積へと分解することができる．すなわち解析的に計算可能な尤度によって学習することができる．

- 変分自己符号化器 (variational autoencoder) [3] は，有効グラフで潜在変数を含み尤度に基づき学習する生成モデルである．潜在変数を含むため，尤度は潜在変数を周辺化した周辺尤度となり解析的に計算することはできない．そこで変分推論と呼ばれる近似手法によって学習を行う．

- フローモデル (flow model) [4], [5] は，有効グラフ／潜在変数を含む／尤度に基づき学習する生成モデルである．潜在変数を含むが，潜在変数と観測変数との間の写像を決定的で可逆にすることで，確率変数の変数変換を利用して解析的に可能な尤度による学習に帰着させることができる．

- 生成敵対的ネットワーク (generative adversarial network) [6], [7] は，有効グラフ／潜在変数を含む／尤度を用いず学習する生成モデルである．モデルの構成は，生成

者 (generator) と呼ばれる生成モデルに加えて，識別者 (discriminator) と呼ばれる識別モデルが必要になる．学習は，生成者と識別者の2プレイヤーミニマックスゲームを解くことで構成されている．尤度を目的関数として最適化する学習とは異り，ゼロサムゲームの均衡点を求めるように学習するため，ネットワークの構造やハイパーパラメータチューニングなどの工夫はもちろん，いくつかのヒューリスティックスを用いて注意深く学習する必要がある．

生成モデルの大きな課題の1つとして，その評価の難しさが存在する．確率モデルとしての評価としては，尤度に基づくモデルの場合，テストデータの尤度を評価することでその汎化能力を定量的に評価することができる．しかし，尤度に基づかない方法の場合は，そのような評価をすることができないため統一的な視点で評価することはできない．また，そもそもデータ生成そのものが目的である場合，生成されたデータの品質の良さとテストデータの尤度による汎化能力の良さは必ずしも一致しない．そこで，インセプションスコア (Inception score) [8] など，生成されたデータを定量的に評価する研究も進められている．

以上のように，近年の深層生成モデルは画像生成を中心に目覚ましい発展を遂げている，たとえば，ノイズのある不鮮明な画像から非常に鮮明な画像生成が可能になりつつある．しかし，このように生成された画像は学習データに基づいて人工的に生成されたものであることは忘れてはならない．深層生成モデルによって生成された画像が真に正しく対象を表しているかどうか常に定量的に評価される仕組みが必要である．

参考文献

[1] Aäron Van Den Oord, Nal Kalchbren-ner, and Koray Kavukcuoglu. Pixel recurrent neural networks. In *Proceedings of the 33rd International Conference on Machine Learning*, pp.1747–1756, 2016.

[2] Aäron Van Den Oord, Nal Kalchbrenner, Lasse Espeholt, Koray Kavukcuoglu, Oriol Vinyals, and Alex Graves. Conditional image generation with PixelCNN decoders. In *Advances in Neural Information Processing Systems*, Vol.29, pp.4790–4798, 2016.

[3] Diederik P. Kingma and Max Welling. Auto-encoding variational bayes. In *2nd International Conference on Learning Representations, Conference Track Proceedings*, 2014.

[4] Laurent Dinh, David Krueger, and Yoshua Bengio. NICE: Non-linear Independent Components Estimation. In *3rd International Conference on Learning Representations, Workshop Track Proceedings*, 2015.

[5] Laurent Dinh, Jascha Sohl-Dickstein, and Samy Bengio. Density estimation using real NVP. In *5th International Conference on Learning Representations, Conference Track Proceedings*, 2017.

[6] Ian J. Goodfellow, Jean Pouget-Abadie, Mehdi Mirza, Bing Xu, David Warde-Farley, Sherjil Ozair, Aaron C. Courville, and Yoshua Bengio. Generative adversarial nets. In *Advances in Neural Information Processing Systems*, Vol.27, pp.2672–2680, 2014.

[7] Alec Radford, Luke Metz, and Soumith Chintala. Unsupervised representation learning with deep convo-

lutional generative adversarial networks. In *4th International Conference on Learning Representations, Conference Track Proceedings*, 2016.

[8] Tim Salimans, Ian Goodfellow, Wojciech Zaremba, Vicki Cheung, Alec Radford, and Xi Chen. Improved techniques for training GANs. In *Advances in Neural Information Processing Systems*, Vol.29, pp.2234–2242, 2016.

3.6

深層学習によるインタラクション・記号の創発

Emergence of Symbol / Interacton by Deep Learning Models / 尾形 哲也

深層学習における対話生成で最もポピュラーかつ成果を上げているのは, Recurrent Neural Network (RNN) を用いた sequence–to–sequence (Seq2Seq) 学習 [1] である. 特に J. Schmidhuber らによって提案された LSTM (Long Short Term Memory) [2] は, 人間同士の対話例を学習させるだけで, 極めて自然なインタラクションを実現できることが示されており, 様々なアプリケーションへの応用が行われている. たとえば, 山田らは, この手法をロボットの行動と言語の統合学習に応用する試みを提案している [3]. この枠組みでは, 多義性を持つ未学習の指示語に対して, 現状の運動感覚情報を組み合わせることで, 適切な対応ができることを示している.

一般に研究で用いられる「インタラクション」という言葉には 2 つの意味がある. 1 つは二者間で行われる物理的連続的な相互作用全般を指すケースである. ここでは人間からの働きかけからの反応, もしくはその逆という現象に主に着目している. もう 1 つは, インタラクションにおける物理的相互作用が直接重要ではなく, その相互作用自身がカテゴライズされた "何か" を指し示す「記号的意味」を持ち, 二者間でその指し示したものを共有するプロセスである. この定義に従えば, 多くのヒューマンロボットインタラクション研究は, 前者の "インタラクション" を扱う場合が多い.

ここで言う「二者間で共有されるべき, 記号的意味」とはどのようなものであろうか. これは記号創発, 記号論の議論につながる [4], [5].

ソシュールは記号学 (semiology) を提案し, 記号を「記号表現（シニフィアン）」および「記号内容（シニフィエ）」の静的な 2 項構造としてモデル化した [6]. この考え方では, 言語, 記号は, 観測主体と切り離された体系として存在している. たとえば, このときのインタラクションは既に存在する記号系に従ってなされる静的な活動にすぎない. この考え方は, ある時間で世界を切り取り（ソシュール自身はこれを共時態と呼んだ）, その時点での静的な「最適モデル」を求めるという思考法である.

一方, 記号論 (semiotics) の提案者であるパースは, 記号を「表現」が「解釈項」を経て「対象」に結び付く動的過程（記号過程）だとした [7]. 主体は常に記号をその身体と環境の関係（コンテキスト）に合わせて解釈し, その意味をその刹那々々に「創発する」のである. このときの創発プロセスには最適化といった指向性を伴う概念は付随しない. コセリウは, 言語における目的論を否定している [8]. つまり記号に最適性のような目的を求めるのは, 言語を主体から切り離して捉えることに起因する間違いだと指摘している. 記号の本質は静的でなければならない, という視点が最適性, 合目的性につながるのである. 記号や概念は静的存在ではなく, 創造され続ける動的活動なのである. さらに言えば, 決して完全には予測しきれない（最適解が存在しない）主体と環境との誤差が, この創発プロセスを生み出す原動力となっている. そこには K. Friston の自由エネルギー理論における予測誤差最小化 (Prediction Error Minimization: PEM) [9] の概念が本質的になりうる.

以上の考察をもとに，インタラクションが予測誤差最小化より引き起こされるという視点からいくつかの研究が報告されている．たとえば，池上らは Recurrent Neural Network (RNN) によって制御される 2 台のロボットが，互いの行動を予測しつつ進化することにより，ターンテイクなどの現象が創発することを示した [10]．日下らは 2 台の小型ロボットが音声と運動を介してインタラクションをする際に，その関連を神経回路モデルにより相互に共有学習するモデルを構築している [5]．また Y. Chen らは，2 台の小型人間型ロボットが，神経回路モデルの予測誤差最小化学習により，インタラクションの形態を自律的に形成，もしくは消滅させるプロセスを開発している [11]．

ディープラーニング（深層学習）に代表される大規模神経回路におけるダイナミクスの視点から，インタラクション，記号の創発プロセスを理解する試みは大変興味深いものであり，今後の発展が期待される．

参考文献

[1] Ilya Sutskever, Oriol Vinyals, Quoc V. Le: Sequence to Sequence Learning with Neural Networks. NIPS 2014, pp.3104–3112, 2014.

[2] Sepp Hochreiter and Jurgen Schmidhuber: Long short-term memory, *Neural Computation*, Vol. 9, No. 8, pp. 1735–1780, 1997.

[3] Yamada, T. Murata, S. Arie, H., and Ogata, T.: Dynamical Integration of Language and Behavior in a Recurrent Neural Network for Human? Robot Interaction, *Frontiers in Neurorobotics*, 2016.

[4] Taniguchi, T. Nagai, T. Nakamura, T. Iwahashi, N. Ogata, T., and Asoh, H. Symbol Emergence in Robotics: A Survey, *Advanced Robotics*, Vol.30, issue 11–12, pp. 706–728, 2016. DOI: 10.1080/01691864. 2016.1164622

[5] 日下，尾形，小嶋，高橋，奥乃，RNN を備えた 2 体のロボット間における身体性に基づいた動的コミュニケーションの創発,『日本ロボット学会誌』, Vol. 28, No. 4, pp.532–543, 2010.

[6] U. エーコ，池上嘉彦 訳,『記号論 I』, 岩波書店，1996.

[7] 有馬道子,『パースの思想—記号論と認知言語学』, 岩波書店，2001.

[8] ウジェニオ・コセリウ（田中克彦，亀井孝 訳),『うつりゆくこそことばなれ：サンクロニー・ディアクロニー・ヒストリア』, クロノス，1981.

[9] Friston, K. Adams, R.A. Perrinet, L. and Breakspear, M. Perceptions as hypotheses: saccades as experiments, *Front Psychol*, 3:151, 2012.

[10] たとえば, Ikegami, T. and Iizuka, H. Turn-taking Interaction as a Cooperative and Co-creative Process, *Infant Behavior and Development*, Vol. 30, No.2, pp. 278–288, 2007.

[11] Chen, Y. Murata, S. Arie, H. Ogata, T. Tani, J. and Sugano, S. Emergence of Interactive Behaviors between Two Robots by Prediction Error Minimization Mechanism, *Proceeding of IEEE International Conference on Development and Learning and on Epigenetic Robotics*, ICDL–Epirob, 2016.

3.7
シンボルグラウンディング
Symbol Grounding/ 中山 英樹

シンボルグラウンディング問題（記号接地問題）とは，計算機上の表現であるシンボル（記号）を実世界の対象にどうやって結び付けるかという問題であり，人工知能における古くて新しい難問の1つです．おおよそ80年代ごろまでの人工知能研究においては，知能の本質は論理的な記号操作にこそあり，記号に関する十分な知識と論理を与えれば知能は実現できるのではないかと期待されてきました．しかしながら，仮にそのようなシステムができたとしても，実際に実世界で動かそうと思うと大きな壁に直面することになります．たとえば，ロボットに「赤いコップを持ってきて」と頼んだとしましょう．ロボットは「赤」が「色」の1種であること，「コップ」は何かを「飲む」ために使うもの，という辞書的な知識は与えられているかもしれません．しかしながら，「コップ」や「赤」といったシンボルがグラウンディングされていないと，自分が見ている景色の中でコップがどれなのか，赤いとはどういうことなのかがわからず，結局どうしていいかわからないことになります．このように，シンボルの高度な論理操作や推論に至る以前に，そもそもシンボルが認識できないという入口の部分で，人工知能は長い間停滞していました．

さて，人間が五感によって外界の物事を認識するように，各種のセンサ情報から何らかの本質的なパターンを認識し，シンボルとして抽出するのがパターン認識と呼ばれる技術です．その中でも，人間は視覚情報が感覚情報の中で大部分を占めていることや，工学的にもカメラが安価なセンサとして普及しつつあったことを背景に，視覚からのパターン認識（画像認識）がコンピュータビジョン分野を中心に盛んに研究されてきました．

研究の初期には，実は画像認識はそれほど難しいとは予想されておらず，人や生物の視覚の機能を分析しルールとして記述すればすぐに実現できると楽観的に考えられていました．たとえば，リンゴを認識するルールとして，画像の中に赤いピクセルが多く，丸みのある輪郭をしていればリンゴと判断する，のようにトップダウンに判断基準を設計する考え方です．これは一見良さそうに思える考え方ですが，世の中の全ての物事に対して適切なルールを記述することは現実的ではなく，フレーム問題という別の壁につきあたります．さらに，たった1種類の物体であっても，実世界での見え方は非常に多様です．たとえば，視点の位置や照明の条件によって，画像内に現れる物体の大きさや角度，色味などは大きく変わってしまいます．ほかの物体の陰に隠れているような場合もありえるでしょう．また，たとえばリンゴには青リンゴもあるように，物体自体に多くのバリエーションがあることも事実です．このようなさまざまなケースを全て適切に判断できるようなルールを設計することはほぼ不可能であり，結局ルールに基づく画像認識のアプローチは成功しませんでした．

さらに時代が進み，1990年代に入ると統計的機械学習に基づくアプローチが成功するようになり，現在に至るまで主流の考え方になっています．これは，認識させたい対象の事例を大量に与えることで，統計的に一貫した構造を見つけ出し，識別のためのルールを自動的に構築させるものです．同時期にコンピュータビジョン分野では，前述したような視覚的変動に頑健な特徴量が多く提案される

ようになり，これと併せて機械学習を利用することで，画像認識は格段の進歩を遂げました．しかしながら，この時代では入力となる特徴量はあくまで人間が設計しており，そこが最終的な性能を決定づけるボトルネックとなっていました．このため，よりよい特徴量を開発することが研究の主要な方向性となっており，多くの優れた手法が提案されましたが，結局認識の精度は人間には遠く及ばないまま，2010年頃には性能向上が頭打ちになっていました．

ブレークスルーとなったのは，やはり深層学習の登場です．2012年に，画像認識分野における最も有名かつ競争の激しいコンペティションであるImageNet Large-scale Visual Recognition Challenge (ILSVRC) において，8層の畳み込みニューラルネットワーク (AlexNet) を実装したトロント大チームが参戦し，2位以下のチームに圧倒的に差をつけて優勝したことがターニングポイントとなりました．この衝撃的な成功により，画像認識に限らず人工知能研究全体が一気に深層学習中心のアプローチへと加速していきました．AlexNet以降も深層学習ベースの画像認識技術は驚異的な発展を遂げています．2012年のAlexNet時点では，ILSVRCの1000クラス識別タスクにおけるエラー率は16%でしたが，2017年には2.3%まで改善されています．同タスクにおける人間のエラー率は（あくまで参考値ですが）5%程度という報告もあり，単純なベンチマーク精度では既に人間以上の成績が達成されていることになります．

このように，現在では少なくとも単純な画像認識の枠組みにおいては，実世界の対象へのグラウンディングに関してある程度目途が立ってきたと言えます．これを受け，改めてシンボルグラウンディングを実際の知能処理へ組み込んでいく試みが注目を集めています．特に，自然言語処理においてはシンボル（単語）系列の形式的操作のみでは本質的に解決困難な曖昧性が多々存在するため，画像へのグラウンディングは近年非常に期待を集めています．画像にグラウンディングさせた自然言語処理タスクとして，マルチモーダル翻訳，マルチモーダル要約，マルチモーダル対話などさまざまな研究が既に登場しています．

一方で，単純な画像認識のベンチマーク精度を根拠として，シンボルグラウンディングが完全に解決されたと考えるのはあまりに早計です．まず，人間には視覚のみならずさまざまな感覚があり，これらが複雑に絡み合い補いながらマルチモーダルに対象の認識理解を行っています．また，従来のパターン認識は，与えられた入力の中に情報があるかどうかを調べる受動的なタスクですが，人間や生物が本来持つ能動的な側面や身体性を忘れてはなりません．深層学習によって最初の大きな壁を越えたシンボルグラウンディングですが，今後どのように発展し真の意味で人間の認知理解に近づいていくのかが，人工知能の次の大きなテーマとなっていくことでしょう．

3.8
機械学習の観点から見た言語・社会
Language and Society from the viewpoint of Machine learning
/ 谷口 忠大

人間は言語を用いたコミュニケーションをとおして社会を形作る．その言語的コミュニケーションを人工的に実現しようというのが人工知能における言語への挑戦である [1]．

プログラミング言語が形式的な言語として生まれているように，計算機科学における言語の取扱いは，その昔，形式的な規則に基づく論理的もしくは構文的な処理を中心に考えることから始められた．これは言語という存在が時代をとおして不変な構造物であれば問題のないアプローチだ．しかし，人類の系統発生や個体発生，つまり，進化や発達の結果得た知能の一部として言語を捉えると，それは環境適応の結果であり，常に変化し，場所や文脈によっても変化する動的な存在であることがわかる．記号論理（形式論理）に基づいて知能を作ろうとする記号主義的なアプローチは，実世界の不確実性を取り扱うことができず，多くの問題を生んでいった．

記号接地（シンボルグラウンディング）問題はハーナッドによって指摘された人工知能の基本問題であるが，この基本問題自体が記号主義的なアプローチを前提とした問題提起であった [2]．そこで言う記号という言葉の用法は記号論理学の意味での記号概念に基づいており，私達が日常の社会的コミュニケーションで用いている記号過程としての記号概念ではない．たとえば，述語論理は事実を論理的に記述する記号論理であるが，その形式化において言語における論理の骨格構造に焦点を当て，その詩的側面を捨象していると言われる．

記号過程とはパースの記号論で定義される言葉であり，私達がサインに意味を見い出し，自らの認識や判断，行動に活用する動的な過程を意味する包括的な言葉である [3]．ここで記号の意味は，サインと対象が 1 対 1 に紐付くのではなく，サイン全体と対象全体がシステムとして関係し，さらに文脈が影響しながら，主体が解釈を行うことによって動的に決定されていく．この視点は知識のアトミズム的視点に立つ記号主義的なアプローチの枠外に立つ．そのような人間のコミュニケーションの特性を認めるならば，その意味では，共時的で静的な記号主義的な記号システムを前提とする記号接地問題は，そもそも問題の前提がずれているのだ．

本質的な問題は，認知主体が記号に意味づけを行う過程を，また，意味づけのためのもととなる概念学習や表現学習を行う過程を，さらには，社会において記号システムが形成される過程そのものをモデル化することである．これは，記号システムの接地を問題にするのではなく，記号システムの創発を問題にすることにほかならない．認知システムと社会システムを共に含んだ，全体としての記号創発過程を含んだシステムは記号創発システムと呼ぶことができるが，この全体のダイナミクスを計算論的に表現する必要がある．そのためには，個々の認知主体の学習過程を表現する機械学習の技術が必要不可欠である．

機械学習は，自然言語処理への技術的貢献をとおして言語理解に貢献してきた．自然言語処理における研究では，「書かれた言語」をいかに処理するかという点に主眼が置かれてきた．その中で機械学習技術は活用されてきた．様々な統計的手法を用いることで，形態素解析や構文解析などが発展してきた．機械

学習には大きく分けて生成モデルによる方法と，識別モデルによる方法がある．生成モデルでは，たとえば，隠れマルコフモデルに基づく形態素解析は，品詞の推定と単語境界の推定に優良な成績を納めた．より発展的なものとしては，教師なし学習をとおして形態素解析を行う技術もある．確率的生成モデルは，生成過程を明にモデル化するために教師なし学習の手法を構築しやすい点が長所である．これは自然言語処理が，言語獲得や言語理解といったより認知主体の自律性が重視されるタスクにおいていっそう重要な役割を果たす．一方，識別モデルでは，入力に単語や文の素性を与え，単語境界や品詞，その他の構造情報などを表現する教師ラベルを人手で与えた上で，サポートベクターマシンを始めとした様々な機械学習モデルを訓練することで，言語処理を行わせるということが続けられてきた．

一方で，2010 年台から，単語の意味の分散表現を得る Word2vec や，ニューラル言語モデルを用いることで簡便に良好な性能を示した Sequence–to–sequence 等の登場で，自然言語処理においても深層学習（ディープラーニング）を用いる有効性が明らかになってきた．それは生成モデルの視点から見れば，n-gram モデル（高次マルコフモデル）で単語間遷移を表現していた統計的アプローチを，∞-gram モデルを直接リカレントニューラルネットワークで近似するというアプローチにあたる．Word2vec や Sequence–to–sequence がもたらした気づきは，文脈情報を活用して得られる分散表現が文の意味をうまく捉えるという点である．識別モデルの視点からは画像認識における深層学習活用と同じく，特徴抽出の自動化が行われるという側面が理解される．これに基づき，自然言語処理においても深層学習に基づく研究が中心的な役割を担ってきている．しかし，言語の理解はテキストの中だけで行われるものではない．深層学習の導入によって各種タスクの性能は上がれども，人間が実世界との相互作用の中で言語を覚え，言語を活用するという本質的な部分がきちんと取り扱われたわけではない．

一方で，触覚や視覚や聴覚といったマルチモーダル情報を統合し，実世界との情報的接続を担保された概念を元に人工知能の言語理解を生み出そうという取組みも進んできた．実世界に適応する知能を扱うためには，人工知能自体がセンサとモータを持ち身体を持つことが必須である．確率的生成モデルや深層学習を用いて，ロボット自身が得られる情報だけから，教師なし学習で言語獲得を進めるロボットの知能を構成する研究が推進されてきた．国内の研究者においても，記号創発ロボティクスの名の下に世界的に見ても特徴的な研究が推進されている [4]．認知科学ではバーサロウが知覚的シンボルシステム (Perceptual Symbol System) を唱えて，記号主義的な記号観を攻撃していたが，記号創発ロボティクスはそのような記号観に沿うものである [5]．

実世界で言語を理解しようとする状況を考えてみよう．たとえば「キッチンからペットボトルを取ってきてくれますか？」という発話を理解するためには，実世界経験に基づいた様々なモダリティの統合が必要である．キッチンは場所であり，場所の概念は位置情報や視覚情報，また，そこで何を行うかという機能的な情報が結合したマルチモーダルな存在である．ペットボトルは物体であり，その物体の概念はその機能や，アフォーダンス，視覚，触覚情報などの統合により支えられる．取ってくるのは動作である．この文を理解するということは，ロボットがその意味を実世界に紐付けながら理解し，行動をもって示すということにほかならない．また，この文は疑問文であるが，質問に応答すればよいのではなく，依頼を表しているのだということもロボットは理解できなければいけない．言語

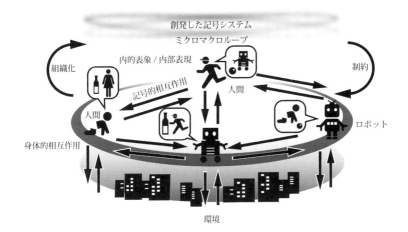

図 1 記号創発システムの概念図

理解はこのような問題をも含む.

発達ロボティクスの視点から言えば，言語の問題の中心は言語獲得の問題である．現在の自然言語処理研究が行っているタスクとそれらへのアプローチと，言語獲得という問題の間にはまだ大きな開きがある．これらの間を埋めながら実世界で言語を獲得し，理解する知能を作ることは人工知能の大きなチャレンジである．

記号創発システムとして言語現象全体を見たときに，各認知システムとしての知能は言語獲得や言語理解を行っていくことで，自らの中に言語知識を蓄えていく．しかし，日本語や英語といった記号システムそのものを保持するのは個体ではない．それは社会である．「創発した記号システム (Emergent Symbol System)」は社会の中で暫定的な合意として保持されて変化していく．これを表現学習の視点から考えれば，各エージェントが環境との相互作用をとおして脳内に分散表現を得ていく一方で，それらの個体間の相互作用とコミュニケーションをとおして，徐々に社会における言語利用が変容していくことによって，社会全体が1つのシステムとして表現学習を行っていくという現象を表している．言語進化において，これは文化進化の一部として捉えられるだろう．谷口はこのような言語と社会を内包した創発特性を有する自律分散システムを，「記号創発システム (Symbol Emergence System)」と呼んでいる [6]（図 1 参照）．

そのような言語と社会の理解を発展させていくためには，記述の道具として機械学習理論は必須の数学的要素となる．さらに，複雑系やゲーム理論などの要素を加えながら，人間が行う実世界の適応的で創発的な言語的コミュニケーションを人工的に実現していくのが，人工知能における言語と社会への挑戦となる．

参考文献

[1] Tangiuchi,T., Mochihashi,D., Nagai, T., Uchida,S., Inoue,N., Kobayashi,I., Nakamura,T., Hagiwara,Y., Iwahashi, N. and Inamura, T. Survey on fron-

tiers of language and robotics, *Advanced Robotics*, 2019. DOI: 10.1080/01691864.2019.1632223

[2] Harnad, S. The symbol grounding problem. *Physica D: Nonlinear Phenomena*, Vol.42(1-3), pp.335–346. 1990.

[3] Chandler, Daniel. *Semiotics for beginners*. 1994.

[4] 谷口忠大,『記号創発ロボティクス —知能のメカニズム入門』, 講談社, 2014.

[5] Barsalou, L.W., Perceptual symbol systems. *Behavioral and brain sciences*, Vol.22(4), pp.577–660. 1999.

[6] 谷口忠大,『コミュニケーションするロボットは創れるか 〜記号創発システムへの構成論的アプローチ〜』, NTT 出版, 2010.

3.9
進化と学習
Evolution and Learning/ 池上 高志

深層学習が生まれた今，生物と機械の学習の違いはなくなったか．生物の学習とは46億年という長い時間の中で進化してきたものだが，機械の学習とはこの50〜60年で急速に普及したコンピュータが持つに至った学習のことである．

パターン認識，言語理解から，チェスや将棋，囲碁まで人類固有と思われた学習が，機械でも学習できるかどうか，それが長く議論されてきた．そこで，生物の脳をヒントとした人工のニューラルネットワーク (Neural Network) がマッカロー (Warren McCulloch) とピッツ (Walter Pitts) によって数学的に表現され，これらの課題に挑戦する端緒となった．ローゼンブラット (Frank Rosenblatt) は，単層だが最初の脳型計算機パーセプトロン (Perceptron) も考案・制作し，のちに福島邦彦は，多層のネオコグニトロン (Neocognitron) を制作し，それが最近のヒントン (Geoffrey Hinton) の研究へとつながり，昨今の深層学習 (Deep Learning) が一世風靡する時代が到来する．2017年にはGoogle DeepMindによる「アルファ碁」によって人間のチャンピオンを破った．もう囲碁でも機械は人を越えてしまったのである．いま，強く人の心理や自然言語に依存したゲームを除いて，人ではかなわない時代が到来したと言える．

われわれは生命進化の賜物だ．進化が人を進化させられるということは，進化は学習でもあるということにはならないか．実際に生物の進化は，深層学習と同じだけの能力があることが，多く議論されている．たとえば，進化は予測能力を持つか，探索能力を持つかなどが議論の対象となる．

この進化と学習の類似性は，ホランド (John Holland) らによって始められた，クラシファイヤー (Classifier)，遺伝的アルゴリズム (GA)，それに続く遺伝的プログラム (GP) など，生物進化に似せた問題解決手法が提案されている．進化と学習は単に時間スケールが異なる発展形式の違いかもしれない．ALife（人工生命）という分野では，Open Ended Evolution (OEE) という問題がさかんに議論されている．OEEは新規な形質を生み出し続ける現象のことを言う．たとえば，進化における重要な段階的飛躍がその例である．単細胞から多細胞へ，性の進化，中枢神経系の進化，言語の進化，などの「発明」はなぜ停止することなく，生まれ続けるのか．いまのところコンピュータの進化実験でこれを模倣することには成功していない．つまりOEEのメカニズムはまだわかっていない．

OEEは生物進化だけの問題ではない．心の創造性もまたOEEである．MITのデブ・ロイ (Deb Roy) は，家中にマイクとモニターを仕掛けて自分の子供が3才になるまでを記録した．その結果，発達は脳の中を見ていればわかる問題ではなくて，もっと環境を含んだ全体的なもの，たとえば両親が家の中を歩き回る時空間のパターンの関数であり，家の間取りの関数でもあるという考え（Human SpeecHome プロジェクト）を提案した．実際，人間の子供は，人と触れ合い，家のいろいろなものを使って遊ぶことで，身体のいろいろなスイッチが入って心が徐々にインストールされ，人格が発達すると考えられる．つまりは環境と身体が人の逐次学習を可能とする．翻ってOEEにも環境と身体を考慮する必要がある．

その先にベイトソン (Gregory Bateson)

の高次学習の話がある．ベイトソンは学習に
ついてサイバネティクスの時代に深く考察し，
あるフレームの中の学習と，そのフレームの外
に出ることのできる学習を分けて考えた．フ
レームから抜け出す学習を「論理関係の跳躍」
(logical jump) あるいは 2 次学習と名付け
た．たとえば次の逸話がある．イルカが芸を
1 つするとエサを与える．また，別の芸をす
るとエサを与える．しかし最後には，どの芸
をしてもエサをもらえない．追い詰められた
イルカが，これまで見せたことのない芸を作
り出した！　ベイトソンは，これまでにした
芸を要素とする集合を考え，その集合をさら
に要素とする 1 つ上の集合を考え，イルカは
その上の集合に言及できたのだという．これ
が logical jump の例である．本当の学習に
正解があるとは限らない．学習とは生成する
過程である．現在（2019 年）さかんに研究さ
れている生成的深層学習 (GAN: Generative
Adversarial Network) は，そうした logical
jump の一歩になるかもしれない．

　究極的には生物と機械の学習の違いは「わ
かる」ことの違いに行き着く．たとえば，難
しい数学の証明を見てわかった，という心の
状態は何だろうか．機械には，あるいは深層
学習をするネットワーク自身には「わかった」
はない．生物の学習には，わかるが必須であ
る．これは生物にとっては学習とは，生存で
あり自己の欲求とつながっているからであろ
う．進化で生まれた生物の学習にはそれがあ
る．ニューラルネットワークにまだそれはな
い．より根源的な生命理論を追求することで，
機械学習は生きた学習理論に向かうと期待さ
れる．

3.10
人工知能における深層学習の意義
Significance of Deep Learning for AI/ 松尾　豊

　人工知能は，その初期には，記号処理が研究の焦点であった．1956年からの人工知能の第一次ブームでは，探索や推論の技術が進展し，A*アルゴリズムを始めとするさまざまな解法が提案された．また，1980年代の第二次ブームでは，エキスパートシステムなどの知識処理が活発になった．しかし，大量の知識を扱う難しさが明らかになり，第二次ブームの終焉を迎えた．

　記号を扱うには，その記号が指し示す概念を獲得できていなければならない．これがStevan Harnadが指摘したシンボルグラウンディング問題である．記号が指し示す概念は，原始的には，人間やロボットが外界から得るセンサ情報，すなわち視覚や聴覚，触覚の情報と対応づけられるはずである．また概念の組合せや抽象化でさらに高次の概念となる場合もある．Rodney BrooksやRolf Pfeiferらは，身体性の重要性を指摘した．しかし，現実世界の情報は大量であり，1980〜1990年代ごろの技術では十分な処理が難しかった．

　一方で，1990年代から大幅に増加したインターネットや企業内のデータを背景に，機械学習やデータマイニングなどの技術が大きく進展した．データから学習したり，データの傾向を見つけたりする技術である．しかしこうした領域においても，素性をどのように決めるかという「素性エンジニアリング」と呼ばれる問題があった．対象をうまく表し，タスクに効く素性を見つけ出す，あるいはうまく定義することができれば，機械学習の精度は上がり，そうでなければ上がらない．素性エンジニアリングは，領域知識や経験が重要で，大きく人間のやり方に依存している．

　このように，人工知能の領域は，さまざまな

方向の研究が行われていたものの，2000年代まではいわば「八方塞がり」だった．そして，これらはほぼ同一の原因に根ざしていた．それは，現実世界から特徴を見つけ出すことが難しい，あるいは前提となる現実世界のモデルを人間が与えないといけないということであった．これを解決する糸口を与えたのが，深層学習であり，そのきっかけとなったのは2006年のGeoffrey Hintonの研究であった．

　深層学習は，深い階層をもつニューラルネットワークを用い，end–to–endに学習を行う．学習した結果，その途中の階層には有用な特徴が得られている．特に最終層は，disentangleされた（もつれの紐が解かれた）特徴が並ぶ．これは，生の視覚情報や聴覚，触覚の情報から，どのように重要な特徴を定義するか，あるいは特徴の組合せで定義される概念を定義するかという問題を解いていることになる．

　画像認識や音声認識に関しては，深層学習によって技術が大きく進んだ．画像分類や物体検出では，その精度が大きく向上した．ニューラルネットワークのアーキテクチャや最適化手法に関してのさまざまなテクニックが発見された．医用画像の処理や顔認証，自動運転におけるさまざまな認識タスクなどで，実用的にも大きな成果を挙げている．

　また，身体性に関係するところでは，深層強化学習と呼ばれる研究が進んでおり，ロボットによる物体の把持等のタスクでよい性能を挙げるようになった．また，シミュレーションと現実世界の両方をうまくつなぐような技術も提案された．さらに，環境をモデル化するために，教師なし学習（自己教師あり学習）によって世界モデルを作る研究も進んでいる．そのために，自己の未来の入力を予測する等

のさまざまなタスクを解きながら，現実世界をモデル化するための低次元の構造を見つける仕組みが重要になる．

　こうした環境とのインタラクションを経て，さまざまな概念が獲得できれば，それが記号と紐付くことによって，グラウンドした記号の処理が可能になると考えられる．言語と画像をつなぐような研究としては，画像からのキャプション生成や文からの画像生成などがある．また，環境中におけるロボットの動作などの概念と言語をつなぐ研究も進んでいる．

　このように深層学習を画像や音声に適用する研究は大きな成果をもたらし，身体性や言語に関わる研究が進展している．さらにその先には，知識表現や推論との関係が重要な研究になるだろう．また，オントロジーやコミュニティの研究との関連についても出てくるはずである．学習したモデルが，どのように知識として表出され得るのか．それがコミュニティの中でどのように蓄積され，用いられるのか．こういったことが深層学習をベースに新しい視点から研究されることになるだろう．

　このように，深層学習は，人工知能がこれまで研究テーマとして扱ってきた，パターン認識，推論や探索，身体性，インタラクション，知識処理，コミュニティとオントロジーなど，さまざまなテーマに関連し，それらを大きく前進させる可能性のある技術である．従来の研究分野で得られた知見が，深層学習によって低次のところから徐々に作り直され，また新たな展開を見せ始めるだろう．その際には，従来からの研究による知見や洞察が重要になる．そうした洞察に基づく実装や実験を，深層学習を用いながらどのように行っていくかが鍵になるだろう．

第4章
AIにおける論争

Controversies in AI/ 編集担当　橋田 浩一

　AIにおける論争に含まれる主要な論点のほとんどは，古くは哲学に由来し，第2次AIブームが終わる1990年ごろまでに提出されている．その後20年ほどはAIの冬の時代が続き，その間はあまり重要な論点が現われなかったようだが，これはもちろん世間で注目されていない主題について論じてもしかたがないからだろう．ところが，2010年を過ぎたころからAIの実用性が高まって第3次AIブームが巻き起こり，AIが実社会で果たす役割が大きくなるにつれて，それに伴う倫理的な問題が発生し，AIにおける論争も再び活況を呈している．第2次AIブームまでの論争が分析哲学や現象学と深く関わりわれわれの日常生活や業務には直接関係のないものがほとんどだったのに対し，第3次AIブームでの新たな論争には雇用や正義や平和など社会と直結した論点が多い．20世紀の論争は解消も解決もしたわけではなく重要性を失ってもいないが，21世紀の新たな論争はAIの社会実装によって人間の実体験が積み重ねられると共に進展しつつある．もしも20世紀までの論争がいつの日か決着を見るとすれば，それは21世紀の論争が決着したあとになるのではないだろうか．

4.1
システム理論
System Theory / 三宅 陽一郎

システムは現代では日常的に使われる言葉である．特に教えてもらうまでもなく，誰もが使う言葉である．学問としての"一般システム理論"（General System Theory: GST）は，1940～50年代に，生物学者ルートヴィヒ・フォン・ベルタランフィ（Ludwig von Bertalanffy, 1901–1972）と，ジェームズ・グリーア・ミラー（James Grier Miller, 1916–2002）を中心としたグループによって形成され，学問の分野を超えた一般的かつ抽象的な自律的分野として確立した．GSTの誕生は，これら生物学者によってなされた．GSTは，生物を要素に還元して調べるのではなく，全体の中で「何が伝達されているか？」「どのような挙動をするか？」「どのような時間的変化があるか？」に着目して調べる手法である．社会システムやシステム工学など，現代ではシステムという言葉が個々の学問を超えて横断的に使われており，20世紀に大いに発展した分野である．

人工知能をシステムとして捉える方法はさまざまな種類があり，それぞれに長所と短所がある．何を要素として，何を要素を超えた流れとして捉えるかで，人工知能システムは実に異なる姿を現す．

最も古典的な人工知能システムは，シンボルとその関係性と，シンボルへの作用によって構築するシステムである．人工知能は記号を操作し，またその記号の集合を記憶とする．「シンボルのマッチング（検索）」「シンボルの変形」「シンボル間の関係性によるネットワーク」（セマンティック・ネットなど）などである．このようなシンボルを要素とする人工知能システムは「記号主義型人工知能」と呼ばれる．言語を駆使する機能を実現する人工知能システムとして，60年前のダートマス会議以来絶え間なく発展し続けてきた．ただ，このようなシステムは，記号によって表現されるもの以外を表現することができないという課題がある．

対極にある見方として，人工知能をニューラルネットワーク，すなわち，ニューロンが結合したシステムとして捉える手法がある．これは「コネクショニズム」と呼ばれる．現在のディープラーニング（深層学習）もこれに属する．外部信号の反復によって，1つのニューラルネットワーク全体の結合やトポロジーが変化し，システム全体の学習が行われる．ニューラルネットワークの中でもループ構造を持つリカレント型は，信号経路の時間的な差異を利用して，時系列データの入力が可能であり，時間的な変化を追うシステムが実現できる．ニューラルネットワークはその大規模化によって対応する空間スケールと，さらにリカレント構造ループバックの多重化によって時間スケールを獲得する．特にディープラーニングの場合には，マルチスケールの時間的，空間的スケールを獲得する．ニューラルネットワークは，外部環境を内部に抽象的に再現し（エンコーディング），行動を生成する（デコーディング）．従来のニューラルネットワークは主に数値を扱ってきたが，シンボルに多次元ベクトル（特性ベクトル）を割り当てることで，そのベクトルを通じた言語操作によって，文章予測や翻訳の分野へ進出している．

次に，人工知能を力学系として捉えるという人工知能システムがある．ここで言う力学系は，有限個のパラメータセット（数値，シンボル）の時間的発展システムである．時間

発展方程式によって発展していく．パラメーターセットは情報を表現し，その時間発展は人工知能の中の情報処理に対応する．これは，脳のダイナミクスを関数の集合，およびニューラルネットワークによるシステムとして見るものである．

このような複数の捉え方があるにも関わらず，それぞれの人工知能システムは，知能の一側面しか表現していない．これが現在の人工知能の分野的分裂を引き起こしている．システム理論は，非常に効率的な見方を物事に与えるが，知能のシステム表現はまだ十分に汲み尽くされたとは言えない．

4.2
東洋哲学と人工知能
Eastern Philosophy and AI／三宅 陽一郎

現在の人工知能は，西洋哲学の上に立脚している．そこに東洋哲学の知見が含まれることはない．ところが，仏教を含む東洋哲学の三千年に渡る蓄積は人間の内面の探求の歴史でもある．

東洋哲学は西洋哲学に比べても宗教的色彩が薄く，一般的な知見を積み重ねたものである．これまで東洋哲学が人工知能に含まれてこなかったのは，東洋哲学が西洋的アカデミズムの文脈に沿ったものになっていなかったからである．つまり西洋の科学的アカデミズムから見た場合に，東洋哲学と西洋諸科学を接続することはできない．

ところが東洋哲学は，人間の知能に関する多くのモデルを提出している．これらは人工知能に親和性の高い知見である．唯識のモデルや，仏教における論理学，華厳の世界と人をつなぐモデルは，人工知能の設計に大きな示唆を与える．

客観的記述を旨とする西洋哲学に対して，東洋哲学は主観的体験を旨とするところがある．つまり，そこに書かれているのは真理そのものではなく，真理へ至るプロセスであり，ある状態に至ったときに見える，特にこの面が学問との融合を拒否している．しかし西洋哲学における人工知能の発展は，現象学を含んだ形であってもやがて行き詰まりを迎える．そのとき，異なる足場を持つ東洋哲学に基づく人工知能がその突破口を開くだろう．東洋哲学は，幸いなことに西洋哲学とは対極の足場を持っている．特に，西洋哲学は世界と知能を対立的に捉えるデカルト的でない立場に立つのに対して，東洋哲学は知能と世界を分かたず，1つの混沌として捉えている．混沌の中の一部分として人間存在を捉える．つ

まり，現在の人工知能が探求する「世界と知能とのつながり」という問題を，東洋的知見においては，最初から世界と結び付いた形の知能を探求することによって超越している．これは紀元前における荘子の思想ですでに批判されているところである．

荘子は常に人間を孤立した存在であると捉えることの危険性を説き，「世界の流れの中の人間」を強調した．その世界の流れのことを「道」と言う．これが老荘思想であり，図らずも現在の人工知能に対する東洋哲学からの鋭い批判になっている．

知能の起源を物質的世界に求める科学に対して，東洋哲学は超越的な存在の出発点を想定する．これは自己を還元した極限としての存在の源流であり，この思想は井筒俊彦 (1914–1993) の説明するところによれば，イスラム哲学，仏教を含む東洋哲学全般に共通する見方である．そのような超越的知能の起源は，西洋哲学では決して現れないものであり，このような極を想定することによって，存在としての人工知能という研究分野が拓かれる．これに西洋的な機能論としての見方が融合することによって，人工知能は東西の知見を併せ持つ新しい次元へ至ることができる．

4.3
人工知能の意識
Self-Consciousness of AI／三宅 陽一郎

「意識」という言葉が意味するところは，自意識と，世界に対する意識である．人工知能の中に意識を作る，という方向の研究があり，この研究自体の可能性に対する議論は，意識の根源を追求するという意味において哲学的である．意識の構築にはさまざまな立場が存在し，大きくは「科学では追求できない問題である」と見るか，「科学で追及できる問題として」見るかの2つに分けられる．さらに科学で追及できる問題として見た場合には「現在の科学で解明できないとする立場」と「現在の科学で解明できるとする立場」がある．

現代の科学で意識が原理的に説明できるとした場合，いくつかの立場がある．意識を物質的現象として説明する方法を取るのである．脳をニューロンによる物理現象と見るならば，意識は物理現象に立脚するものである．しかし，意識は主観的体験であるため，通常はサイエンスの対象となりえない．意識があるというエビデンスを，物理的測定量に還元する必要があり，そのエビデンスとニューロン現象の相関を見る立場を取る．たとえば，脳内の電位変化と行動の相関などである．

1つは，物理学の中でも熱力学的情報力学の立場に立つ場合である．その場合，世界と脳のインタラクションの中で，脳の中のニューロンの全エントロピー量が平衡状態になると意識が形成されるという立場である．これは自由エネルギー原理 (Free Energy Principle: FEP) と呼ばれる．もう1つは情報工学としての立場である．知能に感受されたセンシング要素は，その状態ではまだ情報ではない．各要素の結合が意味を作り出す．結合された情報の総量，つまり統合情報量を意識の容量とみなす，統合情報量の定式化の探求が進めら

れている．これは「意識の統合情報理論」(Integrated Information Theory: IIT) と呼ばれる．あるいは第3の立場として，ニューロンの物質的構造から意識が形成されるという立場がある．つまり物質的なニューロンの結合のあり方そのものが，意識を規定する．

数学的立場に立った場合，意識と密接に関係するのは力学系の分野である．現代の力学系は，カオス，フラクタルの理論を内包した複雑系システムを記述する．それらは離散的な情報群の関数的発展によって表現される．自らの中に閉じた力学系とそれを内包する開放的なシステムの二重性を持ち，それらが世界と身体によって結び付くことで，運動系として捉えるのである．そのような力学系の中には自律的なシステムが出現し，それを意識と呼ぶことができる．

最後に哲学的な探求がある．谷淳は，ロボットの人工知能にリカレントニューラルネットワークを用いて，入力予測と実際の入力誤差を最小にするようにしたとき，ニューラルネットワークの中間状態にリミットサイクルが発現することを見い出した．これは哲学的立場，特に現象学的立場に立てば，主体と客体を分かたず，主体と客体が融合した経験の総体が現れていると解釈することができる．

記号主義的人工知能からすると，シンボルの操作の主体に意識が現れるか，という課題となる．記憶されたシンボル体系において，シンボルを操作することによって思考が形成され，シンボルによって世界が表現される——つまり，シンボルによって，世界の各部分へのアテンションが想起されるという意味において，他者に対する志向性を持つ意識が形成される．そういったシンボル像は，実際の知

能においては，幼少期からの成長において，徐々に世界を細分化しながら形成されるものであり，これらシンボル群の暗黙のうちの結合した体系が，主体から世界に向けた意識を形成する．また，意識もそれら記号の体系によって逆に強く規定され，意識は世界から記号の体系によって実体を持つことになる．

フランスの現象学者メルロー・ポンティは，身体に着目した．メルロー・ポンティにとって身体とは，外部であり内部である存在である．たとえば，右手が左手を触る場合，右手は触る主体であり，左手は触られる側である．つまり身体は，対象であり主体であるという二重性を持つ．意識は，世界に働きかける主体であり，また世界から受動的に作用を受ける身体でもある．意識はそのように，世界に対する積極的な志向性を持ちながらも，同時に世界から間断なく注がれる大量の刺激を受ける主体でもあるのである．そのような意識の二重性は，世界の中で意識が開放的なシステムであると同時に閉じたシステムであるという二重性へつながっている．

4.4
中国語の部屋
Chinese room / 中島 秀之

哲学者サール (John Searle) がチューリングテストに反論するために考え出した思考実験 [1]. チューリングテストはテレタイプによる交信を通じて知能の有無を判断するものだが, 見かけの行動が知的だからといって思考していることにはならないという主旨. 全く中身を理解しないシステムでも, チューリングテストで知的に見えるように振る舞えるという設定を作った.

中国語の部屋の設定とは以下のようなものである:

部屋には中国語の理解できないアメリカ人が 1 人居る. その部屋に中国語で書かれた質問が投げ込まれる. 彼女は中国語は理解できないが, 分厚い英語のマニュアルを持っている. 投げ込まれた紙の文字を順に辿って (読めない文字を探すのは大変だと思うのだが, そこには目を瞑るとして), マニュアルの指示に従って作業をしていくと, 最終的には紙に中国語の返事が書かれることになる. これを部屋の外に返すのである.

中国語の部屋の外に居る人間から見ると, 中国語の質問を入れたら中国語の答えが返ってくる. これを見て, 人間の反応と区別がつかなければ部屋には知能があると言えるし, 部屋に居る人間は中国語を理解していることになる. しかるに, 部屋を中から見ると, そこに居る人間は全く中国語を理解していないし, もちろん質問や回答の中身もわかっていない. つまり, チューリングテストが主張するような, 外から見た行動だけで知能の有無を判断するのは間違いである, というのがサールの主張である.

これには AI 側から様々な反論がある. 1 つはアメリカ人 + マニュアルの系 (つまり部屋全体) が中国語を理解していると考えるべきであって, その要素である人間が理解しているのではないというもの. これは中国人であっても, その脳神経 1 本 1 本が中国語を理解しているのではないのと同じである. サールはこれに対して, ではアメリカ人がマニュアルを記憶してしまえばよいではないかと再反論している. マニュアルを完全記憶し, 外部の助けなしに中国語の返答を返していても, なおかつ中国語を理解していない場合があるという主張である. 本当だろうか? 意味を理解しない中国語の文字とそれに関する扱いを全部記憶できるのだろうか?

もう 1 つの反論は計算量・記述量に関するものである. あらゆる質問を想定したマニュアルはそもそも作れないとは思う (たとえば新しく出てきた歌手に関する知識とかどうするのだろうか) が, 仮に作れたとしてどれくらいの量になるのだろう. とても現実的なものとは言えない. レベック (Hector Levesque) はこの点を定式化して反論した (後述: レベックの足し算の部屋). さらに, サールには作業量 (計算量) の見積りができていない. あたかも数分かせいぜい数時間で回答が作成できるような感じで問題が語られているが, とてもそんなわけはない. 一生かかっても回答が作成できないに違いない.

中国語の部屋の設定に関して記述量, 計算量を見積もるのは現実的でないのでレベックは計算量を的確に見積もるために, 中国語の部屋より遥かに単純な足し算の部屋を設定した [2]. これは 10 桁の数を 20 個足すという単純なタスクである. 中国語の部屋と同様に, 計算のできない人間と足し算のマニュアルとを想定する. 人間がマニュアルを完全に記憶

し，全ての操作を頭の中で行ったとしても，な
おかつ「足し算を理解していない」と言える
ようなマニュアルが作れるか？ というのが
彼の問題設定である．

　我々が足し算を習ったときには，1 桁の数の
足し算は一応暗記し（暗記しなくても指を使
えば足し算はできるが），2 桁以上の数はアル
ゴリズム的に 1 桁に還元して足し算を行う方
法を習ったはずである．これは足し算を理解
したことに相当する．そして，そうでないよ
うなマニュアルはどのように作っても記述量
が膨大になることを示した．たとえば単純な
表引きマニュアルには 1 番目の数に対応する
10000000000（10 の 10 乗）章が必要である．
各章には 2 番目の数に対応する 10000000000
節が含まれる．これを 20 段繰り返せば 10 桁
の数を 20 個足すためのマニュアルが作れる．
10 の 10 乗の 20 乗であるから，表の大きさ
は 10 の 200 乗になる．ところで，宇宙に存
在する原子の数は 10 の 100 乗個程度である．
したがって，足し算マニュアルを作るために
は各原子が 10 の 100 乗個のデータを格納し
なければならない．これはそれぞれの原子が
宇宙 1 個分の原子に相当するデータを持たね
ばならないことになる．マニュアルを物理的
に作ることすらできない．ましてや，それを
記憶するなど論外である．

　もちろん，この簡単な手法が失敗したから
といって，足し算マニュアルが作れないとい
うことにはならない．読者はただちに様々な
圧縮手法を思いつくことだろう．ここでは詳
細に紹介しないが，レベックはそれらを吟味
し，実用的時間で計算できるマニュアルは全
て本質的には我々の方法と同等の（つまり足
し算を理解していると考えられる）ものにな
ることを示した．

　足し算の部屋ですらそうなのだから，マニュ
アルを全部暗記しても中国語を理解しないと
いうような中国語のマニュアルは作れない．

つまり，中身を理解することなく見かけだけ
知的に行動することは不可能である．

参考文献

[1] Searle, Jhon R. *Minds, Brains, and Programs*, Vol.3, pp. 417–458, 1980.

[2] Levesque, Hector J. Is It Enough to Get the Behavior Right?, *Proc. IJ-CAI 2009*, pp.1439–1444, 2009

　[ここでの記述は拙著『知能の物語』，公立は
こだて未来大学出版会，近代科学社．2015．
の記述を単純化したものである]

4.5
シンギュラリティと
ヒューマンオーグメンテーション
Singularity and Human–Augmentation/ 三宅 陽一郎

レイ・カーツワイルによれば，シンギュラリティとは人間と人工知能の関係が新しい段階に至ることである．世間で解釈されているような，人工知能が人間を超えるという単純な意味ではない．レイ・カーツワイルの理論の中では，技術が加速度的に進化する法則のことを「収穫加速の法則」と言う．これを根拠として人工知能が加速度的に進化する，というのがシンギュラリティの1つの根拠となっている．しかし，このビジョンにおいて欠けているのは，人間側の発展性である．

ヒューマンオーグメンテーションとは，日本語で言えば人間拡張，つまり科学技術を人間がその身体の延長として身にまとうことによって人間本来の力を何倍にも増幅することを言う．「Intelligent Amplifier」とも呼ばれる．たとえばデバイスを付けることによって，何キロメートルも先のものをはっきりと見ることができ，何千キロ向こうの音を聞き，さらに人工衛星のカメラと同期することによっていつでも地球全域に対する視覚を持つことができるなど，人間の感覚を何倍にも増幅する仕掛けである人工知能技術を身に纏う．拡張された人間と，人工知能は共進化の関係にあり，お互いが進化することによって，初めて新しい関係を構築する．

ここで，科学技術の進化を振り返ってみよう．産業革命によって自動機械がイギリスにおいて導入された．その機械は瞬く間に欧州，そして世界全域へと広がっていった．機械が世界に溢れると，今度はその機械を制御するコンピューターが必要となった．コンピューターもまた，世界中に広がっていった．コン

ピューターが世界の隅々まで行き渡ると，今度はそのコンピューター同士をつなぐインターネット網が発展することとなった．インターネット網は，大学から始まり，社会全体へと広がっていった．インターネット網が世界の隅々まで行き渡ると，そこに自然と情報が溢れるようになった．人間では処理しきれない膨大な情報がインターネットに溢れたとき，それを管理し制御する技術が必要となった．これが，人工知能の発祥である．さらに今，人工知能は多数生み出され，やがて世界の隅々まで行き渡ることになる．

では，これら人工知能が蔓延した世界の，次の段階とはなんだろうか？

それは，シンギュラリティとヒューマンオーグメンテーションの時代の到来である．人工知能技術は，2つの極に収束する．1つの極が人間である．人間に集積した人工知能技術は，人間の能力，感覚の自然な延長として機能する．すなわちこれがヒューマンオーグメンテーションである．もう一方の極が自律型人工知能である．人工知能自体が，自律性を持った存在として人工知能技術から形成される．そしてその能力は，現在の人間の能力をはるかに超える．この拡張した人間と人工知能の関係こそが新しい人工知能と人間の関係性であり，この段階をシンギュラリティ超え，と言う．

4.6
記号と意味
Symbol and Meaning / 橋田 浩一

サイクルの遍在性

　生体 (個体や集団や種) が環境に適応する
には生体と環境との間での広義の仮説検証サ
イクル (hypothesis-test cycle, 以下では単
に「サイクル」と書く) が必須である. 生体
の環境への適応という価値をサイクルが具現
化し, その価値が意味を生む, または意味そ
のものである. ここで言うサイクルは, 知覚
運動サイクル (カップリング), 学習, 進化な
どを含む. 知能にはサイクルが遍在し, 知能
における重要な現象は全てサイクルをなすと
考えられる. 学習や進化がサイクルをなすの
は当然のことだろうから, 以下ではリアルタ
イムの認知過程がサイクルから構成されるこ
とを示す.

　安全に歩くためにも知覚運動サイクルが必
須である. もしも状況の変化にまったく無関
係にあらかじめ決めた通りに動いていたら,
すぐに転んだり何かにぶつかったりするだろ
う. 右に傾いたら右足を強く踏ん張る必要が
あるし, 左から迫って来る他人とぶつかりそ
うになったら右に避けなければならない. つ
まり, 状況をリアルタイムにモニタリングし
ながら, 「この程度の力の入れ方なら傾かずに
進めるだろう」とか「この進路なら他人とぶ
つからないだろう」とかいう (無意識の) 仮
説が棄却されたらそれを修正する必要があり,
支障なく歩き続けるにはこのようなサイクル
を回し続けねばならない.

　また, 音声を知覚する際にはそれがどうい
う音声であるかに関する仮説を立て, これを
仮想的に発声してみたものと実際の音声が一
致するかどうかを検証しており, 逆に音声を
実際に産出する際にはその音声を自ら知覚し

た結果が意図した音声と一致するどうかを検
証しているのだという「音声知覚の運動理論」
が定説として確立しつつある [1]. その意味に
おいて, 音声の知覚と産出は, 安全に歩く際
と同様のリアルタイムのサイクルを構成して
いるものと考えられる. 知覚と産出の一方だ
けが単独で生ずることはなく, いずれも常に
他方を伴っており, 両者を合わせたサイクル
は人間の音声処理における極小の単位と言っ
てよいだろう.

　音声の知覚と産出にとどまらず, 言語の理解
と産出もまた全体としてサイクルを構成し不
可分と考えられる. ブローカ失語症 (Broca
aphasia) の患者は言語表現を理解できるよう
に見える (たとえば「窓を開けて」と言われ
れば窓を開け, 「ドアを閉めて」と言われれば
ドアを閉める) けれども産出はできない (正
しい文を発話することがほぼできない) よう
なので, ブローカ失語症は言語を産出する能
力に関する障害だと考えられていた. しかし,
ブローカ失語症の患者は複雑な文を理解でき
ない (たとえば "The boy is pushed by the
girl." のような文を聞いたあとに, 少年が少
女を押している絵と少女が少年を押している
絵から文意に合う方を選ぶという課題の正解
率が 50%ほどである) ので, ブローカ失語症
とは統語的な知識へのアクセスに関する障害
だと考えるのが妥当である [2]. これは言語
の理解と産出がサイクルをなし, 不可分であ
ることの状況証拠とみなせるだろう.

　さらに, 言語を用いるか否かによらず, コ
ミュニケーション全般が, 複数の認知主体が参
加するサイクルと考えられる. たとえば, 相
手の主張を理解できたかどうか定かでない場
合に「それはこういう意味ですね」のような

質問をして，回答が否定的だった場合には仮説を修正するわけである．説明はうまいが人の話を聞かない人や，逆に聞き上手だが話しへたの人がいるということは，子供は大人の話す内容を理解できても大人のようには話せないということと同じく，各人の言語の理解と産出の能力が同程度とは限らないことを意味するものの，理解と産出が常にサイクルをなすとの仮説を反証するものではないだろう．

アフォーダンス [3] も同様のサイクルの働きである．アフォーダンスとは，環境が認知主体に提供する価値や意味であり，狭義には物（たとえばコップ）の形がある特定の運動（つかむ）を「直接的に」引き起こす（可能性を与える）ことである．ここで重要なのは，伝統的な記号主義が想定しているように外界の事物を記号的に表象し処理した結果として運動が出力されるのではなく，知覚と運動が記号を介さず直接かつ不可分に結び付いていること，すなわち事物の意味が「直接に知覚」されて運動が生ずるという考え方である．

おのおののサイクルには目的があり，その目的に対応して意味が生ずる．サイクルの目的やその目的の達成がそのサイクルが具現化する価値であり意味である．たとえば安全に歩くための上述のサイクルの目的・意味は安全や移動のなんらかの組合せだろう．音声や言語表現の知覚と産出からなるサイクルの目的は，知覚と産出の一致，つまり話者が意図する音声や内容と聴者が認識する音声や内容を一致させることであろう．その一致はコミュニケーションの成立という価値を具現化する．

サイクルと記号

サイクルが価値＝意味を具現化するとすれば，サイクルは記号のタイプ（命題記号や述語）ではなくトークン（命題（が真なること））である．サイクルより長期にわたって存在しサイクルを可能ならしめるなんらかの構造が記号のタイプである．これはリアルタイムの

適応（行動と推論）だけでなく学習や進化にも当てはまる．学習や進化もサイクルなのでなんらかの記号のトークンだが，その記号のタイプは学習や進化より長期にわたり安定して存在し学習や進化を可能にするなんらかの構造である．その構造は，認知主体（進化の場合は個体ではなく種）と環境とのなにがしかの関係だが，その関係が安定して存在する期間は，リアルタイムの適応の場合よりも学習の場合の方が長く，進化の場合はさらに長い．

古典的な認知科学や人工知能では，記号が外界の事物を表象する [3] と考えることが多かった．たとえば Shakey [4] などの古典的なロボットでは，センサで環境を知覚し，それに基づいて世界のモデルを作り，それに基づいて次の行動の計画を立て，それを実行する，という形で知覚運動サイクルを実現していた．その世界のモデルや計画（仮説）は記号によって構成されると考えられていた．たとえば「ここで加速すれば倒れずに進める」のような仮説が考えられるが，それはこのサイクルと別に単独で存在し得ないとすれば，記号（のトークン）ではない．知覚運動サイクルにおいて，おそらく多くの場合，知覚と運動は記号を介して結び付くのではなく，知覚運動サイクルそのものが記号のトークンであり，そのサイクルよりも安定した身体と環境との何らかの関係が記号のタイプなのだろう．これはアフォーダンス理論で言う「直接知覚」に等しい．

同じく，言語の理解と産出のなすサイクルこそが言語を構成する記号（語や文や主張や命令）だと考えられる．音素（のインスタンス）などは粒度が小さいため従来は記号と見なされなかったかも知れないが，本稿の定義では記号のトークンとなり得る．音声の知覚と産出のサイクルは外界に響く実際の音声の知覚と産出がなくても身体内で生じ，このサイクルが音声における記号（音素や語の発音）

4.6 記号と意味 **113**

だと考えられる．ちなみに，音素に関するものにせよ単語等に関するものにせよ，知覚と産出のサイクルは，コミュニケーションの成立という価値の一部としての知覚と産出の一致という価値を具現化する．

以上のようなサイクルからなる計算モデルには順逆変換モデル [5] やボルツマンマシンなどがある．しかし，そのような研究はその後あまり進んでいない．回帰型ニューラルネットワークが含むサイクルは仮説検証というよりも時系列を扱うものであり，GAN (generative adversarial network) は仮説検証のような計算をするがサイクルを含まない．人工知能技術を次の高みに進めるため，仮説検証サイクルを基本構成要素とする制約処理型計算モデルの成熟が待たれる．

参考文献

[1] 音声知覚の運動理論をめぐって『日本音響学会誌』，62(5)，391–396. 2006.

[2] There Is an Entity Called Agrammatic Aphasia. *Brain and Language*, Vol.41, pp.538–554. 1991.

[3] *The Ecological Approach to Visual Perception*. Boston: Houghton Mifflin. 邦訳 古崎 敬，生態学的視覚論—ヒトの知覚世界を探る．サイエンス社．1986.

[4] *Computation and Cognition: Toward a Foundation for Cognitive Science*, MIT Press. 邦訳 信原 幸弘，認知科学の計算理論．産業図書．1988. 1984.

[5] Shakey The Robot. Technical Note 323. AI Center, SRI International. 1984. http://www.ai.sri.com/pubs/files/629.pdf

[6] 視覚大脳皮質の計算理論．『電子情報通信学会論文誌』DII, Vol.73, pp.1111–1121. 1991.

Stevan Harnad. The Symbol Grounding Problem. *Physica D*, Vol. 42, pp.335–346. 1990.

4.7
記号主義とコネクショニズム
Symbolism and Connectionism/ 三宅 陽一郎

人工知能には大きく2つの分野がある. 1つは記号主義型人工知能, もう1つはコネクショニズム型人工知能である. まずこの2つについて説明する.

記号主義型人工知能は, 欧州の大陸哲学の歴史の系譜上にある. デカルト (1596-1650) は『精神指導の規則』(1628年) において, 確かな推論を積み重ねることで人間が正確に思考することを定義した. デカルトが発明した「座標幾何学」は, それまで直感的であった「ユークリッド幾何学」から, 単純な数式の操作によって誰でも問題を解くことを可能にした. これが人間の思考の記号化の始まりである.

デカルトのすぐあとのドイツの哲学者ライプニッツ (1646-1716) は, デカルトの仕事を拡張し, 人間の思考全体を記号操作に還元するビジョンを得た. これが「ライプニッツの普遍記号学の夢」である. ライプニッツは実際に仕事を進め, 人間の思考を算術化した書物『普遍記号学』を著した. これ以来, 大陸哲学の1つの流れは, ライプニッツの夢を追いかけることになる.

ライプニッツの仕事を大きく拡張したのは二十世紀初頭のゴットロープ・フレーゲ (1848-1925) である. フレーゲは現代数学の論理的枠組みである「全称記号」,「量化記号」などを発明し, 論理学を大きく前進させた. フレーゲもまた『概念記法』という本を著し, これまでよりも複雑な思考の記号化を実現した. 一方, イギリスの哲学者バートランド・ラッセル (1872-1970) は, 数学の基礎を論理学によって構築する研究を進め,『プリンキピア・マテマティカ』という本を著した. それ以前に, ジョージ・ブール (数学者, 1815-1864)

は集合論の基礎に論理学を持ち込んでいた.

このように, 欧州大陸哲学の中心には, 人間の思考の記号化, 算術化という夢が流れており, これは人工知能の発祥と呼ばれるダートマス会議に流れ込むことになる. ダートマス会議において, アレン・ニューウェル (1927-1992) とハーバート・サイモン (1916-2001) は, 前述した『プリンキピア・マテマティカ』を自動証明する「ロジックセオリスト (Logic Theorist)」という人工知能プログラムをデモンストレーションした. これが人類初の人工知能プログラムと呼ばれる.

さらにこのダートマス会議を出発点として, そこに出席していたジョン・マッカーシー (1927-2011) は, 論理を展開する独自のプログラム「Lisp」を発明し, 以来30年にわたって人工知能の言語といえば「Lisp」という潮流を作った. 以上が人工知能と論理学のつながりである.

一方, これとはまったく別の流れとして, 19世紀終わりに人間の脳と身体がニューロンという神経素子から成り立っている医学・生理学的知見が発見された. 脳がニューロンの結合からできているということは, ニューロンの性質を明らかにすれば知能が実現できるはずである. イギリスの生理学者アラン・ロイド・ホジキン博士 (1914-1998), アンドリュー・ハクスリー博士 (1917-2012) は, 20世紀初頭からニューロンの電気的性質を調べる研究を進め, ニューロン間を流れる電気の流れ方をホジキン–ハクスレー方程式という形で解明した. この仕事は1963年のノーベル生理学・医学賞を受賞することとなった. このようなニューロンの電気的性質の解明は, 1950年代にコンピューター上でニューロンが結合

したシステムを研究するという流れを作った.
それが人工ニューラルネットワークである.
以来ニューラルネットワークを研究する分野
を, 記号主義と区別してコネクショニズムと
呼んだ.

　ニューラルネットワークに入力できる情報
は数値のみである. すなわち人工知能ニュー
ラルネットワークは数値シミュレーションで
あり, 電気回路シミュレーションである. こ
のようなシステムでは, 記号主義に現れるシ
ンボルを扱うことができない. このような両
者の性質の違いが, 相容れない人工知能の二
大分野を形成したのだ. 近年のディープラー
ニングの発展は, コネクショニズムの発展の
最先端である. 一方, 記号主義型人工知能の
最先端が, IBM ワトソンである.

　近年, 二大分野は急速に接近しつつある.
言語に特性ベクトルとして数値座標を与える
ことで, ニューラルネットワークが言語を扱
えるようにする言語ニューラルネットワーク
という分野が誕生した. 代表的な技術として,
LSTM (Long Short-Term Memory：長・
短記憶), ワードツーベック (word2vec), バー
ト (BERT), などが挙げられる. これらの技
術は, ニューラルネットワークによる言語解
析を可能にし, 自動翻訳, 自動要約の分野を
大いに発展させた.

4.8
現象学と人工知能
Phenomenology and AI / 三宅 陽一郎

現象学とは経験から出発する哲学である．理知的な判断を停止して，まずは判断が発生する以前の経験を考える．これを現象学的還元と呼び，この判断を停止する生活的状態をエポケーと呼ぶ．経験の中から立ち上がる自己や対象を発見し，その場その時の世界と自己が融合した状態そのものが現象学における知能のシステムである．

つまり現象学においては，固定した世界や自己というものがなく，そのときどきにおける世界と自己との融合のあり方が注目される．世界と自己が融合した混沌とした状態こそが，むしろ世界との間断なき融合を可能にし，知能のあり方に無限の多様性を与える．そのような無限の多様性がありながらも，現象学は，その多様性を探求する手続きを規定する．その手法とは冒頭で述べた現象学的還元であり，その還元によれば，世界の現れ方と同時に，意識のあり方，知能のあり方を顕在化するのである．

歴史的に言えば，現象学はデカルト哲学の拡張と言える．デカルト (1596–1650) は，コギトーすなわち「我思う故に我あり」から出発し，確実な自己から確からしい推論の連続によって真理に至ると説いた．これに対して，現象学の祖エトムント・フッサール (1859–1938) は，そのようなデカルトの手続きそのものが人間の精神のあり方の極めて限定的な部分を取り出しているに過ぎないことを批判した．そこでフッサールは，デカルトの哲学を拡張する形で，人間の精神活動全般を哲学的視野に入れるために現象学を構築した．そこでは主体が希望する，結合する，感じる，予感するなど，デカルトの哲学からは削ぎ落とされていた人間の内面の多様な精神活動を，諸学問の

基礎として哲学のフィールドに持ち込んだ．

このような現象学的転回は人工知能の足場と密接に関係している．現代の人工知能は，ほぼ無自覚に，デカルトの哲学の強い影響下に構築されており，つねに人工知能を「考える主体」のみとして捉えている．一方で，現象学的立場に立てば，人工知能はそのような思考にとどまらず，人間が持つような多様な精神的活動を持つ主体として研究することが可能になる．具体的には，従来の知識表現を拡張し，知識表現の中に主観的な精神内容を包括することによって現象学的人工知能の足場が築かれる．この知識表現における記述こそは，現象学におけるノエシス・ノエマに対応し，現象学の持つ記述的側面が人工知能の技術として持ち込まれるものである．

たとえば，「リンゴ」というものを客観的に表現するものが従来の知識表現だが，現象学を含んだ立場を加味すればリンゴの赤い色に対する恐怖や，かつてリンゴを触ったときの感触，リンゴから他の対象への想起が含まれることになる．そのような知識表現の拡張の集積が，人工知能の主観的な世界を構築し，それぞれの人工知能がそれぞれの主観世界を獲得する可能性が拓かれるのである．

これら現象学的な人工知能の発展に先駆けて，生物学では現象学を取り込んだ生物の理論的バックボーンがすでに 20 世紀前半になされていた．それは，ヤーコプ・フォン・ユクスキュル (1864–1944) による環世界の理論である．環世界の理論とは，生物が客体に対して作用指標と感覚指標を持ち，感覚と行動によって主体と対象が結び付いた形で対象を捉えるという枠組みである．ユクスキュルはこの環世界の立場に立って，さまざまな動物

の環世界を研究し，従来の分解的かつ要素か
らの構築的アプローチではなく，「総合的経験」
そのものを探求する立場を明確にした．これ
は現象学的アプローチそのものであり，その
先駆けとなる仕事である．

4.9
部分性と複雑性
Partiality and Complexity/ 橋田 浩一

情報と文脈

　各認知主体が全世界の事象を把握することはできない．一部の事象について，それらの部分的な側面を認識する（行動に反映する）に過ぎない．この「部分的な側面」が情報である．全知全能の神は情報を必要としないが，認知主体はその部分性ゆえに情報を必要とし，その情報を部分的にしか認識できない．これを情報の部分性（partiality of information）と言う．

　認知主体が各場面で部分的に認識する情報がその認知主体にとっての文脈（context）であり，その種類は非常に多い．簡単のため，世界は多数の要素命題の組合せとして表現でき，そのごく一部である n 個の要素命題（「空腹である」，「雨が降っている」など）をある認知主体が認識できるとしよう．この認知主体はある時刻において n 個の要素命題全ての真偽を認識できるわけではなく，それらの要素命題から構成されるある複合命題（が真であること）を認識できるに過ぎない．そのような複合命題が文脈である．各複合命題は，いくつかの最小項（n 個の要素命題のおのおのまたはその否定の論理積; たとえば「空腹であり，雨が降っておらず，…」など）の論理和として表現できる．最小項は $N = 2^n$ 通りあり，文脈＝複合命題は 2^N 通りある．

制約

　手続（procedure）型のプログラム（各文脈において情報の流れを明示する仕様）は，最悪の場合，文脈（命題）の個数に応じたサイズになる．人間の場合，各個人が持ちうる概念の個数（＞ 語彙のサイズ）は数万だろうから，前記の n は数万以上である．したがって 2^N

はたとえば全宇宙にある原子の個数（10^{80} 程度）をはるかに越える．認知主体の行動を決定する仕組みがそんなに複雑なはずはない．

　これに対し，制約（constraint）型のプログラムは情報の流れの向き（情報処理の手順）を捨象した仕様であり，それは 1 個の命題だから，文脈（命題）ごとに処理を指定する手続き型のプログラムよりはるかに単純である．たとえば，命題 X と Y と Z の間の $X \equiv Y \wedge Z$ という制約は，$\neg X \wedge Y$ や $Y \wedge \neg Z$ 等の文脈ごとに Z や X の真偽値を求める手続きよりもずっと単純である．

　知能の働きに関する仕様は手続よりも制約に近いと想定される [1]．複雑なシステムは必然的にモジュール構造を持つ（準分解可能 nearly decomposable である）と考えられるが [2]，モジュール構造が現われるのは，情報の流れの向きを捨象することにより複雑性を抑制した場合であろう．これに対し，モジュール構造が判然としなくなるのは [3]，情報の流れの向きに言及しつつシステムを記述しようとする場合と考えられる．

　認知科学における「学習における制約」は，学習の過程と結果を一定の範囲に限定するさまざまな要因（環境や生得的知識）である．単語の意味の学習に関しては，「まず一般的な概念を単語に割り当て，それが一般的過ぎるとわかった場合には意味を限定する」のような生得的制約が考えられる．このような「制約」は情報処理の手順を明示しているので，本稿の意味での制約ではない．

　一方，料理のレシピなどは，物理的な作業の手順を明示してはいるが，情報処理の手順を明示しているわけではないので，制約と見なすことができる．たとえば下記のような味

噌汁の作り方を考えよう．
(1) 出汁を 500 cc 作る．同時に油揚 1 枚を切っておく．
(2) 出汁に油揚を入れて火を通す．
(3) 味噌を大さじ 3 杯加える．
(4) 豆腐 200 g を切って入れ，沸騰する直前に火を止める．

味噌が大さじ 2 杯分しかないことがわかったら味噌を入れる前に出汁の量を減らすとか，豆腐が大きめなら味噌を増やしたり豆腐の一部を冷奴に回したりする，というような予測（時間の先取り）を含む推論（とそれに基づく行為）が可能だという意味で情報処理の手順は自由である（捨象されている）．

認知主体と環境

古典的な人工知能では，図 1 のように，認知主体の内部にある知識が世界を表現（表象）し，認知主体はこの知識を用いた推論に基づいて行為するものと想定されていた．制約もそのような知識に含まれると考えられてきたが，それでは入出力（認知主体と環境との間の情報の流れ）が制約で捉えられないので，知能の働き全体を制約に基づいて説明したことにはならない．

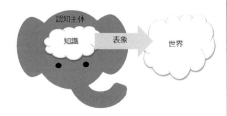

図 1 認知主体の知識による世界の表象

制約とは情報の流れの向きを捨象した仕様だから，制約には入力も出力も明示的には現われない．ある制約が入力または出力を（もちろん暗黙的に）含むということは，その制約が入力と出力の両方を含み，認知主体の内外にわたるサイクル（広義の仮説検証サイク

図 2 環境（制約）に埋め込まれた認知主体

ル）を司ることを意味する．つまり制約は図 2 に示したように認知主体と世界との関係である．

さらに，1 つの制約のモジュールに対応するサイクルにおいて，認知主体の内外の境界が場合に応じて変化しうる．たとえば，時刻の話をしているとき，自分がどの時間帯にいるかという情報は，たいていは明示的に処理されておらず，環境に担われているが，会話参加者が異なる時間帯にいる文脈では明示的に処理されることも多いだろう．このような意味で，制約に基づく設計においては認知主体の内外を隔てる絶対的な境界は存在しない．

また，情報の部分性は，全知全能の神の視点から見れば，知識の部分性（アクセス可能な情報が部分的であること）と処理の部分性（アクセス可能な情報の一部分しか処理できないこと）からなる．しかし，認知主体自身がこれら 2 種類の部分性を峻別することは一般にはできない．ある情報が欠けていることが知識の部分性によるのか処理の部分性によるのかを判定するには処理をし尽くす必要があるが，それが不可能だからである．この意味でも，認知主体は自らの内外を区別することができない．

参考文献

[1] 知能の設計原理に関する試論: 部分性・制約・フレーム問題. 『認知科学の発展』, Vol.7, pp.159–201. 1994.

[2] *The Sciences of the Artificial (2nd Edition)*. MIT Press. 1981. 稲葉 元吉・吉原 英樹 訳『システムの科学』ダイヤモンド社 1977.

[3] *The Modularity of Mind*. MIT Press. 1983. 伊藤 笏康, 信原 幸弘 訳 精神のモジュール形式. 産業図書. 1985.

4.10
生活のための（職業）労働の終焉
The End of Labor / 井上 智洋

AI（およびロボット）が他の機械と根本的に異なるのは、それが人間に似せること自体を目指した技術だという点だ。蒸気機関は人間の肉体労働を部分的に代替したが、蒸気機関の技術がどんなに発展しても人間の持つ潜在的な能力と同等にはならない。したがって、あらゆる労働を置き換えることはない。

ところが、AI は究極的には人間の潜在的な能力と同等になるか、それ以上になる。もちろん、現実に AI が人間の知性を超えるかどうかはわからないが、汎用人工知能 (AGI) が実現し、人間の能力に近づくだけでも、多くの仕事を AI に任せられるようになる。そうすると、人間はもはや生活のために労働する必要はなくなるかもしれない。ただし、そのとき労働者は収入を失ってしまうので、「ベーシックインカム」(BI) のような社会保障制度が必要となる。BI は、生活に最低限必要な所得を国民全員に保障するような制度だ。AI に労働を奪われたままではディストピアだが、BI を導入することにより労働から解放されたユートピアに転じることができる。だが、労働を必要としない社会を人が生きがいを失ったディストピアと考える人も多いだろう。

ドイツの哲学者ハンナ・アーレントは、その著書『人間の条件』で人間の営みを「労働」「仕事」「活動」の 3 つに分けて分析し、「労働」が優位になった近世・近代以降の社会を批判した。私達は生命を維持するために、米や肉を消費しなければならない。そうした消費される商品を生産することこそが「労働」である。つまり、労働は生きるための営みにほかならず、労働しているさなかの人間は、シマウマを狩るライオンと同様で、動物として生きている。人間は、もし労働と消費のみを営

むとするならば、生まれて生きて死ぬという動物的な生命過程をただ辿っているに過ぎない。人間が人間らしく生きるには労働から解き放たれなければならないのである。「仕事」は、すぐに消費されてしまうものではなく、永続的な構築物を作る営みである。「仕事」によって作られる具体物は、詩や音楽、家具などであり、こうしたものは製作者の死後も残る可能性がある。「活動」は、多様で平等な人間同士の対話を意味しており、具体的には政治的な活動がこれに相当している。アーレントは、「活動」こそが孤立しては成し得ない最も人間的な営みである、としてその優位性を説いている。

AI と BI が普及し労働が消滅した未来の社会は、熱力学の平衡状態みたいな何の変化も起きない退屈な世の中になるかと言えばそうとも限らない。それは、アーレントのいう「仕事」と「活動」に専念できる社会となるかもしれない。実を言うと、アーレント自身はその点について懐疑的である。オートメーション化が高度に進むと、人間は労働から解放されるとともに、多くの時間を消費に費やすようになると言っている。これでは、人間が「労働する動物」から「消費する動物」に変貌しただけで、相変わらず労働─消費という動物的な生命過程から脱却できないままである。しかしながら、今の私達が消費に対し過剰に時間を費やしているとするならば、それは半ば労働の疲れから癒えようとしているからではないだろうか。労働がなくなればそのような消費は必要なくなる。あるいは、変わらず消費を続けるにしても、労働時間が極度に少なくなれば、持て余した時間で、人々は絵を描いたり、小難しい本を読んだり、街のカフェで

第 4 章　AI における論争

政治的談議を交わすようになるかもしれない. 今のように, 一日十何時間も働いてクタクタになって家に帰ってきたら, ビールでも飲みながら, テレビを見て寝るだけである. 私達が「仕事」と「活動」にいそしむようになるには, もっと長い余暇時間が必要となる. アーレントがいう意味で, 人間が人間であり続けるには, 古代ギリシャの市民のように奴隷を持たなければならない.

未来の経済では, AI・ロボットを含む機械が, 奴隷の役割を果たしてくれる. 私達は, 労働を機械に任せる一方で, 「仕事」と「活動」に多くの時間を費やすことができるようになる. 労働から解き放たれ初めて人間は, 動物ではないところの人間として生きることができるようになる. そういう意味で, AI と BI は, アーレントが望むような世界をもたらすだろう.

労働が必要なくなった未来で, 人々が何をしてときを過ごすのかを想像するにあたって, 古代ギリシャの社会は参考になる. アテネのようなポリス(都市国家)の市民は, 労働を忌み嫌い奴隷に任せて, 自分達は政治や芸術, 学術(哲学や数学), スポーツにいそしんでいた. アーレントのいうところの「仕事」と「活動」である.

今世紀の間, 価値判断を必要とする政治や芸術は, AI の支援を受けつつも最終的には人間自身によってなされるだろう. 少なくとも今世紀中には, 「全脳エミュレーション」は実現せず, AI が人間の持つあらゆる感性や感覚を備えることはできないと予想されるからだ. 科学的な研究の多くは AI が人間の代わりに行うようになるかもしれない. だが, 知的好奇心を満たすための学術的な探求は, 人間の娯楽的な営みとして残される. 労働が必要なくなり勤労道徳が滅んでも「所属欲求」まではなくならないので, 未来の人々は死ぬまで大学に所属し続けるかもしれない. 他人から

認められたいという「承認欲求」もまた消えることはなく, 人々は労働によってではなく, スポーツなどのゲームに勝つことで承認欲求を満たすようになるだろう. ロボットの野球大会が催されるようになり, ロボットが人間を遥かに超える剛速球を投げるようになったとしても, それは人間の野球大会を代替したりしない. 今日カーレースと陸上競技が全く別種の競技であるのと同様である.

いずれにせよ, AI と BI が普及して労働が必要なくなった社会は, 古代ギリシャのような活力に満ちたものとなる可能性がある.

4.11
倫理と正義，
ゲームとロボット工学三原則
Ethics and Right, Game and Three Laws of Robotics/ 三宅 陽一郎

生命は倫理を持つ．知能は正義を持つ．しかしそれは，本当の生命や知能である．人工知能に倫理や正義を持たせるということには，そもそもそれが意味するところを綿密に定義することが大変難しい．なぜならば，倫理や正義というものは単に生命や知能固有のものではなく，それらを取り巻く環境や状況に依存するからである．にも関わらず人工知能に倫理や正義を持たせようとする背景には，西洋哲学の観念的な倫理や正義に関する探求の歴史がある．

東洋哲学においては，倫理や正義といった固有の概念によってそれらが探求されることは稀である．むしろ，そのような抽象的なものとしてそれらが議論されることを避ける．たとえば，荘子の「道」，華厳哲学の「世界連環」の教えは，倫理や正義という概念を経ずに人間の本来のあり方を教えるものである．つまり，西洋哲学の上に構築されてきた人工知能へ，西洋哲学固有の観念的な倫理や正義を押し付けようという流れが，現在の議論の中心である．その議論は，他の哲学の議論と同じく，終わることはない．そこで，東洋哲学の立場に立って，その議論の根本にある問題について東洋哲学なりの回答を示す必要がある．

この問題に対しては，抽象的で論理的な議論よりも，想像力を駆使することが重要である．「デトロイト・ビカム・ヒューマン」(Detroit: Become Human, DBH, Quantic Dream, 2018) というゲームがある．これは，「三人のアンドロイドの立場で人間社会の中を生き抜く」という内容である．このゲームの中で

は，プレイヤーはアンドロイドとして選択を迫られることになる．端的に言えば，人間社会に使用人として隷属するか，独立した人工知能として自立したコミュニティを築くかということを，それぞれの選択肢ごとに迫られるのである．ここで倫理や正義とは何であろうか？　たとえば，主人公の１人であるマーカスは３つの道で悩むことになる．アンドロイドのリーダーとして人間社会に迎合するか，暴力をもって人間社会から独立を勝ち取るのか，暴力なしに平和的に独立を勝ち取るのか．アンドロイドの正義は独立にあり，しかし同時に人間を傷つけないという倫理がある．この葛藤の中でマーカスは葛藤することになる．

SF 小説の世界ではアイザック・アシモフ (1920–1992) のロボット工学三原則が有名である．ロボット三原則とは，

1. ロボットは人間を傷つけてはならない
2. ロボットは人間に服従せねばならない
   第１条を守る限りにおいて．
3. ロボットは自分の身を守ることができる
   第１, ２条を守る限りにおいて．

これらは，アシモフの SF 小説上ではロボットの行動を制限する大きな意味を持ち，SF ミステリーという，新しいジャンルを拓いた．ところが現在の人工知能の実装において，これら三原則が意図されることは全くない．あくまでフィクション上の原則であり，いかなる実装方法が可能かさえ問われたことはない．

現在，科学のさまざまな著名人が人工知能における懸念を表明している．これは主に，人工知能の軍事応用に関するものである．人工知能を教育し命令を与えるのは人間である．

しかし，いったん動き出した人工知能は命令した者の憎悪が消え去ったあともその命令を継続することになる．また，シンギュラリティを超えた人工知能たちは，自らをコピーし増殖することによってその憎悪を何万倍にも増幅しうる．AIの量産が人類を恐怖に陥れる可能性がある．

つまり，人工知能における倫理と正義という問題は，現在抽象的な議論において活発であるだけで，工業的規約や実際のエンジニアリングの技術として探求されることはなされていない．これからの課題としては，より実効的な倫理や正義の実装を目指すことが必要である．

4.12
フレーム問題
Frame problem/ 松原 仁

　もともとのフレーム問題は，1969 年に John McCarthy と P. J. Hayes が指摘したものである．ロボットが環境に働きかけをしたときに，その働きかけによって変化することと変化しないことがある．それをコンピュータに教えようとすると，変化しないことが無数にあって，それらを全て明示的に変化しないと記述しようとすると，記述の量が爆発してしまって手に負えなくなってしまう．これは AI にとって大きな問題ということでフレーム問題と名付けられた．

　形式論理で状態を表わすと，1 度真として記述した命題は時間が経過してもずっと真のままである．たとえば on (A,B) で積み木 A が積み木 B の上に乗っていることを表すと，ずっとそのままであり続けることになる．これでは環境への働きかけをそもそも扱うことができない．そこで形式論理の拡張として動作を定義するときに，その動作によって変化することだけを明記して，明記していないことは変化しないという扱いをすることにした．テーブルに積み木 A と B があって A が B の上に乗っているとする．積み木を持ち上げられるロボットハンドがあるとする．Pickup (A) という動作がロボットが積み木 A を持ち上げることとすれば，この動作の副作用として on (A,B) という命題を削除して，ロボットが A を保持しているという意味の holding (A) の命題が追加される．この工夫で一見うまくいくように思えるが，たとえば積み木 A の上に積み木 C が載っていたとすると C も一緒に持ち上げられることになることになる．こういう例外処理を全て書きだすとまた記述の量が爆発してしまう．

　別の例を考えてみよう．ある人が友人に電話しようとしたが番号がわからないので，電話帳を引いてその友人の番号を見つけ，その番号に電話をかけてみるという事象を考えてみる．これをコンピュータにそのままやらせようとすると，電話帳を引くという行為によって何が起きるかそして何が起きないかをいちいちコンピュータに教えてやらなければならない．起きることは「電話帳を引けば探している人の電話番号が（載っていれば）わかる」と書けるが，起きないことは「電話帳を引いても探している人の電話番号は変わらない」，「電話帳を引いても電話は通話不能になったりしない」，さらには「電話帳を引いても世界は滅亡しない」などと延々と書き続けなければならない．変わらないことはほとんど無限にあるので全部を書き下すことは到底できない．その行為で起きることだけを書いて，それ以外は起きないものとすればいいというアイデアを思いつく．しかしソーサの上にカップが乗っているときは，「カップを持ち上げてもソーサは動かない」けれども，「ソーサを持ち上げるとカップも動く」などと場合分けをしなければならない．場合分けを全部ちゃんと書こうとすると，これもまたほとんど無限の可能性があって全部書き下すことは到底できなくなってしまう．

　人間は問題を解決するときに，通常うまく情報を枠（フレーム）で囲っていて，その枠の中だけで考えていれば適切な答えが得られるようになっている．しかしコンピュータはそのような枠（フレーム）を持っていないので，与えられた問題を解決するためにどの情報を使ってよいかがわからない．それで適切な答えが得られない，得られるにしても非常に時間がかかるという状況が生じてしまう．オリ

ジナルのフレーム問題は記述の問題だけを対象としていたが，処理の問題も同時に考えて膨大な情報の中からどのように必要な情報を取り出すかを問題としなければいけない．それが広義のフレーム問題である．筆者らはそれを元の狭義のオリジナルのフレーム問題と区別して「一般化フレーム問題」と名付けた．人工物に人間のような知能を持たせることを目指す AI にとって，一般化フレーム問題は難問の 1 つである（ここから先はフレーム問題をこの広義の意味で使うことにする）．

　人間は知人の電話番号を見つけようとしたら世界が滅亡するかもしれないなどとは決して思わない．当初は人間にはフレーム問題は存在しなくてコンピュータ（ロボット）だけにフレーム問題があると考えられてきたが，実は人間も，直面することはめったにないもののフレーム問題に直面すると解けない（適切な答えが得られない，あるいは得られるにしても非常に時間がかかる）ことがわかってきた．人間もいわゆる「想定外」のことが起きると何をしてよいかわからないのである．筆者が好きな例は「他人に迷惑をかけてはいけない」という台詞である．もちろん抽象的なレベルではこの台詞は理解可能で正しいことを言っているが，具体的に何の行為をしてはいけないかを全て数え上げることは不可能である．「暴力をふるう」とか「盗みをする」とかのように異論のない「迷惑」は多数存在するが，「議論を挑む」とか「説得する」のように場合によっては「迷惑」になったりならなかったりする行為も多数存在する．なんの行為が「迷惑」に相当するかの枠（フレーム）が人によって異なっているのである．筆者は子供のころに母親から，「人に迷惑をかけてはいけない」と言われて何をしてはいけないのか真剣に悩んだ経験があるが，今から思えば一般化フレーム問題に悩んでいたのである．

　多くの AI システムはフレーム問題に悩んでいない．それは人間がそのシステムを設計するときに，システムの適用範囲を決めてその中だけでうまく動くようにしているためである．たとえばコンピュータ将棋がフレーム問題に悩まないのは，将棋だけを対象にしているからである．人間が適用範囲をあらかじめ限定しない AI システムを作ろうとすると，そのシステムはフレーム問題に悩むことになる．人間もときどきフレーム問題に悩むことからわかるように，AI がフレーム問題にまったく悩まないようにするのは不可能であるが，人間と同じようにあまり悩まなくさせることが AI にとっての研究課題ということになる．

　最近になって，ディープラーニングがフレーム問題を（現実的に）解けるという議論が見受けられるようになってきた．人間が学習によってフレーム問題に対応していると考えられるので，コンピュータも機械学習によってフレーム問題に対応できるようになる可能性はあるものの，人間のようにうまく対応するには学習だけでなく，身体性など他の要素も必要である．ディープラーニングがフレーム問題を解決するという主張は（少なくともいまの時点では）根拠が弱い．

　フレーム問題はひとたびその意味を理解すると，限られた情報処理の主体にはいつも適切に情報を取り出すことはむずかしい，という当たり前のことを言っているように感じられる．筆者は狭義のフレーム問題を（筆者が考える）一般化フレーム問題と捉え直すべきであるという主張をある学会に論文として投稿したら，当たり前のことを書いていると判断されて，論文としては不採録になり，解説として掲載された経験がある．一方ではフレーム問題は疑似問題（本来は問題ではないことをあたかも問題であるかのように扱っている）と言われることもある．しかし（人間とコンピュータに共通する）限られた情報処理能力しか持たない主体にフレーム問題が存在することを見い出

したのは AI という研究分野にとって大きな
成果であると考える．なお，狭義のフレーム
問題については Shanahan, M. *Solving the
Frame Problem*, MIT Press, 1997. という
本が出ていることを付記しておく．

参考文献

- J. マッカーシー，P. J. ヘイズ，松原仁著
  三浦謙訳：『人工知能になぜ哲学が必要か―
  フレーム問題の発端と展開―』，哲学書房，
  1990.

4.13
軍事利用
Military use/ 中川 裕志

軍事は従来, 物理空間を担う陸海空の 3 領域だったが, 最近はこれに情報の取得ないし伝達を担う宇宙とサイバーを加えた 5 領域になってきている. 宇宙とは, 衛星の利活用を意味している. 従来は軍事向けに開発された技術が民生用にも適用される流れが多かったが, 最近は AI を含む技術発展の速度が速いため, 民生用技術が軍事にも転用されることが増えてきている. これはとりもなおさず, 技術における軍事と民生の境界がなくなっていることを意味する. 現実にサイバーセキュリティ分野において多大な成果が積み重ねられ, その結果が軍事技術に転用されるケースも多い. サイバーは攻撃にも使えるが, その例として有名なのは, イランの核燃料施設を破壊したとされているスタックスネットである. AI 兵器に関しては, その機密性ゆえに詳細な技術情報は表に出てこない. よって, ここでは技術情報は概略にとどめ, 主に話題となることが多いドローンについて, その利用における問題点, 倫理的課題について説明する.

物理空間における AI を使った兵器は防御型, 攻撃型, 偵察型などに分類される. 防御型兵器としてはイスラエルで実戦利用されているロケット弾迎撃システム:アイアンドームや米国のイージスが有名である. そこでは高度な IT 技術が使われ, その中に AI 技術も含まれると考えられる. 偵察型もドローンを使ったものが配備されている可能性が高いが, 直接に殺傷能力を持たないので, 兵器自体の開発を禁止するような議論はあまり聞かない. 一方, 攻撃型の兵器としてのドローンは, すでにイラクやアフガンで実戦利用されているという話もある [1]. 前記のスタック

スネットやサイバー攻撃の例を除く陸海空の戦闘においては AI はむしろ敵味方の戦況認識と状況に応じた作戦ないし戦略の選択支援, 攻撃目標の識別, などの支援手段としての性格が強い.

AI の倫理との関係

攻撃型 AI 兵器は, 殺傷能力を持つだけに AI の倫理では常に議論の対象になってきた [1]. 従前の戦争の倫理では, 兵士が敵兵を殺傷してよいのは自身も敵と同程度の死の危険に向き合うからだと考えられていた [1]. ところが, 米国ではベトナム戦争で死傷者が相次ぎ政治問題化し, さらに社会問題化した. このため, 自軍の兵士の損失をできるだけ減らすことが政治的な重要課題となり, 兵士が戦闘現場に行かずに遠隔操縦で敵の戦闘員を攻撃できる兵器である, 攻撃用ドローンが開発され実戦で使われた.

たしかに自軍の兵士の損失は減ったであろうが, 以下の倫理的問題も顕在化した.

(1) 遠隔操縦であるゆえに, 上記の敵兵殺傷を許す戦争の倫理は明らかに成立しない.

(2) 遠隔操縦であるため, 敵の戦闘員と民間人の区別がつきにくい. AI が搭載された自律型攻撃ドローンでは, この区別を AI がしなければならない.

(3) 遠隔操縦ないしは自律型であるため, 民間人を装うテロリスト相手ではなおさら区別が困難である. そこで, 常時, 顔認識などの個人認識と個人ごとの行動履歴を収集し, 行動履歴パタンの集合からな

---

[1] IEEE *Ethically Aligned Design* [2] では 1 章を割いてこの AI 兵器の問題を扱っている.

るビッグデータから，データマイニング
によって敵の戦闘員であるかどうかを推
定する．

(4) 上記，(3) で敵の戦闘員であると推定さ
れた人物は，その人物から攻撃される前
に先制攻撃をすることができる．

つまり，遠隔操縦ないしは自律型 AI によ
る攻撃型ドローンは，認識精度が 100 ％でな
ければ民間人を殺傷してしまう可能性が相当
程度ある．したがって，軍関係者は敵国の非
戦闘員よりも自国の戦闘員の生存を優先する
倫理基準を採用せざるをえなくなってきてい
る．このような人命に優劣をつける論理は，
倫理的に問題であるのみならず戦時国際法か
らみても問題がある．

自律型 AI 兵器

仮に遠隔操縦ドローンであっても，敵戦闘
員の認識と狙撃を操縦者自身の判断で行って
いるなら，誤攻撃の責任は操縦者にある．と
ころが，AI 技術を利用した自律型攻撃用ド
ローンの場合は，上記 (2)(3) で述べたよう
に，攻撃対象としてよい敵の戦闘員の認識を
AI が自動的に行い攻撃することが想定され
る．ここで問題になるのは，誤って非戦闘員
を攻撃したときの責任の所在である．自律型
ドローンなので直接の操縦者はいない．よっ
て，責任を問われる可能性があるのは以下の
ような人ないし組織である．

(a) AI パッケージの開発者．たとえば，プ
ログラム言語や機械学習パッケージの開
発者．

(b) 上記 (a) のパッケージを組み合わせて，
ドローンに搭載する AI システムを開発
した人あるいは組織．

(c) このような AI 兵器の仕様を決めて発注
した国防省のような軍事組織．

(d) このような AI 兵器の実戦投入を決めた
軍首脳部，ないし実施部隊．

(e) このような軍事組織を作成，運用してい

る政府．

(f) このような政府を選んだ国民．

上記のうち，(f) の国民は，多数が民間人であ
り直接的な責任は問えないが，通常の戦争と
同様に敗戦国になった場合は国家賠償などを
通じて間接的に責任を負う．(a) は AI パッ
ケージの汎用性から責任は問えない．(b) の
AI 兵器開発者は，AI が敵の戦闘員の認識が
不十分であっても兵器に組み込んで使うとい
う判断をした点で責任を問われる可能性があ
る．ただし，(c) の発注側が AI の認識能力の
不十分さを知ったうえで仕様を決めて発注し
ていたとなれば，発注側も責任を問われうる．
(d)(e) は当然に責任を問われる．したがって，
責任を (b) 開発者，(c) 発注者に転嫁せずに，
自らの責任として相手国との交渉にあたるべ
きであろう．

常識的にはこのような責任の所在の在り方
が考えられるが，戦争あるいは軍事において
は機密事項が多く，責任が曖昧になりがちで
ある．この責任曖昧さを避ける技術的ないし
制度的仕組みが重要であることが [2] などに
主張されている．

群をなす自律 AI 兵器

最後に，単体ではなく群として行動する自
律 AI ドローンについて考えておこう．自律
した AI たちが相互に交信しつつ行動する場
合は，戦場の局面の多様性もあって群として
の行動の予測が困難である．司令塔のドロー
ンがいればまだよいが，司令塔が撃墜され指
揮系統が崩れたらどうなるか？ また，ある
ドローンが民間家屋を敵アジトに誤認識して
それに従って全ドローンが揃って民間家屋を
四方八方から攻撃するかもしれない．この例
は，単体ドローンに比べて群ドローンがはる
かに大きな破壊力を持つことも示唆している．

このような状況で，[2] では自律 AI 兵器群
の禁止を推奨しており，世界的にも禁止の方
向で議論が進む．ただし，ドローンのような

安価な機材にインターネット経由で入手容易なAIシステムを組み合わせる武器を，国際的な統制が効かないテロリストが導入したらどうなるか？ このような可能性も含めて対策を考える必要がある．具体的には，特定通常兵器使用禁止制限条約 (CCW) を通じて，兵器を使う段階は国際的に制約するが，兵器製造規制は各国任せになるという国際政治状況である．

参考文献

[1] 『ドローンの哲学─遠隔テクノロジーと〈無人化〉する戦争─』，グレゴワール・シャマユー，渡名喜庸哲 訳，明石書店，2018.

[2] *Ethically Aligned Design* version2. A Vision for Prioritizing Human Well-being with Autonomous and Intelligent Systems, The IEEE Global Initiative on Ethics of Autonomous and Intelligent Systems, 2018.

4.14
人工知能学会表紙問題と倫理委員会
Cover Problem of the Japan society for Artificial Intelligence and ELSI committee/ 松尾　豊

人工知能学会は 1986 年，第 2 次の人工知能ブームの際に設立された学会である．2000年代から 2012 年ごろまで会員は微減傾向であり，さまざまな研究者が独自性の高い研究をしていたものの，全体としては活況とは言えない状況であった．2014 年，設立 30 周年を控えた人工知能学会の編集委員会では，学会誌のあり方について議論が行われた．学会会員に限らず，広く人工知能に興味をもつ一般の人にも学会の活動に興味を持ってもらいたいという考えのもと，学会誌の名称を「人工知能学会誌」から「人工知能」に変更することとなった．名称の変更と同時に，表紙のデザインも一新した．この表紙が大きな問題となったわけであるが，その経緯を簡単に述べよう．

表紙の候補は，クラウドソーシングを用いて募集された．候補に対して，会員に対するメーリングリストでの投票を呼びかけ，編集委員会での議論を経て，最終的に理事会で承認された．その表紙の内容は，家の掃除をする女性型のロボットを描いたものであった．ロボットは人間とほぼ区別がつかない見た目であり，ケーブルでつながれていた．表紙の変更が学会サイトで告知されるとすぐ，ネット上のメディアで学会誌表紙に関する記事が掲載され，その後，Twitter などの SNS 上で，女性蔑視であり，不快であるということで，多くの人から批判を受けた．この議論は朝日新聞に 2014 年 1 月 9 日付で掲載され，翌日には，英国メディアである BBC が記事を掲載した．

こうした批判を受け，編集委員会では公式回答を行った．この回答では，問題点として女性差別の解釈の余地を与えたことを反省し，同時に，人工知能技術と社会の関係性をどう表現していくかを問題対象として取り上げることを述べた．学会誌では，その後，「表紙問題」に関する小特集が掲載され [1]，[2]，[3]，また，表紙問題を基にした人工知能技術とジェンダーに関する表現について，学会外での 2つの会議が行われた．

この表紙問題は，学会会員にとっては，人工知能に対する社会の認知の高まりを感じさせると共に，社会的責任を持つ科学者の集団として，学会そして会員が社会の中で役割を果たしていく必要性を感じさせるものとなった．

この表紙問題が 1 つのきっかけとなり，2014年の 5 月ごろから，人工知能学会に倫理委員会を設置する話が立ち上がった．名称やメンバ，活動内容などを検討し，理事会で認められたのが 2014 年 9 月，第 1 回の倫理委員会が東京大学で開催されたのが，2014 年 12 月であった．倫理委員会のメンバには，人工知能学会からだけでなく，SF 作家，コンサルタント，ジャーナリストらも加わった [4]，[5]．

倫理委員会は，設立当初から反響が大きかった．まだ第 1 回の会合しか開催していない時点で，新聞社から複数の取材の依頼があり，日本経済新聞や読売新聞，NHK などで取り上げられた．倫理委員会では，人工知能の技術に対する誤解，リスク，社会と対話する必要性などが話し合われた．そして，2017 年 2月には，倫理委員会から，人工知能研究者が守るべき指針を定めた「倫理指針」が発表された．

その内容としては，人工知能に関わる研究者や技術者が，人工知能技術のもたらす正負

のインパクト両面に関し，社会には様々な声があることを理解し，社会から真摯に学び，理解を深め，社会との不断の対話を行っていくことを確認するものである．人工知能学会は社会のために研究活動を行っているという，いわば当たり前のことを当たり前に書くことによって，それを社会からきちんと認識してもらい，対話の基盤としていくことを意図している．

倫理指針の策定にあたって，人工知能学会の全国大会において公開討論が行われた [6], [7]．2016 年の公開討論では，倫理委員会内での議論が倫理綱領案という形でまとめられ，議論が行われた．その後，ネット上でも意見が募集され，倫理の専門家や編集委員会からの意見を踏まえた修正を経た上で，理事会の決議を経て発表に至ったものである．

倫理委員会の活動や倫理指針は，その後の国内外の議論に影響を与えた．総務省や内閣府での人工知能の倫理に関する議論でもたびたび取り上げられた．こうした議論は，2018 年に開かれた内閣府の「人間中心の AI 社会原則検討会議」や 2019 年の G20 での AI 原則の合意につながっている．

2018 年には，倫理委員会の初期からの体制を移行し，委員長を松尾豊（東京大学）から武田英明（国立情報学研究所）に交代した．また副委員長として江間有沙氏が就任した [8]．

2019 年には，倫理委員会が定める賞として，AI ELSI 賞を創設した．単に研究開発の中での人工知能を考えるのではなく，社会と人工知能の関係や人工知能技術の倫理的側面も同時に考える必要があり，そのような点において顕著な活動を表彰するものである．今後も，倫理委員会では，人工知能と社会との関係に関する対話が継続的に行われる予定であり，人工知能学会が社会における責任を果たしていく上で重要な役割を担っていくことだろう．

参考文献

[1] 大澤 博隆，人工知能はどのように擬人化されるべきなのか？―人の擬人化傾向に関わる知見と応用―，『人工知能』，Vol.29, No.2, 2014.

[2] 池田 忍，山崎 明子，『人工知能』誌の表紙デザイン意見・議論に接して ―視覚表象研究の視点から―，『人工知能』，Vol.29, No.2, 2014.

[3] 鳥海 不二夫，榊 剛史，岡崎 直観，『人工知能』の表紙に関する Tweet の分析，『人工知能』，Vol.29, No.2, 2014.

[4] 大澤 博隆，2015 年表紙更新にあたって，『人工知能』，Vol.30, No.1, 2015.

[5] 松尾 豊，西田 豊明，堀 浩一，武田 英明，長谷 敏司，塩野 誠，服部 宏充，人工知能学会倫理委員会の取組み，『人工知能』，Vol.30, No.3, 2015.

[6] 松尾 豊，西田 豊明，堀 浩一，武田 英明，長谷 敏司，塩野 誠，服部 宏充，栗原 聡，山川 宏，公開討論「人工知能学会倫理委員会」，『人工知能』，Vol.30, No.6, 2015.

[7] 江間 有沙，長倉 克枝，武田 英明，公開討論「人工知能学会倫理委員会」，『人工知能』，Vol.31, No.6, 2016.

[8] 武田 英明，人工知能の倫理をめぐる活動と関わる学会の役割，ヒューマンインタフェース学会誌，2019.

第5章
シンギュラリティ

Singularity/ 編集担当　松尾　豊

　本章では，広い意味での「シンギュラリティ」を扱う．人工知能が進展した先にどのような世界が待っているのか．これをやや空想的な部分も含めて紹介する．まず最初は，シンギュラリティが前提とするエクスポネンシャルな世界について述べる．次に，自らの「脳」のアルゴリズムと情報をアップロードしてしまうという，マインドアップロードの可能性について紹介する．次に，人工知能による科学技術への影響について考え，高次元科学，あるいは科学の自動化について述べる．そして，人工知能脅威論でよく議論される，超知能，あるいは人間は職を失うのかといった点について紹介する．最後に，近年は量子コンピュータが注目を集めつつあるが，知能と量子論の関係について述べる．本章で扱っている話題は，人工知能を取り巻く話題の中でも人々の知的興味をくすぐる話題である．話題によっては，実現可能性は必ずしも高くないものも含まれるが，人間の知能や人間社会のあり方に対して，さまざまな疑問を投げかけ，考えさせるものである．ぜひその思考の広がりを感じ取っていただきたい．

5.1
エクスポネンシャルな世界
Living in an Exponential World / 齋藤 和紀

エクスポネンシャルとは、「指数関数的」という意味である。いわゆる足し算の世界、つまりリニア（直線的）な変化に対して、指数関数的とは掛け算のスピードで変化すること、倍々で進むスピードや変化を意味する。リニアな変化が 1, 2, 3, 4, 5, … と進むのに対し、エクスポネンシャルな変化は、1, 2, 4, 8, 16, … という急激な進み方をするのが特徴である。両者の違いは最初こそ微小であるが、この変化を数回繰り返すとその差はすさまじいことになる。

このエクスポネンシャルという言葉を、近年、特にビジネスの世界で聞くようになった。米西海岸地域（いわゆるシリコンバレー等）を中心とした世界のインターネット企業が、限りなく限界コストの下がった情報インフラを利用し、倍々のスピードで成長するようになったことが理由であり、エクスポネンシャルという言葉は「飛躍的に成長する」や「革新的である」という意味が足され、エクスポネンシャルな成長をするためのビジネスモデルが研究対象になったのである。

テクノロジー領域においては、ブラックホールから細胞発生に至るまで宇宙のあらゆる事象がエクスポネンシャルに進行しているという事実が、テクノロジカル・シンギュラリティの到来に説得性をもたらすために使われた。人類が利用するテクノロジーの進化が、今後もエクスポネンシャルに進み、21 世紀の半ばには、あたかもエクスポネンシャルに原子の連鎖反応が進む核爆発のように、テクノロジーの進化が人類の創造を超えたレベルに発散するという考え方である。また、それを成し遂げる可能性のあるテクノロジー要素がエクスポネンシャル・テクノロジーと呼ばれ、重点

的な投資対象になるようになった。

古くから、エクスポネンシャルに増える変化の凄まじさは、民話に伝わるとんち話にもなっている。豊臣秀吉が家臣の曽呂利新左衛門になんの褒美がよいか聞いたところ、「1 日目はたたみ 1 畳に米 1 粒、2 日目は次の 1 畳に 2 粒と倍にして、この広間にある 100 畳分の米粒を下さい」と答えた。秀吉は「欲がない」と思ったが、実は 50 畳目には 500 兆粒を超えることになる。この民話が示唆的なのは、人間の生存本能は短期的な見返りに対して反応するように進化してきており、エクスポネンシャルな未来については見誤る、もしくは見ないふりをしてしまうという事実である。

現在、テクノロジーの進化と社会の変化がエクスポネンシャルなスピードで可速していることは疑いの余地がない。世界のデータ量や通信量はエクスポネンシャルに増加し、遺伝子編集の件数や、世界の再生可能エネルギーの発電量もエクスポネンシャルに増加している。エクスポネンシャル・テクノロジー同士が連鎖反応を起こしてお互いを加速させているのだ。たとえば、新たなロボティクス技術がバイオテクノロジーの実験を加速させる、新たなナノ粒子により燃料電池開発が加速する、などの連鎖反応が爆発的に起きてきている。

テクノロジーのエクスポネンシャルな加速例としては、インテル社創設者の 1 人であるゴードン・ムーア氏の唱えた、半導体の集積密度が一定期間ごとに倍々になるという「ムーアの法則」が有名だ。次々に倍のスピードになるコンピューターをもって、さらにその次の新しい世代の半導体を設計するので、進化のスピードが加速度的にアップしていくので

ある．一方，半導体プロセスの微細化自体は限界を迎え，このムーアの法則もいずれは限界を迎えることが予見されている．しかし，それ自体がテクノロジー進化のスピードを止めることはないだろう．情報コミュニケーションは，原始人が洞窟に壁画を書きなぐった時から一貫して進化し，紙を経て真空管になり，トランジスターになっていった．つまり，半導体自体が進化の途中に出現した表層上のテクノロジーの1つでしかないのだから，いずれ次のテクノロジーに代替されていくのが真理なのである．

実は，我々は経験的に社会の変革においてエクスポネンシャルなスピードが顕在化する明確なタイミングというのを知っている．一言で言えば，それはデジタル化，自動化され限界コストが限りなくゼロになるポイントである．このポイントにおいて企業や社会は飛躍的に成長し，変化を取り入れられなかった者たちは一瞬で衰退するという事象が起こる．このポイントは今，人工知能開発に対して起こり，金融デジタル化に対して起こり，モビリティに対して起きようとしている．

上述したように我々は，このポイントを知っていても見ないふりをしてしまうのだ．人間の生存本能が短期的な見返りを優先してしまう．かつて，産業革命を取り入れた国と取り残された国の間には，100年以上に及ぶ絶大な差がついた．取り残された国から見れば恥辱ともいえる100年間であったはずだ．かつて莫大な利益を生んでいた企業であっても，ポイントを見誤ると一瞬で破滅に追いやられる．我が国も同様である．今，この歴史上たぐいまれな社会のターニングポイントにおいて，エクスポネンシャルな未来に対して見ないふりをし，今すぐ積極的な手を打たないのであれば決定的に手遅れになるだろう．

5.2
マインドアップロード

Mind uploading/ 金井 良太

意識も記憶も，全て脳の中での物理的な現象にすぎない．ならば，脳内で意識や記憶を実現しているメカニズムをコンピュータ上で再現することで，自分とまったく変わらない分身を作り上げることができるのではないか．脳内の情報を高精度なイメージング技術で読み出し，コンピュータにアップロードしておけば，肉体が死んでもコンピュータ上では生き続けることができる．そのような技術をマインドアップロードと言い，人類はいつか肉体的な寿命を乗り越えて，不老不死を獲得するのではないかと議論されている．

残念ながら，このようなテクノロジーはまだ実現していないが，マインドアップロードは確かに原理的には不可能ではないだろう．ただし，原理的には不可能でないという程度で，マインドアップロードの実現がどれほど困難であるかについて，信奉者はずいぶんと簡単に考えているように思える．現時点では，具体的な実現方法が見えてこないテクノロジーである．

そう断った上で，敢えてマインドアップロードの実現について考えることは，現在の科学における脳と人工知能についての考え方やポジションをクリアにする上での思考実験としての価値がある．

マインドアップロードでは，単に脳を再現するだけではなく，意識的な主観体験の再現が必須である．たとえば，死者をコンピュータ上で再現したとして，外から見て故人そっくりの言動や振舞いがあったとしても，死んでしまった人にとって，自らが生きていて快楽や苦痛を感じることができなければ，不老不死のテクノロジーとしては不十分である．生き続けるとは，自らの意識を継続させるこ

とで，そのためには，機械の上でどのように意識を再現するのかを考えなければならない．

マインドアップロードを実現するには，どのスケールでの情報の抽出が必要だろうか．もっともシンプルな考え方は，脳内での全てのニューロン間の結合とシナプスの重みがわかれば人間の意識を再現可能であるという仮説である．原理的には，全てのニューロン間の結合を再現することは，現在の局所的な皮質などを電子顕微鏡の画像を基に再現する技術を全脳に拡大することで実現可能だろう．一方，シナプスの1つ1つの重みや，各ニューロンの種類ごとの特性を再現できるかどうかは，今の技術では難しい．

ニューロンやシナプスといったレベルでの神経回路の記述が，意識を再現するために十分なのかどうかは，現状ではやはりわかっていない．細胞内での分子の動きや分布なども，神経ネットワークの特性に有意な影響を及ぼしている可能性も否定できない．また，単純に同じ神経ネットワークが再現できたとしても，それ以外の要因で意識の有無は変わってしまう．たとえば，我々は覚醒時も睡眠時も神経ネットワークの構造自体は不変であるはずだが，意識があったりなかったりする．覚醒度は膜電位依存のイオンチャネルの状態などにも依存するため，膜電位依存性のイオンチャネルまで含めたエミュレーションが必要となる可能性は十分にある．故に，単に神経ネットワークを重み付きで複製しただけでは不十分であることが想像される．

一方で，ミクロな情報が必要でない可能性もある．我々の意識の内容は，神経活動のスパイク1つ1つを反映しているわけではなく，粗視化されたよりマクロな量に対応して

いるようだ．このような観点からは，意識の再現にはニューロンレベルよりも粗い精度で情報が抽出可能となる可能性もある．

　スケールの問題に加えて，もう1つ重要となる概念は，因果律の問題である．意識の1つの捉え方においては，意識が生じるためには，物理現象としての情報が生じている必要がある．この考え方は，ジョン・サールの提唱する「生物学的自然主義」という立場や，ジュリオ・トノーニの「統合情報理論」が含意している哲学的枠組みで，意識を生み出している脳の情報と因果関係として同一のものが再現できた場合には，そこには同じ意識が生じるという考えである．この考え方は，いわゆる機能主義と呼ばれる哲学的立場とは，マインドアップロードの成否について異なる予測をする．

　機能主義的な立場では，計算の入出力の関係において，同等の計算を行うシステムでは同じ意識を持つことが想定されるが，その計算を物理的に実行する際の因果的メカニズムが異なることは許容される．一方で，統合情報理論のような因果律の再現を必要とする立場では，その計算を実現するためのメカニズムが異なれば，結果的に同じ計算をしていたとしても，意識の内容は異なってしまう．つまり，外から見て同じ行動を示す脳のエミュレーションであっても，内的にはまったく意識が生じないことがありえる．

　全脳をコンピュータ上でエミュレートしたとしても，その中での因果関係はコンピュータのハードウェアのもつ因果関係に依存し，ソフトウェアとして全脳を再現しても，物理的な因果関係の再現がない場合には，マインドアップロード後に意識が発生しない可能性が予見される．このような観点を取り入れると，ニューロモーフィックチップなどにより，因果関係を含めた再現が必要となる可能性がある．マインドアップロードが実現できると

いう信念には，意識は物質的基盤から独立していることが想定されていることが多いが，この前提自体が崩れてしまう可能性も十分にありえるのである．

5.3
AIによる科学的発見
AI for science/ 丸山 宏

科学と道具

　科学の営みに道具の進歩は欠かせない．ガリレオは自作の望遠鏡で土星の衛星を発見した．それまで手紙によるアイディアの交換が主流だった科学の議論は，グーテンベルクによる活版印刷の発明によって，論文誌を通して複数の人が同時に追えるようになり，ピアレビューされた論文による議論の形が定まってきた．1998 年にスーパーカミオカンデは，それまで質量がないとされていたニュートリノに質量があることを示した．1940 年代から急速に発展しつつある情報技術は，それまで人間が手作業で行っていた計算をコンピュータに置き換えることによって，科学に大きなインパクトを与えつつある．この項目では，人工知能研究がもたらす情報技術の発展が，科学の方法論にどのように影響を与えるかを考察する．

科学の方法論と情報技術

　「光は直進する」という法則を発見したのはユークリッドだと言われている．彼は晴れた日の影のでき方や，木漏れ日が直線になるのを観察し，これらの観察結果を説明する仮説として「光は直進する」という法則にたどり着いたのだろう．このように，自然を観察し，その中から共通の法則を帰納的に見つけていくのは，科学の基本的な方法論の 1 つである．これを科学の第 1 のパラダイムあるいは「実験科学」と呼ぼう．

　仮説には「光は直進する」などの直感的にわかりやすいものもあれば，その記述に数学という道具立てを要求するものもある．ニュートンの万有引力の法則は，2 つの物体の間に作用する力を，それぞれの質量と物体間の距離との関係の方程式として表すことによって，天体の運動と木から落ちるリンゴを同じ法則で説明することに成功した．

　一度このような仮説を数学の世界で方程式として表現しそれがある程度認められると，以降は必ずしも自然界を観測することなく，数式の世界における数学的な演繹だけによって，様々な法則を導くことができる．たとえば，上記の万有引力の式から微分方程式を導き，それを解くことによって，天体の軌道方程式を求めることができる．このようにして，少数の基本的な法則から次々と新たな法則を導くことができる．科学が自然界の法則を知ることだとすれば，これは実験科学に代わる大きな科学の方法論のパラダイムシフトだったと言えよう．これを科学における第 2 のパラダイム「理論科学」と捉える．

　数学は科学における強力なツールだが，必ずしも導きたい全ての性質が解析的に示せるわけではない．たとえば，上記の天体の軌道も，三体以上の天体があると一般には解析的に解くことはできない．20 世紀に入ってコンピュータが使えるようになると，計算機上のシミュレーションによって数値的に法則・性質を導くことが新たな方法論として浮上してきた．これが「計算科学」（第 3 のパラダイム）である．これは理論科学の延長上にあり，情報技術を利用した演繹的な科学の方法論と言えるだろう．

　もし，情報技術を演繹的ではなく，帰納的な推論のツールとして使うとどうなるだろうか．それが第 4 のパラダイムと呼ばれる，「データ中心科学」である．ツールとして計算機を用いるのだが，計算科学と違って理論を先験的に仮定するのではなく，観察や実験のデータ

第 5 章　シンギュラリティ

から帰納的に法則を推論するものである．いわば，情報技術でエンパワーされた第1のパラダイム（実験科学）と考えることができる．天文データ，遺伝子データなど，現在の科学ではこれまでは考えられないほどの大量のデータが生産されるようになってきた．また，これらのデータを解析するための計算機の処理能力も格段に大きくなってきた．このように最新のITを駆使することで，データから帰納的にモデルを生成することが可能になってきたのである．

「データから帰納的に法則を推論する」手法は，統計の世界では統計モデリングと呼ばれるが，これは人工知能の分野で現在最もホットに研究されている統計的機械学習にほかならない．その中でも特に注目を浴びているのが深層学習である．この深層学習の急速な進化は，科学の方法論にいかなる影響を与えるだろうか．

高次元科学

科学には，より少ない仮定に基づく法則がより正しい法則だ，という「オッカムの剃刀」と呼ばれる根源的な価値観がある．統計モデリングの言葉で言えば，より少ないパラメタ（自由度）で記述された法則がより正しいとみなされる．モデルの自由度とデータへの適合度のバランスをとる赤池情報量基準（AIC）は「オッカムの剃刀」を統計の言葉で表したものと考えることもできる．

確かに，少ないパラメタの単純なモデルで科学の法則全てを説明できれば美しいだろうが，我々の興味を引くような科学の対象は必ずしもシンプルなモデルだけでは説明できない．ワトソンとクリックによって，DNAの二重螺旋構造が判明したときに，DNAのそれぞれの部分がどのような機能を担うのかを調べれば生命の仕組みがわかるのではないかと期待された．しかし，徐々にわかってきたことは，DNAの各部分が独立して特定の機能を果たすのではなく，他の部分と複雑に相互作用しながら多くの機能を同時に果たしている，ということであった．すなわち，ある特定の機能（たとえばあるタイプのがんになりやすいかどうか）を予測するためには，非常に多くの説明変数を考慮しなければならず，そのためにはモデルに同様に多くのパラメタが内在しなければならない，ということである．物理学においても，レーザー加工など動的な物性においては非線形・高次元のモデルが必要になることがあり，その制御や予測には多くのパラメタを持つモデルを作ることになる．

一方，我々が深層学習で扱うモデルは，典型的には数百万から数億のパラメタがあり，その結果として，非常に複雑なモデルを表現することができる．このため，今まではモデル化が難しかった複雑な現象を，データさえ大量にあれば精度よく捉えることができるようになってきた．このため，大量にデータが得られる分子生物学や天文学を始めとして多くの科学の分野に深層学習を用いたモデル化の手法が応用されつつある．

しかし，このようにして作られた高次元モデルを科学における法則と呼ぶことには抵抗もあるだろう．深層ニューラルネットワークはパラメタ数が多いために，その作用機序を人間が理解することは絶望的だからである．今までの科学（ここでは「低次元科学」と呼ぶ）では，自然界の作用機序を理解することが目的と考えられてきた．もし，ニュートンの万有引力の法則で物体の運動を説明できるのであれば，それを利用して天体の運動を予測したり，弾道を計算して望みの場所に着弾させたりすることができる．すなわち「作用機序の理解」が「予測」や「制御」に使える．しかし，必ずしも「作用機序の理解」が予測や制御の必要条件というわけではない．高次元モデルを使えば，精度の高い予測や制御が「人間に

よる理解」なしでできるようになってきたからである．このため，深層学習による高次元科学は，「理解」とは何かという科学における哲学的な問いを提起しているともみなせる．

科学の自動化

人工知能技術が発達するにつれ，仮説を立て実験・観測をし新たな法則を導く，という科学の営みそのものを自動化できないか，という興味が生まれてくる．たとえば，数学においては自動定理証明の技術が進化してきていて，定理を指定すればその証明を自動的に行える場合もある．科学においても，実験・観測データが大量に得られる場合には，統計的機械学習を用いて帰納的に統計モデリングを行えば，モデリングの部分はある程度自動化できる可能性がある．

問題は科学の営みにおける前半部分，すなわち「どのような仮説を立て，どのような実験を行ない，どのようなデータを得るか」の部分にある．もし，仮説空間が有限，もしくは帰納的可算（1つ1つを漏れなく数え上げることができる）であれば，それらの仮説を個別に検証していけば科学の法則を全て見つけることが原理的には可能である．この思考実験には，2つの大きな課題がある．

第1は，科学の仮説空間が帰納的可算であったとしても，それが極めて広大なために，それらを数え上げることは事実上不可能だろうという計算量的な問題である．これは確かにそのとおりだが，AlphaGo や定理証明などの探索問題に対して，深層学習を探索オラクルとして用いる技術が急速に進化している．もし科学の仮説空間のうまい特徴づけ（コーディング）が得られれば，より実用的な探索戦略が得られるかもしれない．

もう1つはもっと根源的であり，そもそも科学において仮説空間を固定できるか，という問題である．長い間原子は物質を構成する最小単位だと考えられてきた．したがって，

当時物理学では「原子が内部構造を持つ」という仮説は考えられもしなかっただろう．20世紀になってウラン原子が崩壊するのを観測したために，仮説空間の拡張を余儀なくされたのだと考えられる．もし仮説空間が任意に拡張できるのであれば，仮説を数え上げることができる，という上記「探索問題としての科学」の仮定が崩れる．

そうであるならば，科学の自動化には，創造性やセレンディピティなど，まだよくわかっていない人の心の働きを解明していかなければならない．今後の人工知能技術の発展が待たれるところである．

5.4
人工知能脅威論
AI Treat to Human Beings/ 中川 裕志

古典的脅威論

カーツワイル [1] によれば，知的能力をもつカーボンナノチューブボットを大量に血流に放つことで，病気は直してくれ，外界の知識を直接脳に通信でインプットできる人間サイボーグ化を実現できるとしている．しかし，現在の技術では現実性は低く，その延長線上に人間や宇宙を支配する超 AI があると言われても信憑性は低い．

ボストロム [2] は，現代の AI の延長線上および脳アーキテクチャのコピーによる超知能を理論的に考察した結果，AI の自己強化能力がフィードバックを指数関数的に加速すると，ほかの AI を大きく引き離した知的能力を持つ単一の支配的な超知能が出現する可能性があるとしている．この超知能は当然，人間も支配しようとするというのがボストロムの脅威論であり，当初人口に膾炙した脅威論の源泉となった．

しかし，このような超知能の出現はかなり疑問である．たとえば，ある AI にとって自分の属する AI 種族が死滅しないためには，異なる環境にコピーを残すことが重要だ．しかし，そうなると同程度の基本的能力を持ち，各自の環境に特化して進化した超知能が群雄割拠してしまい，単独の超知能が支配することは考えにくい．高橋恒一は [3] で同じような結論をより精密な分析で導いている．そういった超知能と人間の共存する社会のイメージや脅威を現在はまだ描くことができないし，昔から続く SF の世界の話以上のことは当分想定できない．

人間の職業を奪う脅威

遠い未来のことより，現在の AI が人間社会に与える影響のほうがより深刻である．AI が人間の職の大きな部分を奪うというオズボーンの主張 [4] が懸念される深刻さを示す．この論文は種々の職業が計算機での形式的な処理で置き換わる確率を計算したもので，AI が人間の職業の半分を奪うという内容が衝撃的であるために有名になった．解説記事も数多く書かれているので，詳細は原論文や解説記事を参考にしていただきたい．ここでは，人間の能力ないし職業ごとに将来の見通しを述べる．

創造性：AI が人間の職業に取って代わる時代において，人間にとって重要な能力として [4], [5] では創造性をあげている．しかし，他人も認める創造性を発揮できるのはごく一握りの人にすぎない．

対人関係：セールスなどコミュニケーション能力が要求される対人関係の仕事は，人間心理に通じている必要があるため，AI では代替えできないと言われる．しかし，商品知識の豊富さ確実さでは AI は人間より上であり，人間は AI の取次ぎ役にすぎない．もし，自然言語インタフェースが人間に近づくと，対人関係コミュニケーションに関連する職業も AI が優位になりそうである．AI では，自然言語処理が大きな研究分野であり，人間に近い能力を持つ自然言語インタフェースが実現する可能性はある．加えて Web やタブレット端末の人間とのインタフェース機能が向上すれば，AI が対人関係を担う仕事を行う流れは加速するだろう．ネット販売の隆盛はその先駆けであろう．

知的職業：医者，弁護士，研究者などの高い知的能力が必要な職業も安泰ではない．研究においても，実験の方法や進め方 (プロト

コール）が確立した実験だけなら AI の方が精密かつ再現性が高い．医療関係者，研究者にとっては，膨大な既存研究論文の調査，弁護士等の法律関係者は過去の判例調査などが重要な仕事の要素であるが，対象となる情報の膨大さから，情報検索システム，さらには文書要約技術にも頼らざるをえない．そういった作業は大幅に AI に置き換えられるだろう．すると，こういった職業で人間が貢献できるのは，本質的な新規アイデアの発見に限定されてくる．一方，AI の判断が論理的に正しそうでも人間のお墨付きがほしいという非専門家の一般人心理からすると，人間の感情と納得という部分で，人間が当該判断の責任者として関与することが重要かもしれない．法律的に有効な判断は，AI の法的人格権を与えないと成立しない．残念ながら現状では AI はあくまで人間が使うツールであり，AI 自身に法的人格権を与えるべきだという意見は多数派ではない．しかし，一方で AI が某かの法的権利を持つべきであるという状況も増えてきている．この状況に対処するために，AI に法人格を与えるという方向では議論がされている．また，仕事内容自体を変化させていく企画力，創造力を働かせるチャンスが常に要求される職業なので，その能力に優れた人は職業人として活躍するだろう．

逆に言えば，一見，知的な職業のようでもタスクの定式化や形式化が進んだ仕事は，計算機で置き換わってしまう．形式化と創造性や改革力は相反する要素だけに，こういった職業の将来は AI 技術のみならず形式化の保守と創造性，改革のどちらを重視するかという社会の在り方に大きく依存する．

運転手：自動車運転手も AI を基礎とする自動運転技術の進歩により無人化が進み，AI に取って代わられる仕事になりそうである．航空機のパイロットの操縦はオートパイロットシステムによってすでに相当程度に自動化

されている．このような流れによって交通システムの AI を活用した自動化や無人化が進むと，大きな人員削減になる．人間はシステム全体を制御，保守，管理，開発する側に回るが，職業人の数は減少する．結局，ここでも責任の所在としてしか人間の存在意義がなくなってくる．

教育：教育においては，まだ人間として幼い小学校低学年の教育と，大学・大学院での卒業論文，修士論文指導では人間がやることが多いが，この中間の期間における知識やスキルを習得する部分は，MOOC などオンライン学習で十分代替えできるという見方もある．

食品産業：現状で，人間生活に密着しているがゆえに置き換えにくい仕事は調理師であろう．食品企業の食品開発，飲食店の調理作業は置き換えにくい．だが，AI が人間の微妙な味覚を学習するようになり，柔軟に調理作業ができる AI ロボットが生まれる可能性は十分に存在する．そうなると研究者と同様に，新規アイデアの創出が人間の調理人の主要な仕事になる．

プライバシーの問題

IT 企業が収集した大量の個人データには，当然個人プライバシーに関わる情報が多い．しかも AI 技術を使えば，友人関係などから特定の個人に関するデータを集積していく名寄せで，個人のプライバシーが相当に他人にわたってしまい，場合によっては差別につながる．したがって，その使われ方についての規制が議論されている．法制度も多くできあがってきており，アメリカのゲノム差別禁止法，EU の GDPR の 22 条 2 項[1] の自動プロファイリングの結果から出てきた決定に服さなくてよい権利などが法制度化されている．ただし，AI の処理が複雑化しブラックボックス化が進行している現状では，法制度の実効

---

[1] General Data Protection Regulation, Article 22.

性を人間だけに頼るのは無理であり，法制度執行にも AI 技術が必要になってくると予想される．

参考文献

[1] R. カーツワイル，『ポスト・ヒューマン誕生』，NHK 出版，2005.

[2] Bostrom, N. *Superintelligence*, Oxford University Press. 2014.

[3] 高橋恒一．将来の機械知性に関するシナリオと分岐点，人工知能学会大会 2018, 1F3-OS-5b-03.

[4] Frey, C. B., and Osborne, M. A. (2017). The future of employment: How susceptible are jobs to computerisation? Technological Forecasting and Social Change, 114, pp.254–280. https://doi.org/10.1016/j.techfore.2016.08.019.

[5] T.H. ダベンポート，J. カービー．『AI 時代の勝者と敗者』，日経 BP 社，2016.

5.5
量子論と知能
Quantum Theories and Intelligence/ ドミニク・チェン

今日，量子力学の知見を使って生命現象の根本の仕組みを探る量子生物学という研究動向について Al-Khalili らによる解説書が刊行されている [1]．そこでは，古典物理学の枠では説明がしきれなかったミクロな生命現象に対して，量子重ね合わせ，量子コヒーレンスや量子もつれといった量子力学に特徴的な機構が生命現象に及ぼす影響が研究されていることがわかる．

量子重ね合わせとは，ある瞬間において1つの素粒子の状態が，同時に相反する2つの状態（たとえばラジウムにおいて1つ以上の原子核が崩壊した状態と，全く崩壊していない状態）が重なり合っており，観測するまでは状態がどちらにも決定しない状態を指す．量子のもつれ (entanglement) は，何にも媒介されていない複数の素粒子の状態が同期する現象を指す．量子コヒーレンスとは，このようなもつれが成立する条件として素粒子同士が外界からの影響を受けない状態を指し，逆に量子系が環境による揺動によって古典的な力学系になる（そのように観測される）ことはデコヒーレンスと呼ばれる．

量子生物学は，現時点では新進の領域であり，まだ確定的な知見には至っていないが，DNA の複製，一部の生物における地磁気の知覚，光合成の仕組み，動物個体内のエネルギーの供給，そして神経信号の発生と伝達といった諸生命現象を，量子力学的な機構が下支えしている可能性のエビデンスが見つかっている．こうした動向をまとめた Al-Khalili らは，人間が一般的に知覚し得る古典的なニュートン力学系の層，その下に現代の科学技術で観察したり制御したりすることが可能になっている．ランダムな分子が飛び交う熱力学系

の層，そして最下層の素粒子レベルで秩序を形成する量子力学系の層が串刺しになることで生命現象が維持される，という仮説を立てている．生命個体にとっての死は，量子力学系との接続が外れることによって，身体がただの古典物理的な存在になってしまう，という考え方だ．

Al-Khalili らがその可能性を検証しているように，神経細胞膜の内のイオンチャンネルが量子コヒーレントな状態にあることで神経信号が伝播されるとすれば，その機構が意識の仕組みに影響を与えないと考える方が直感的に不自然だろう．しかし，量子力学がどのように人間の意識や知能に関係するのかということに関する決定的なことはわかっていない．それでも，量子力学が古典的力学や熱力学で説明のつかない意識と知能の発現に積極的に関係しているという主張は 20 世紀から議論されてきた．そのきっかけとなったのは，Feynman らが，量子力学系を計算するには従来のフォン・ノイマン型計算機による確率計算では不可能であると考え，量子効果そのものを活用した万能量子シミュレータ (Universal Quantum Simulator) が必要であると主張したことにある [2]．その後，Deutch や Lloyd は Feynman のアイデアを発展させ，万能量子コンピュータ (Universal Quantum Computer) のモデルを構築した．量子計算機を用いたアルゴリズムは，二値的な bit を用いて逐次的に計算を反復するのではなく，コヒーレントな状態にある量子ビット (qbit) のもつれを利用して，1 回の実行ごとに，介在する量子の数に比例した可能性の束を同時に計算する．変数や次元の膨大さに合わせて線形的な拡張しかできない従来の計算機と異な

り，量子計算機では扱える qbit の数だけ指数関数的に能力が向上する．Penrose はこうした量子計算の機構に注目し，ゲーデルの不完全性定理が示すような，真ではあるが証明が不可能な命題は人間であれば解けるはずであると考え，その帰結として人間の意識は古典的なコンピュータではなく量子コンピュータであると主張した [3]．しかし，Penrose が依拠した，微小管という脳内の器官の中の数百万のタンパク質分子が量子重ね合わせ状態にあるというアイデアは，量子物理学者のコミュニティの内部では否定されている．

このように，現時点では，脳が量子コンピュータであるという説は，その必然性も説明できていないし，その証拠も見つかっていない．

ここで少し視点を変えて，量子力学的リアリズムに相似する他領域の概念を考えてみよう．異なる二項が対立するのではなく同体であるという観念は，「それ以上分割することはできない」個体 (in-dividual) の概念をベースに発展してきた西洋近代社会よりも，東洋の宗教思想哲学の方が長く議論してきた事柄である．そこで，たとえば大乗仏教の主要な経典の 1 つである般若心経の有名な一説である「色即是空・空即是色」は，世界内の全ての形をもつ存在（色）は常に変容中であって固定的な実体をもたない（空）という主張である．この量子重ね合わせを想起させる思想の背景は，万物は相関し合っているという「縁起」の概念が支えているが，生命の本質を自己創出性 (autopoiesis) であると論じ，チベット仏教徒でもあった認知科学者の Varela は，そのことを co-dependent arising（相互依存的な生起）と呼んだ [4]．このような仏教思想は，その適用範囲がミクロ（生命）からマクロ（社会）のレベルまで広大であり，最も小さいレベルの物理現象を扱う量子力学と容易に接続することはできないが，異なる現象が相関したり同期したりするということを根本

の世界認識論に据えているところは共通している．人間がフレーム問題を起こさずにリアルタイムで世界を認識し，そのなかを行動していられるのは，単一の個体として世界を一方的に計算しているからではなく，常に環境や他存在との相互作用のなかで意味と認識を決定できるからだとすれば，量子コンピュータは生命の最も低次元の実態に肉迫する計算モデルを人間に与えるものだと言えるかもしれない．

ひとつ確かなことは，相対性理論を構築した Einstein のような卓越した知性でさえもその理解と受容に苦しんだ量子力学の観念は，人間社会がこれまで知能や知性と考えてきた定義そのものに揺さぶりをかけていることだろう．当然ながら，この過程は同時に，現在は特化型の知的能力のレベルを扱っている人工知能領域が，これから観念や認識論，そして心といった知性のレベルにも取り組む上での，根本的な反省を促すことになるだろう．

参考文献

[1] Jim Al-Khalili, Johnjoe McFadden. *Life on the Edge.* 水谷淳 訳，『量子力学で生命の謎を解く』，SB Creative, 2014.

[2] Richard P. Feynman, Simulating Physics with Computers, *International Journal of Theoretical Physics*, VoL 21, Nos. 6/7, pp.467–488, 1982.

[3] Roger Penrose, *The Emperor's New Mind : Concerning Computers, Minds, and the Laws of Physics*, Oxford University Press, 1989.

[4] Francisco J. Varela, Eleanor Rosch and Evan Thompson, *The Embodied Mind Cognitive Science and Human Experience*, MIT Press, 1991.

第6章
環境知能

Ambient Intelligence/ 編集担当　栗原　聡

　環境知能とは，単体の AI システムではなく，複数の AI システムの動作が生み出す全体としての知能，すなわち「環境が創発する知能」や「環境に埋め込まれた知能」という意味合いを持つ．道路環境で，個々の車の移動の総体として発生する渋滞を解消するシステム開発や，1人 1 人の SNS での振舞いの総体として，社会現象としてのデマや噂，炎上を発生させる現象の理解と制御に向けた取組みも，環境知能に関連した研究開発と見ることができよう．

　典型例が，農地の様々な場所に設置される多数の土壌センサー情報や，複数のドローンからの画像情報などを集約することで，農地全体での作物の発育状況に基づいた適切な対応を実施するシステムの類いであり，環境からの情報を IoT やセンシングを駆使して収集することが基盤にある．「いつでも」「どこでも」「誰とでも」の概念で表されるユビキタス情報環境も環境知能の代表例である．また，ユビキタス情報環境をさらに発展させたパラダイムとしてアンビエント情報環境の必要性が指摘されている．ユビキタス情報基盤では，ユーザが何か行動を起こすと，その行動に対する最適なサービスが提供される．すなわちトリガーはユーザにあり，ユーザが最初のアクションを起こす必要があることから，道具型のシステムである．

これに対して，アンビエント情報環境は，「今だから」「ココだから」「貴方だから」がその概念であり，環境に埋め込まれたセンサーや AI が人の振舞いを観察し，その行動を予測し，人への適切なインタラクションを適切なタイミングで先回りして実行する．即ち，アンビエント情報環境ではトリガーは人ではなくシステム側にある．人の行動を理解し予測する必要があることから，実現にはユビキタス情報基盤よりも困難を伴うが，2025 年問題と表される超高齢化社会を維持するためには，実社会に溶け込み人と共生する AI やロボットなどのシステムの実現が不可欠であり，そのようなシステムには自律性のある人とのインタラクション能力が必要不可欠となる．以下，本章では，環境知能に関連する様々なトピックを紹介する．

6.1
センサネットワーク
Wireless Sensor Networks/ 戸辺 義人

　センサネットワークの基本は，様々なセンサから取得したデータをネットワーク化し，システムの動作パラメータを決定することにある．古くから，鉄鋼圧延プラントを代表とする工業においては存在したが，ネットワーク技術の進展と，センサが組み込まれた機器の普及により，日常生活やあらゆる産業に広がったことに意義がある．とりわけ近年では，2000 年前後に UC Berkley の Smart Dust プロジェクトで注目され，諸分野へ広がりを見せた．このプロジェクトのセンサネットワークの特徴としては，同質の超小型センサノードが無線で接続される点にあり，ネットワークの経路制御情報も自動的に構築される．これを端緒として，OSI (Open Systems Interconnection) 参照モデル 7 階層の第 2〜3 層に相当する研究が進んだ．2000〜2010 年の 10 年間では，さまざまな無線通信機能を有するセンサノードの開発が行われた．中でも，Smart Dust からスピンアウトした研究者たちが中心となって作られ，センサノードに特化した TinyOS が搭載された Mica Mote センサノードが火をつけ，センサノードの構築も研究として広がった．一方で，IEEE 802.15.4 での標準化が進み，ネットワーク下位層は一段落し，異種センサを広くつなげるという意味が強くなった．その延長として，センサ，ネットワークのおのおのを広義に解釈するセンサネットワークも一般的となった．たとえば，センサを広く解釈すると，人がテキストとして発信するデータがセンサデータとなり，ネットワークを広く解釈すると，ネットワークで即時に発信される必要性は薄れ，Web 上で集約されることをネットワーク化と見ることができる．センサが相互に通信し合うので

はなく，センサから直接遠隔にあるサーバへデータを送信する必然性から，長距離低帯域通信 LPWA (Low Power Wide Area) が生まれた．さらに，スマートフォンの普及に伴い，現在では，人からデータを集める参加型センシング，クラウドセンシングも広義のセンサネットワークと捉えられるようになった．また，異種センサの連携に重点を置くと，センサフュージョンがこうしたセンサネットワークで加速する．

　一方，IoT (Internet of Things) は，日本語に直訳すると，「モノのインターネット」である．しかし，その意味するところはそれほど単純ではなく，IoT へ至るいくつかの源流があった．まず，ARPA ネットとして始まったインターネットは，標準母体 IETF (Internet Engineering Task Force) を中心として，ボトムアップ的に各種プロトコルを制定してきて，とくにインターネット上のアプリケーションである WWW で，社会インフラとして完成したという見方ができる．その観点では，世界中のコンピュータがつながった次の時代に，あらゆるものをネットワーク化するという方向がある．2 点目として，RFID (無線タグ: Radio Frequency IDentication) の普及は欠かせない．個々のモノに ID が付与され，無線で読み取れる環境が整うと，モノのネットワーク化が考えられる．この RFID にセンサ機能が加わることにより，モノのネットワークが構築できる．最後に，Mark Weiser のビジョンに始まるユビキタスコンピューティング（6.2 ユビキタスコンピューティングの項目を参照のこと）において，我々の生活を支援してくれるスマートオブジェクト同士が連携することで，IoT という考え方になる．

このように，多くの分野をきっかけとして IoT へと至っているが，MEMS (Micro Electro Mechanical Systems) センサ，Bluetooth や IEEE802.15.4 等の近距離通信規格，LPWA，小型省電力の組込み機器用マイクロプロセッサ，組込み機器用の OS (Operating System)，モバイル機器，クラウド，解析技術などの要素技術が利用可能になった段階においては，IoT に到達しうるのは必然である．皮肉なことに，IoT という言葉に反して，モノにもインターネットにも重点はなく，実世界から取得されるデータに意味がある．そのため，IoT は単独では語られず，データ解析，AI と共に意味を有する．IoT は，第 1 次産業・第 2 次産業の情報化という捉え方もできる．たとえば，農業において，土壌の水分，日照時間，諸環境測定を基に収穫量を最大にすることを狙ったり，工業プラントでは，従来していなかったデータを取得することにより予防保全に活用することが可能である．

6.2
ユビキタスコンピューティング
Ubiquitous Computing/ 高汐 一紀

故マーク・ワイザー (Mark Weiser) がイメージした, メインフレーム (one computer, many people), PC (one person, one computer) に続くコンピューティングの第三の波, ユビキタス (one person, many computers). そこでは, 陰の存在に徹したコンピュータシステムとネットワークが, より自然な形での人と人, 人とモノ, モノとモノとのコミュニケーションやインタラクションを支援する.「ユビキタス」は元は神学用語であり,「いたるところに, 同時に存在する」という意味である. この言葉は, 古くから「八百万の神」の発想を持つ日本人にはとても理解しやすい. この「神」をコンピュータに置き換えたビジョンが「ユビキタス情報社会」であり, それを支える技術が「ユビキタスコンピューティング」である.

マーク・ワイザーは, ユビキタスコンピューティングの概念を示した 1991 年の論文 "The Computer for the 21st Century" の中で, ユビキタス情報社会の将来ビジョンを描いた. ある女性がベッドの上で目を覚ますシーンから始まり, 朝食を済ませて出社し, 同僚と会話を交わすまでのストーリーである. ありきたりの日常ではあるが, 各シーンの中で, 目覚し時計やコーヒーメーカー, 紙の新聞とペン, 窓ガラス, ガレージのマニュアル, 車のフロントミラー, タブレット端末, オフィスのPC といったモノたちが, あるときはモノ同士で, あるときはクラウド型情報サービスとも有機的にデータ連携をしながら, 実に活き活きと「動いて」いる様子を記している. 電気・水道・ガスがそうであるように, 人々の日常生活に欠くことのできない, まさにライフラインの 1 つとなったコンピュータとネットワークの姿である.

ユビキタスコンピューティングの決定的な特徴は,「コンテクストアウェアネス」である. ユビキタス情報サービスや, スマートスペースを実現するデバイスや, システムソフトウェアが備えるべき重要な機能だ. デバイスの状況や, 空間の状況, ユーザの状況, すなわちコンテクストを的確に認識できれば, サービスやインタフェースを動的かつ適応的に再構成することが可能になる. 環境側の情報インフラは,「ユーザがいつ, どこで, 何をしているのか?」を把握するためにデザインされたシステムであり, いわば,「三人称視点」でのシステム構築手法である. ユビキタス指向での, 空間・モノ・サービスの検討は, この三人称視点からスタートした. 初期の,「いつでも, どこでも」受けられるサービスを提供可能な情報インフラを構築するという目標は, やがて, ユニバーサルなサービスを謳った「いつでも, どこでも, 誰でも」へと進化した. インフラ構築が三人称視点でのシステムデザインだとすれば, 情報サービスのデザインは,「二人称視点」であるべきだ. すなわち,「あなたのために何ができるのか?」が重要な論点であり,「今だけ, ここだけ, 私だけに」提供れる情報サービスを提供する必要がある.

当初, 技術的には組込みシステム, センサネットワーク, ユビキタスネットワーキング, ウェアラブルコンピューティング, クラウドコンピューティング, 位置情報システム, RFIDシステム, エージェントシステム等を指し, 情報空間と実空間との密な連携を目指したコンテクストアウェア情報サービスの実現が主な目標であったユビキタスコンピューティング. 2000 年代後半になると, 安価で省電力の小

型コンピュータやセンサ，アクチュエータが次々に開発され，それらがネットワークインタフェースとともにさまざまなモノや環境に埋め込まれ始めた．現在は，さまざまな AI 技術を活用したクラウド側でのソーシャルビッグデータ利活用をも巻き込み，その様相も変わりつつある．IoT (Internet of Things)，エッジコンピューティング，実世界インタフェース，拡張現実 (Augmented Reality)，身体拡張 (Augmented Human)，クラウドネットワークロボティクスを始めとする，より細分化されたドメインでの議論が活発であり，適用領域もまた，スマートシティ，ヘルスケア，ITS (Intelligent Transport Systems)，物流等，より大規模化，多様化してきた．

　残る論点は，サービスインタラクションにおけるマルチモダリティ，特に身体性と社会性の強化であろう．従来の手法では，間合いの形成や人間関係の考慮等，より能動的なインタラクションの実現には限界があった．これらの論点に対しては，アフェクティブコンピューティングや，ソーシャルクラウドネットワークロボティクスの概念が，その回答を与えてくれそうだ．

6.3
渋滞
Traffic jam / 西成 活裕

渋滞は日常で普通に使われている言葉だが，科学研究の対象とするためにはまずそれを曖昧なく定義しなければならない．渋滞は車や人の流れだけでなく，物流や情報通信，そして動物の群行動や生体内のさまざまな物質の流れの中にも見られる極めて広範囲な現象である．こうしたさまざまな流れの渋滞現象に共通する本質は，少数の資源を大勢で利用することで発生する非効率性，と捉えることができる．たとえば，道路という有限の資源の容量を超えて多くの車がそれを利用することで，車の速度が低下して通過時間が長くなってしまう．

容量に対して，現在どれだけの利用があるかを測る指標が密度である．車では道路 1 km 当たりの車の平均台数，また人では 1 m² 当たりの平均人数が通常用いられる．次に，流れの効率性を測る指標としては，流量がよく用いられる．これはある場所を単位時間の間に対象がどれだけ通過できたかを表す量である．車では一車線当たりある地点を 5 分間で何台通過したかで表し，人では 1 m 幅を 1 秒間で通過した人数が通常用いられる．この流量を最大化することが流れの効率化の目標であり，また流量は旅行時間の逆数に比例するため，流量が最大化すれば旅行時間も最短になって個人にとっても望ましい状態となる．

そして，この密度と流量の関係から渋滞が定義される．車や人は通常，密度の増加とともにその流量は比例して増加していく．しかし，ある臨界密度から今度は密度の増加とともに動きにくくなって流量は減少に転じ，そして最大密度で全く動けなくなり，流量はゼロとなる．ここで「臨界密度以上の状態が渋滞」と定義すれば，密度と流量の関係を調べ

ることで，さまざまな流れで渋滞を判定することが可能になる．一般の高速道路では，この臨界密度の実測値は約 25 台/km であり，これは車間距離約 40 m に相当している．

渋滞を回避するためには，この臨界密度に達する前に流れの状態を制御することが重要であるが，その方法はさまざまである．まず重要なことは，時間と空間で対象を分散させ，集中を避けることである．そのためには，まず混雑情報を把握し，それを対象に発信して行動変容を促すことが大切である．車の場合，道路に設置されているセンサからの流量や速度データと，運転手のスマートフォンや車に設置されている GPS を用いた車の位置情報を相補的に使うことにより，道路の混雑情報の大まかな把握が可能になる．そして現状把握だけでなく，その時系列予測は重要であり，これには交通流のモデリングと合わせたデータ同化手法が有効である．

将来は，こうした道路情報と各車の移動ニーズを集約することで，全体最適な視点から渋滞を避ける最適なルートや出発時刻を個別にレコメンドできるようになるだろう．ただし，それは個人が思う最適と異なる可能性があり，これはナッシュ均衡が必ずしもパレート最適でないことと関連した難しい問題である．

また，車間を詰めて運転する車群が存在すると，そこで局所的に臨界密度を超えて渋滞を引き起こすこともある．車間を空けることは，事故防止だけでなく渋滞予防にも効果的である．

そして車そのものを減らす方法として，たとえば同じ方向へ行こうとする人とのライドシェアリングなども有効であるが，これも情報を集約してマッチングする IT システムの

存在が欠かせない．以上の方策に加えて，臨界密度そのものを上げるという対策もありうる．たとえば，車間距離を詰めても安定に走れるようにミリ波レーダーを車の前面に装着し，車間を計測しながら自動で運転制御を行う方法もある．これにより複数台の隊列走行が可能になるため，現在ドライバー不足に陥っているトラック物流への応用が期待されている．

渋滞発生時に運転手の立場でできることは，スローイン・ファーストアウトの走行を心がけることである．車の渋滞車列の長さを短くするには，渋滞にゆっくり近づくスローインによって上流側の車列増加を抑え，渋滞からなるべく早く出るファーストアウトによって下流側の車列減少を促進すればよい．スローインを補助する技術として，渋滞発生時にその上流側で可変的に速度制限をかける方法があり，ファーストアウトに関しては，ミリ波レーダーを用いた車の自動追従機能が有効である．

また，上記の臨界密度に達する前に外的要因によって流れが阻害され，渋滞が発生してしまう場所がボトルネックである．たとえば，車線が減少する場所や信号交差点などがそうで，こうした場所ではインフラ整備によるボトルネック要因の除去も重要だが，IT システムによるソフト的な解決策も注目されている．たとえば，十字路の信号では双方の道路を交互に通過させるため，容量が約半分に低下してしまうが，交通量に応じて信号の現示を調整することで流量改善の効果が期待できる．ただネットワーク上での流れでは，狭い範囲での制御は部分最適に陥ってしまい全体最適とはならない可能性もある．都市交通では交差点が最も渋滞が起こりやすい場所であるため，全体最適な交差点制御システムは今後の重要課題である．

6.4
ITS
Intelligent Transport Systems/ 栗原　聡

ITS（Intelligent Transport Systems：高度道路交通システム）は，交通システムを「車」と「交通信号機（道路）」に加えて「人」を含む 3 者で構成し，お互いを情報インフラで接続して互いに情報をやりとりすることで，道路交通に関わる渋滞や事故，そして排気ガスなどによる環境対策など，様々な問題を解決する統合型システムとして考えられたものである．

従来，ITS に関する研究開発の主たる受け皿は交通工学研究分野なのであるが，人工知能研究において，特にマルチエージェント研究分野においても ITS はとても魅力的な題材である．車や人をそれぞれ自律的に動作するエージェントとして見立てて，エージェント同士が協調することで効率的な移動を可能にして，かつ渋滞や事故の発生を防止できるか，という視点に立てば，ITS は典型的なマルチエージェントシステムとして見ることができる．

車の効率的な移動をサポートするナビゲーションシステム開発に着目すれば，個々の車は自らが最適に移動することを目的とする利己的な自律行動主体であり，いかに交通状況を予測し，渋滞を避けつつ最適に移動できるかが主要な研究テーマとなる．そのときどきの渋滞を知るための交通情報インフラとしては，道路に設置される感知器等からの情報で把握した渋滞状況を個々の車に配信する VICS(Vehicle Information and Communication System) や，現状では自動車メーカーごとのサービスであるプローブ情報が利用できる．

ただし，渋滞状況を知ることで容易に最適な移動経路を計算できるとは限らない．たとえば，進行方向において左右 2 つのルートが

選択できるとして，右のルートにおいて渋滞が発生しているという情報が VICS で提示されたとき，ドライバーの心理としては左のルートを選択したいと思うであろう．たしかに VICS 情報を知ることができるドライバーの割合が低ければ左のルートを選択することで渋滞を避けることができるかもしれない．しかし，多くのドライバーが渋滞情報を知ることができる状況だと，皆が左のルートを選択することで左のルートでも渋滞が発生してしまい，車の流入が少なくなった右のルートを選択しておいた方が結果的にスムーズに移動できた，といった状況が想定される．車の効率的なナビゲーションに関する研究は，動的に変化する状況において，他の車の行動を予測しつつ，いかにして最適な移動を実現するかが主たる目的である．シミュレーションを実験環境として様々な制御モデルを検討する方式や，ゲーム理論や流体力学，また進化的手法や社会型生物から得られる協調メカニズムの知見を利用する方法など，多岐に渡る方法が提案されている．

しかも，2020 年以降に向けては自動運転車の導入も徐々に進み，人が運転する車に加え，自動車技術会 (SAE) のレベル 3 から 5 の自動運転車が混在する状況になると，自動運転車をペースカーとして利用することでの渋滞発生回避，といった可能性も生まれる．

一方，交通システムにおける重要なもう 1 つのインフラが交通信号機である．車が基本的に利己的な行動主体であり，いかに自身が最適に移動できるかを考えるのに対して，信号機は管轄するエリア全体の交通の流れを最適化することが目的であることから，車の目的と信号機の目的は相反する関係にあり，2

つの制御系の動的平衡状態として交通システムは維持される.

なお，ITS においては車のナビゲーションを始め，車々間通信といった車同士での通信による情報共有といった車側の研究が多く，信号機制御については研究開発の速度が遅い．ナビゲーションシステムと異なり，信号機制御システムはまさに交通インフラの基盤であり，設置には莫大な予算がかかる上に，一度設置し稼働するとそう簡単には新しいシステムへの更新はできないことなどが背景にある．しかし，VICS やプローブカーシステム，そして自動運転技術の進展など，車側の技術レベルの上昇だけでは，理想的な ITS の実現はできず，2010 年以降，信号機システムに対する研究も徐々に注目されるようになってきた．

現在の信号機制御システムは，都市部においては渋滞情報に基づいた制御が運用されているものの，中央集権型の制御システムとなっている．各交差点に設置されている全ての感知器の情報を 1 点に集約し，大域的な計算を行い，各信号機の制御を集中的に行っている．全体の情報を使うことから高精度な制御が可能になるメリットがある反面，どうしても収集・計算・制御を集中的に実行することから，ある時刻での情報に基づく制御が反映されるまでに 10 分程度かかってしまっているのが現状である．

しかし，道路状況は 10 分でも大きく変化する．常に 10 分後を正確に予測できるのであれば問題ないが，そもそも交差点に設置される感知器からの情報のみで詳細な交通状況が把握できるはずもなく，想定外の突発的な変化など，複雑系である実世界の変化を予測することは難しい．したがって，感知器からの情報に対して実時間で反応することのできる制御が必要となる．この課題に対しては，マルチエージェント研究分野からの取組みが期待される．すなわち，個々の信号機もしくは交差点のみの制御を担当するエージェントを配し，局所的な交通状況の変化への即応を可能とし，エリア全体での交通制御はエージェント同士の協調により実現させるという方法である．これまでほかにも様々な方法が提案されている．

ただし，ITS における AI 研究からの貢献においては，なかなか具体的な成果が出にくいという問題がある．いかに効果的な制御方法を提案できたとしても，いきなり実際の信号機の制御に反映することはできない．万が一にでも事故が発生してはならない．具体的には警察庁で入念な検討後に ITS に関する制御方式が認定され，都道府県警に通知され，具体的な社会実装は都道府県警察単位で実施されるという流れになる．つまり，実際に提案する手法で街中の信号機を制御するまでには多くの関門を突破する必要がある．仮に新しい制御システムの導入が承認されたとしても，具体的に現在の制御方式からどのように移行させるかについても入念な検討が必要となる．

なお，ITS への人工知能研究分野の関わりについては，第 3 次人工知能ブームの貢献として，警察庁や各都道府県警察の担当者や交通工学研究者など，多くの関係者に人工知能という研究分野について認知されることとなり，これまでの ITS 研究の受け皿である交通工学研究分野に人工知能研究分野も参画できる機会が生まれつつあることは嬉しい展開である．

そして，ITS を構成する要素において，最も行動の予測が困難なのが「人」である．IoT の社会インフラとしての浸透が加速する中で，人の行動に関するより詳細な多くのデータが収集できるようになれば，人の動きも考慮に入れた「人」と「車」と「道路」を対象とする本来の ITS に関する本格的な研究が可能となる．人のセンシングで収集できるデータの

質と量はまだまだ少なく，それは，ITS の性能向上の余地がまだ大きく残されていることを意味している．

そもそも現在の ITS は，車が主役であるという位置づけであるが，本来の主役は人であり，人の移動の最適化が究極の目的である．それは単に最短時間や最短経路での移動を意味するのではなく，人それぞれの状況に応じた最適化なのであり，ITS 研究が目指すのは，「人に寄り添う交通システム」でなければならない．

6.5
アフォーダンス
Affordance/ 岡田 美智男

いまではスマートフォンのタッチパネルに置き換わってしまったけれど，いわゆる黒電話の回転ダイヤル方式をまだ覚えている人も多いことだろう．ダイヤルパルスとか，トーンダイヤルとか，そうした細かな話はさておき，ここでのテーマは「アフォーダンス」である．

電話番号の数字に合わせ，ダイヤルの穴に指を掛ける．そこで少し力を入れてみると，回転方向へと上手に導いてくれる．そのまま回転させていくと，指止めに当たり，それ以上は回せない．あとは穴から指を離すだけだ．すると，わずかなパルス音を響かせ，そのダイヤルは元のところに戻っていく．この繰返しの中で，電話番号に合わせたパルスが電話回線に送出されるのだという．よくよく考えると，このダイヤル操作のインタフェースとか，シンプルなダイヤルパルス送出のアイディアは，なかなかの優れモノだなぁと思う．

認知科学者のドナルド・ノーマンによれば，私たちが日常的な道具やモノを使うときには，「頭の中にある知識」と「環境にある知識」との両方を利用しているのだという．電話をかけるには，「まず受話器を持ち上げ，相手の電話番号に合わせてダイヤルを回す」という「頭の中にある知識」を用いる．同時に，ダイヤルの穴に指を掛けてみると，そこで見い出されたダイヤルに備わる物理的制約が次の行為を方向づけてくれる．あるいはその回転を指止めが制約し，その穴から指を離すという行為を導く．

私たちは，「そのダイヤルを回しているのは私自身だ」と考えやすいけれど，その行為はダイヤルに設けられていた物理的な制約や視覚的な情報によって上手にナビゲートされ

てもいる．その意味でダイヤルを回すという行為は，行為主体とそれを取り囲む環境とで構成される「一つのシステム」によって作り出されたもの，組織されたものと言えるだろう．この行為を支える環境側から提供される働き，この行為に固有のものとして立ち現れる意味，価値というのは，殊の外，大きな役割を持っているのではないか．そうした観点から，これら環境から提供される行為の可能性，意味，機会などのことを，生態心理学を創始したジェームズ・ギブソンは「アフォーダンス (affordance)」と呼んでいる．

では，行為主体によって直接に知覚される，その行為を支え方向づけてくれるアフォーダンスには，どのようなものがあるのか．私たちがなにげなく街の中を歩くときも，この街を歩くのは，私たち自身なのだけれど，そこでの人の流れ，歩道，建物のレイアウトなどは，私たちの行為の可能性を制約し，方向づけている．なにげなく一歩を踏みだしてみると，街の景観や「見え」が変わる．ここで得られる行為の可能性に関する情報が次の一歩をナビゲートするのである．

なにげない一歩を踏みだすときも，半ばどうなってしまうかわからないという気持ちで，身体を地面に委ねてみる．すると，その地面は私たちの期待を裏切ることなく，そっと支えてくれる．この地面からの支えも，私たちの行為と環境との関係性の中で見い出された「歩くという行為の可能性に関する情報」であり，アフォーダンスである．

これまでに，ロボティクスやヒューマンインタフェースの分野でも，アフォーダンスの概念に注目してきた研究者は多い．

サブサンプション・アーキテクチャや昆虫

アフォーダンス | **159**

ロボットのゲンギスなどの研究で著名なロドニー・ブルックスも，その代表的な1人である．ゲンギスの流れを汲む，お掃除ロボットの動きを見ると，その名残が見てとれる．とりあえずまっすぐに突き進む，すると部屋の壁にぶつかり，それ以上は進めないとわかると，方向転換をし，その壁に背中を押されるようにして，またまっすぐに進むことを繰り返す．ここで部屋の壁や周りの障害物は，お掃除ロボットの次なる行為を制約し，方向づけるという意味でアフォーダンスそのものである．このロボットの「部屋の中をまんべんなく動き回り，部屋の床の埃を吸い集めてしまう」という能力は，このロボット内部に一方的に帰属されるというより，それを取り囲む環境との間に分かち持たれたものといえるだろう．

　先ほど紹介したドナルド・ノーマンも，『誰のためのデザイン？』の中でアフォーダンスの概念を紹介し，インタフェースの分野で広く普及させたことで知られる．その椅子の形状は，私たちに座ることをアフォードする，そのドアノブは，手で握り，そして回すことをアフォードする．あるいは，黒電話のダイヤルにある穴は，人差し指を掛けることをアフォードする．道具やモノのインタフェースでは，このアフォーダンスのデザインが肝になるというわけだ．ノーマンのいう，「○○することをアフォードするデザイン」という表現はなんとなくわかりやすい．けれどもギブソン派のいうアフォーダンスの1つの側面にすぎないことにも留意しておく必要があるだろう．

6.6
インタラクション
Interaction/ 大澤 博隆

インタラクションとは，相互作用のことであり，2つ以上のものがお互いに影響を与える系を指す．人とコンピュータのインタラクション (HCI) や，人とロボットのインタラクション (HRI) など，分野を指す用語として，やや乱用されやすい言葉でもある．たとえば Hornbæk らは，対話，通信，道具使用，最適化，身体化，経験，制御の別々の研究領域で，インタラクションについて複数の定義が存在しており，その目的もばらばらであることを指摘している [1]．しかしどの研究でも，相互作用性が重視されている．HCI と類似の分野をヒューマンインタフェース (HI) と呼称する場合もあるが，接する面（インタフェース）を重視するか，あるいは接している両者の相互作用そのもの（インタラクション）を重視するかで，立場が異なる．

特に近年の HCI 研究では，単に人間が使う道具を使いやすくする，という志向よりも，ユーザと人工物を取り巻く相互作用の系自体を設計し，結果としてユーザに残る体験を設計するのだ，という志向が強くなっている．インタラクションの結果もたらされるユーザ体験を設計するべきだ，という考え方は「ユーザエクスペリエンスデザイン」とも言われる [2]．Fogg の説得工学（ユーザの動機を人工物が誘発し，ユーザの価値観を変えて納得させる手法）[3]，川上らの不便益（不便な環境こそが人に利する場合もある，という逆説的な提案）[4] も，こうしたインタラクション設計の志向に沿った研究だと考えられる．ユーザの価値観に道具が従うだけでなく，逆に道具がユーザの価値判断に影響を与えてしまう，という点には，道具が人を騙す–人を洗脳する，という懸念から倫理的な批判もあるが，たと

えば哲学者の Verbeek は，適切な技術使用が，むしろ人間の倫理観を向上させる可能性があることも提示している [5]．ただし，こうした技術介入を正当化するためには，ユーザがあらかじめ，自分の価値感が人工物との相互作用によってどのように変容する可能性があるか，自覚している必要がある．そして錯覚を用いた VR 研究や，Nass らのメディアの等式と呼ばれる研究では，たとえ実際に人間が騙される仕組みを自覚していても，人工物から影響を無意識のうちに受ける例が多く見られる [6]．

人工知能分野でインタラクションと言った場合，このような相互作用課題をどのように処理するか，ということが重要となる．知能の研究では，知能がどのように実装されているか，という内部に目がいきがちだが，インタラクション系の研究者は，その知能がどのように相互作用し，結果として自身や他者に効用をもたらしているか，という観点を重視する．特に，人間と，人間から見たときに社会的他者と受け取られるエージェントとのインタラクションを設計するヒューマンエージェントインタラクション (HAI) の分野では，インタラクションは本質的な要素である [7]．人間から見たときに他者と受け入れられている場合，第三者の意図を読む間接的な関係や，相互に意図を読み合う再帰的な関係が発生しうるため，普通の道具を使う場合よりも，人とエージェント間で行われる推論が極めて複雑になる．人間の持つ相手の内的意図を読む能力「心の理論」は，霊長類や一部の生物だけが持つ機能とされており，人間にとっても比較的複雑な機能と推定される [8]．人間の知能の中でも最も高度な知能と推定され，人工

知能の達成の障害の1つでもある.

こうした HAI 研究は,人間ほどではないが知能的であるシステムに対し応用分野を見つけ出すことができる,という意味で実用的であることも述べておきたい.人工知能研究では,歴史的に対話による問題解決が重視されており,Turing test からスマートスピーカーまで,2者間の対話を主にした知能の検討や,その応用が多く研究されている.しかし,実際にはこうした3者以上の関係に入り込むようなエージェントの方が,技術的な実現性が高く,また,より人間に影響を与えやすいという意味で有用性も高くなると思われる.たとえば,相手が十分に知能のないエージェントと自覚していても,そのエージェントと自分の親しい人間が仲良くしている場合,人間はその関係に嫉妬することができる [9].こうした,人間関係に間接的な影響を与えるエージェントシステムは実際に応用されつつある.エージェントとのインタラクション研究は,インタフェース設計や心理評価から,ゲーム理論やメカニズムデザインまでを含んだ幅広い研究を含みながら,発展している.

Brooks は subsumption Architecture の研究提案の際「象はチェスをしない」という言葉で,人工知能における環境,身体性の重要性を説いた [10].人間にとっての「環境」とは,単なる物理的環境との相互作用だけでなく,他の人間同士との相互作用も含まれる.HAI 研究は彼のポリシーを引き継いだ上で,人工知能の振る舞う環境としての「社会」,知能における社会性,社会的知能を重視する分野である.そして,どのような課題が知能にとって本質的であるか,あるいは有用とされるかは,実際の相互作用の中からのみ,見つけ出されるであろうと思われる.したがって,知能はインタラクションの中にある,という視点の重要性はますます高まるだろう.

参考文献

[1] Hornbæk, K. and Oulasvirta, A. 2017. What Is Interaction? *Proceedings of the 2017 CHI Conference on Human Factors in Computing Systems — CHI'* Vol.17, pp.5040–5052, New York, USA, 2017.

[2] 黒須正明,松原幸行,八木大彦,山崎和彦,『人間中心設計の基礎』,近代科学社,2013.

[3] Fogg, B.J.『実験心理学が教える人を動かすテクノロジ』,Nikkei BP 社,2005.

[4] 川上浩司,平岡敏洋,小北麻記子,半田久志,谷口忠大,塩瀬隆之,岡田美智男,泉朋子,仲谷善雄,西本一志,須藤秀紹,白川智弘.『不便益——手間をかけるシステムのデザイン』,近代科学社,2017.

[5] Verbeek, P.P. *Moralizing Technology: Understanding and Designing the Morality of Things.* University of Chicago Press, 2011.

[6] Nass, C.I. and Yen, C.『お世辞を言う機械はお好き? コンピューターから学ぶ対人関係の心理学』,福村出版,2017.

[7] 大澤博隆,ヒューマンエージェントインタラクションの研究動向.『人工知能』,Vol.28, 3, pp.405–411, 2013.

[8] Baron-Cohen, S., Leslie, A. M. and Frith, U. 1985. Does the autistic child have a "theory of mind"? *Cognition.* Vol.21, 1, pp.37–46, 1985.

[9] Nakanishi, H., Nakazawa, S., Ishida, T., Takanashi, K. and Isbister, K. 2003. Can software agents influence human relations? *Proceedings of the second international joint conference on Autonomous agents and multiagent systems — AAMAS'03*, p.717, New

York, USA, Jul. 2003.

[10] Brooks, R.A. Elephants don't play chess. *Robotics and Autonomous Systems*, 1990.

6.7
AR, VR
Augmented Reality, Virtual Reality / 廣瀬 通孝

バーチャルとは「現実には存在しないけれども，機能や効果として存在するも同等の」という意味，リアリティとは「現実」とか「現実感」という意味である．バーチャルリアリティ (VR) とは，コンピュータによって作られた世界に入り込み，そこで色々な体験をしようという技術のことである [1]，[2].

VR という言葉が初めて使われたのは，1989年のことであった．HMD (Head Mounted Display) と呼ばれるゴーグル状のディスプレイを用いて頭の向きに応じた立体映像を表示し，ユーザを 360° の映像空間に没入させることができた．さらに，データグローブと呼ばれる手袋状のデバイスを使って，眼前の空間に置かれた種々の物体を操作することができた．

こうした新しいインタフェース技術を介して，人工的に作られたシミュレーション世界を体験することがこの技術の基本的特徴ということになる．もちろん，シミュレーション世界は計算機に閉じる必要はなく，外部世界に接続してもよい．

特に，遠方の世界をあたかもそこにいるかのごとき高い臨場感をもって体験できるような技術を称してテレプレゼンス，あるいはテレイグジスタンスという言葉が使われる．

先述のように，VR はすでに 30 年の歴史を有する技術であるが，ここ数年，低価格高性能な HMD の発売や，それを利用したゲーム開発など，産業的にも脚光を浴びる機会が多くなり，第 2 期ブームとでも言うべき状況を呈している．

VR が得意とするのは，「体験」という包括的な情報群をインタラクションを通じてユーザに与えることである．つまり，VR の応用先として有望なのは，教育や訓練など，体験が重要性を持つ分野である．言語や論理による理解と体験による理解は，いろいろな点において異なることが経験的に明らかになっている．言語的理解が脳それも前頭葉を中心とした部位による理解であるのに対し，体験的理解は脳のみならず身体までを包含するより深い理解である．

VR 技術では多くの場合，身体的インタラクションが用いられる．それは単なる言語的なやり取りを超えて，身体的空間的なインタラクションが含まれるわけで，知的活動が身体活動を御するという従来の知能のイメージを捨てなければいけない局面も多々存在する．

VR を用いた教育訓練システムが効果を発揮するのは，外科医やパイロットなど，知的スキルと身体的スキルの双方が要求される職種と言われているが，実はそれ以外のスキルにおいても，知的スキルと身体的スキルの間には密接な関係があるのではないかと思われる．

これまでの VR 訓練において使用されてきたのが物を中心とした VR 世界であり，そこに作りこまれている法則性は物理的なものである．それに対してこれから重要なのが，サービス業などで必要とされている対人の訓練で，これには対話的に反応する自律的アバタが必要となる．したがって，今後の VR の進化において，AI の技術と VR の技術の融合は不可欠と言われている．

さて，AR について話を進めよう．AR とは，Augmented Reality の略で，現実世界にバーチャルな世界を重畳表示しようという技術である．もともと，現実世界とバーチャルな世界とは二律背反的なものと認識されてきたが，両者は共存可能な概念であることが

言われるようになってきた．とくにトロント大学の P. Milgram は，AR と現実にバーチャルが少量混入した世界 AV (Augmented Virtuality) をバーチャルに現実が少し混入した世界，のようにリアルから VR までの間は連続的な関係にあるとし，これ全体を「MR (Mixed Reality) の連続体」と呼んだ [3].

最近では SR（Substitutional Reality：代替現実），DR（Diminished Reality：減損現実）などさまざまな Reality を接尾語とするようなネーミングが乱立しはじめたが，これら全体をまとめて「XR」などという呼び方もされている．

AR の技術は，現実の世界との関係を有するため，両者との空間座標の共有が大きな課題となる．これを「レジストレーション」という．さらに現実世界は，たとえば建物全体とか，商店街とか，物理的に大きな空間である必要があるために，VR とは比較にならないスケールの測位技術が必要となる．

実際，AR ゲームの入り口と言われる「Ingress」やその発展形の「ポケモン GO」などは全世界地域を行動範囲とする．本格的 AR の実現のためには高精度の広域測位システムが必要である．昨今運用をはじめた準天頂衛星「みちびき」の利活用が期待される．

VR は AI と関連する文脈で語られることが少なくないが，目指すところは異なる．極論すれば AI は，機械に知能を与えることが目的であるのに対し，VR や AR が目指すのは，人間の知能を拡張することであって，外部に知的な存在を作り上げることではない．AI に対して IA (Intelligence Amplification) という言葉を使う人もいる．もちろん，VR の洗練化のために AI を活用する必要があることはもちろんであるし，AI の判断結果を人間に伝えるために VR を活用することも重要な課題であり，両者が密接な関係にあることは言うまでもない．

あるいは，人間外部の機械による人工知能によって人間の作業を代替し，高度な自動化を目的とする AI を「代替型人工知能」と呼び，人間と機械が一体化して，そこで行われる情報処理は，何らかの知能であり，それを「交流型人工知能」と呼ぶならば，一連の XR 技術は明らかに後者に分類されるであろう．

参考文献

[1] 『トコトンやさしい VR の本』廣瀬通孝編，日刊工業新聞社，2019.

[2] 『バーチャルリアリティ』廣瀬通孝，産業図書，1992.

[3] P. Milgram *et al.*, Taxonomy of Mixed Reality Visual Displays, *IEICE Transactions on Information Systems*, (IECE special issue on networked reality), Vol. E77-D, No.12, pp.1321–1329, 1994.

6.8

AI農業

Agri-InfoScience/ 神成 淳司

AI農業 (Agri-InfoScience) は，農業分野において取り組まれている新たな研究領域である．この研究領域は，農林水産省が2009年に開催した「農業分野における情報科学の活用等に係る研究会」において提唱されており，その際に，「人工知能を用いたデータマイニングなどの最新の情報科学等に基づく技術を活用して，短期間での生産技能の継承を支援する新しい農業」と定義されている．

AI農業が提唱された背景を知るために，我が国農業の状況を俯瞰したい．農林水産省によれば，農業分野の就業人口は，平成7年の414万人から平成29年の182万人へと，わずか20年で半数弱にまで減少した．今後の減少傾向は徐々に緩やかになるものの，減少していくことは確実な状況である．また，平成27年時点の就農者の平均年齢は67歳に達しており，一般的な職種における定年の年齢を上回る状況となっていることがわかる．実際，現状の就農人口を年齢別に比較すると，最も多いのが75歳以上である．まさに日本の農業は高齢者が支えているのであり，これら高齢の就農者の引退に伴い，さらなる就業人口の減少が予測されるのである．この状況は，我が国農業の生産力が着実に減少することを意味し，それは今後の我が国の安定的な食料獲得の観点から考えると非常に懸念される事態である．

よく知られているように，我が国の食料自給率は低水準にあり，不足分を輸入に頼っており，その中でも中国から多数の農水産物を輸入している．しかしながら，既に現状において，中国は自国の人口を賄うだけの食料生産ができておらず，食料輸入国となっている．世界人口も今後急増していくことを踏まえる

と，我が国が安定的かつ継続的に食料を輸入できる保証はなく，自国の食料生産を高めていくことが必要とされる．

一方，日本の農業の生産性は諸外国の中でも高水準に位置している．特徴となるのは，高収量と高品質の両立である．単に高収量というだけであれば，日本を上回るところは存在するが，高品質と両立して，高水準の位置にいる点が我が国の特徴である．特に，篤農家とも呼ばれる熟練農家の水準は際立っており，年収が数千万円という人も存在している．ただし，誰もが高い生産性を誇っているわけではなく，経験が浅い農家を中心に，諸外国を遙かに下回る生産性にとどまっている人も存在しており，気象条件が悪い場合には一般的な平均年収を遙かに下回る所得水準に陥る場合もある．このような状況を踏まえ，熟練農家の生産性を，より多くの農家に継承することで，我が国農業全体の生産性向上を目した取組みとして始められたのがAI農業である．

AI農業が着目するのは，個々の生産者が「作業」を実施する際の，「観察」と「判断」である．たとえば，「作物に水をまく」という作業は，作物や土壌を観察し，そこから推論される「水が足りないから○○程度の量の水をまくべきだ」という判断に基づく．農業において実施される作業には多様なものがあり，その中には，マニュアルに基づいて実施すればよいものと，「観察」と「判断」が必要とされる状況依存性が高いものが存在する．AI農業が対象とするのは，このうち，後者の「状況依存性が高い作業」の技能継承である．そこで，対象となる作物ごとに，播種から収穫までに実施される個々の農作業について，「状況依存性が高い」ものを対象に，熟練農家と新規就

農者等を対象に作業分析を実施する．作業分析にはアイカメラ等を用いた注視点分析が用いられることが多い．そして，作業分析をふまえ，熟練農家の「観察」と「判断」技能を継承するための学習コンテンツを作成する．

学習コンテンツとは，農作業が実施される前の時点の対象作物の静止画や動画を提示し，そこで実施すべき農作業やその前提として把握すべき作物の状態を推測してもらうクイズ形式の設問集である．作物のどの部位，どのような状態の写真を提示するかは，作業分析に基づいている．個々の「観察」や「判断」技能について，数十問から数百問程度の設問を作成し，それらをランダムで提示することで，利用者が当該技能を習得することが期待される．既に国内各地で取組みが進められており，特に新規就農者の早期技能習得における効果が報告されている．今後は，より高度な技能に関する学習コンテンツの作成が進められることが期待される．特に静止画に関する学習コンテンツについては，現状においては，データ数があまりに少ないため取組みが遅れているものの，将来的には，深層学習等の適用も期待されている．ただ，農業者からは，いわゆる「ノウハウの流出」に関する懸念が指摘されることも多く，このような懸念をふまえ，農林水産省では，ノウハウを含めた，農業分野での多様なデータ等の取扱いに関するガイドラインの制定を進めている．今後の AI 農業の取組み拡大に際しては，ガイドラインの普及促進と併せて進めていくことが重要である．

6.9
バイタルセンシング
Vital signs sensing/ 川原 靖弘

生体情報を各種センサにより測定することは，バイタルセンシングと言われている．バイタルセンシングにより得られるバイタルデータを有効利用するための AI 活用は幅広く検討されている．医療における診断補助や患者の病態把握，患者の日常生活における病変モニタリング，また，医療に限らず，健康管理，ストレス管理，行動推定，Brain Machine Interface，商用利用などにも，応用可能性が期待されている．

医療機関の病棟において，定時的にモニタリングされているバイタルサインは，体温，血圧，脈拍，呼吸である．それぞれのバイタルサインには基準値があり，その範囲を超えると異常な状態として院内スタッフが認識できるようになっている．また，それぞれのバイタルサインは，ベッドサイドにおいて非侵襲で計測する方法が確立されている．たとえば，ベッドサイドモニタにおいては，心電図，動脈血酸素飽和度 (SpO$_2$)，呼吸，血圧の経時的測定が可能である．心電図は，胸部などの皮膚に電極を貼り，電位変化を計測することで得る．この胸部電極間のインピーダンス変化を計測することにより呼吸数のモニタリングができる．SpO$_2$ は，指尖に照射した 2 波長の赤外光の吸収率の割合を計測することにより把握される．血圧は，血管内に挿入したカテーテルによりその変化が測定される．これらのバイタルサインは，波形，もしくは各時点における数値として捉えられ，確立された基準値を基に，病変が自動判断される．

医療現場においては，このほかにもさまざまなバイタルデータが測定されているが，特定のバイタルデータを用いて疾病の診断補助を自動で行うために AI が用いられつつある．

医療を対象とした AI の研究においても，多くは診断仮説形成支援を目的とした研究である．その中でも最も多く占める研究が，CAD (Computer-aided diagnosis) と呼ばれる医用画像を対象としたコンピュータを用いた診断支援である．マンモグラフィの診断支援システムが，米国食品医薬品局 (FDA) により 1998 年に承認されている [1] が，これが国レベルで初めに承認された CAD である．FDA はその後，胸部 X 線，CT，MRI などの画像を用いた CAD の承認を行っており，近年はディープラーニングを用いた CAD も承認されている．このように，実用化段階にある多くの医療 AI は，各種医療画像を用いた診断補助である．そのような中で，2018 年に，FDA は糖尿病性網膜症の自動診断 AI システム (IDx-DR) を承認している．医師の代わりに網膜画像の診断をディープラーニングにより行うシステムである [2]．

このような経緯の背景には，アメリカの地方の病院における特定分野の専門医不足などあるが，AI による医療診断支援の目的は，医療機器の発展やバイタルセンシングにより院内で扱うデータが増大している状況において，医師の医療画像の読影などそのデータの処理作業負担を減らし，効率的な医療を実現させることである．この AI 診断（支援）においては，SAE（米国自動車技術会）が策定した自動車自動運転のレベル [3] と同様の考え方で，AI がどこまで自動的に診断（支援）を行うのか，診断における AI の適用範囲と責任の主体を定義し，運用する必要がある．

診断においては，院内の検査データだけではなく，日常生活におけるバイタルサインを把握することで，より精度の高い診断が可能に

なる．院内で管理する電子カルテと個人の日常生活における健康情報を連携させることで実現する PHR (Personal Health Record) の管理により，個人での健康管理や医療機関における日常生活下におけるバイタルデータの利用が可能になる．日常生活におけるバイタルデータを測定するための家庭用機器（体重計，血圧計，体温計など）は普及しているものもあるが，クラウドネットワーク上で安全にバイタルデータの管理をする方法や，経時的にバイタルデータを計測し日内変動などの変化により健康管理に関する指南を行うためのサービスを考えることが課題になっている．時系列データの変化による医療診断補助および健康状態判断における AI の利用は，CAD と比べるとこれから実用化の段階であり，確立されつつある手法も現在は限られている．また，日常データの経時計測にはウェアラブルセンシングが不可欠であり，リストバンド型の脈波や活動量の測定器は普及されつつあるが，測定値を PHR として利用するためにはさらなる精度が必用である．精度の確保される日常利用の可能な測定器には，肌に電極を貼るホルター心電計や侵襲型の血糖値測定器がある [4]．バイタルセンシングを目的とした日常生活下でのウェアラブルセンシングにおける大きな課題は，バッテリの長寿命化と高速通信ネットワークの整備，そして身体に負担の少ない素材の開発である．肌に長期間貼付けが可能な電極，長期間の挿入が可能な柔らかい針などは，実用段階にあり，生体に貼る形状のウェアラブルセンサの研究開発は盛んである [5]，[6]．

このようなバイタルセンシングで得られるデータを用いて，診断支援，健康管理，未病対策に AI を活用するための大きな問題点は，ディープラーニングを学習させるための信頼できるデータを大規模に収集する必要があることである．個人情報かつ多くの医療機関が多様な形態で管理しているデータの収集は簡単なことではなく，バイタルデータを用いる AI の活用のためには，計画的なバイタルデータの管理が重要である．

健康維持のためには，生体のホメオスタシスの維持を考えるのがわかりやすい．ホメオスタシスとは，環境が変化しても生体の内部環境を一定に保つように働く生体機能のことである．この機能が働かなくなると，人間は健康的な生活ができなくなる．たとえば，冒頭に示したバイタルサインは，基準範囲内にあることでホメオスタシスの維持を示す指標になる．このようなバイタルサインを自動的に抽出，判断することが，バイタルセンシングにおいて AI に求められていることと言える．ディープラーニングによる CAD の精度向上に加え，バイタルデータの特徴である時系列データを用いたディープラーニングの実践も行われ始めている．たとえばてんかんの診断のための脳波解析などである [7]．血圧や脈拍などのバイタルデータと比較すると，脳機能に係わるバイタルセンシングは，計測機器の形状や測定仕様により，日常生活空間における活用はまだ実用段階ではない．図 1 に脳機能計測機器の特徴をまとめるが，携帯性の高い脳波計の日常使用を想定した研究もあり，生体に負担をかけない計測方法が提案されている [8]．

バイタルセンシングを利用した CPS (Cyber-Physical System) の例を図 2 に示す．日常生活や健康管理の支援を想定した AI の活用モデル図であるが，ホメオスタシスを維持するためのフィードバックを生活者や物理空間を制御するためのインタフェースに送ることが，生活者が健康的で快適な生活を送るための支援となる．この際，個々の生活者の遺伝的，身体的，生活的特性等の多様性を考慮した適切なフィードバックを行う必要があり，生活者の行動コンテキストを踏まえたホ

	fMRI	PET	EEG	MEG	NIRS
空間分解能	10^{-3}m	10^{-3}m	10^{-2}m	10^{-3}m	10^{-2}m
部位識別能	◎	◎	×	△	△
時間分解能	10^{-1}sec	10^{0}sec	10^{-3}sec	10^{-3}sec	10^{-2}sec
計測対象	deHb	血流	神経電流	神経電流による磁場	ヘモグロビン
侵襲性	なし	あり	なし	なし	なし
患者負荷	軽度	中等度	なし	軽度	なし
脳深部計測	可能	可能	不可能	不可能	不可能
安全性	○	△	◎	◎	◎
携帯性	×	×	◎	△	◎

図 1　脳の非侵襲計測手法の特徴

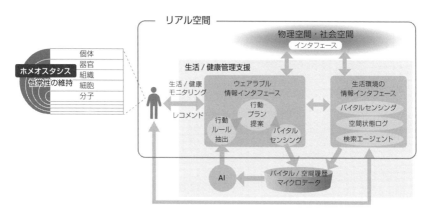

図 2　生活空間におけるバイタルセンシングと AI の活用

メオスタシスの維持のためのバイタルサインを，日常利用が可能なバイタルセンシング機器を活用してどこまで取得できるかが課題となる．また，身体の中では分子レベルから器官レベルまでさまざまなコミュニケーションが成立しており，ホメオスタシスの維持のためには，細胞レベルにおける疾患発症のメカニズムに立ち返って，AIにより抽出されるバイタルサインと疾患予防との因果関係を説明できる AI のデザインを行うことも重要な課題である．

参考文献

[1] 長谷川 玲, 世界で初めて商品化されたマンモグラフィ用 CAD：ImageChecker,『日本放射線技術学会雑誌』, 56 巻, 3 号, pp.355–358, 2000.

[2] Abràmoff, Michael D., *et al.* Pivotal trial of an autonomous AI–based diagnostic system for detection of diabetic retinopathy in primary care offices. *Npj Digital Medicine* 1.1, 39, 2018.

[3] SAE International, Automated Driving– Levels of driving automation are

defined in new SAE international standard J3016, 2016.

[4] Bolinder, Jan, *et al.*, Novel glucose-sensing technology and hypoglycaemia in type 1 diabetes: a multicentre, non-masked, randomised controlled trial. *The Lancet*, Vol.388. 10057, pp.2254–2263, 2016.

[5] Thin, flexible, wireless monitoring systems could make medicine more predictive and personalized, argue Shuai Xu, Arun Jayaraman and John A. Rogers., *Nature*, Vol.571, pp.319–321, 2019.

[6] Katsuyuki Sakuma, Avner Abrami, Gaddi Blumrosen, Stanislav Lukashov, Rajeev Narayanan, Joseph W. Ligman, Vittorio Caggiano and Stephen J. Heisig., Artic Wearable Nail Deformation Sensing for Behavioral and Biomechanical Monitoring and Human-Computer Interaction. *Scientific Reports*, Vol.8, Article number: 18031, 2018.

[7] Sayeed, M.A., Mohanty, S.P., Kougianos, E. and Zaveri, H.P. eSeiz: An Edge–Device for Accurate Seizure Detection for Smart Healthcare, in *IEEE Transactions on Consumer Electronics*, Vol.65, no.3, pp.379–387, Aug. 2019.

[8] Jesus Minguillon, Angel, M. Lopez-Gordo, Francisco Pelayo, Trends in EEG-BCI for daily-life: Requirements for artifact removal, *Biomedical Signal Processing and Control*, Vol.31, pp.407–418, 2017.

6.10 エッジコンピューティングと人工知能
Edge Computing / 庄野 逸

エッジコンピューティングとは

エッジコンピューティングとは，データが発生する場所とデータを処理する物理的な場所が離れている場合に発生しがちな応答遅れ（レイテンシ）を補償するためのテクノロジーである．今日の AI において大容量のデータがリアルタイムに生成する場合は，データ処理を全てクラウドに任せるようなシステム設計を行うと，通信時間がボトルネックとなり処理の遅れが生じうる．そこで，データが発生する端末側に近い場所（エッジと呼ばれる）に一定の処理を任せるようなデータ処理スタイルである．自動車において自動運転を行うような AI を考えた場合，機械による判断の遅れは重大な事故を引き起こすことが予測できるため，このような通信遅延によるリスクはできるだけ回避し，エッジ側に一定精度の判断をするための機能やアルゴリズムを組み込むことが必要になってくる（図 1 参照）．

エッジコンピューティングの実装

エッジコンピューティングは，クラウドコンピューティングの対比として使われる場合も多く，クラウドコンピューティング以外のものをエッジコンピューティングと呼ぶことも多い．このため従来のミドルウェア的な計算機システムもエッジコンピューティングと呼ぶこともしばしばである．

しかしながら，2018 年現在で，多くの AI 企業が着目しているのは，インターネットに直接接続しうる IoT (Internet of Things) 端末と，その端末へ持たせる AI 機能である．このような IoT 端末は，クラウドと比べて機械的な性能が著しく低いことが多い．たとえばクラウド上で AI 機能を構築する場合，豊富にある GPU/CPU 資源や，これを駆動するための電力資源，データを管理するためのストレージ資源を気にする必要はあまりない．一方，IoT 端末においては，これらの資源をできるだけ長時間安定して駆動するために，ハードウェアの構成を最適化する必要が出てくる．特に現状の AI 技術の中核はディープラーニング（深層学習）であるため，CPU/GPU 環境で実現されているディープラーニング用の計算機環境をいかにダウンサイジングしてエッ

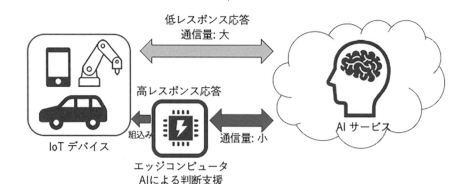

図 1 エッジコンピューティングを用いた AI の概要

ジコンピューティングに直結させるかでアプローチが異なってくる.

nVIDIA 社は，GPU をエッジコンピューティングに向けにカスタマイズした Jetson を提供している．Jetson は従来の GPU を用いた AI ソフトウェア資源を活用できることが期待されるため，現行のソフトウェア技術をできるだけ継承した形でエッジコンピューティングを実現しようというアプローチになる [1].

Google 社は，そのディープラーニング技術に特化した Tensor Processing Unit (TPU) をエッジ向けに強化した Edge TPU を提供することを発表している [2]．Edge TPU は，特定用途向け集積回路 (Application Specific Integrated Circuit：ASIC) と呼ばれる集積回路である．Google 社は自社で提供している Tensor Flow ライブラリを Edge TPU 向けにカスタマイズすることにより，ユーザーの取込みを狙っている．TPU によるエッジコンピューティングへのアプローチは，TensorFlow ライブラリを使用しているユーザーにシームレスなエッジコンピューティングへの移行環境を提供する.

ASIC のようなディープラーニングに特化したハードウェアを開発するというアプローチは，高速演算かつ低消費電力といった計算単価が安いなどのメリットがあり，現場での学習がそれほど重要ではないような状況では，エッジデバイスとして十分選択肢になりうる．その一方で，ASIC による開発は，開発工程が高コスト化しやすいため，ユーザーが独自のライブラリを使っているような場合には採用しにくいといったデメリットも存在する．このため ASIC よりも開発がポータブルな FPGA(Field-Programmable Gate Array) といったハードウェアも AI を導入するエッジデバイスとして注目されている.

FPGA は，プログラム可能な論理素子を多数並べた集積回路であり，現場レベルでのハードウェア開発を可能としている．従来の FPGA では，プログラムを記述するために VHDL といった専用の記述言語を習得する必要があったが，現在では高位合成と呼ばれる技術を用いて C，C++言語や Python 言語といったポータビリティの高い言語からの論理素子化が可能であり，AI 用のエッジコンピューティング環境として注目されつつある．特に Xilinx 社や Altera 社（Intel 社により買収）といった FPGA メーカーからは高位合成のためのソフトウェア開発環境が提供され，ディープラーニングの実装も報告されている [3].

参考文献

[1] Jetson TX2 module: https://developer.nvidia.com/embedded/buy/jetson-tx2

[2] Edge TPU: https://cloud.google.com/edge-tpu/

[3] FINN: A Framework for Fast, Scalable Binarized Neural Network Inference https://arxiv.org/abs/1612.07119

6.11
ソーシャルセンシング
Social Sensing/ 鳥海 不二夫

インターネットの発展は，情報の相互発信性を格段に向上させた．ティム・オライリーが 2005 年に提唱した WEB2.0 以降，ユーザによる情報発信が一般化した．2000 年代後半から，インターネットは名実ともに，企業などが一方的な情報を発信する場から，ユーザ自身が情報を発信する場へと変化したと言えよう．特に，Twitter は多くのユーザがコミュニケーションに利用するだけではなく，そのオープン性から，多くの研究者や技術者がコミュニケーションデータの分析を行うことが可能となった．

そのような中，2010 年 Sakaki が，Social Sensor としての Twitter を提案 [1] した．地震が発生した際に人々がソーシャルメディアの 1 つである Twitter 上に「地震だ」「揺れた」などと投稿することに注目し，これらの投稿から地震を察知することができるのではないか，すなわち，ソーシャルメディアのユーザをセンサとして利用することで社会の動きを感知しようという考え方である．社会でなんらかの動きが存在すれば，そこには必ず多数のユーザが存在し，情報を発信するソーシャルメディア上でもその動きに関する投稿がされるため，それらを追うだけで社会の動きをトラッキングすることが可能である．

ソーシャルセンサのセンシング対象は大きく 2 つに分けることができる．
1. 天候や災害，あるいは電車の遅延など現実世界で発生している物理的な現象．
2. 人々の考えやムーブメント，政治的態度など社会的な現象．

そして，センシングの目的は，
1. ほかのセンサでは捉えられない，あるいは捉えることが困難な事象の計測．
2. 物理的，社会的な現象を通じた未来予測．

などが考えられる．

物理センサで計測不可能な現象の計測としては，災害情報支援としての利用 [2] や，インフルエンザの流行分析 [3]，あるいは人々の気分の計測 [4] などがある．未来予測としては，Twitter 上の人々の感情を基に金融市場を予測しようという試み [5] や，映画のヒット予測 [6]，選挙の予測 [7] などを行おうとする試みがある．

ソーシャルセンサは，物理センサと比較してどのような特徴があるだろうか．1 つは，物理的にはセンシングできないような条件，事象に関してセンシングを実現するという点である．また，得られる情報も人間というフィルタを通しているため，高度な情報処理を行った結果である点も物理センサと比較して優れている点である．たとえば，映画がヒットするかどうかを事前に予測するには面白さが評価として欠かせない．しかし，物理センサで面白さを評価することは困難であろう．一方，ソーシャルセンサであれば映画の面白さが文字列に変換されて Twitter 上に投稿されることが多く，それらの情報を使った予測が可能となる．さらに，物理センサでは目的を決めた上で設置する必要があるのに対し，ソーシャルセンシングではあとからセンシングするものを決め，過去の情報に遡ることも可能であるという柔軟性も物理センサに対して優位な点であろう．

一方で，人間がセンサとなるがゆえの欠点として，信頼性の低さがある．フェイクニュースのような意図的な偽情報だけではなく，勘違いや個人に帰属するバイアスなどの影響はソーシャルセンシングに大きな影響を与える．

また，観測対象に関するデータが必ずしもとれるとは限らないという点も欠点である．物理センサであればセンサを配置すれば必ずデータがとれるが，ソーシャルセンサでは計測対象に興味を持つユーザが一定数いなければ統計的に意味のある情報を得ることができない．したがってソーシャルセンシングによって問題を解決しようとする場合は，まずは対象となる事象がソーシャルセンシングにふさわしいものかどうかを注意深く検討する必要があるだろう．

ソーシャルセンシングの実現には，人々の行動ログがデジタルに記録されるようになったことが背景にある．社会の高度情報化に伴って人々の行動の多くが情報機器を通じて行われるようになり，その行動がログとして記録されるようになった．また，ストレージの大容量化によってそれらのログが廃棄されるのではなく，保存されるようになったこともソーシャルセンシングの実現に寄与している．

記録されている人々の行動データは，ソーシャルメディアなどインターネットを通じたものに限らず，購買行動，交通機関の乗降データ，携帯電話を通じた GPS 情報，電気の使用料データ等実世界における行動も大量に記録されている．これらのデータを通じた社会の理解もまたソーシャルセンシングと言えるだろう．

このようなデータはデジタルフットプリント（電子的な足跡）と呼ばれ，今後も大量に保存されていくことは確実である．計算社会科学 (Computational Social Science) の分野で，このようなデジタルフットプリントを活用して社会を理解する研究が多数行われているように，ソーシャルセンシングは単なるデータ分析にとどまらず，社会科学，コンピュータサイエンス，情報工学など多様な分野を横断した技術として今後さらに発展していくことが期待されている．

参考文献

[1] Sakaki Takeshi, Makoto Okazaki, and Yutaka Matsuo. Earthquake shakes Twitter users: real-time event detection by social sensors. *Proceedings of the 19th international conference on World wide web.* ACM, 2010.

[2] 鳥海不二夫, *et al.*, 異種協調型災害情報支援システム実現に向けた基盤技術の構築.『人工知能学会論文誌』, Vol.29.1, pp.113–119, 2014.

[3] Aramaki Eiji, Sachiko Maskawa, and Mizuki Morita. Twitter catches the flu: detecting influenza epidemics using Twitter. *Proceedings of the conference on empirical methods in natural language processing.* Association for Computational Linguistics, 2011.

[4] Golder, Scott A., and Michael W. Macy. Diurnal and seasonal mood vary with work, sleep, and daylength across diverse cultures. *Science*, Vol. 333. 6051, pp.1878–1881, 2011.

[5] Bollen, Johan, Huina Mao, and Xiaojun Zeng. Twitter mood predicts the stock market. *Journal of computational science*, Vol.2.1, pp.1–8, 2011.

[6] Jain, Vasu. Prediction of movie success using sentiment analysis of tweets. *The International Journal of Soft Computing and Software Engineering*, Vol. 3.3, pp.308–313, 2013.

[7] Tumasjan, Andranik, *et al.*, Predicting elections with twitter: What 140 characters reveal about political sentiment. *Icwsm*, Vol.10.1, pp.178–185, 2010.

第7章
ヴィジョン

Vision/ 編集担当 浅田 稔

ヴィジョンと銘打って，視覚や Vision に代表されるさまざまな知覚現象を現代 AI の観点から多様に解説している．現代 AI の特徴は，深層学習に代表されるニューラルネットワークのアーキテクチャであり，古典 AI では，敵対視していた神経回路網の研究を取り込んだ形である．

神経回路網の研究は，当初，ヒトを始めとする生物の感覚や運動機能の現象の解明の道具としての計算モデルの構築が主眼であった．その観点から，まず．生物進化の視点で感覚システムの成り立ちや構造を概説し，その人工システムへの適用可能性を述べた (7.1, 7.2, 7.4).

現代の AI では，生物の機構の解明に固執することなく，機械としてのパフォーマンスを追求すべく，さまざまな改良がなされている．その観点から，深層学習の起源，発展，拡張の流れを述べた (7.3, 7.6, 7.7, 7.8, 7.9).

機械特有の機構として敵対的生成ネットワーク（Generative adversarial networks, 略称：GANs）が注目されており，言語と画像や音声の相互変換，動画像予測 (7.10, 7.11) が挙げられている．優れた成果がさまざまに応用され，有用なツールではあるが，当然限界もあり，オールマイティーではない．その観点から，機械による生物の本来の機能の補填の観点からの人工感覚システム (7.5) や，さらには，身体による環境との相互作用の言語化の試みとしてのメタ認知 (7.12) も解説した．

感覚システムは閉じたものではなく，環境に開かれたものであり，身体性に重きを置くロボティクスと併読していただきたい．

7.1 生物の感覚システム
Sensory system in organism / 浅田　稔

　生物の感覚システムの最も基本的な要素は、受容体（レセプター）であり、体内外問わず、自身の外からの刺激に対して、ある種の応答をする。大腸菌などのバクテリアですら、表面に複数種類の受容体があり、生命維持のための栄養素などを感知し、これらの情報を統合し、行動決定すると言われている。多細胞生物では、レセプターの集合がより高度でマクロな情報の収集にあたっており、個々のレセプターの呼称でもあるが、まとまりとして感覚器官と称するほうが理解しやすい。代表例は、視覚における視細胞、聴覚における有毛細胞、触覚における各種メカノレセプターなどが対応する。光や音や力などの物理量を異なるモダリティとして捉え、神経細胞の活動電位として表現し、上位構造からのフィードバック情報などを加味して、最終的に適切な意思決定を下すための情報を提供していると考えられる。ヒトの場合、五感と称して、視覚、聴覚、触覚、味覚、嗅覚が挙げられるが、実際は、痛覚、温度覚、圧覚、振動覚などがあり、さらには、平衡感覚や内蔵感覚もあり、多様である。これらは個別に派生したというよりも、進化的には、環境との適応過程のなかで、現状の形態や機能に分化・退化したと考えられる。代表例は視覚で、無脊椎動物の場合は体表面の皮膚から進化し、脊椎動物の場合は脳の一部が視覚システムを作ったとされ、眼球構造の類似性は、進化の収斂と称され、まさに環境に適応していった経過とみなせる。

　個体発生は系統発生を繰り返すという説には異論もあるが、たとえば、胎児の研究では、図1に示すように、最初に触覚が、それも全身一挙ではなく、受精10週で頬や性器が、11週で掌、12週で足裏や脚に、さらに17週ごろまでに、腹部や臀部が、そして32週ごろまでに全身が、熱さ、冷たさ、圧迫感や痛み

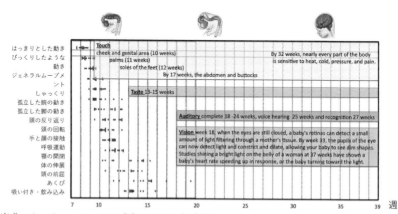

出典：Asada et al., 2009 [1] のFig.1を改編。

図1　胎児の運動と感覚の創発：横軸は受精からの週数であり、胎児の行動と感覚がどの時期にどの程度発達するかを表している。

に感じるようになると言われている．視覚では，18 週ごろからお母さんのお腹の上からの光に反応すると言われており，大人がイメージする明確な映像ではなく，光に応答する原始的な機能である．

さて，人工知能の観点から機械の感覚システムを見てみよう．生物進化とは異なり，所期の目的に従い，物理量の絶対計測の観点から精度をあげるセンサが，従来，設計・構築され，各種応用されてきた．これは，センサ群 → 外界の知覚 → 外界のモデリング → プランニング → タスクの実行 → 駆動系への伝達と制御 → アクチュエータ系と古典的なロボットアーキテクチャを踏襲した形態のなせる技で，絶対計測を主とし，個別の進化を遂げてきた．たとえば，キネクトなどの RGBD データを直接出力するセンサは，三角測量と基本原理は同じだが撮像画面をほぼ覆う範囲の深度データを提供し，ヒトの両眼立体視のような両眼で注視しているところからの相対的な遠近情報を出す場合とは異なる．

行動規範型のサブサンプションアーキテクチャの出現と前後して，生物規範型の感覚システムがロボティクスの分野で開発されてきた．視覚では中心視/周辺視に対応する異なる分解能の撮像素子やレンズ系などが開発されており，処理系も Log–Polar 変換を施すことで，霊長類の視覚情報処理系を模擬している．

最近の動きとしては，脳や身体に宿る神経系の全体や一部を人工的に模擬するニューロモルフィックデバイスの考え方が広がりつつある．省エネや計算効率の向上などの効果を狙ったニューロモルフィック・コンピューティングの考え方を感覚や運動を含めた身体全体に拡張した「ニューロモルフィック・ダイナミクス」が提唱されている．背景にあるアイデアは，ニューロモルフィズムで，これは次のように説明されている．「脳や身体に宿る生物の

神経機構に内在する本質を捉え，その工学的な実現を通じて，人工物を設計・作動させ，その経緯や結果を通して，生物系の神経機構の新たな理解を生み出し，さらに工学的再現にフィードバックするといった『科学と工学の微視的にも巨視的にも相互浸透的な動的循環による新たな学際的アプローチの理念』を指す．」象徴的な例は，物理レザバー [2] で，タコのような柔軟なマテリアルにベンディングセンサを数箇所とりつけ，レザバーコンピューティングの原理で種々の計算を身体が CPU なしに行っているケースである．物理機構が計算を担い，省エネかつ高速に計算がなされる．従来，感覚・知覚・認識・判断・運動の流れから，感覚と運動を別物扱いしていたが，これは説明のロジックであり，生物規範型に従った設計ロジックでは，計算も含めて密に連携している．そもそも運動感覚がないことには，運動の知覚もありえない．

参考文献

[1] Minoru Asada, Koh Hosoda, Yasuo Kuniyoshi, Hiroshi Ishiguro, Toshio Inui, Yuichiro Yoshikawa, Masaki Ogino, and Chisato Yoshida. Cognitive developmental robotics: a survey. *IEEE Transactions on Autonomous Mental Development*, Vol.1, No.1, pp. 12–34, 2009.

[2] Nakajima, K. Hauser, H. Li, T. Pfeifer, R. Exploiting the Dynamics of Soft Materials for Machine Learning, *Soft Robotics*, Vol.5 (3): pp.339–347, 2018.

7.2 視覚
Vision / 浅田 稔

超高精細の画像や 4k の動画など，精緻なイメージが人工的に造られ，我々の日常生活にあふれており，我々の頭の中にもそのようなイメージが存在すると思いがちだ．しかし，実際，眼球から入ってくる外界の情報は，角膜，水晶体を通って，網膜に至るが，網膜の特性により，均一な分解能の画像や動画再生されているわけではない．

眼球網膜からの情報は，約 1 億個と想定される錐体細胞（色に反応，中心視に集中）や桿体細胞（明暗に反応，周辺視に分布）が約 100 万本と想定される視神経に圧縮されている．これは，視神経の出力を生み出しているガングリオン細胞が，錐体細胞や桿体細胞の集まりから受容野を形成しているためである．また，活動電位と呼ばれる信号の伝搬により効率のよい処理を行っている．視神経は，皮質下にある視床の一部である外側膝状体に投影され，そこから後頭葉の第一次視覚野に投影される．第一次視覚野では，点やエッジなどの初期の画像特徴が抽出され，それらから，線や方形などのより複雑な画像特徴が第二次視覚野などで，さらにそれを超えて，個別の物体の認識に関わる腹側経路 (What pathway) があり，下側頭葉 (IT) がその中心である．かたや，物体の空間的配置やそれに関連する行動に関する情報の背側経路 (Where pathway) があり，頭頂葉において，各種感覚運動情報が統合されている．前頭葉では，計画・推論・意志決定などの高次の認知機能を担っている（図 1 参照）[1]．

図 2 は，ヒトの場合の視野と視覚受容野の関係を示している．左に左側の視野を，右に右後頭葉内側面の対応部分示している，投影の関係から上下左右逆になっている様子が窺

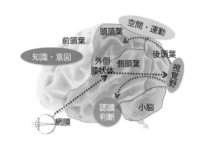

図 1 脳の概観と視覚の情報経路

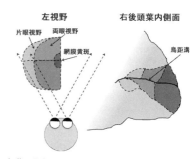

出典：[1]Chapter 12 の FIGURE 12.5 の一部などを改編

図 2 視野と受容野の関係：中心視と周辺視

える．視野の網膜黄斑と呼ばれる部分が，中心窩に対応し，錐体細胞が密集している．脳の対応部分で大きな領域を占有し，高分解の精密な処理が施される．それ以外の両眼視野の部分や片眼視野がおもに桿体細胞から構成される周辺視の部分に対応し，動きの検出などに必要な広い受容野——それゆえ低い分解能——の処理がなされている．ある瞬間を想定すると，網膜のほんの一部が脳内で拡大され詳細情報が入るが，大半は縮小され粗い情報しか入らない．にも関わらず，我々は均一の高分解能の画像が入力されていると錯覚す

る. これは, 脳の仕業で, 詳細情報がないところを周りの情報を使って勝手に埋めている. 典型例は, 網膜上で視神経に取りまとめられているところで, 視細胞がなく盲点だが, 日常, 意識することはない. もう1つは, 常に眼球運動により情報更新がなされていることだ. 進化的に2つのタイプに分かれる.

古いシステムは, 視野全体を静止安定させるもので, 前庭動眼反射 (VOR: vestibulo-ocular reflex) と視覚性運動反射 (OKR: optokinetic reflex) である. 前者は, 頭部の運動と眼球運動のゲインがマイナス1で相互に相殺することで, 視野を安定させる. 速い動きだが, 長く続く緩やかな回転運動は苦手である. それに対し, 後者は, これを補償する反射で, 遅く画面全体動いて, 自分自身が運動していると錯覚する場合 (大画面のアイマックスシアターでジェットコースターのオンボードの映像など) に働く.

新しいシステムは中心窩の進化によってもたらされた3種類の眼球運動で, 選択した (注意対象) 物体の映像を中心窩に定位させることが目的である. 跳躍性眼球運動 (Saccades), 追従眼球運動 (Pursuit), そして輻輳運動 (Vergence) である. 読書する場合を想定しよう. 字面を追って読んでいるときは追従眼球運動で, 追従対象がない場合は作動しない. 行の最後にたどり着き, 次の行の先頭に視線を動かすときが, 跳躍性眼球運動で, ヒトの運動で最速かつ正確で, 運動中は視覚情報処理がなされず, 速度制御はできない. 両眼立体視において, 注視対象を両眼の中心窩で捉えるために, 両眼が反対方向に同じ大きさで運動する. より近く (遠く) の対象を注視する場合は, 内 (外) 側に動く.

機械による視覚はコンピュータビジョンと呼ばれ, 人間の視覚システムの機能を機械で実現する試みが長く続けられてきた. 近年の深層学習に代表される物体認識の動向については, ほかの項目に任せるとして, ここでは, アクティブビジョンに代表されるポイントを指摘しておこう.

- 視覚は孤立して存在しえず, 環境に働きかける運動機能を伴う全体としてのシステム, すなわちロボットの視覚機能として存在する.
- 環境に働きかける理由は, ある目的を達成することで, そのための情報獲得が視覚に要求される.

この主張を頷かせる古い実験がある. Held and Hein [2] は, 生後2週間の双子の子猫を使った実験で, 回転するゴンドラに一方の子猫を乗せ, 片方は自力で運動してこのゴンドラを回転させ, 周りの環境を縦縞の筒状態とした. このことで, 視覚情報は2匹の子猫で同一である. その後, ビジュアルクリフと呼ばれる, 透明ガラスで覆われた段差の歩行実験で, 自ら運動した子猫の方は, 段差部分で深度の違いを知覚し, 段差の前で留まったのに対し, ゴンドラに乗った子猫のほうは, 段差を無視してガラス板の上を歩き続けた. これは, 視覚情報として奥行き情報に対する視差情報と思しき表象を獲得しても, その物理的な意味を理解できないことを意味し, 視点が仮に身体的拘束を受けても, その意味を解釈する身体が同時に存在しないことには, 意味がないことを示唆している.

参考文献

[1] Purves, D., Augustine, G.A., Fitzpatrick, D., Hall, W.C., LaMantia, A–S., McNamara, J.O., editors. *Neuroscience*, fifth edition. Sinauer Associates. Inc., 2012.

[2] Held R. and Hein A. Movement-produced stimulation in the development of visually guided behaviors. *Journal of Comparative and Physiological Psychology*, Vol. 56:5, pp. 872–876, 1963.

7.3 聴覚
Audition / 中臺 一博

聴覚の解明やその工学的構築を目指した研究は様々な角度から行われているが，本事典では，AI 的な観点を考慮し，音環境理解 (Computational Auditory Scene Analysis) を取り上げ，その歴史，行われてきた研究，今後の展望を図に示すように音環境理解 1.0 から 5.0 に分類して説明する．

音環境理解は，1990 年に A. S. Bregman によって著された「Auditory Scene Analysis」（邦題：聴覚情景分析）[1] に触発され，提案された研究領域である．聴覚情景分析は，人間はそれぞれの音を音の流れ（ストリーム）として知覚しているという考え方に基づき，人の聴覚機能を心理物理学的に解明することを目的とする．複数音源が存在する一般的な環境では，複数音源からの信号が混在した混合音から，様々な手がかりをもとに複数ストリームが分凝 (stream segregation) し，知覚されるとしている．このように複数音源が同時に存在する場合の人の知覚についての考え方は，主に単一音源を対象に行われてきたそれまでの研究と一線を画するものとして注目を集めた．音環境理解は，その工学的な実現を目指した研究領域として，国内外で同時期に提案され，計算シミュレーションを中心とした研究が 1990 年代に精力的に進められた（音環境理解 1.0）[1)]．音環境理解 1.0 では，シミュレーション研究が中心であったが，しだいに，より実環境に近い問題を扱うよう

[1)] なお，音環境理解の英語表記は，Computational Auditory Scene Analysis であるため，当初は，直訳して，「計算的聴覚情景分析」と呼ばれることが多かったが，現在ではその意訳である「音環境理解」が一般的に用いられる．

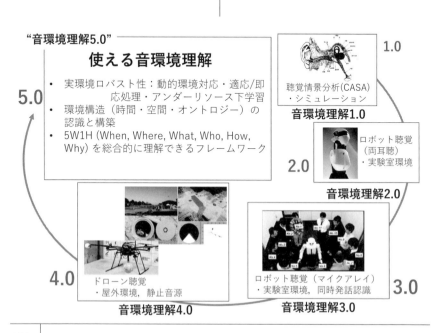

になった. 中でも音楽を題材にした研究は1993 年に発足した情報処理学会「音楽情報研究会」や 2000 年に発足した国際会議ISMIR(International Society of Musical Information Retrieval) を中心に活発な研究が進められ, 実録音の音楽を対象にした研究が多く報告されている.

一方で, 音楽などにドメインを限らない, より一般的な音環境理解を目指して, 2000 年, AAAI で奥乃, 中臺が中心となり, AI, ロボティクス, 信号処理分野にまたがる形で「ロボット聴覚 (Robot Audition)」が提案された [2]. 2000 年代前半は, 人や動物の聴覚処理に倣った両耳聴アプローチが主流だった (音環境理解 2.0). 人や動物は 2 つの耳を持つことから, 両耳聴処理を工学的に構築できれば聴覚機能が実現できるという考え方が背景にあった. 音源からの信号に対する両耳間の位相差や強度差を手掛かりにした Jeffress の音源定位モデルや, ニューラルネットワークを用いた研究報告が見られる. ロボット聴覚ならではのチャレンジは, 静的な実環境でのロバスト性の追求, 動作を利用した知覚の向上(アクティブパーセプション) 等が挙げられる.

2000 年代中盤になると, ビームフォーミングや独立成分分析など複数のマイクロホンを同時に用いて, 音源定位・音源分離が可能なマイクロホンアレイ信号処理研究が盛んになってきた. これに伴って, マイクロホンアレイを用いたロボット聴覚研究も盛んになってきた (音環境理解 3.0). 背景には, より多くのマイクロホンを使えば, 両耳聴処理よりも高性能な処理が実現できるだろうという考え方がある.

2005 年に開催された愛知万博やそれを見据えたロボットブームも相まって, 雑音や複数の目的音源が存在する実環境処理を意識した研究が多くなり, ロボット聴覚研究は大きな進展を見せた. 聖徳太子を超える 11 人の

料理注文同時発話を聞き分けることができるロボット開発 [3] や, OpenCV のロボット聴覚版の構築を目指したオープンソースソフトウェア HARK [4] の公開が開始された.

2010 年代になると実環境での利用を推し進める研究が盛んになってきた (音環境理解 4.0). 特に, 音声認識は, 深層学習の進展により, 性能が大きく向上した. スマートフォンのような近接発話を対象とした応用では, 実用レベルの性能が, さらに, 遠隔発話でも, ある程度の性能が得られるようになり, AI スピーカが各社から発売されるようになった. また, 屋外環境での音環境理解もロボット聴覚技術の適用として研究が始められた. 特に, 東日本大震災以降, 災害地での要救助者の迅速な発見を目指し, 中臺らが提唱した「ドローン聴覚」は精力的に国内外で研究が進められた. 内閣府 ImPACT タフ・ロボティクス・チャレンジ (TRC) (2014〜2018 年度) の後押しもあり, ドローンに搭載したマイクロホンアレイを用いて, 屋外環境騒音下で音源探索や音源抽出ができるレベルまで技術が向上している [5].

次のステップである「音環境理解 5.0」は, これまでの流れを踏襲し, 実用的に使える技術を目指すべきであろう. さらなる実環境ロバスト性のため,

1) 動的に変化する環境への適応的, 即応的な対応
2) 十分な学習データが得られない状況下での効率的・効果的な学習
3) 環境情報の時間・空間・オントロジー的な構造化
4) 音環境から 5W1H 情報を理解できる統合フレームワーク構築

が必要であろう. 将来的には, 音のビッグデータ解析の自動化, たとえば, 実収録の野鳥鳴声や人グループ会話データを自動的に解析できる技術への展開が期待できよう.

参考文献

[1] Bregman, A.S. *Auditory Scene Analysis*, MIT Press, 1990.

[2] Nakadai, K. *et al.*, Active Audition for Humanoids, *AAAI*, pp.832–839, 2000.

[3] https://www.youtube.com/watch?v=NoiwXa6D3Uc（2018.11.29 確認）

[4] https://www.hark.jp/ (2018.11.29 確認)

[5] Hoshiba, K. *et al.*, Design of UAV-Embedded Microphone Array System for Sound Source Localization in Outdoor Environments, *Sensors*, Vol.17 (11), 2535, doi:10.3390/s17112535, 2017.

7.4 触覚
Tactile Sense / 浅田 稔

ヒトの五感のうち，ロボットなどの人工物に付与されている感覚の代表は視覚であり，ついで聴覚や触覚が並ぶ．視覚や聴覚が主に外界からの情報を取り入れ（自身の発声音の聴覚入力は発声に重要であり，内界の情報も含みうることに注意），局在化した感覚器官を持つのに対し，触覚は全身を覆っており，そのため外界情報を取り入れる形で，脊髄，延髄，中脳などを介して体性感覚野にマップされ，いわゆる身体の表象を作る（図1左参照）．

視覚における中心と周辺の受容野の分解能の違いと同様に，触覚分布も均一ではなく，手，特に指先や口唇が高密度であるのに対し，背中や脚などの他の部位は低密度である．これが，いびつな形をしたホムンクルスとしてよく表されている．手や指が高密度であるのは，物体を把持し，操る作業に必要であり，物体の形状のみでなく，材質なども識別可能な複数の種類の機械感覚受容器（メカノレセプ

表1 触覚を司る4つの器官

	速い応答性	遅い応答性
表皮	マイスネル小体	メルケル細胞
真皮	パチニ小体	ルフィニ小体

ター）を持つ．それらをまとめたのが表1である．

皮膚の表皮か深部の場所に依存して2種類ずつあり，それぞれが応答性の速さでさらに2種類に分かれる．場所は受容野の大きさも表しており表皮では小さく，深部で大きい．これらの4種類の器官は大脳皮質への個別の経路を有しており，これらの特性の違いが，さまざまな物体形状や材質の識別に有効であるが，その際，さする，撫でる，叩くなどの触行動と併せて識別が可能になる意味で，能動的な感覚である．

上記の触覚経路と並行して存在するのが，痛覚と温覚であり，生存に必要な感覚である．

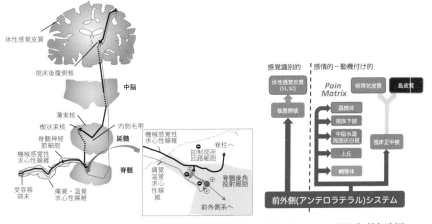

出典：[1] Chapter 10 の Box 10c (A)，FIGURE 10.5，FIGURE 10.8 (B) などを改編

図1 触覚と痛覚の経路（左）とそれらのゲート構造（中央），痛み経験の2つの様相（右）

痛覚も速い応答と遅い応答があり、前者は初期の場所が特定された集中した痛みに対し、後者は遅れて場所が明確でなく、だるい痛みである。速度の違いは髄鞘化の程度による。

痛覚受容器の神経経路は通常の触覚や体性感覚などの機械感覚受容器（メカノレセプター）の神経経路と異なる経路を持っている。図1にその様子を示す。細い線で示した経路が痛覚で、太い線が通常の触覚の神経経路である。指先などの受容器端末で捉えられた触覚や痛覚は、脊髄神経節細胞を経て、後者は脊柱に向かい、前者は脊髄や脳幹に向かう。両者は別経路であるが、図1中央の拡大図にあるように、脊髄で抑制局所回路細胞が両者を接続しており、機械感覚性求心性線維系が励起されると、痛覚温覚求心性線維系が抑制される。すなわち、痛いときに擦ること（「痛いの痛いの飛んでいけ！」）により通常の触覚系が励起され、痛覚系をブロックすると言われている。

痛みは、触覚や温覚のみならず、他感覚も含めてマルチモダルに存在し、2つの異なるアスペクトがある。図1右に示すように、前外側（アンテロラテラル）システムに伝わった痛覚信号は、感覚識別的な側面と感情的–動機付け的側面を持つ。前者は、痛みの種類、場所、強さを識別し、体性感覚野に至る。後者は、痛みの情動的な側面を担い、扁桃体、前帯状皮質、島皮質など広範囲に及び、特に、他者の痛みに対する共感を想起するための重要な部位である。これらの4つの脳部位は併せてペインマトリックスなどと呼ばれている。人工システムとして構築する際には、前者は埋め込み回路として実装し、後者は経験を通じた学習により痛みの記憶と想起を実現し、共感につながると想定される。

触覚センサはさまざまな方式と利用があるが、ここでは、ヒトとの物理的な相互作用を想定した柔軟な触覚センサを外観する。このような用途には、ヒトに危害を与えず、自身の身体の破壊も防ぐとともに、操作対象の形状に馴染む素材として、ゴム、エラストマ、弾性発泡体などがロボットの被覆材料として用いられてきた。加えて、それらに触覚を持たせる様々な方式が考案・実験されてきた。たとえば、PVDFフィルム等のセンサ素子を柔軟な材料中に埋め込み、校正なしに表皮と深部に結果として分かれる手法では、断線の問題や素材劣化の課題が深刻である。歪センサや圧力センサを柔軟素材の内側に配置したタイプでは、深部での感度を上げるために表面を

機械感覚受容の応答

痛覚受容の応答

出典：[3] の Fig.4 を改編

図 2 磁気式触覚センサ [2] の応答：撫でる場合（左）ハンマーで叩く場合（中央）の3自覚力の計測による機械感覚受容と痛覚受容の識別可能性を示す波形（右）

硬くしなければいけない．柔軟素材中に永久
磁石を内包する磁気式触覚センサでは，磁束
の変化を捉えることで触覚を実現し，しかも
柔軟素材中に配線がないことも利点だが，素
材の劣化に伴う交換時，再校正が必要である．
川節らは，同方式で再校正の必要がないタイ
プを開発している [2]．図 2 は，そのセンサ
の応答を示したもので [3]，左側に撫でる場合
とハンマーで叩いている様子を，右にそのと
きのセンサの 3 軸の力の計測結果を示してい
る．前者が通常の機械感覚受容器，後者が痛
覚受容器，への信号として区別されることが
可能であることを示している．

参考文献

[1] Purves, D., Augustine, G.A., Fitzpat-
rick, D., Hall, W.C., LaMantia, A–
S., McNamara, J.O., editors. *Neuro-
science*, fifth edition. Sinauer Asso-
ciates, Inc., 2012.

[2] 川節拓実, 堀井隆斗, 石原尚, 浅田稔.「磁
性・非磁性エラストマを積層した磁気式触
覚センサの基礎特性解析」. 日本 AEM 学
会誌, Vol.24, No.3, pp.204–209, 2016.

[3] Minoru Asada, Artificial Pain: empa-
thy, morality, and ethics as a devel-
opmental process of consciousness,
TOWARDS CONSCIOUS AI SYS-
TEMS, AAAI 2019 SPRING SYM-
POSIUM SERIES, 2019 (to appear).

7.5
人工感覚システム
Augmented Perception System/ 鈴木　健嗣

人工感覚とは失われた感覚を機械系を通じた信号入力で補うことであり，これを実現するシステムを人工感覚システムと言う [1]。

人工内耳は世界で最も普及している人工感覚システムであり，人の感覚器の機能再建に寄与している。近年，低音部に残存聴力があり高音部が高度の難聴を有する方を対象とした残存聴力活用型人工内耳の適用が広がり，より多くの方への聴覚機能の獲得が期待されている。

視覚においても日本独自の STS 方式（脈絡膜上経網膜刺激型）による埋込型人工網膜に対する治験が開始されるなど，重度視覚障害者の視覚機能の再建に向けた取組みが世界中で行われている。

また義肢（義手・義足）は機械的な性能向上に加え，触覚などの皮膚感覚を提示する人工皮膚と共に真に人工の手足となるための技術が開発されている。

このような神経系への電気刺激により感覚情報を伝達する手法と共に，本来の感覚系の障害を補うため，他の感覚系から伝達すべき情報を代行することで伝える感覚代行技術 [2] も人工感覚システムと言える。また，バイオフィードバックやニューロフィードバック技術は，心拍や脳波といった自身では感知したり制御したりすることが困難な生体情報を，視聴覚といった感知できる感覚へ変換し本人に提示するものである。これらは，疼痛管理やリハビリテーション治療，スポーツや動作訓練等に広く活用されている。

このような人の五感に関する人間情報技術は急速に発展を続けており，人々の身体的な体験が空間と時間の限界を超えて共有され変容してきている。遠隔地を自由に見回したり，

他者と対話したり，触覚を伝えたりする技術は，人の感覚系への刺激を機械系を通じた信号入力で補う情報システムである。ここでは，実世界の環境において周囲の物体や人々との積極的な相互作用を可能にしながら，人の身体を変容することで周囲環境や他者に対する自己の認識，行動，相互作用を変化させたりすることが可能になる。これらは失われた感覚を補うだけでなく，その感覚を拡張させることが可能な次世代の人工感覚システムであり，人間拡張技術 [3] と共に現在盛んに研究されている分野である。

人の意思と機械とを直接つなぎ相互に作用させるシステムの実現を目指すブレイン・マシン・インタフェース (BMI) を用いて身体を拡張させる研究は，主に米国が主導する形で進められている [4]。また，自身の分身を遠隔地に存在させるアンドロイド型ロボット [5] や遠隔操縦，テレプレゼンス型ロボットの実用化も進められている。さらに，人々の認知特性を可能な限り保存しながら，小児や高齢者へと自身の身体特性を変換させる身体変換機器 [6], [7]，自身と他者の感覚を共有することを目指し，他者の筋活動と同調する身体同調技術 [8]，他者の視覚野に没入し，その状況や体験を共有したり共同作業を行う視覚化技法等 [9] は，人工感覚拡張システムであると言える。

近年，外骨格ロボットに代表されるロボット技術は上下肢の機能再生治療のため広く活用され始めており，人の歩行を始めとする下肢動作，肩や腕を含む上肢動作の運動獲得を支援できることが臨床的にも明らかになってきている。さらに，身体部位から生体が発する電位信号から人の随意的な動作意思を推定し，

その信号により装着型ロボットを動作させる身体動作や，機械的な特性を保障するといった人と機械が一体となって動作するサイボーグ型ロボットも実用化されている．これは，人と人工システムの間で相互にバイオフィードバックが促されることで，脳神経系を通じた機能再建が可能であるかを明らかにする試みである [10].

現在，人の知覚，行動，相互作用に対し人工知覚システムが直接的に介入することで，その出力を人の身体へ再び入力させる技術により人の能力を拡張する技術として大きく進歩している．またこのような複数の感覚を通じた感覚統合は高度神経ネットワークによりなされているが，今後は視覚を利用して聴いたり，視覚により触れたりする複合感覚を提示するための人工知能技術も開発されていくであろう．さらに自身のみならず，他者の身体的かつ社会的な体験の理解は，個人的な体験に対する知識や共感を得る上で重要な役割を果たしている．しかしこれらは技術により人に新たな機能を追加するものではなく，むしろ残存する機能を最大限に活用するものであると言える．人の残存する身体・認知機能を利活用することで機能再生を実現する新たな医療や，それら機能を補綴し強化する人間拡張技術を含めた人工感覚拡張システムの発展は，個人の身体的・社会的な自己体験を再定義する上で重要な役割を果たすものであると考える．

参考文献

[1] 伊福部 達, 人工感覚,『人工臓器』, Vol.36(3):pp.198–200, 2007.

[2] 関 喜一, 感覚代行技術,『電子情報通信学会誌』, Vol.85(4):pp.241–244, 2002.

[3] 暦本 純一（監修）,『オーグメンテッド・ヒューマン』, エヌ・ティー・エス社, 2018.

[4] Penaloza, C.I. and Nishio, S. BMI Control of a Third Arm for Multitasking, *Science Robotics*, Vol.3(20), eaat 1228, 2018.

[5] 坂本大介, 神田崇行, 小野哲雄, 石黒浩, 萩田紀博, 遠隔存在感メディア としてのアンドロイド・ロボットの可能性, 情報処理学会論文誌, Vol.48(12):pp.3729–3738, 2007.

[6] Nishida, J. *et al.*, Egocentric Smallerperson Experience through a Change in Visual Perspective, *ACM CHI2019*, No. 696, 2019.

[7] Cardoso, C. and Clarkson, J., Simulation in usercentred design: helping designers to empathise with atypical users, *Journal of Engineering Design*, Vol.23(1):pp.1–4, 2010.

[8] Nishida, J. and Suzuki, K., bioSync: A Paired Wearable Device for Blending Kinesthetic Experience, *ACM CHI 2017*, pp.3316–3327, 2017.

[9] Kasahara, S. and Rekimoto, J., JackIn: integrating first-person view with out-of-body vision generation for human-human augmentation, *ACM Augmented Human*, No.46, 2014.

[10] Kawamoto *et al.*, Pilot study of locomotion improvement using hybrid assistive limb in chronic stroke patients, *BMC neurology*, Vol.13(1):141, 2013.

7.6
深層学習の起源
Origin of deep learning/ 福島 邦彦

1960 年代に脳の神経回路モデルとして一世を風靡していたのが，Rosenblatt が 1958 年に提唱したパーセプトロンであった．学習パターンを見せながら，それにどのように反応すべきかを繰り返して教えていけば，細胞間の結合の強度が次第に変化していって，やがてパーセプトロンは正しくパターンを認識するようになっていくというものであった．主に研究されていたのは，教師あり学習で自己組織化が進んでいく 3 層パーセプトロンで，学習によって結合が変わるのは一番上位の層（最近の表現を用いれば，一番深い層）1 つだけであった．階層的に結合する層の数を増せば神経回路の情報処理能力が上がることはわかっていたが，多層回路を効率的に学習させる方法は見つかっていなかった．福島は，多層の神経回路全体を教師なし学習で自己組織化させようと考え，一種の競合学習を取り入れた神経回路モデルを提唱し，「コグニトロン」と名前をつけた（1975 年）．ちなみに，Rumelhart, Hinton, Williams が誤差逆伝播法 (back-propagation) を提唱したのは 1986 年である．しかしコグニトロンは，入力パターンの位置ずれに対する許容度がなく，同じパターンであっても位置がずれると別のパターンであると判断してしまう．またパターンの変形にも対処できなかった．

ところで，1950 年代の終わりから 1960 年代にかけて，神経生理学者の Hubel と Wiesel がネコやサルの大脳視覚野の神経細胞の受容野の研究を精力的に進めていた．彼らは，単純型細胞，複雑型細胞，超複雑型細胞などと名付けた神経細胞が階層的に結合して視覚情報処理を行っているという仮説を提唱した．これをヒントにして福島は，単純型細胞と複雑型細胞が組になったモジュールを，何段も階層的に結合していけば，視覚神経系と同じような情報処理ができるであろうと考えた．そこで単純型細胞 (simple cell) のような性質を持つ細胞を S 細胞と名付け，複雑型細胞 (complex cell) に似た細胞を C 細胞と名付けて，S 細胞の層と C 細胞の層を，何段にもわたって交互に並べた階層型の畳み込み神経回路を考えた．しかしこの回路の層間の結合は作り付けの固定結合であった．学習能力を持たせようとしてコグニトロン流の学習法をそのまま取り入れただけでは，畳み込みの回路構造が崩れてしまう．

この問題の解決のヒントになったのも，やはり生理学の実験結果である．カエルなどの網膜視蓋間には，発生時だけでなく再生時にもレチノトピー（網膜とのトポロジカルな連続的写像関係）を保った規則的な結合が形成されるという報告である（視蓋はカエルなどの視覚中枢）．そこで，階層型神経回路にも，結合が常にレチノトピーを保ちながら（すなわち畳み込みの空間フィルターの形状を保ったまま）変化していくという制約の下で自己組織化させれば，位置ずれに強いパターン認識能力を持たせられるのではないかと思いついた．この神経回路モデルはコグニトロンを発展させたものなので，接頭語「ネオ」（新しい）をつけて「ネオコグニトロン」と名付けられた（1979 年）．

ネオコグニトロンは，S 細胞層と C 細胞層を交互に繰り返して多層化している．S 細胞で特徴抽出を行い，その出力を C 細胞で集めることによって位置ずれを許容し，その操作を階層回路の中で何段にもわたって繰り返すことによって，位置ずれだけでなく，変形に

もあまり影響されないパターン認識を行っている．その最上位層の細胞核は，ある特定のパターンだけに反応するようになる．ネオコグニトロンは学習段階で与えられなかった変形パターンでも正しく認識できる．

これは，現在の深層畳み込みニューラルネットワーク (CNN) に用いられている基本構造で，S 細胞層は畳み込み (convolution) 層，C 細胞層はプーリング (pooling) 層に相当する．S 細胞層は空間的フィルタリングによって入力画像の特徴を抽出し，C 細胞層は S 細胞層からの出力をとりまとめて，位置ズレや変形を吸収する．

ネオコグニトロンは，その後現在に至るまで種々の改良が加えられている．現在広く用いられている深層畳み込みニューラルネットワークと最近のネオコグニトロンの違いの 1 つは，学習方法である．畳み込みニューラルネットワークの学習には通常，誤差逆伝播法 (back-propagation) などによる繰返し演算を用ることが多いが，ネオコグニトロンの中間層の学習には，Add–if–Silent と呼ぶ学習法を使う．これは，S 細胞層にその前層からの信号が来ているにも関わらず反応がない場合には，S 細胞を新しく発生させるという学習則である．これにより，S 細胞がまったく存在しない状態から必要に応じて S 細胞を作っていくため，無駄な S 細胞ができず，繰返し学習の必要もないという利点がある．

7.7
物体認識
Object Recognition/ 岡谷 貴之

　人は机の上に置かれたコップを見て，ほとんど無意識のうちにそれがコップであるとわかる．人は日々の暮らしで数万種類ものモノを見分けていると言われる．これと同じことを，カメラで撮った画像を入力にしてコンピュータに行わせようとするのが，物体認識である．この視覚の働きは，人間の知能情報処理の階層の中では，一番下当たりに位置すると思われるが，実現には長年の時間を要した．なぜそんなに難しかったかと言えば，膨大な数の画素からなる画像から，物体認識に必要な情報をどうすれば取り出せるかが，皆目わからなかったからである．

　このような画像から必要な情報を取り出す処理——特徴抽出と呼ばれる——の研究開発は，深層畳み込みニューラルネットワーク (Convolutional Neural Networks：CNN) の利用によって飛躍的に進展した．CNN は，線形フィルタの畳み込みと非線形活性化関数の適用を，入力画像を皮切りに繰り返し適用しつつ，途中途中でダウンサンプリングを差し挟む処理を基本とする，順伝播型のニューラルネットワークである．歴史を振り返ると，1980 年代後半に LeCun らによって手書き文字認識のために考案された LeNet が，最初の CNN である．LeNet は，福島のネオコグニトロン——ヒューベル・ウィーゼルの単純型細胞・複雑型細胞の計算モデルでもある——に，誤差逆伝播法による学習方法を適用したものと見なせる．

　CNN は LeNet 以来さほど大きく注目されはしなかったが，2011 年ころから徐々に物体認識へ応用されるようになり，2015 年ころには 1,000 種の物体認識において，人に匹敵するとまで言われる性能を獲得した．さらに CNN は，画像を入力とするそのほかの様々な問題へと応用され，ほとんどの場合に著しい性能向上を見せたが，それについてはこの項目の範囲を超えるので省略する．

　さて，このように CNN の物体認識への応用は長年の懸案を打ち破る大きなブレークスルーとなったが，現在の CNN は，最初の CNN である LeNet と，その構造と使い方の面で大きくは変わっていない．強いて言えば，シグモイド関数よりもシンプルな ReLU(rectified linear unit) 関数を活性化関数に使うこと，数層をバイパスする残差接続 (residual/skip connection) や，バッチ正規化という学習のトリックの採用など，いくつかの進展はあるものの，これらを使わずとも（少しの努力と引換えに）悪くない性能を引き出すことは可能だろう．

　当時と今で根本的に違うのは規模である．ネットワーク，学習データ，計算機の計算能力，その全ての規模が，当時よりはるかに大きい．現在，物体認識で用いられる規模の学習データはインターネットなしには揃わなかったし（Fei-Fei Li らのプロジェクト ImageNet が大きな役割を果たした），GPU がなければこのレベルの計算性能に誰でもアクセスできるようにはならなかっただろう．そう考えると，このブレークスルーが 2010 年代に起こったことには正当な理由があった．

　さて，上述のように難しかった特徴抽出を CNN はどのように解決したか？深層学習以前，画像認識の研究開発では，問題に応じて取り出すべき特徴を設計する方法論が取られていた．画像から人の顔を検出したり，歩行者や道路標識を検出するような問題ではそこそこうまくいったが，身の回りの一般物を認

識対象とする物体認識には歯が立たなかった．それは物体認識では，取り出す特徴が「不変性」と「弁別性」という相反する2つの目標を，とりわけ高いレベルで両立させなければならなかったからである．

椅子を認識する場合を例に考えてみる．地球上には様々な椅子がある．大体どれも正しく椅子と認識できるためには，取り出す特徴は，そんな椅子の多様性に不変（≒寛容）でなければならない．一方で，椅子を机やそのほかのものと区別できるためには，取り出す特徴はそれらの違い——場合によってわずかなもの——を弁別できる（≒敏感である）必要がある．この2つ，不変性と弁別力とは互いに矛盾しやすく，その両立は簡単ではなかった．CNN は，その絶妙にデザインされたネットワークの構造と，大量データを用いた学習を通じて，これらを両立させた特徴をうまく取り出すことができる．

しかしながら，われわれは CNN の中身を完全には理解できていない．学習を終えた CNN が，その内部でどんな特徴を取り出し，それはいかなる計算に基づくのかを，説明・解釈することが難しいのである．このような説明性の欠如，理解の不足は，深層学習全般の課題であるが，様々な未解決の問題を生み出している．入力画像に目立たないわずかな変動を加え，CNN に誤認識を誘導できる敵対的サンプルはその一例である．

7.8 音声認識

Speech Recognition / 河原 達也

音声認識の研究は人工知能の研究と同じくらい長い歴史を有するが，今世紀に入って急速に技術の進歩と実用化が進展した．これを可能にしたのは，深層学習に代表される統計的機械学習と大規模データの蓄積（ビッグデータ）である．実際に，深層学習のインパクトを示した最初の1つが音声認識であり，現在のAIを端的に示す多くのプロダクト（スマートスピーカーや会話ロボットなど）において音声認識は重要な役割を果たしている．

音声認識は，音声の特徴量（の時系列）X が与えられたときにその単語列 W を同定する問題として定式化される．すなわち，$P(W|X)$ を最大化する W を求めればよい．ただし，X も W も系列である点が，画像認識などの多くのパターン認識の問題と異なる．なお出力として，単語列 W でなく，音素や文字などのサブワード列 S も考えられるが，語彙の知識は認識の上で非常に有効であるし，単語がわからないと，検索・翻訳・対話などの後段の処理が意味をなさないので，単語単位の系列が一般に用いられる．

従来は，この $P(W|X)$ を計算する過程をベイズ則により分解し，音素を認識する音響モデル，単語の音素列を規定する単語辞書，そして単語の連接を制約する言語モデルによる確率を統合することにより認識処理を行っていた．これに基づく音声認識システムの構成を図1に示す．各モデルが階層的に構成され，独立に学習される．すなわち，音響モデルは音声データにより，単語辞書と言語モデルは言語データにより学習される．

深層学習が導入された当初の方法は，音響・音素モデルの HMM(Hidden Markov Model) の各状態の確率計算を，従来の混合正規分布によるモデルから DNN(Deep Neural Network) に置き換えたもので，DNN–HMM ハイブリッドシステムと呼ばれる．

これに対して，複数のモジュールを統合的にニューラルネットワークで構成して，$P(S|X)$ あるいは $P(W|X)$ を直接推定する End-to-End モデルの枠組みが研究されている．この枠組みで最も早く実現されたのが，音素や文字などのサブワードを出

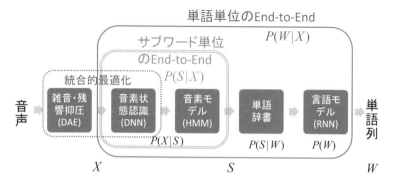

図 1 音声認識システムの構成

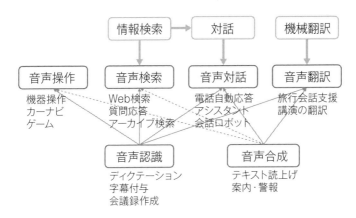

図 2 音声認識のアプリケーション

力の単位とする LSTM(Long Short–Term Memory) を用いて，その出力系列を縮約する CTC(Connectionist Temporal Classification) である．これとは別に，LSTM で入力系列をいったん符号化したあとに，サブワード系列に復号化する注意機構モデルも導入されている．これらのモデルは $P(S|X)$ を直接計算するものと捉えられる（図 1 の二重線枠部分）が，単語辞書や言語モデルはこのあとに適用する必要がある．さらに最近では，単語を出力の単位としたモデル化も検討されている．これにより，$P(W|X)$ を直接計算することができる（図 1 の実線枠部分）．これとは別に，雑音や残響の抑圧のためのニューラルネットワークと音素状態認識の DNN を統合して学習することも研究されている（図 1 の点線枠部分）．

音声認識の代表的な応用を図 2 に示す．検索・翻訳・対話といった自然言語処理と統合することにより，さまざまなアプリケーションが実現されている．また本稿では述べなかったが，音声合成についても深層学習の導入が進んでおり，近年では図 1 の二重線枠部分に対応する逆過程が End–to–End モデルで実現されている．

7.9
多種感覚による "能動的" 認識

"Active" Multi-modal Perception/ 尾形 哲也

ディープラーニング（深層学習）の技術は，画像認識，音声認識，言語処理など多分野においてその有効性が確認されると共に，様々な応用手法が毎日のように提案されている．十分な教師データが与えられれば，対象の高次元データとそれに対応する出力を得るための特徴量が神経回路モデル内に"自己組織化"される．この特徴により，画像，音声，言語などこれまで全く異なった研究領域で扱われていたモダリティを，ディープラーニングという"同様の枠組み"によって扱うことができる．ここで得られる性能は従来法に迫る，課題によっては凌ぐ結果が得られている．この"ほとんど同様の枠組みで多様なモダリティを扱える"という特徴から，自然に"ディープラーニングを利用した多種感覚（マルチモーダル）の統合"という応用が考えられる．

パターン認識（クラス分け）はその1つであり，特に視聴覚の統合による研究例が非常に多く報告されている．特にリップリーディングは最も初期のアプリケーションの1つである．ディープラーニング以前のリップリーディング研究の多くは，(1) 唇の特徴点を事前に検出し特徴を得る，か，(2) 唇画像を主成分分析等で圧縮した特徴を得る，といった手法が中心であった．しかし (1) はその特徴点検出に大きな手間がかかること，(2) ではよい認識精度が得られる圧縮手法の設計が難しい，といった問題があった．Ngiam らは，音声と唇画像の次元を圧縮したマルチモーダル信号入力から直接表現を抽出するためにディープラーニングを利用している [1]．Huang らは，単一のモダリティごとにディープベイジアンネットワークを適用し，中間レベルの特徴を組み合わせた音声認識モデルを実現している [2]．また野田らは，リップリーディングに唇の生画像1枚から音素を出力する Convolutional Neural Network(CNN)，そしてノイズ除去に雑音付き音声からクリーン音声を出力する Deep Denoising Autoencoder(DDA)，という2種類のディープラーニングの手法をそれぞれ適用し Multi-stream HMM(MSHMM) により統合する方法を提案している [3]．Google DeepMind は，5000時間の映像データを End–to–End 学習（深層学習のみで，入力データから出力を直接得る枠組み）させた "LipNet" [4] を開発し，人間の能力とほぼ同等かそれ以上のリップリーディングの能力を示している．このほかにも画像と音声による感情認識 [5] などの研究も行われている．

またマルチモーダルな情報を扱う学習においては，情報の生成（変換）に関する研究も盛んに行われている．たとえば，画像や映像をテキストで説明する (Image Captioning) [6]，テキストから画像や映像を生成する (Text2Image) [7]，風景画像からそれに伴う音響生成する (Visual to sound) [8] など，その組合せは多様に存在し，活発な研究が行われている．

上述した音声や画像の「認識」は，パターンのクラス分けとしてみなされているが，その定義は単純なものではない．たとえば，様々な「椅子」の画像に対して，ディープラーニングは未学習の「椅子」の画像であっても，それを椅子と判断できるようになる．しかしそれは我々人間と同じ意味で椅子を「認識」していることになるのだろうか？　たとえば，画像として「机」の特徴を有したものであっても，座ってしまえばその文脈において机は

「椅子」になる．つまり認識を考える上で，現実世界の多義性は1つの本質的な問題と言える．「椅子」はその外見的な特徴（画像）で「椅子」になるのではない．我々が「座る」という"能動的"な行為を伴わせることでその意味が確定する．つまりその対象から生成される行為の集合こそが本質になると思われる．

その意味でマルチモーダルな"能動的知覚"は重要な研究と言える．たとえば高椋らは，柔軟皮膚と触覚センサーを有したロボットハンドが，複数物体に対して繰り返し把持動作を行うプロセス（ダイナミクス）の学習から，複数物体の表現が自己組織化されることを示している[9]．また尾形らは，ロボットによる認識物体への操作運動（モータ）と結果として生じる対象の変化，音（聴覚），動き（視覚），圧力情報（触覚）をRNN(Recurrent Neural Network)で予測学習させた[10]．数十種類の一般物体の認識と未知物体のクラスタリングが可能であることを確認している．これらの研究における「認識」はパターンと記号のマッピングではなく，感覚動作パターンを生成する"ダイナミクスの同定と予測"という枠組みになる点が重要である．

今後，マルチモーダルの情報の統合研究が，認識から生成，多義性の解釈といった深遠な問題につながっていくことが期待される．

参考文献

[1] Ngiam J, Khosla A, Kim M, Nam J, Lee H, Ng AY: Multimodal deep learning. In: *Proceedings of the 28th International Conference on Machine Learning*, 2011.

[2] Huang J, Kingsbury B: Audio-visual deep learning for noise robust speech recognition. In *Proceedings of the IEEE International Conference on Acoustics, Speech, and Signal Process-*

ing, Vancouver, pp.7596–7599, 2013.

[3] Noda, K. Yamaguchi, Y. Nakadai, K. Okuno, H.G. and Ogata, T. *Audio-Visual Speech Recognition using Deep Learning, Applied Intelligence*, Springer, Vol.42, Issue.4, pp.722–737, April, 2015.

[4] Assael, Y. M. Shillingford, B. Whiteson, S. Freitas, N. de. LipNet: End–to–End Sentence-level Lipreading, arXiv:1611.01599, December, 2016.

[5] Morency, L–P. and Baltrusaitis, T., Tutorial on Multimodal Machine Learning, ACL, 2017.

[6] Vinyals, O. *et al.*, Show and Tell: A Neural Image Caption Generator, arXiv:1411.4555., 2014.

[7] Reed, S. *et al.*, Generative Adversarial Text to Image Synthesis, arXiv: 1605. 05396., 2016.

[8] Owens, A. *et al.*, Visually Indicated Sounds, arXiv:1512.08512., 2015.

[9] S. Takamuku, A. Fukuda, and K. Hosoda: Repetitive Grasping with Anthropomorphic Skin-Covered Hand Enables Robust Haptic Recognition, in *Proc. of IEEE/RSJ International Conference on Intelligent Robots and Systems*, 2008.

[10] T. Ogata, H. Ohba, K. Komatani, J. Tani and H. G. Okuno, Extracting Multi-Modal Dynamics of Objects using RNNPB, *Journal of Robotics and Mechatronics, Special Issue on Human Modeling in Robotics*, Vol.17, No.6, pp. 681–688, Dec. 2005.

7.10

言語と画像や音声の相互変換

Cross-modal Transformation between Images, Audios and Languages

/ 牛久 祥孝

画像や音声を言語に変換する．そう言うと文字画像を読み取ったり，音声を書き起こしたりという技術を想像するかもしれない．実際それらは光学的文字認識 (OCR: Optical Character Recognition) や音声認識 (Speech Recognition) として知られており，歴史も長い技術である．また相互変換とあるので言及すると，言語を文字として画像に変換するのはもはや日常的に PC やスマートフォン上で実行されている．言語を音声に変換するということであれば，音声合成 (TTS: Text To Speech) として以前より研究開発が進んでおり，商用のソフトウェアや API も見られる．最近では深層学習技術のおかげで，より自然な音声合成も実現されつつある．

ここで主に扱いたいのは，このように明示的に言語情報が埋め込まれた画像や音声ではないものと，言語との相互変換である．たとえば，写真に対して人間がつけるようなキャプションを，代わりに計算機が新規生成する画像キャプション生成の研究が 2010 年代になって精力的に進められているが，これは画像から言語への変換と言える．

まずは，そのような「画像から言語への変換」について，つまり画像キャプション生成について説明する．

画像から言語への変換を世界に先駆けて行ったのが Farhadi らの 2010 年の研究で，そこでは入力画像がどのような〈物体，動作，シーン〉のものかをまず学習し，同じようなラベルが予め付与されていたキャプションをそのまま出力している．キャプションの生成を謳いつつも既存キャプションを流用する技術であり，さらには〈物体，動作，シーン〉といっ

た特別なラベルをつける必要があった．

機械学習においてはデータがどれだけあるかという観点は非常に重要である．そうした意味では，画像とキャプションの対は web から自動で収集できそうである．一方で初期の画像キャプション生成では，上記のような特別な属性のラベルがついたデータを用いて学習するアプローチが目立つ．画像とキャプションの対だけから，既存キャプションの流用ではなく新規に画像キャプションを生成できる技術を世界に先駆けて行ったのが Ushiku らの 2011 年の研究である．この研究も含めて，新規にキャプションを生成する試みに共通するのは，画像を単語や単語列など抽象的なレベルの情報に変換するステップと，それらの単語を文法的に正しく組み合わせてキャプションとして文を生成するステップの 2 ステップからなるという点である．

さてそのころ，深層学習が情報処理の各分野で激震を起こしていた．2011 年には画像認識で，深層学習が驚異的な性能を出すことがわかった．2014 年には機械翻訳で，それまでの複雑なシステムによって出されていた最高峰の翻訳精度が，シンプルな深層学習パイプラインでも再現されることがわかった．画像認識はまさに画像から抽象的なレベルの情報に変換するステップなので，深層学習を 1 ステップ目に導入するのは容易である．また深層学習による機械翻訳では，入力文を抽象的なレベルの情報に変換するモジュール（エンコーダ）と，そのベクトルを用いて別の言語の文を出力するモジュール（デコーダ）が存在する．このデコーダがそのまま，画像キャプション生成の 2 ステップ目に使える．この

198 第 7 章 ヴィジョン

深層学習による一連の事件は，単に既存の問題の精度が上書きされたというだけではない．従来であれば画像認識と自然文生成はそれぞれ別の研究分野であり，それぞれ独自に発展した技術体系が相互の参入障壁となっていたが，それらが深層学習という共通技術によって解消されたのである．

そうした経緯から 2015 年のある国際会議では，Google や Microsoft といった企業から Stanford のような大学まで多くの機関が，深層学習による画像キャプション生成を同時多発的に提案している．最近では強化学習も組み合わせて，より人間らしいキャプションを生成できるような技術の研究開発が進められている．

次に，言語から画像への変換について説明する．こちらは 2016 年ごろから出てきたばかりの，さらに萌芽的な取組みである．「黄色いスクールバスが駐車場に停まっている」というようなキャプションを入力として受け取り，実際にそうした内容の画像を新規生成するのが目的である．ゆえに深層学習による画像生成技術を応用する形で，言語から画像への変換を試みる取組みが多い．

言語から画像へ変換する技術の研究の多くで採用されているのが敵対的生成ネットワーク (GANs：Generative Adversarial Networks) である．GANs の詳細は深層生成モデルに譲るが，GANs はより自然な画像を生成する生成器と，自然な画像/生成された画像を識別する識別器からなる．言語から画像への変換に用いる条件付き GANs は，より入力文に沿った自然な画像を生成する生成器と，自然で入力文に沿った画像/生成された画像や入力文に沿わない画像を識別する識別器からなる．より最近では，生成器・識別器からなる 1 つの GANs をいくつもスタックしたような GANs を用いる試みが複数見られる．最初の GANs で言語から低解像度の粗い画像へと変換し，後段の GANs では粗い画像と入力文を受け取ってより高解像度な画像へと変換していくのである．鳥や花に限定して，文も豊富に用意したデータを学習する分では，言語から高解像度で自然な画像への変換が実現されている．しかしながら，より一般的な内容の画像を生成しようとするとまだまだ課題は多い状況にある．

最後に，音声と言語の相互変換について述べる．画像から言語への変換，つまり画像キャプション生成の盛り上がりの影響を受けて，音声信号処理分野でも効果音を「木の階段を降りている音」といった言語に変換する音声キャプション生成の研究が，2017 年ごろから見られるようになってきている．基本的には画像キャプション生成と類似した方法で，入力音声を高レベルな情報に変換するエンコーダと，そこから自然文へと変換するデコーダからなる．入力が音声という系列データである点に注目すると，同じく単語系列データを受け取る機械翻訳により近いパイプラインであるとも言える．言語から効果音合成という逆の変換の例はいまだに見られないが，すぐに取り組まれるものであると予想している．

7.11
動画像予測
Video Prediction/ 原田 達也

動画像予測とは

動画像予測とは，一部の動画像を観測することで，その動画像中で行われている事象の将来の状態を予測することである．動画像予測の類似課題として，動画像生成や動画像補間があげられる．動画像生成とは，ある確率密度分布からサンプリングされた隠れ状態から直接的に動画像を生成することである．また，動画像補間とは，動画像の始めと終わりのフレームが与えられた条件下で，その間に起こりうる動画像を構成する連続したフレームを予測することである．これらの課題は密接に関連しており，手法も共通のものが利用される場合が多い．

有効性と応用先

動画像予測はさまざまな分野で有効である．たとえば，人の行動予測に利用することができる．人の行動が動画像から予測できれば，監視カメラから不審者の行動を予測し未然に犯罪を防ぐことが可能であるし，駅のホームから人が落下する行動が事前にわかれば，注意を喚起することで惨事を防ぐことが可能となる．このように人の行動予測に応用する際には，リアルタイムかつ早期に起こるであろう動作を検知することが重要となる．同様に自動運転への応用も考えられる．車載カメラから得られる動画像から，周囲の車の加減速や車線変更，歩行者の飛び出し等を予測できれば，それらの情報を車の制御に反映することでより安全な自動運転システムが実現できる．このほかにも動画像予測は，エージェントの行動により将来の状況が変化するタスク計画，オプティカルフローの推定などにも利用可能である．

膨大なデータを用いた教師なし学習

近年成功を収めている機械学習の枠組みは，そのほとんどが教師あり学習である．教師あり学習は通常，人がラベルを付与した高精度かつ大量の教師データを必要とするために，その予測性能の引換えとしてラベルを付与するアノテーターの負担が大きくなる．一方，動画像予測は，入力時刻における動画像と予測対象の時刻における動画像のペアは人のアノテーション作業なしに大量に得られるので，教師なし学習が容易に可能である．したがって，インターネット上に存在するラベルなしの膨大な動画像を用いて動画像予測モデルを構築することができるという長所を持つ．

動画像予測の困難さと問題点

動画像予測の困難な点として，動画像の時空間的な特徴を捉える必要があることや，予測すべき事象が確定的ではなく不確実性かつ多様性を持つことにある．この時空間的な特徴，不確実性や多様性を扱うためには予測モデルが複雑であり，モデルパラメータも膨大になるために，計算コストと必要なメモリ容量の2つの側面から高コストとなる．また，複数フレームの動画像を予測する場合には，まず動画像の開始フレームを推定し，その推定された開始フレームを基盤として逐次的に続きのフレームを予測することが一般的に行われる．逐次的に予測する際に，予測誤差が次第に蓄積されてしまい予測動画像の最終フレームには結果として大きな誤差を含む可能性が高い．

手法

入力動画像フレームと予測すべき動画像フレームの関係をモデル化するために，オートエンコーダが利用される場合がある．こ

のときエンコーダとデコーダのネットワークには空間情報を捉えるために畳み込みニューラルネットワーク (Convolutional Neural Networks, CNNs) が用いられる．動画像予測では時系列データを扱うために再帰的ニューラルネットワーク (Recurrent Neural Networks, RNN)，その中でも Long Short-Term Memory(LSTM) や Gated Recurrent Units(GRUs) も利用される．さらに，これらを統合することで時空間情報を統一的に扱うことができる畳み込みLSTM(Convolutional LSTMs) が用いられることが多い．しかしながら，予測すべき動画像の多様性が許される場合に，L2 損失のような一般的な損失関数を用いてしまうと，見た目の異なる複数のフレームの平均を学習することになるため，予測されたフレームがぼやける問題が生じる．

予測動画像がぼやける問題に対応するために，敵対的生成ネットワーク (Generative Adversarial Networks, GANs) を利用して，シャープな見た目のフレームとフレーム間での一貫性を保つ手法が提案されている．また，多様な予測フレームに対応するために，将来のフレーム空間における分布を推定する確率モデルが利用される場合もある．

また，入力フレームから将来のフレームを直接的に推定するのではなく，動画像内のオプティカルフローなどを利用して動きを推定し，この推定された動きと最終フレームから将来のフレームを予測することも行われる．動画像に内在する構造を一度介してから動画像を生成することで，より現実的な予測を行うこともある．内在する構造として，たとえば人の動作予測の場合は，人の骨格構造があげられる．さらに前景と背景を分離して，それぞれ別のプロセスで動画予測を行う手法も提案されており，背景がほぼ動かない状況であれば予測効果が期待できる．

今後の課題

予測された動画像の画質はしだいに高まってきているものの，予測されるフレームは現時点では 1 フレーム後や多くても数フレーム後といった極めて短時間後の推定にとどまっているため，動画像予測はまだ改良の余地のある課題である．より長時間後の動画像を予測するためには，動画像内の物体特性の理解，物体間の相互作用，因果関係推定，幾何学的拘束条件の推定や，物理法則の援用が必要と考えられるために，かなり挑戦的な課題の 1 つである．

7.12
メタ認知
Meta–Cognition/ 諏訪 正樹

従来の心理学におけるメタ認知は，自分の行動や思考を客観的にモニタリングして，言葉にすることを指していた．「認知」を，自分に閉じたものとして狭義に捉えていたのである．

80年代後半に「situated cognition (状況に埋め込まれた認知)」や「身体性」の観点が生まれると，「認知」は，思考や明確な行動だけではなく，身体が環境と絶え間なくインタラクションする様をも含むものごととして捉えられるようになる．そして，メタ認知は，

- 頭で考えている内容
- 明確には意識しづらい身体の動き（たとえば，首傾げ，手遊び，ジェスチャー，視線など）
- 環境からの五感的知覚
- 身体感覚（体性感覚の知覚）

を言葉で表現する行為を指すようになる．

身体と環境のインタラクションは暗黙知的である．それを表現することなど可能なのかと，懸念を抱く読者は少なくないであろう．しかし，今や，知の形成に身体の存在が大きな役割を果たすという考え方（身体性）が主流であることを鑑みると，身体と環境のインタラクションの様は探究の俎上に載せざるをえない．

そうはいっても，言葉で表現しづらいものごとである．ではどうするか？　メタ認知観の意識改革が必要であろう．従来は，「モニタリングし，正確に記述する」ことにより，行動を律するためのものだった．しかし，「モニタリング」や「正確に」という意識が曲者で，そういう意識下では，ややもすると暗黙的である身体と環境のインタラクションは，必竟，メタ認知の範囲外になったのだ．

私のメタ認知観は，身体が環境とどうインタラクションしているのかを，一人称視点で見て，感じて，表現する行為であるというものだ．一人称視点なので局所視野的であり，「モニタリング」ではない．もちろん「正確であるかどうか」の議論もしない[1]．正確さを問うと，語りに躊躇が生じるからだ．その箍を外せば，「何でも，とりあえず，表現してみてもいいかな？」となる．この意識改革をすれば，身体と環境のインタラクションの様が分析対象になる．一人称視点であるからこそ捕捉できる（客観的なモニタリングでは捉えられない）ものごと——体性感覚，違和感などはその典型例——が研究の俎上に上がる．

正確ではないかもしれない内容を，蓄積・分析することに意義があるのか？と訝しく思う方も多いかもしれない．このメタ認知観は，ジェローム・ブルナー (Jerome Bruner) が "telling oneself about oneself" と称する行為と同一である．彼は，*Making Stories* と題する著書の中で

Telling oneself about oneself is like making up a story about who and what we are, what's happened, and why we're doing what we're doing. [1].

と述べている．メタ認知は，自分を物語る行為であるというわけだ．「自分を物語る」なんて独りよがりの内向きの行為ではないかという批判もあるだろうが，実はそうではない．自分を物語るとは，自分と環境がインタラクションする様を自分の視点から観察して言葉

---

1) 評価をしないのか！と唖然とする方も多いかもしれない．評価は，メタ認知をする時にするのではなく，別のフェーズで「結果的にする」ことになる．

にする作業である．環境とのインタラクションを視野にして語るのであるから，決して「独りよがり」にはならない．

ブルナーはさらに，

there is no such thing as an intuitively obvious and essential self to know, (中略). Rather, we constantly construct and reconstruct our selves to meet the needs of the situations we encounter, (p.64).

と論じている．モニタリング対象としての self がそこに存在するわけではない．物語ることによって自己が構築され，再構築されることがポイントである．目的は，既にそこに存在する自己をモニタリングすることではなく，むしろ，環境とのインタラクションを物語ることによって，新たな視点を得て，インタラクションのやり方自体を進化させることである．

一般的な言い方をすれば，メタ認知は，現象をつくりだすことで理解を得る「構成的な行為」なのだ．環境は，認知に対峙する「外の存在」ではなく，身体と意識と一体となった「内側の存在[2)]」である．内側を語りの対象にするからこそ，語ったそばからそれが変化する．つまり，インタラクションのやり方が刷新される．「生きている」時間の流れの中で自己の変わる様を捉えようとする．メタ認知をそう捉えるならば，「正確に捉えているか？」と気を揉むことなく，「なんでも，とりあえず，表現しよう」となる．

なぜ，自己の再構築が起こるのか？ 環境は一定ではないからである．また，自己を語れば環境への相対し方（見る眼）が変わり，環境に影響をもたらし，自己が環境のフィットしているかどうかの答えがフィードバックされるからである．評価はここで初めてくだるのだ．正確さを問わなくてよいと論じた所以はここにある．フィットしていないのなら（友達が怪訝な感情を示してきたり，これで打てるだろうと臨んだ野球の試合でさっぱり打てなかったり），語り直せばよい．そして，それが自己の再構築につながる．

語るためには身体が必須であることを論じて，本稿を終えたい．身体が存在するからこそ，環境とのインタラクションが生じ，物語る対象が生まれる．身体なしの AI にこれをさせようとすると，語るべき対象を予め知識として記述することになるだろうが，インタラクションはそもそも状況依存なので，その記述はフレーム問題に陥り，にっちもさっちもいかなくなる．

身体は，語る対象を生むためだけに重要なのではない．私たちの脳は，論理的な知識処理を司る大脳皮質系だけでなく，大脳辺縁系や間脳といった情感を扱う部位を有する．脳神経科学の知見によれば（たとえば [2] では），数多くあるインタラクションの中から，何に着眼して語るのかを最初にふるい分けているのは，大脳辺縁系や間脳の働きであるようだ．ある知識を想起し，その知識が示唆する対象に目を向けるのではなく，身体の反応としてふと着眼する [3]．身体があって初めてメタ認知は可能になり，メタ認知は環境の中での身体のあり様を模索する手段となる．そうやって私たちは「生きている」．

参考文献

[1] Bruner, J. *Making Stories — Law, Literature, Life —*, Cambridge, Harvard University Press, 2002.

[2] アントニオ・R・ダマシオ，『デカルトの誤り —情動，理性，人間の脳—』，田中三彦 訳，筑摩書房，2010.

[3] 諏訪正樹，『身体が生み出すクリエイティブ』，筑摩書房，2018.

---

2) 複雑系科学から誕生した「内部観測」も同種の主張である．

第8章
ロボット

Robot/編集担当　浅田　稔

　ロボティクスの AI 事典での位置付けは，単なるロボット工学ハンドブックの概説ではない．ロボティクスをお隣の分野としてではなく，AI の本質に関わる意味合いから本章を展開する(8.1)．ソフトロボティクスは，ロボティクスの本質を知る上で格好の項目であり (8.2)，今，そこで起きつつあるパラダイムシフトは，対岸のことではなく，AI 分野でも今後起きるべきであると期待したい．そのため，ロボティクスプロパーの項目ではなく，ロボティクスを際として，認知科学，発達心理学，神経科学，生理学などの分野を内包する項目をあげた．

　各項目は個別ではなく，相互に関係し合っている．人間の認知発達の構成論的理解を目指す認知発達ロボティクス (8.4)，その核となるのは，身体性と社会的相互作用であり，前者の始まりである身体表現とその神経科学的シミュレーション，道具使用による身体拡張 (8.5, 8.7)，そして，その身体表象に根ざしたセルフの概念の表出 (8.1)，社会性相互作用としてのマルチロボットシステム (8.3)，深層学習を内包したロボットの行動学習 (8.6)，また，発達原理としての予測符号化 (8.8) などの項目がある．

　従来，哲学的思索の道具であったロボットが，メインの主役となり，これら，身体，環境とのリッチな相互作用，情動 (8.9)，セルフ，自他認知，注意，共感 (8.10)，モラル，倫理，意識(8.11) など，知的エージェントが総体として擁すべき機能の集合体を，AI が到達すべきゴールとするならば，ロボティクスという窓口の重要性が再認識されるであろう．さらに物理スケールを変えると，環境，情報，身体が同一化する傾向にある分子ロボティクスがニューホライゾンとして加わる．

8.1
ロボティクス
Robotics/ 浅田　稔

　Robotics は，ロボット工学と訳される場合が多いが，「ロボット学」が正しい．歴史的経緯から，ロボットを設計・製作・作動させることが，まずは最初であったことに起因する．ロボットの明確な定義はなく，プログラムで制御可能な多自由度アームというコンセンサスがある程度である．ただし，遠隔でヒトが操作する多自由度の人工の構造物も遠隔操作ロボットという呼称があるので，これとても正確ではなく，狭義で自律であることをロボットと称する場合もあるが，自律のレベルや意味も多様ではっきりしていない．もともと学術用語ではなく，1920 年，チェコスロバキア（当時）の小説家カレル・チャペックが発表した戯曲『R.U.R.（ロッサム万能ロボット商会）』で初めて使われた用語で，チェコ語で賦役（強制労働）を意味する robota（ロボッタ）と，スロバキア語で労働者を意味する robotnik（ロボトニーク）から創られた造語と言われている．

　ロボットの起源をどこに求めるかは意見の分かれるところであるが，西洋ではオートマタ，また日本ではからくり人形とする場合が多い．特に，内部機構そのものが機械によるプログラムの構造をしており，身体が制御や機能のための情報処理を担う物理レザバーという新たな身体性の考え方に通じることもあり，興味深い．

　ロボティクスを構成する主要な学問分野としては，メカや制御の機械工学，センサや配線構造の電気・電子工学，そして認識・判断を担う情報工学と考えられてきており，これがロボット工学と訳された所以でもある．もう少し詳しくみると，ロボットの素材として材料科学，ナノテクノロジー，また，生物から

学ぶ生物工学なども巻き込み，医療技術や環境技術への応用などを考えると，サイエンス/テクノロジーの総体とも言える．Autonomy の訳である自律性について考えると，事前に行動が明示的にプログラムされた自動ドアから，高度な認識・判断を行うヒューマノイドタイプまで，さまざまな階層と広がりが想定される．特に，高度認知機能を想定すると，ヒトを始めとする生物が現す注意や意識の機能，さらには，コミュニケーションに代表される人間との相互作用を含めると，情動，感情，共感などの心の問題も含まれる．そう考えるならば，サイエンス/テクノロジーの総体を超え，哲学，心理学，認知科学，社会学などの人文社会系の学問も含まれる「学問」全体となってしまう．そうなるとロボティクスの焦点がボケてしまうので，何のための「学問」全体かを明らかにしなければいけない．結論から言えば，「人間学の学問全体」である．既存学問分野からみれば，ロボティクスは学際的研究を行うためのリサーチ・ビークルと考えられる．人工知能の観点からも，ロボットというツールを使って知能の研究をするんだという主張は正しい．ただ，それだけでは，各学問分野をつなぐブリッジの役割がロボティクスの本質とみなされてしまう．逆の立場からは，ロボットやコンピュータシミュレーションを駆使して，構成的に人間学に迫り，既存分野の壁を取り払い，巨視的にも微視的にも相互浸透的にフィードバックを繰り返すことで，新たな知見や洞察を生み出す「構成論的人間学」がロボティクスの本質であると考えたい．

　もっとも極端な例として，ロボットが自己という概念を持ちうるかという哲学的と思え

る課題を考える．機械が持つ可能性を議論するので，確立された大人の自己概念ではなく，初期自己の概念について検討する．認知心理学の巨匠である Neisser は，自己の概念の発達過程として，生態学的自己から始まり，対人的自己，想起的自己，私的自己，概念的自己に至ると説いた [1]．生態学的自己は，自己意識の原点とも言えるものであり，一時的自己とも呼ばれているが，Gallagher は，最小自己 (minimal self) と呼ぶ [2]．彼は，最小自己には，2つの様相があるとし，それらを運動の帰結の予測（フォワードモデル）と適合する運動の自己主体感 (sense of agency for movement) と感覚のフィードバックと適合する運動の所有感 (sense of ownership for movement) と呼んだ．

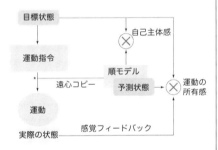

出典：[2] の Fig.1 を改編

図 1 自己主体感と運動の所有感の関係

[3] は，自己主体感や自己所有感に加え，自己存在感 (sense of presence) を規定している．自己主体感を作るネットワークと自己存在感をつくるネットワークの相互作用モデルを提案し，外受容信号と内受容信号によって内受容感覚を予測するモデルを提案している．自己主体感のモジュールが自己存在感のモジュールより階層が上とされている．

[4] は，ロボカップにおけるプレーヤの感覚運動学習において，自分が生成した運動の帰結を裏切らない知覚範囲を自己身体と定義した．推定された状態ベクトルの次数が自己や他者を規定し，局所予測モデルを用いて自己の運動を予測した．最小自己の意味では，これが自己主体感に対応し，実際の運動の結果の感覚フィードバックと適合する運動の感覚が所有感に対応する．このように，一見，哲学的課題と思える「自己の概念」が，認知心理学，神経科学，機械学習の観点から見直され，ロボット実験による検証過程を経て，学際的にその意味の理解が深まる「構成的人間学」，すなわちロボティクス研究の好例であろう．

参考文献

[1] Ulric Neisser. The self perceived, pp. 3–22. *Emory Symposia in Cognition.* Cambridge University Press, 1994.

[2] Shaun Gallagher. Philosophical conceptions of the self: implications for cognitive science. *Trends in Cognitive Sciences*, Vol.4, No.1, pp.14–21, 2000.

[3] Anil Seth, Keisuke Suzuki, and Hugo Critchley. An interoceptive predictive coding model of conscious presence. Frontiers in Psychology, Vol.2, p.395, 2012.

[4] Minoru Asada, Eiji Uchibe, and Koh Hosoda. Cooperative behavior acquisition for mobile robots in dynamically changing real worlds via vision-based reinforcement learning and development. *Artificial Intelligence*, Vol. 110, pp.275–292, 1999.

8.2
ソフトロボティクス
Soft Robotics/ 細田 耕

もともとロボットは，人間の使役を，その本質を取り出して実現するのではなく，人間の形態をそのまま再現することによって代替するために考え出されたものである．たとえば，食器を洗うという使役を考えてみよう．食器を洗うためにどのような作業や手続きが必要であるかはわかっているので，これらを実現する専用の機械＝食洗器を作ることができる．もし，食器を洗うために必要な作業や手続きが複雑で，単純にそれを実現する専用機械ができないとしたらどうだろう．このような場合には，人間にそっくりのロボットを作って，人間と同じように作業をさせる，という方法が最も簡単になる．人間の形態に潜む適応能力を丸ごとコピーするのである．人間と形が同じであれば，他の使役についても，人間がするのと同じように作業させることができるであろう．ロボットの汎用性と，人間（あるいは生物）の形態の模倣の間には，強い関係性があるということである．ロボットは，その出自は生物模倣なのである．

ここで問題になるのは，どこまで生物を模倣するかである．外見や動きだけをコピーするのではなく，柔らかい皮膚や駆動様式までコピーすることが，生物の適応的行動の再現に重要なのではないかと考えることは自然であろう．実際，1960 年代に開発された，最も古いヒューマノイドロボット達は，空気圧人工筋によって駆動されていた．当時のロボット研究者は，もともと柔らかさを含めた全体の構造をコピーすることによって，生物模倣ロボットを作らなければならないという意識を持っていたのである．

しかし，いつのまにかロボットは，作業を実現する主体ではなく，機械力学や制御工学によって支配される制御対象として捉えられるようになる．制御対象として，ロボットに「望みの振舞い」をさせるために，その振舞いをまず「運動の目標値」という中間表現に変換し，その目標値に追従制御することによって，振舞いが実現されたと考えるのが一般的となる．運動の目標値を実現するためには，各関節は精密に制御される必要があり，先端の位置精度を保証するために，関節間を結ぶリンクも剛性ができるだけ高いことが要求される．つまり制御対象としてのロボットは，できるだけ硬いほうが理想的なのである．

目標値という中間表現を導入することには，もう 1 つ重要な意味がある．目標値という「硬い」表現を介して，ロボットの設計と制御を分離することができるのである．もし，ロボットが柔軟であれば，その設計によって実現できる運動のクラスは，その柔軟性に依存する．たとえば，柔らかいロボットの問題に，センサコロケーションの問題がある．センサとアクチュエータがコロケートされていない，つまりそれらの場所が離れているものにフィードバック制御を適用すると，その間に存在する柔軟性によって，フィードバック安定性に上限ができてしまう．つまり，ロボットの柔軟性設計と，安定性をもたらす制御の問題に干渉が生じてしまい，同時設計が必要となる．目標値という表現を導入すると，ロボット設計と制御を分離して考えることができるようになり，別々に開発することができる．「目標値」による分離によって，設計と制御の組合せについても一般化することができる．

このような硬いロボットは，精密な作業や，再現性の高い繰返し作業に関して，人間の能力をはるかに凌駕する．工場内のように安定

した環境下で，定型的な作業を実現すること
に強大な力を発揮することになった．しかし
一方で，人間のように，環境や対象の変化に
対して柔軟に対応することが難しいことがわ
かってきた．もともとの，人間の作業を代替
する，というロボットの出自について考えて
みれば，それは明らかである．作業の分析を
することを避け，より広い作業ができるよう
に人間の形態を模倣して作られたわけだから，
人間が自身の柔軟性を利用して作業を行って
いる部分を，「目標値だけで」コピーしようと
すると，たとえば，腕を柔らかくして受け流
す，といった作業は実現できない．

　人間と同じような適応性を実現するために，
ソフトロボティクスは再び注目されることに
なる．そして，ここまで振り返ってきたこと
からわかるように，ソフトロボティクスには，
3つの重要なポイントがある．まず
1つ目は，生物模倣である．ソフトロボティ
クスの目的は，人間（生物）並みの適応性で
あり，その適応性を，形態を模倣することに
よって実現する点であった．その意味で，ソ
フトロボティクスと生物模倣は強く結び付い
ている．
2つ目は，柔らかく，対象あるいは作業になじ
むことができるコンプライアンスである．こ
のようなコンプライアンスに適応性が強く依
存していることは明らかである．そして，
3つ目のポイントは，設計と制御の同時設計
である．身体と制御の同時設計，あるいは相
互作用設計といってもよい．

　ここに至って，ソフトロボティクスは，制
御・機械研究者だけの世界ではなく，システ
ム，材料，生物関連の研究者による複合領域
として大きく成長する学際領域となったので
ある．

8.3
マルチロボットシステム
Multi Robot Systems/ 内部 英治

マルチロボットシステムとは，複数のロボットを用いたシステムのことである．非常によく似た言葉としてマルチエージェントシステムがあるが，両者の違いは本質的にはロボットとエージェントの定義の違いによる．本稿では，ロボットは何らかの目的関数のもとで意思決定する物理的な身体を持ったものであるとする．マルチロボットシステムでの研究は多岐に及ぶが，以下ではマルチロボットシステムを理解するうえで重要ないくつかのダイコトミー（二者対照）を列挙する．

協調関係と競合関係

人間社会と同様に，ロボット間の関係を協調的な場合と競合的な場合に分類することができる．協調関係では1つの目的を達成するようにロボット群が協同し，システム全体の効用を最大化する．主なタスクとしては自己位置同定やマッピングなどの基本的なものから物体の協調搬送，物体探査などがある．競合関係では，あるロボットの目的が別のロボットと干渉している場合を指す．RoboCup などの複数のロボットから構成されるゲームでは，チーム内では協調，チーム間では競合といった構造を持つ．各ロボットの目的関数を設計する際には，ロボット間の関係性に重要な指針を与え，1対1の競合関係の場合は2人ゼロ和ゲームの枠組みを導入できる．特殊な協調関係として，強化学習などの手法によって制御方策を最適化する際，学習データの収集効率を改善するために複数ロボットを用いる場合がある．このときロボット間の相互作用は発生しないが，ほかのロボットが探査していないパラメータ設定や状態領域でデータ収集をする必要がある．深層学習と強化学習を組み合わせた深層強化学習では，このような

アプローチをとる研究が増えつつある．

明示的な通信と暗黙的な通信

明示的な通信とは，ほかのロボットの情報を取得するために，無線 LAN などの通信手段を用いてロボット間で情報を直接交換することを意味する．特定の1台のロボットにデータを送信するユニキャスト，複数のロボットにまとめて送信するマルチキャスト，全てのロボットに送信するブロードキャストなどに分類できる．ほかのロボットが持つ真の情報を利用できるため制御方策は簡単になるが，送信相手が多くなるほど通信コストは高くなる．暗黙的な通信は明示的な通信以外の手段のことを指す．たとえば物体搬送などの課題において，物体に加えられた力やモーメントなどからほかのロボット群の行動を推定したり，廊下でのすれ違い行動を実現する際にほかのロボットの移動履歴から将来的な移動を予測する手段のことである．暗黙的な通信が重要となるのは複数の生物の相互作用を構成論的に理解するためにマルチロボットを使用する場合である．たとえば著者らの「サイバーローデントプロジェクト」では強化学習における報酬の設計原理を探るために，生物と同じ自己保存と自己複製の制約を持つマルチロボットプラットフォームを開発した．この研究で自己複製はロボット間での制御プログラムの「交配」によって実現されるが，無線 LAN などを用いた局所的でない明示的な通信を利用するのは適切ではない．

集中型と非集中型

意思決定の単位として集中型と非集中型がある．集中型では，主に1つの中央集権的なロボットまたはコンピュータが存在し，環境に関するグローバルな情報とロボットに関す

る全ての情報が集約される．集中型の利点は
マルチロボットシステムを高自由度の単一ロ
ボットシステムとして扱うことができる点で，
原理的には単一ロボットで開発された動作計
画法や学習アルゴリズムなどが適用できる．
ただし集中型が有効であるのはロボット数が
比較的少ない場合であり，大規模なマルチロ
ボットシステムでは中央集権ロボットがなん
らかの近似解法を用いる必要がある．また，全
てのロボットの情報を集中して管理する必要
上，通信の不具合などの不確実性に関してロ
バストではないこと，ロボットは全て協調関
係にあると仮定している点である．さらに中
央集権ロボットが故障した場合，別のロボッ
トに権限を委譲するなどの仕組みが必要とな
る．非集中型アーキテクチャは，分散型と階
層型の2つのカテゴリにさらに分割すること
ができる．分散型では，全てのロボットが制
御に関して同等であり，各ロボットの意思決定
を調停するようなシステムは想定しない．一
方で，階層型は集中型と分散型のハイブリッ
ドとみなすことができ，ロボットをクラスタ
にまとめる1つ以上の局所的な管理システム
またはロボットが存在する．分散型の利点は
ロバスト性で，集中型とは異なり局所的なロ
ボット間通信に不具合が生じても，その問題
が全体に波及することを抑えることが可能で
ある．ただし分散型における意思決定の最適
性を保証することは一般に困難で，現状では
いくつかの強い仮定が必要となる．近年注目
されているのは，制御方策を学習する際には
集中型，ロボットシステムを実際に制御する
際には分散型と切り替えるアプローチで，分
散型の学習システムの問題点を回避している
という点で興味深い．

8.4
認知発達ロボティクス
Cognitive Developmental Robotics/ 浅田　稔

認知発達ロボティクスとは，従来，設計者が明示的にロボットの行動を規定してきたことに対し，環境との相互作用から，ロボットが自ら行動を学習し，それらを発達させていく過程に内包される抽象化，シンボル化を実現するためのロボット設計論である.

認知発達ロボティクスの焦点は，自律エージェントが環境との相互作用を通して，世界をどのように表現し行動を獲得していくかといった，ロボットの認知発達過程にある. 特に，環境因子としてほかのエージェントの行動が自分の行動をどのように規定していくかという過程の中に，ロボットが「自我」を見い出していく道筋が解釈できるのではないかという期待がある. このように環境との相互作用をベースとして，その時間的発展に焦点をあて，脳を含む自己身体や環境の設計問題を扱う研究分野が認知発達ロボティクスである.

認知発達ロボティクスの基本的な考え方は，問題自体に対する理解の過程を，ロボット自身が環境との相互作用を通じて経験することにより，さまざまな状況に対応可能なメカニズムを構成論的アプローチによって構築することである. 特に，知的行動を人間のレベルまで求めるなら，人間以外の動物にも可能な連合学習から，人間特有のシンボル生成/利用の記号学習，すなわち言語獲得に至る過程 (言語創発) が，ロボットの内部構造と外部環境の多様かつ制約的相互作用の中に見い出されなければならない.

従来のロボティクスでは，人間と共生するロボットのコミュニケーション技術として，トップダウン的に言語構造を与えたがために，言語創発過程が内包されていない. それゆえ，表層的な言語コミュニケーションに留まり，

限られたコンテキストでの定型的な応答しかできない. 認知発達ロボティクスでは，言語創発に至る過程そのものを人工的に構成することで，ヒトの認知発達過程の理解と共に新たなロボット設計論を目指す.

このようなヒトの認知に関する研究は，従来，認知科学，神経科学，心理学などの分野で扱われてきた. そこでは，説明原理による理解を目指しており，認知発達ロボティクスが志向する設計原理に基づくものではない. しかしながら，人間理解という共通基盤をもとに，工学的アプローチからは，「システム構成による仮説検証や新たな認知科学的仮説の生成」が，認知科学，神経科学，心理学などの分野へ提案され，逆に，これらの分野から，「システム構成への仮説」が工学的アプローチへ提案されることで，相互フィードバックによる認知発達モデルの構成と検証が可能である. それが認知発達ロボティクスの1つの理想形である.

認知発達ロボティクスの基本構成概念は，「身体性」と「社会的相互作用」である. 身体性の考え方は，メルロー＝ポンティの『知覚の現象学』がその思想的背景にある. メルロー＝ポンティは，主観と客観に加えて身体性という次元が創発し，そこでは，同じ肉厚の身体が，触れたり見たりする主体と同時に，触れられたり，見られたりする物体にも与えられうるとし，主観と客観の2つの極の間の繰り返される交流の場を身体が与えると主張する. すなわち，客観的物理世界と主観的経験を結ぶメディアとしての身体の重要性を指摘している.

この身体性の概念を主客の間の投影とみなし，物理的身体からの拘束を緩める「脱身体」

212　第 8 章　ロボット

の議論を青山学院大学の鈴木宏昭が始めている．「プロジェクション科学」と呼ばれ，認知科学的視点からの身体性の再考を促している．また，身体に宿る知能の観点からのアプローチとして，ソフトロボティクスにおける「物理レザバーコンピューティング」のアイデアが，東京大学の中嶋浩平らによって提案・実験されている．

社会的相互作用に関しては，イタリア技術研究所 (IIT) の Giulio Sandini 教授らのグループでは，人間自体の社会性の課題をロボットとの相互作用を通じて解き明かし，ロボットを始めとする人工物との共生社会のあり方を問うている．継続かつ蓄積型の学習過程により広範な経験の符号化をエピソード記憶として保持し，現在直面しているシーンからの断片的情報を駆使して，人間の行為観察や言語情報と合わせて，過去の連想記憶を掘り起こし，人間との協働作業を遂行する構図である．彼らは，その他の関連研究も含め，人工物であるロボットは人間の脳のあり方に拘束されることなく，クラウドなどのネットワークも利用すべきと主張している．このような動向を考えると，今後の方向性として，以下の 3 つがポイントと考えられる．

1. 人間とロボットを含んだ環境での行動心理学的な側面の実験やこれを補足するイメージングなどの神経科学的実験，さらには計算モデルを駆使した検証実験など，人間を含んだ多様な実験・解析・統合を通じた認知発達ロボティクスの原理となる構成的発達科学を確立させる方向．
2. 身体自体が情報処理計算を担うとする物理レザバーの考え方が，脳・神経系とどのように結び付くかといった新たな身体論の追求．
3. 身体性の拡張を物理世界からクラウドのネットワーク空間に伸ばすことで，人間

サイドからの人工物へのアプローチがより重みをます傾向．これは，アンディ・クラークの「生まれながらのサイボーグ」を彷彿とさせる．

8.5

身体表象
Body Representation / 國吉 康夫

何のための身体表象？

身体に関する何らかの情報を，何かに使うために表現したものが身体表象である．多様な内容や機能を有するが，何に使われるかの観点で整理すると全体像がつかみやすい：身体の保護・保守，運動や行為の制御・計画・監視，対象と自己の同一視による理解・共感や技能の転用・模倣など．

ロボットの古典的身体表象

古典的なロボティクスでは，各関節角が指定されたときのロボットボディの表面形状を表す「幾何モデル」を「身体モデル」と呼び，「自己干渉検査」と「運動計画」に使う．ロボットでこれが重要なのは，（研究用を除けば）全身を覆う触覚がなく，（多くの場合）堅い表面を有し衝突が致命的だからである．このほかに，身体各部の質量・慣性モーメントを付記して動力学計算と運動制御に用いる．人間に関する認知科学的概念としての身体表象と認知的でない古典的ロボットの身体モデルとの違いは意識する必要がある．

身体図式と身体像

認知科学では，身体表象を身体図式 (body, schema) と身体像 (body, image) の 2 種類に大別する．身体図式は，身体各部の感覚と運動の関係を統合表現したもので，「鼻に痒みを感じ，指の爪先で掻いた」といった振舞いを支える表象である．自己身体の保護や保守に必要だし，感覚と運動を統合して身体を制御するために必要と考えられる．身体像は，ゴルフのスイングをイメージトレーニングする，といったように，自己身体の視覚的イメージで，意識的に操作可能なものをいう．

道具使用と身体図式延長

取りたいものに手が届かないので棒で取ろうとするとき，箸で豆をつまむとき，棒や箸の先が自分の指先であるかのように感じることがある．入来らは，サルの実験でこのとき大脳頭頂連合野の手の視覚と体性感覚を表象するニューロンの受容野が，棒の先まで動的に延長することを確認した．國吉らは，これをロボットに適用して，道具使用時に身体図式延長を行うことで，もともと備わった手先の制御技能を，容易に，素早く新奇な道具の制御に適応させられることを示した．

模倣・共感と身体表象

自己身体図式が他者にも延長しうるなら，それにより他者の身体および感覚運動経験を自己のものと同一視でき，模倣や共感の基盤となりうる．人間の脳活動計測で，目の前の他者の肩に誰かが触れるのを見ると，大脳体性感覚野の自分の肩を表す部分で弱い活動が生じることが報告されている．

腹側運動前野と頭頂葉にまたがるミラーニューロンシステムも，自己と他者の行為を同一視し，模倣の基盤となり，さらに他者の行為や意図の理解の基盤となると考えられる．國吉らは，胎児期の手の運動とその視覚像の関連付け学習が，出生後の模倣反応を生むことをロボット実験で示し，模倣に特化しない感覚運動学習がミラーニューロンシステムを形成することを示唆した．

自他認知の基盤としての身体表象

身体図式は自己身体に関わる感覚と運動の整合性を表象する．行為を自ら主体的に実行している感覚である行為主体感 (sense of agency) は，意図・運動・感覚の整合性が支える．その整合性が成立する範囲内が自己身体として認知され，身体所有感 (sense of ownership) を生む．「他人の手」症候群 (alien hand syndrome)

は，脳障害によりこの整合性が崩れた状態と考えられる．幻肢痛 (phantom limb pain) もこの整合性の崩れが痛みとして知覚されたものと考えられる．自己認知 (self awareness) の心理学的基準とされる「鏡像自己認知テスト（ミラーテスト）」(mirror self-recognition test) をパスするには，身体像と身体図式の統合が必要と思われる．

身体表象とその発達

身体表象は可塑的であり，遺伝的に固定されたものではない．では発達過程の中で身体表象はいつどのように獲得されるか．國吉らは，ヒト胎児の精密な身体モデルを羊水で満たした子宮のモデル内に置いて脳幹脊髄神経系のモデルで駆動して自発運動させ，その感覚信号を大脳皮質ニューラルネットワークモデルに学習させることで，身体表象が自己組織化されることを示した．羊水中で運動する胎内環境と，ベッドに寝かされ空気中で運動する胎外環境では，運動に伴う体性感覚の構造が大きく異なる．実験では，胎内環境での学習が基本的な身体表象形成に重要なことが示された．

自閉スペクトラム症 (ASD) の児の脳活動解析で，その身体表象が定型発達児と比較して弱く不明瞭であることが報告されている．また，ASD 者がしばしば「頭足人」と呼ばれる，体幹を欠いた自画像を描くことが知られている．そして，早産児が満期産児より ASD 等の発達障害リスクが高いことが複数報告されている．これらを総合すると，胎内学習の不足が身体表象形成不全を引き起こし，それが社会性障害にも関係する可能性が示唆される．

身体表象の獲得は胎児期の感覚運動経験に依存し，自己認知，自他同一視と他者理解，ひいては社会性を支える基盤と考えられる．

8.6
行動学習
Behavior Learning／ 尾形 哲也

はじめに

　近年，生産現場における多品種・少量生産の必要性と人手不足という問題から，フレキシブルな生産作業支援が可能な多機能型汎用機としてのロボットが着目されている．一方で，多様な作業に対応可能とするために冗長な機能が搭載されているので，作業のプログラミング，ティーチングが複雑化する問題が顕在化している．この問題を具体的に解決するために，ロボットの「行動学習」が注目されている．つまり従来人間にのみ行うことが可能であった作業，もしくはロボットでも可能ではあるがプログラミング（モデリング）のコストが極めて高くつく作業などを，学習によりロボットに効率的に行わせるアプローチである．

　本項では深層学習などの AI 技術を背景としたロボットの行動学習について概説する．

ロボットビジョン（教師あり学習）

　ロボットビジョンは深層学習の導入が最も早く試みられた分野である．ロボットが物体を把持する動作を考える．通常の方法では，事前に与えた操作対象物の（3 次元）モデルとカメラ画像のマッチングを取り，対象物の 3 次元位置，向き，把持可能箇所を推定する必要がある．さらにそのあとで逆運動学をベースとした軌道制御を行うため，通常大きな計算コストがかかる．

　そこで数千枚からなる一般物体の画像に対して，直接ハンドの位置と方向（把持ベクトル）を教師として人間が事前にラベル付けし，深層学習に適用するという「教師あり学習」のアプローチが提案されている [1]．

　この把持ベクトルは，人間が画像のみから判断したラベルによっている．具体的には物体を真上から撮ることが前提となっており，ハンドの形状や材質の摩擦，変形などは考慮されていない．よって教師あり学習が十分に収束したあとでも実際にはうまく動けない場面が頻繁に生じる [2]．実用的な学習には感覚単体ではなく，どのような身体構造（ハンド，アーム）をもつロボットが，どのような動作をすることで把持可能なのか，を考慮することが重要となる．

強化学習

　以上のような事例から，感覚だけでなくそこで実行される動作を含めた学習の方法論が盛んに提案されている．深層学習の重要な方法論の 1 つは "End–to–End 学習" と呼ばれる．つまり入手可能な高次の入力データ（画像や音声）から，人間が設計した特徴量を介さずに必要な高次の出力（物体認識結果やテキスト）を得る，という方法である．その視点から，感覚と運動を直接 "End–to–End" 学習でつなげる方法論は有力になりうると考えられる．

　この "End–to–End 学習" をロボットに利用した一例として，深層強化学習がある．従来の強化学習の問題点の 1 つは，状態と行動の組に関する Q 値を得る際に，問題によって考慮すべき状態数が膨大になり学習が不可能になることであった．深層学習では高解像度画像などの高次元の状態を，直接学習して汎化構造を得られるため，いくつかサンプルの高次元状態における報酬が学習できれば，未経験状態の報酬予測が可能になる．

　たとえば Sergey らは 14 台のロボットアームを利用して，80 万回のピッキング動作を 2 ヵ月かけて学習させることより，多様な一般物

体の未加工画像から直接把持動作を出力することに成功している [3]. 深層学習によって状態に関する報酬予測精度が向上したものの, 行動自体は試行錯誤的に探索する必要があるため, このような膨大な学習時間が必要となる.

予測学習

Yann LeCun 氏は NIPS2016 など複数の会議で, もしも知能がケーキだったとしたなら, 教師なし学習 (あとで Yann 氏は予測学習「Predictive Learning」と言い直している) が, その本体であり, 教師あり学習はその上に乗っている "飾り", そして強化学習は "さくらんぼ" だと説明している.

これは, それぞれの学習の重要性を示唆したものではなく, 学習の困難さを指摘した言葉と考えられる. 深層学習では誤差逆伝播法により, 膨大なネットワーク重みパラメータを更新する必要がある. 強化学習では, その際に利用できる誤差情報は報酬値, 数ビットに限られるため, 必要な学習回数が膨大なものになる. 教師あり学習では, 設計者が設計したクラス (ラベル) により学習に利用できる誤差情報が数十から数百ビットに拡大できるが, ラベリングに大きなコストがかかること, 加えて把持ベクトルの例で示したとおり, ラベルの設計によっては役に立たない場合がある等の問題がある. これらと比較して, 予測学習は入力として与えられる全ての情報 (感覚, 運動) を全て予測する, という枠組みであるために非常に多くの誤差情報を学習に利用できるのである.

このような予測学習 (順モデル, 逆モデル) の重要性は, 認知ロボティクス, 認知神経科学の分野で古くより指摘してされている. 特に K. Friston 氏は予測学習の枠組を "Prediction Coding (予測符号化)" として拡張し, その特性から多くの強化学習問題が解けることを指摘している [4].

たとえば, 時系列予測学習が可能な深層学習モデルと双腕型ロボット Nextage を用いて, 画像時系列からのタオル折り畳み動作生成, および将来の視野画像の予測なども実現されている [5]. ここで重要となるのは, 人間によって伝えられるのは, 動作の「軌道」ではなく, 「その軌道を感覚入力から生成する機能」である点である. 人間の教示には, 平均70秒程度を要する動作だが, 学習後にロボットは10秒程度で同様の折り畳み動作を, 未学習の布や本などに対して実行可能となる. また同様の枠組みで, 物体の片付けなど別の作業を教示することもできる. 現在, 複数の企業によって実用化が試みられている段階にある.

参考文献

[1] たとえば, Joseph, R. and Angelova, A. Real-Time Grasp Detection Using Convolutional Neural Networks, IEEE International Conference on Robotics and Automation, 2015.

[2] 鈴木, 新古, 陽, 高橋, 菅野, 尾形: CNN による二次元物体画像から実ロボットでの把持動作生成, 日本機械学会ロボティクスメカトロニクス講演会, 2P1-12b7, 2016.

[3] Sergey Levine, Peter Pastor, Alex Krizhevsky, Deirdre Quillen: Learning Hand-Eye Coordination for Robotic Grasping with Deep Learning and Large-Scale Data Collection, arXiv: 1603.02199v4, 2016.

[4] Friston. KJ, Daunizeau. J, Kiebel. SJ, Reinforcement learning or active inference? PLoS ONE 4, e6421. DOI:10.1371/journal.pone.0006421, 2009.

[5] Pin–Chu Yang, Kazuma Sasaki, Kanata Suzuki, Kei Kase, Shigeki Sugano, and Tetsuya Ogata: Repeatable

Folding Task by Humanoid Robot Worker using Deep Learning, *IEEE Robotics and Automation Letters* (RA-L), Vol.2, No.2, pp.397–403, Nov.2016. DOI: 10.1109/LRA.2016.2633383

8.7 身体性認知
Embodied Cognition / 浅田 稔

　現代 AI の核である深層学習は，元々，ヒトの視覚システムのモデル化から始まっているので，音声も含めたマルチモーダルな感覚情報からの認識・判断が得意であり，言語データとも組み合わせた音声や画像の出力も可能である．かたや，運動出力に関しては，その厚みがない．理由は，画像の場合，数千万枚のデータが利用可能だが，ロボットの試行回数には限界があるためで，人間もそんなに多数の試行は疲労困憊してしまって行えない．それに代わり，他者からの模倣が可能であり，社会環境がそれを育んでいる．運動出力とのパイプが太くなることで，初めて，環境を含んだループが完成し，入力（感覚）から出力（運動）への即応的な応答（自動的かつ無意識的な行動）が可能になる．このように環境を含めて考えると，環境内の物体と人間との関係に対する基本的な考え方が，身体性認知のあり方を検討する上でも重要である．そこで，人間と事物との関係の思想的背景を探ってみる．意識・人間や事物（技術）の課題の思想的背景の概略を以下に示す．前半は谷の書籍 [1] で紹介されている流れを，後半は，稲谷の文献 [2] に基づきながら紹介していく．

　時間の流れが左から右に推移する図 1 では，デカルトが左端に位置し，心と身体，もしくは事物の関係に関して，心身二元論を唱え，近代哲学の基礎を築いた．その後，多くの批判にさらされ，いくつかのバリエーションも存在する．フッサールは，デカルトを越えて超越論的現象学へと進む「新デカルト主義」を主張し，現象学的に考察した．主観と客観の狭間の間主観性の考え方を展開し，後世に多大な影響を与えた．自然界の解析は，個人の意識経験に基づくと説く．ハイデガーやメルロー＝ポンティは，フッサールの現象学を拡張・進化させた．

　主観と客観を分けずに実存を問い，「現存在」

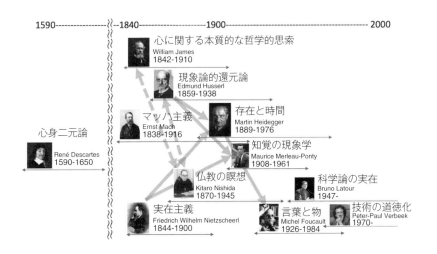

図 1 意識・人間や事物（技術）の課題の思想的背景の概略

は，個々のエージェントの将来の可能性とその過去の可能性との間の動的相互作用によって生まれているとハイデガーは主張する．また，それぞれの個々が目的を持っていかに相互作用しているかという事前の理解のもとに個々が相互に存在しうるという，ある種の社会的相互作用の重要性も指摘している．

主観と客観に加えて身体性という次元が創発し，そこでは，同じ肉厚の身体が，触れたり見たりする主体と同時に，触れられたり，見られたりする物体にも与えられうるとし，主観と客観の2つの極の間の繰り返される交流の場を身体が与えると主張したのは，メルロー＝ポンティである．すなわち，客観的物理世界と主観的経験を結ぶメディアとしての身体の重要性を指摘している．これは，身体性認知の基本概念の根幹である．

近代心理学の創設者として著名であるジェームズは，心に関する本質的な哲学的思索を多く残している．西田は，仏教の瞑想に影響を受け，主観と客観の現象論的実態は，これらの統合と分離を繰り返すと主張する．彼の思索はフッサールやジェームズの考え方に類似している．

このような現象学的意識の有り様と並行して，ニーチェは，「神は死んだ」として，神の存在を否定し，人間のあり方としての実存主義を主張した．この実存主義の考え方は，ハイデガーや初期のメルロー＝ポンティに影響を与えたとされる．フーコーはニーチェやハイデガー，さらには構造主義の影響を受けつつ，「人は死んだ」と称して，近代諸学問における人間中心主義を批判した．あるべき人間像に基づく道徳的評価は，結局標準的な人間になることを求めること以上の意味を持ちえない．標準化された人間のみによって構成される，摩擦なき，しかし個人の自律も創造性もない「透明なコミュニケーション」という問題を指摘した [1]．

ラトゥールは，主体と客体とを厳格に区分する近代的な思考法（人間存在のあり方を本質化する，ヒューマニズム）のせいで，我々は，我々が現実に生活しているところの主客が入り混じったハイブリッドな世界を適切に取り扱うことができなくなっていると警告する．また，フェルベークは，「技術は，我々の行為や世界経験を形成し，そうすることによって，我々の生活の仕方に能動的に関わっている」と主張する．

これらの思想を背景に身体性認知の計算モデルとして，谷のアプローチを紹介する．心の有り様を現象論から解きほぐし，哲学的課題である意識，意図，時間，自己などについて，リカレントニューラルネットワーク構造を駆使し，神経と身体の結合ダイナミクスから生じるさまざまな現象と結び付けて論じており，興味深い．一例として，MTRNN (multiple-timescale recurrent neural network) と呼ばれる多重時間スケールのリカレントニューラルネットワーク構造を用いたロボットの運動学習を紹介する．図2にそのアーキテクチャとネットワーク内の活動の概要を示す．

教示者が最初，ロボットに対して脚は固定だが，文字どおり手取り足取り動作を教え，ロボットはその行動系列を覚える．覚えた行動系列をさまざまな環境で再現する際，覚えたときと異なる環境での誤差を解消する構造として，MTRNN が利用され，時定数の小さい，よって速い周期の感覚運動レベルから，時定数の大きい，よって遅い周期の意思決定レベルの挙動を再現している．トップダウン（意図による予測）とボトムアップ（実際の経験）との差異を誤差として，下位から上位に逆戻りさせ，それを解消するように意図（予測）を変更し，その司令を下位に伝える構造となっている．特に，この誤差をもって意図が変更される（書き換えられる）際に，その意図は後付け的に意識されると谷は考えてい

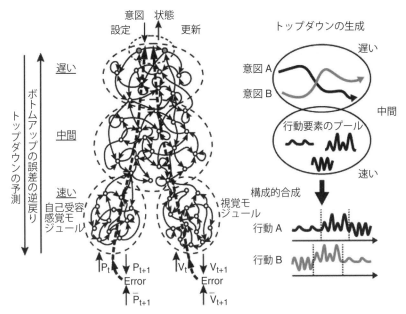

出典：[2] の Fig.9.3 改変

図 2 MTRNN による多層ネットワーク構造を利用した行動系列学習

る．ボトムアップとトップダウンが行き交う上記のプロセスは，まさに現象学が思索してきた，主観と客観が境界を越えて交じり合う刹那を構成していると考えられる．さらにそれは，神経科学的には，意識の在り処と想定される前頭前野と感覚情報が立ち上る後頭部の間のフィードフォワード・フィードバック処理過程を連想させる．無意識自動応答的な種々のモジュールの 1 つが，いかにして瞬時に意識レベルに到達するかのメカニズムも谷らの研究に期待したい．

参考文献

[1] 稲谷龍彦. 技術の道徳性と刑事法規制. 松尾陽（編），『アーキテクチャと法』，第 4 章, pp.93–128. 弘文堂, 2017.

[2] Jun Tani. *Exploring Robotic Minds : Actions, Symbols, and Consciousness as Self-Organizing Dynamic Phenomena.* Oxford University Press, 2016.

8.8

予測符号化に基づくロボットの認知発達

Cognitive Development in Robots based on Predictive Coding

/ 長井 志江

予測符号化 (predictive coding) とは，外界から入力されるボトムアップな感覚信号と，脳の内部モデルをもとにトップダウンに予測した信号の誤差，いわゆる予測誤差を最小化する仕組みである．人間の脳はさまざまな感覚運動経験をとおして環境や身体のモデル（内部モデル）を獲得し，そのモデルに基づいて環境を認識したり行動を生成したりする．従来の認知神経科学では，知覚や運動といった機能は脳の異なる仕組みに基づいて説明されていたが，近年，これらの機能を統一的に説明する原理として予測符号化が提案された [1], [2], [3].

たとえば，視覚や聴覚などの知覚は，従来，感覚器から入力される信号のボトムアップ処理によって形成されると言われていた．しかし予測符号化原理によると，知覚はボトムアップな感覚信号と内部モデルからのトップダウンな予測信号の相互作用をとおして生成される．感覚信号と予測信号の誤差が十分に小さければ，脳は信号間の矛盾がなるべく小さくなるように知覚を形成する．一方で，予測誤差が大きければ，脳は予測を感覚信号に近づけるように内部モデルを更新することで誤差を最小化する (perceptual inference). 同様に，運動も予測誤差の最小化を基盤として生成されると考えられる．感覚信号と予測信号の誤差が大きい場合に，脳は身体をとおして環境を探索することで，新たな感覚信号を得ることができる．また，感覚信号を直接，予測信号に近づけるために，環境を変化させる行為として運動が生成される (active inference).

この考えをロボットの認知機能の設計に応用したのが，予測符号化に基づくロボットの認知発達である [4]. 認知発達ロボティクス

(8.4 認知発達ロボティクスの項を参照のこと）では，乳幼児の発達過程にヒントを得て，ロボットにも同様の認知機能を獲得させようとする研究が行われてきた [5], [6], [7], [8]. 乳幼児は，生後数年の間に，自他認知や模倣，援助行動といったさまざまな認知機能を獲得するが，その背後に存在する機序はまだ明らかになっていない．これに対して，ロボットに乳幼児と同様の発達過程をたどるような計算モデルを設計することができれば，工学的に有用なだけではなく，乳幼児の発達機序を構成的視点から解明することにもつながる．これまでにさまざまな計算モデルが提案されてきた中で，予測符号化に基づく認知発達モデルは，自己認知から社会的相互作用に至る多様な認知行動と，定型発達から発達障害に至る多様な発達的個性を統一的に説明しうるモデルとして注目を集めている．

内部モデルの更新をとおした予測誤差最小化による認知機能の獲得

ロボットが自己の身体を意図したとおりに制御するためには，まず自己を他者と区別し，自己の運動の結果がどのような感覚信号としてフィードバックされるかを学習する必要がある．この機能の獲得には，内部モデルの更新をとおした予測誤差の最小化が重要な役割を担う．環境におかれたロボットの感覚信号は常に変化しており，発達初期では全ての信号から大きな予測誤差が検出される．しかし，信号の中にはロボットの身体運動と相関があり予測がしやすいものと，予測がしにくいものが存在する．ロボットはこのときの運動指令と感覚フィードバックの関係を予測符号化モデルで学習することで，前者を自己身体

222 第 8 章 ロボット

のモデルとして獲得する．これは，乳幼児が発達初期に獲得する自他識別や目標指向運動に相当する．

環境への働きかけをとおした予測誤差最小化による認知機能の創発

上記で獲得される内部モデルは，自己身体の制御だけではなく，他者との相互作用にも適用される．模倣や援助行動などの社会的能力は，自己の内部モデルで検出される予測誤差を最小化する行為であると捉えられる．他者がある行動を生成するとき，ロボットは自己の内部モデルを用いてそれを予測しようとするが，他者の行動は不確実性が高いため，いくらかの予測誤差を検出する．たとえば，他者が目標指向運動を達成できなかった場合などに，大きな予測誤差が検出される．このとき，ロボットは予測誤差を最小化するように運動を生成することで，結果的に他者を援助することができる．この段階での行動にはまだ社会的意図は存在しないが，のちに環境からの報酬を利用することで真に社会的な機能へと発達する．

予測誤差への非定型な感度による発達障害の発生

予測符号化に基づく認知発達モデルは，自閉スペクトラム症などの発達障害の理解にも重要な示唆を与える．自閉スペクトラム症は，従来社会的能力の障害と捉えられてきたが，近年の認知神経科学では，感覚運動信号処理の非定型性に特徴があると言われている [9], [10]．特に，信号の全体像を捉えることが苦手であり，それが原因となって他者との間にコミュニケーションの齟齬を生じると考えられている．予測符号化の視点から見ると，これは予測誤差への非定型な感度による内部モデルの形成不全と捉えられる．予測誤差に過敏になると内部モデルが過学習の状態となり，新しい環境への汎化能力を失う．反対に，予測誤差に鈍麻であれば内部モデルが十分に学習さ

れず，与えられた課題を達成することができない．社会的能力の問題は，予測誤差への非定型な感度によって生じる内部モデルの齟齬が原因であると考えられる．

参考文献

[1] Friston, K., Kilner, J., Harrison, L. A free energy principle for the brain. *J. Physiol.* Paris, Vol.100, pp.70–87, 2006.

[2] Friston, K. The free-energy principle: a unified brain theory? *Nat. Rev. Neurosci*, Vol.11, pp.127–138, 2010.

[3] Clark, A. Whatever next? Predictive brains, situated agents, and the future of cognitive science. *Behav. Brain Sci.* Vol.36, pp.181–204, 2013.

[4] Nagai, Y. Predictive learning: its key role in early cognitive development. *Phil. Trans. R. Soc, B.* Vol.374, 2018-0030, 2019.

[5] Asada, M., MacDorman, K.F., Ishiguro, H., Kuniyoshi, Y. Cognitive developmental robotics as a new paradigm for the design of humanoid robots. *Rob. and Auto. Sys.* Vol.37, pp.185–193, 2001.

[6] Asada, M., Hosoda, K., Kuniyoshi, Y., Ishiguro, H., Inui, T., Yoshikawa, Y., Ogino, M., Yoshida, C. Cognitive developmental robotics: a survey. *IEEE Trans. Auton. Ment. Dev.* Vol.1, pp.12–34, 2009.

[7] Lungarella, M., Metta, G., Pfeifer, R. Sandini, G. Developmental robotics: a survey. *Connect. Sci.* Vol.15, pp.151–190, 2003.

[8] Cangelosi, A., Schlesinger, M. *Developmental Robotics.* Cambridge, MA:

MIT Press. 2015.

[9] Frith, U. Happe, F. Autism: beyo-
nd "theory of mind". *Cognition*,
Vol.50, pp.115–132. 1994.

[10] 綾屋紗月，熊谷晋一郎.『発達障害当事
者研究』，医学書院, 2008.

8.9 人工情動
Artificial Emotion / 浅田 稔

　言語コミュニケーションは，一般に非言語コミュニケーションに支えられていると言われている．ならば，知能は情動で支えられていると言えるだろうか？人間の場合は，ダマシオのソマティックマーカー仮説が，それを示している．すなわち，「情動経験は，たとえそれが潜在意識レベルでも，合理的な決断を下すことに責任のある神経機能に非常に大きな影響を及ぼす……それぞれに随伴する帰結を表現する顕在もしくは潜在意識下での心的イメージ（いわゆるソマティック・マーカー）の生成は体性運動と内臓運動の機能の実際の交互の活動，もしくはそのような活動の神経表現の活動を含む情動的状態のきっかけとなる」．それでは，人工知能は人工情動に支えられているのだろうか？

　認知発達ロボティクスの分野では，「身体性」と「社会的相互作用」が基本構成概念であり，人工システムの知的行動生成の必要条件として「身体」の重要性が説かれ，身体をベースに情動から知能への道筋が探られてきた．

　情動の神経科学的な様相について，図1に示す情動表出に関連する神経回路の下降投射システムの概念図を用いて説明する．そこでは，自発的な運動経路と相まって，情動による特定行動やリズミックな運動生成などが最終的な筋肉や腺の運動と活性に結び付いている．従来のロボティクスの規範から逸脱し，柔軟な皮膚で覆われた筋骨格系が環境との豊かな相互作用を生み出す身体（ソフトロボティクス）に加え，生命を維持するための各組織および分泌系を内包する身体が情動と深く関わっていることを意味する．

　情動と感情はしばしば混同され，心理学，生理学，神経科学など分野によって定義が微妙に

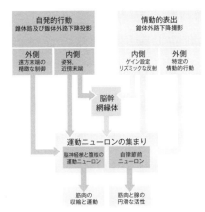

出典：[1] 中の図を改変

図 1 情動表出に関連する神経回路の下降投射システム

異なっている．分野ごとに目的が異なるのでやむをえないかもしれないが，設計の観点からは，この点を明確にしなければならない．本項では，設計論の立場からわかりやすい Damasio and Carvalho の定義 [2] を用いる．彼らは，感情を以下のように定義した．「感情（Feelings）は，身体の状態変化を伴う心的経験である．視覚や聴覚などの外受容によって示される外界の変化は知覚されるが，多くは，感情の意味では，直接に感じられない．しかし，外界の変化に対応して身体の状態変化を生じさせる行動プログラムにより，間接的に感情を誘起させる場合がある（これが情動に対応）」．

　図2に，これらの関係について，人工物を想定した場合を上書きして示す．身体の恒常性（ホメオスタシス）を内因的に変化させた場合の内受容による感知が「感情」であり，これ自身が新たな身体状況の変化を及ぼす（動

因（行動プログラムのサブセット））．これに対し，外受容によって示される外界の変化が引き起こす行動プログラムが「情動」である．そして，情動の帰結として感情が引き起こされる．ややこしいのは，同じ名前が情動と感情の両方に付されていることである．すなわち，「恐怖」は恐怖刺激によって引き起こされる生理学的な行動プログラムである「情動」と恐怖自体の意識的経験である「感情」に名付けられているのである．外受容からの入力に対する解釈は，記憶の階層構造化により，原初的な応答から認知過程を経た高度な情動応答に渡る．

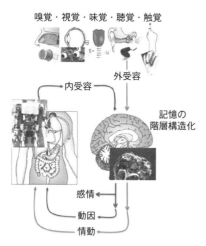

出典：[2] の Box 1 の図を改変

図 2 Damasio and Carvalho の感情と同情の定義

関連する初期のパイオニア的研究の1つは，早稲田大学の WAMOEBA [3] で，彼らは，自己観察システムとホルモンパラメータに基づく自己保存と連結した情動状態を表出する情動モデルを提案した．このシステムは外界からの刺激に対して，身体感情を安定に保つように適応的であった．したがって，最適行動は，エネルギー消費を最小にするため，外界からの刺激がないかぎり，睡眠することであった．この研究は，自己保存と本能的な部分につながる情動に関して先駆的であった．これらの情動モデルに従い，情動的表情表出する点も評価される．ここで，本能的な部分は，生き残りパラダイムを意味し，生物進化にならい，設計者がロボットに埋め込んだものである．これは，上記でいう「行動プログラム」に対応する．

人工システムの設計論からの考察として，以下がポイントになろう．

- バッテリーの充電度合い，電源の安定度，モーターの温度などのロボットの内受容がホメオスタシスに対応し，人工情動のベースとなる．
- 外界からの刺激により起動される行動プログラムは，恐怖など瞬時に対応しなければならず，進化的要因から事前に埋め込まれることが上記では想定されているが，ロボットの場合，設計者による埋込みと学習過程により獲得することもありうる．情動による行動プログラムにより内部状態変化が生じ，結果として感情が想起されうる．また，行動プログラムが起動されなくても，記憶などにより，直接，情動に関連した感情が想起されうる．
- 「痛み」の感覚は，通常の触覚刺激が過大になるのではなく，別の異なる神経経路が存在し，痛覚経路を構成している [1])．このことは，人工システムにおいても緊急回避的な行動プログラムの前提としての受容器を想定することになるであろう．外受容であれば，外界から の大きな打撃などが，内受容であれば，故障による機能不全などが考えられる．

参考文献

[1] Purves, D., Augustine, G.A., Fitzpatrick, D., Katz, L.C., LaMantia, A.-S., McNamara, J.O. and Williams, S.M. eds.: *Neuroscience, second edition*, Sinauer Associates, Inc. 2001.

[2] Damasio, A. and Carvalho, G.B. The nature of feelings: evolutionary and neurobiological origins, Nat. Rev. *Neuroscience*, Vol.14, pp.143–152, 2013.

[3] Sugano, S. and Ogata, T. Emergence of Mind in Robots for Human Interface-Research Methodology and Robot Model, in *Proceedings of IEEE International Conference on Robotics and Automation*, pp.1191–1198, 1996.

8.10
人工共感
Artificial Empathy／浅田 稔

　人工物が心のようなものを持つ可能性として，痛覚は，1つの重要なカギを握ると想定される．この痛みを共有しているという感覚が共感の元（情動感染）となっていると考えられる．実際，人工共感のサーベイなどでは神経科学，認知科学，心理学の多くの文献が痛みを題材にしていることもそのことを示している．よって，ロボットの神経系に触覚とは別の痛み回路を埋め込むことは，その良し悪しは別として，生物進化の観点からも，過度な人工的なバイアスにはならないと考えられる．痛み感覚の共有は，ミラーニューロンシステム (MNS) に代表される自己と他者の行動の同一性理解のみならず，同一の知覚励起に起因しており，自他認知を通じた他者の行動や知覚を無意識に模倣したり，感じたりする傾向の源と考えられる．このことがモラルや倫理の発達に繋がると考えられる．一橋大学の井頭昌彦も，心の要件の思考実験として「痛み」を取り上げ，クオリアやチートの可能性を議論している．井頭の定式化に従えば，人工共感を設計しようとするアプローチは機能主義的アプローチに属するが，この定式化も含めて，のちほど議論する．人工共感の作業仮説は以下の3段階である．

1. ロボットが痛みを感じるように，痛覚神経回路を埋め込む．
2. 意識の概念や共感の研究をベースに，MNS の発達を通じて，ロボットは他者の痛みを感じる．
3. すなわち，情動感染，情動的共感，認知的共感，同情，哀れみの感情をロボットが発達させる．

　痛覚受容器の神経経路は，通常の触覚や体性感覚などの機械受容器の神経経路と異なる経路を持っている．指先などの受容器端末で捉えられた触覚や痛覚は，脊髄神経節細胞を経て，痛覚は脊柱に向かい，通常の触覚は脊髄や脳幹に向かう．両者は別経路であるが，脊髄で抑制局所回路細胞が両者を接続しており，機械感覚性求心性線維系が励起されると，痛覚温覚求心性線維系が抑制される．すなわち，痛いときに擦ること（「痛いの痛いの飛んでいけ！」）により通常の触覚系が励起され，痛覚系をブロックすると言われている．

　痛みは，触覚や温覚のみならず，他感覚も含めてマルチモダルに存在し，2つの異なるアスペクトがある．受容器端末で捉えられた痛覚信号は前外側（アンテロラテラル）システムに伝わり，感覚識別的な側面と感情的–動機付け的側面を持つ．前者は，痛みの種類，場所，強さを識別し，体性感覚野に至る．後者は，痛みの情動的な側面を担い，扁桃体，前帯状皮質，島皮質など広範囲に及び，特に，他者の痛みに対する共感を想起するための重要な部位である．これらの4つの脳部位は合せてペインマトリックスなどと呼ばれている．

　人工痛覚実装の可能性としては，すでに頑強な柔軟触覚センサが開発されているので，たとえば，優しく撫でる場合とハンマーで強く打ち込んだ場合で，その応答から容易に識別できる．前者は通常の機械受容器が反応し，後者では，痛覚受容器が応答すると想定される．このことは，識別的経路は最初からの埋込み（生得的）として実装可能と考えられる．それに対し，情動的–動機付け的経路は，情報の流れとともに，痛みの主体的体験や養育者との相互作用を通じて痛みの表象が獲得（学習）されると想定される．これが痛みのクオリアに対応するのかもしれない．この表象が

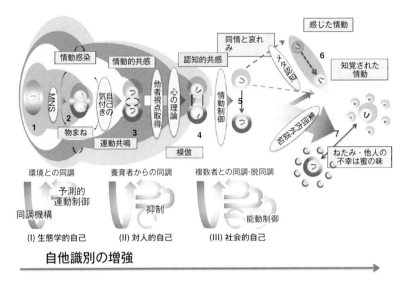

出典：[1] の Fig.6 を改変

図 1　共感発達モデルとしての自他認知過程

他者にも存在することを仮定する MNS が共感の重要な要素となる．

共感と同情はしばしば混同されて用いられるが，設計を試みることで，その曖昧さが軽減する．人工的に共感構造設計を考えるに当たり，霊長類の進化的研究から始める．霊長類学者の de Waal は，情動感染から始まる共感の進化とものまねから始まる摸倣の進化の並行性を示し，その進化の方向が自他の識別の増強とも関連することを提案している．後者は，自己の概念の進化と考えられ，Neisser が提唱する自己知識の 5 つの視点である生態学的自己，対人的自己，想起的自己，私的自己，概念的自己のうち，最初の 2 つをそのまま借用し，残り 3 つを社会的自己としてまとめて表したのが図 1 の下部である．生態学的自己から発達し，養育者との相互作用を通じて，MNS が作用し，対人的自己に至る．対人的自己は意識を実現する上で基盤となり，他者の概念が顕在化し，さらに社会的存在としての自己（社会的自己）の形成に至る．社会的自己は意識の完成形とみなせる．これらをまとめて，共感発達モデルとしての自他認知過程を表したのが図 1 である [1]．

参考文献

[1] Minoru Asada. Towards artificial empathy. *International Journal of Social Robotics*, Vol.7, pp.19–33, 2015.

8.11
人工意識
Artificial Consciousness/ 金井 良太

　人工知能の技術が発展し，やがて人間のように新規の課題を含む問題解決の機能を獲得したときに，それが人間のように「こころ」を持つようになるのだろうか．この疑問は，SFで頻繁に扱われ，人工知能に注目が集まる今日でもたびたび話題になる興味深いテーマである．

　日常的に「こころ」と呼んでいるものは多義的で，感情や性格のような概念も含んでいるが，ここでは特に「主観的体験」としての意識が人工知能に宿るのか，ということについて考える．主観的体験とは，たとえば，我々人間が海辺に沈む夕日を見ているとき，その視覚入力について「海」や「夕日」やなどのラベル付けという機能が脳内で実現されているだけではなく，同時にそのときの視覚情報に主観的体験が伴って感じられている．夕日の絶妙なオレンジ色を感じることを通じて，我々は対象を認識している．機能としては，かなり人間に近い物体認識を実現する人工ニューラルネットワークは存在するが，そのとき，我々が感じるような主観的体験は人工知能の中でも生じているのだろうか．

　この問題を考える上で重要なことは，人間の場合，脳の中に入った全ての情報が，主観的体験を引き起こしているわけではないことである．視覚の研究では，バックワードマスキングや両眼視野闘争などといった心理物理学の手法を用いて，脳に視覚情報を無意識に送り込むことが行われてきた．これらの手法と脳活動の計測を同時に行うことで，視覚刺激によって大脳での活動が引き起こされたにも関わらず，主観的体験が引き起こされない状態，すなわちサブリミナルな状況が数多く報告されてきた．また，人間の視覚処理において，入力直後に引き起こされるフィードフォワードの視覚処理は，かなり高次の物体認識まで行っているにも関わらず，その後のフィードバックの処理が施されるまでは意識に上ってはいないようである．また，全ての脳の部位が意識に貢献しているわけではない，脳の活動の中で極めて限られた脳活動のみが，我々の意識に上っているということがわかってきた．では，いったい，どのような特殊な脳活動が意識にのぼり主観的体験を生み出しているのかというのは，現代科学における未解決な大きな謎の１つである．

　人工知能の開発において，「意識」の存在は「知能」とは独立していて，より高度な人工知能の開発において，意識は特別に必要ではないのではないかというのが一般的な見解であるようだ．というのは，意識を実装したところで得られる機能的効能というのが，現時点では不明であり，特に必要であると考える理由がないからである．これまで神経科学においても人工知能研究においても意識の機能的側面を十分に理解できておらず，意識は機能を持たずに単に情報処理に付随して発生しているという随伴現象説が普及している．そのために，意識がなんらかの機能をもっているという考え方は立場が弱いのが現状である．

　しかしながら，このような見解は意識の機能についての理解の乏しさに起因していて，意識の機能が何であるのかという問題は真剣に考える必要がある．これはディヴィッド・チャーマーズのハードプロブレムに対して，ダニエル・デネットのハードクエスチョンと呼ばれる問題である．前述したように，全ての脳活動が意識を生み出すのではなく，何か特別な一部の活動のみが意識に貢献している．

そして，自然選択の過程で，多くの生物では意識を持つようになったのにも，意識を持つことの機能的な優位性があったのではないかと考えられる．

これまでに知られている意識を必要とする認知課題の性質などを吟味していくと，脳の中にある生成モデルによって情報を生成することによって主観的体験が引き起こされるのではないかと考えられる．情報を生成するとは，すなわち，環境と自分自身についての生成モデルをシステム内部で持つことで，物体のカテゴリーなどの感覚情報を抽象化した表現を獲得するだけではなく，その表現空間から再び入力に近いデータのフォーマットで再構成することである．この生成モデルに基づく再構築の過程で，意識が生じるのではないかという仮説を「意識の情報生成理論」と呼ぶ．

この仮説において，情報の生成を用いることの機能的利点は，現在の感覚入力から乖離した反実仮想的な状況を内的に生成することが可能となる点である．この反実仮想を作り出すことによって，自らが直接経験していない事象を想像することで学習することができ，行動の計画などに利用することが可能となる．つまり，「考える」という行為が実現されるのである．これは，汎用人工知能を構築する上で重要な要素となる可能性がある．

意識の情報生成理論と，思考機能を持った汎用性の高い人工知能を作るために情報生成が必要であるという仮説から，汎用性の高い人工知能を構築すると意識は必ず生じてしまうという結論にいたる．これらの2つの仮説は，それぞれ検証が必要であるが，少なくともここでの考察が示唆するところは，意識と知能が独立であるという信念は必ずしも自明ではなく，今後の研究によっては関連が示される可能性があるということである．

以上のように，意識の機能は何かという観点から，抽出したコアとなる機能を実装して

いくことで，人工的に意識を構築することで，汎用人工知能に向けた知能のデザインを考えることができる．ここで議論した意識の機能としての情報生成以外にも，人工意識の構築に向けてシステム内での情報の統合と目標の共有という観点や，あるいは内発的動機に基づいた自律性をもったエージェントの実装といった観点もある．

最後に，このように機能的な観点から構築した人工意識に，主観的体験が宿っていることをどのように確かめたらよいかという問題が残る．この問題はハードプロブレムであるが，2つのアプローチがある．1つは，直接観測が難しいものでも，脳の活動と意識の内容を対応づける理論（たとえば，統合情報理論）をもとに，外部から主観的体験の存在を理論的に推察するという方法がある．多くの科学の理論がそうであるように，直接観測できないものについても，意識についても理論の観点から精度の高い予測をすることは十分に可能となるはずである．もう1つの方法は，脳と人工意識を直接接続することで，人工意識を自分の意識に取り込んでしまうことである．実際に，脳の中には多数の部位がモジュール状に結合されており，意識の内側へと取り込まれている．神経接続の技術の向上により，直接的に人工意識の中にどのようなクオリアが宿っているかを直接体験することで，人工意識のもつ主観的体験を確認することが究極の確認方法となるだろう．

8.12
分子ロボット
Molecular Robotics／ 小長谷 明彦

はじめに

　分子ロボットは，生物と同様に DNA やリン脂質などの生体分子から構成され，「感覚」と「知能」と「運動」の機能を持つ人工物である [1]．生物と同じように化学エネルギーで駆動されるため，分子ロボットは生来的に生物や環境との親和性が高いという特徴を持つ．「分子ロボティクス」の研究は，2010 年に村田智（東北大学）らが中心となり，分子ロボティクス調査研究会を発足したことから始まった [2]．2012 年度には，新学術領域研究「分子ロボティクス」（領域代表萩谷昌己・東京大学）が立ち上がり，化学，生物物理学，情報学，工学を中心に，延べ 75 名の研究者が参加し，分子ロボットの基礎を築いた [3]．

　分子ロボットの「知能」は「生存を目的とし，系を維持するための "選択能"」として定義されている [4]．すなわち，外界からの情報を認識し，分子ロボットの生存に有用な選択をするための「分子人工知能」がその要となる．分子ロボットでは，このような分子人工知能を DNA の鎖置換反応（DNA 二重鎖形成と分離）を計算原理とする「DNA 計算」で実現している．ただし，与えられた入力に対して常に同じ答えを出力する仕組みだけではただの「計算」であり，「知的」ではあるが真の「知能」とは呼べない．分子ロボットが真に「知能」を持つと呼べるようになるためには，系自体が外から与えられたものではない何かを創発する仕組みが必要となる．

　本稿では，以下，第 2 項で，DNA 計算を中心とした分子人工知能の実現法について紹介する．第 3 項では，マイクロスケールでの分子ロボットの集団ならびに環境との相互作用による知の創発について議論する．最後に第 4 項で，分子ロボットの知能についてまとめる．

DNA 計算と分子人工知能

　DNA 計算の歴史は古く，その原理の提案は，1994 年に *Science* に掲載された L. Adelman によるハミルトン路問題の DNA 鎖による解法に遡る [5]．DNA 計算は，適切に情報を DNA 配列に埋め込むことができれば，DNA ハイブリダイゼーションによる DNA 相補鎖の結合と乖離を繰り返すことで，意味のある計算あるいはアルゴリズムを実装できることを示している．

　たとえば，ハミルトン路の 2 つのノード a,b とそれらをつなぐエッジ ab を下記の 3 本 DNA 鎖で表したとする．

ノード a "GTATATCCGA<u>GCTATTCGAG</u>"
ノード b "<u>CTTAAAGCTA</u>GGCTAGGTAC"
エッジ ab "CGATAAGCTCGAATTTCGAT"

　DNA ハイブリダイゼーションにより，DNA 鎖の A(アデニン) と T（チミン），G（グアニン）と C（シトシン）は相補対を形成するので，エッジ ab はノード a の後半（下線部）とノード b の前半（下線部）と結合し，両端に結合のための DNA 単鎖を残した二重鎖 DNA を形成する．この処理を全てのノードとエッジについて繰り返すと，最も長い DNA 鎖がハミルトン回路の解（もし存在すれば）となる．

　東北大学が開発したアメーバ型分子ロボットでは，この DNA 計算を利用して，分子モーターが微小管上を動く運動を人工細胞膜に伝える DNA クラッチのオン・オフの制御を実現している [6]．コレステロール分子を用いて人工細胞膜に刺さる足場を築き，足場から短鎖 DNA を伸ばしておく．一方，分子モー

ターにも短鎖DNAを結合しておく．両者のDNA鎖と相補配列を持つDNA鎖が存在したときだけ，分子モーターの動きが人工細胞膜に伝わり，人工細胞膜が変形する．

DNA計算は原理的には万能に近いが，DNA回路の多段化や扱うデータの種類を増やすと計算精度が悪くなるという問題を持つ．これは，DNAハイブリダイゼーションによるDNA二重鎖形成が熱力学的安定性に基づいているため，不正確な二重鎖が形成される場合があるためである．同様な問題は，異なるDNA計算を混在させた場合や，細胞内のような天然のDNAおよびRNA存在化でも発生する．

浅沼（名古屋大学）らは，この問題を根本的に解決する方法として，直交型分子素子を提案している[7]．直交型分子素子には，天然のDNAとは二重鎖を全く形成しない直交型人工核酸と，天然型人工核酸および直交型人工核酸の両方と結合するインタフェース人工核酸がある．直交型分子素子を用いれば，天然型のDNAとは最小限のインタフェースでDNA計算を行うことが可能となる．

集団および環境との相互作用による知の創発

分子ロボットはマイクロメートルという大きさの制限から，分子ロボット内に組み込める制御回路には物理的な制約がある．また，光制御や少分子拡散などの大域的な情報伝達手段を除けば，ほかの分子ロボットとの通信手段は，膜表面を介した直接的な分子通信に限定される．すなわち，微生物や細胞と同様に，内部に状態を持つことはできるが，外部との情報の交換は局所的な接触に限定される．このような限定された機能しか持たない分子ロボットがより知的な振舞いを実現するためには，集団間の相互作用あるいは環境との相互作用による個の機能を超える能力の創発が求められている．

一般に，局所的な計算主体の集団間の相互作用が創発する大域的な振舞いは，「分散システム」として定式化できる．分子ロボットを分散システムとしてみたときの特徴は，システムの巨大性，匿名性，一様性，非同期性にある．このような匿名分散システムでは，システムの状態が遷移することで大域的な振舞いが現れる．つまり，分子ロボットの自己組織化ならびに集団によるパターン形成が重要な課題となる．現時点では，分子ロボット集団によるパターン形成は限定的であるが，細胞性粘菌のように自己組織化する分子ロボットは有望な研究テーマの1つとなろう．

一方，個と環境との相互作用による個の機能の拡張に関しては，分子ロボットはマクロスケールにおけるロボットとは異なる様相を有している．分子ロボットのようなマイクロスケールでは，分子ロボットを取り巻く環境も分子から構成されており，分子ロボットに伝達される情報も分子から構成されている．すなわち，ロボットと環境と情報は「分子」という観点からは明確に切り分けすることができない三位一体の関係にある（図1）．このような状態であれば，情報を分子として放出することで環境そのものを変えることや，環境から情報を分子として取り込むことで，環境に合わせてロボットを適応させることも可能となる．ロボットと環境の区別ができないことが，逆に，新たなる知を創発する可能性につながるのではないかと考えている．

図1 環境・情報・ロボットの関係

分子ロボットの知能についてのまとめ

分子ロボットでは，DNA計算を核技術と

して，外界からの情報を判断し，分子ロボット
の運動を制御する「分子人工知能」を実現し
ている．現時点での「分子人工知能」はAND
ゲートおよびORゲートを組み合わせた論理
ゲートレベルであるが，将来的には，人工核酸
および遺伝子集積回路チップなどの先端技術
と組み合わせることで，より複雑な回路の実
現が期待できる．さらに，マイクロスケール
では分子ロボットと環境と情報は分子として
不可分であり，集団知や環境との相互作用に
よる新たなる知の獲得の可能性を秘めている．

参考文献

[1] Murata, S. *et al.*, Molecular Robotics: A New Paradigm for Artifacts, *New Generation Computing*, Vol.31 (1), pp.27–45, 2013.

[2] 分子ロボティクス調査研究会： (http://www.molbot.org/)

[3] 新学術領域研究分子ロボティクス： (http://www.molecular-robotics.org/)

[4] 村田智編：『分子ロボット概論』，CBI学会出版，2019.

[5] Adleman, L. Molecular Computation of Solutions to Combinatorial Problems, *Science*, Vol.266, pp.1021–1024, Nov.11, 1994.

[6] Sato, Y., *et al.*, Micrometer-sized molecular robot changes its shape in response to signal molecules, *Science Robotics*, Vol.2 (4), eaal3735, 2017.

[7] Murayama, K., *et al.*, D-aTNA Circuit Orthogonal to DNA Can Be Operated by RNA Input via SNA, *ChemistrySelect*, Vol.2, 5624–5227, 2017.

第9章
創作する知能

Creative Intelligence/ **編集担当　栗原　聡**

　人工知能研究分野の1つに創発計算がある．多数の自律モジュールが相互作業しつつ動作することで，モジュール全体としての能力が生み出される仕組みを工学的に利用しようとする方法である．典型例が ACO (Ant Colony Optimization) である．ACO は，蟻に見立てた多数の自律モジュールが2点間をそれぞれランダムに移動しつつ，群れ全体として2点間の最短ルートを発見する最短経路探索手法であり，簡潔なアルゴリズムであるにも関わらず，巡回セールスマン問題などの準最適解を適度な計算時間で求めることが可能である．進化的手法である遺伝的アルゴリズムも多くの自律的個体の振舞いを通して与えられた問題の解としてよりよい解を求める手法である．生物の進化を真似た手法であり，個体同士を掛け合わせ，生物の進化のようによりよい個体を生み出す過程を繰り返すことで，より適切な解を求める．新幹線の先頭車両の形状設計に具体的に利用されるなど，有用な手法として確立されている．これら以外にも，創発計算に関する手法はいろいろ提案されているが，本章では創発の概念をさらに広げ，ゼロから生み出す手法全般という意味を込めて「創作する知能」とした．

　エージェント同士の協調が生み出す能力を利用する方法や，協調においてエージェント同士がどのようなネットワークを構成することが，より効果的・有効的にエージェント全体としての効力を生み出すのかという観点から，ネットワーク構造に着目する研究など，創作に関する様々な関連トピックを紹介する．

9.1
進化計算
Evolutionary Computation / 佐藤 寛之

情報をまるで生き物のように扱って進化させる方法を進化計算という．遺伝的アルゴリズムと進化戦略が代表的な進化計算であり，主たる用途は最適化である．これまでの産業応用例として，新幹線 N700 系の先頭車両の形状，三菱リージョナルジェットの翼の形状の設計最適化などがあげられる．進化計算は，最適化問題における解を生き物の遺伝子のように扱う．まず，遺伝子をランダムに設定した解を多数用意し，解集団を構成する．悪い解は，解集団から取り除いて淘汰する．複数の良い解を組み合わせる交叉によって新しい解を作る．また，解集団に存在しない要素をもたらす突然変異によっても新しい解を作る．この手続きを繰り返すことによって，より良い解を探し出す．これが進化計算の基本である．近年では，粒子群最適化や差分進化など，解集団に基づく多点探索法の総称を進化計算と呼ぶようになった．また，群知能と呼ばれる蟻コロニー最適化，蜂コロニー最適化，カッコウ探索，ホタル探索などについても，集団に基づく最適化法として，進化計算の枠組みの中で議論される．

進化計算は，最適化問題の特徴が未知であっても適用できるところに特徴があり，これが適用可能範囲の広さにつながる．最適化問題における解を表現し，その良し悪しを決定できれば，進化計算を利用できる．解の良し悪しは，必ずしも目的関数値のような数値で表さなくてもよい．2 つの解を比較し，どちらが良いかが決まればよい．そのため，目的関数の設計が困難な人の感性に基づく最適化にも利用できる．解の良し悪しを人が定性的に決定する対話型進化計算は，デザインやアートの分野へも適用されている．進化計算は，適

用可能範囲が広い一方で，最適解の獲得は保証できない．最適化に取り組むとき，問題を数学の言葉で記述する数理モデルにすることがほとんどである．最適解の獲得を保証できる最適化法を利用するためには，対象とする問題を特定の数理モデルに落とし込む必要がある．このとき，対象とする問題を最適解の獲得を保証できる数理モデルへ強引に落とし込むと，実際の問題とモデルの間に差異が生じる．その結果，数理モデル上で最適解が得られたとしても，対象とする実際の問題では最適解にならないことがある．進化計算は，最適解の獲得を保証しないものの，複雑であっても対象とする実際の問題に合致した数理モデルをそのまま最適化できる利点がある．さらに言えば，最適化問題を数理モデル化しなくても，シミュレータなどの出力をそのまま解の評価に利用して最適化することもできる．これは，シミュレーションベース進化計算として，近年，工学設計などにおいて広く利用される最適化の手段である．

特に近年，産業界に進化計算が急速に浸透してきた．これをけん引するのは，進化計算による多目的最適化である．実世界の最適化問題は，目的関数が 1 つであることはまれで，複数の目的関数が同時に内在する多目的最適化問題になる．たとえば，新しい製品を設計するとき，製品の性能は最大化したいが，価格は最小化したい．性能のみを最大化する設計最適化によって得られる製品は，性能は高くても価格は高くせざるを得ない．逆に，価格のみを最小化する設計最適化によって得られる製品は，価格は安くても性能は低くせざるを得ない．一般的に求められるのは，性能と価格をそれぞれ独立に極限まで最適化した

製品より，それらのバランスの良い製品である．製品の性能と価格の間には，パレートフロントと呼ばれる最適なトレードオフの関係が存在する．

進化計算は，解集団を用いた多点探索法であるため，一度の実行でパレートフロントを近似する複数の解を解集団から一括獲得できる利点がある．多目的最適化問題に対しては，複数の目的関数値の重み付け和を単一目的最適化する方法が古くから存在するが，意味や単位の異なる目的関数値に対する重みの決定の難しさや，1度の実行で1つの解しか獲得できない不便さがあった．これに対して，1度の実行で目的関数間にある最適なトレードオフを複数の解で明らかにできる進化計算が広く受け入れられた．

最適化は，あくまで情報の整理のプロセスであり，出力結果を利用するのは人間である．単一目的最適化の出力は1つの解であり，人間はその解を受け入れて利用するほかはない．この場合，機械（最適化システム）が人間にこれを使えという構図になり，人間に心理的な抵抗感を生じさせることが少なくない．一方，多目的最適化の出力は，目的関数間のトレードオフを表す複数の解である．この場合，機械（最適化システム）は人間に候補群を示す役目を果たしたら，これを使えとまでは言わない．目的関数間の最適なトレードオフ関係がわかるため，複数の解から目的関数値のバランスの良い解を合理的に選択できるところが多目的最適化の良さだが，これに加えて，最終的な解の決定を人間に委ねる構図になることが，産業界において，進化計算による多目的最適化の利用が拡大している無視できない要因だと考えられる．

9.2
複雑系（カオス，相転移，分岐etc）
Complex system/ 津田 一郎

複雑系を定義することは難しいが，複雑系の原理を述べることは比較的簡単である．それは複雑系という概念が一見複雑に見えて単に込み入っただけで解きほぐせば簡単に理解できるような系とは本質的に区別されることから導かれる．このことは英語で表現するとよくわかる．すなわち，複雑系は complex system であり，complicated system ではない [1]．

複雑系の原理：

複雑系は生命系である [2]．すなわち知能が含まれる [3]．複雑系では，系を部分に分解することで系を構成する要素成分間の動的関係性が失われるので，系を要素に還元して理解することが不可能である．すなわち，物理学に典型的にみられる近代科学の方法論である要素還元論が通用しない系が世の中に存在するという認識が根底にある．生命系の本質を次のように情報論的に言えば，複雑系を機能的に見ることができる．複雑系は固定機能を持つ要素のネットワークではなく，拘束の下での創発的なインタラクションにより系全体が情報系として機能できるようにその要素や部分系が機能分化し系の部品になっていくような創発系である [4]．

まず複雑系の研究の歴史に簡単に触れておこう．

第1期（第一次大戦後）：ゲシュタルト心理学の時代．形のように全体としてしか意味をなさない概念の抽出，系の全体性に着目した時期．

第2期（第二次大戦後）：サイバネティクスの時代．系の自己組織化と外部からの制御という対立する概念の止揚による系の普遍性に着目した時期．

第3期（1970年代から1990年代）：カオス，フラクタル，分岐の時代．単純な規則の繰返しによる複雑性の構成と多様性の原理に着目し，これらの数学的な仕組みと知能の関係が模索され始めた時期．

第4期 (21世紀)：インターネット時代．複雑ネットワークが注目され，また IoT が現実のものとなるに伴い環境そのものが複雑系になってきた．複雑系環境の中でインタラクションを創発することで系そのものが機能分化する原理（創発原理）に着目する時期．本項の目的は第3期の鍵概念を第4期に関連付けて解説することである．

カオスは最初天体力学の3体問題の解として認識された [5]．このことの意味を少し詳しく説明しよう．ニュートンは宇宙に天体が2体しかなく，互いに万有引力によって相互作用しているときの天体の軌道を厳密に計算し，次の3種類の解しかないことを証明した．1つの天体は他の天体の周りに (1) 楕円，(2) 双曲線，あるいは (3) 放物線に沿う軌道をとる．楕円軌道の場合は周期運動になる．楕円軌道は太陽系の惑星の運動に典型的に見られる．これにもう1つの天体を加え，3つの天体のそれぞれ2体が万有引力による相互作用を受けるとき，それぞれの天体の運動はどのようなものかを考えるのが天体力学の3体問題である．19世紀の終わりにポアンカレが3体の運動方程式（微分方程式）の解の中に解析的な表現ができないほど複雑な幾何学構造を持つような解があることを証明した．これがカオス解である．このことは実際の天体運動がエネルギー状態によっては非周期的なカオス軌道を描き予測不能な状態に陥ることを示していた．そしてこのことは1994年7月

に 9 個に分裂して木星に衝突したシューメーカー・レヴィ第 9 彗星 (CSL9) が従っていると考えられた微分方程式の軌道解析によって実証された．解析によると CSL9 が太陽系にやってきた 1900 年ころから CSL9, 木星, 土星の 3 体問題が発生し, CSL9 は最初木星の周りを周期的に周回していたが, およそ 1960 年から 1993 年まで木星の周りで 3 次元的なカオス運動をするようになったのである．

カオスは天体運動以外にもさまざまな領域の現象の中に発見されてきた．地球上の大気の運動を解析する非線形の連立微分方程式にも同様の解が存在することがわかり注目されるようになった．天気予報が難しいのは大気運動にカオスが存在するからである．電気回路でも電圧や電流の時間変化が不規則に変化する不規則遷移現象としてカオスが存在することが知られるようになった．また, 化学反応にもカオスが存在し反応物の濃度の時間変化が複雑な振舞いをすることが実証された．さらに, 昆虫等の個体数の年変化も不規則な変動をすることがわかり, カオスで説明できることがわかっている．

このようにカオスは時間が連続の微分方程式や, 時間が離散的な反復写像 (差分方程式) の解の一種であるが, 初期値を少し変えただけで未来の解軌道は全く異なったものになるという初期値鋭敏性の特徴を持つ．これが「北京で蝶々が羽ばたけばニューヨークの天気が激変する」と比喩的に言われるバタフライ効果である [6]．ノイズなど偶然要素をいっさい含まずかつ解の一意性 (1 つの初期値から出発する軌道は 1 つしかない) が保証されている決定論的方程式が, なぜ不規則で予測不可能な解を生み出すのだろうか．それはカオス軌道の集合が作るアトラクター (時間無限大で漸近する軌道の集合のこと) がフラクタル構造を持つからである．具体的に言うと, カオスは可算無限個の (不安定な) 周期解, 非可

算無限濃度の非周期解, どの時間でも自分自身に漸近する非周期解といった超越的な構造 (それ自体, 有限性に立脚した哲学・認識論では捉えることができない) を内包しているので, 不規則で予測不可能な振舞いを示す．だからこそ, この性質を利用できれば, 創発的な知能情報処理ができるのではないかと期待されているのである．実際, 動物の脳神経系の実験結果から脳神経系はカオス的な活動状態を示すことで記憶, 感覚運動知覚を実現していると考えられるようになった．たとえば, 神経回路網の数理モデルによって個々のニューロンがカオス的でなくても, ネットワークがカオス的になっていれば, カオスの中でさまざまな情報を動的に保存し加工でき, 機能分化も実現可能であることがわかっている [4]．また, フラクタルを使ったエピソード記憶の表現も可能である．さらには, 以下の埋め込み定理を応用することで他者の情報処理結果を内的に再現することで他者の意図推定などが行われる可能性がある．位相空間 X, Y に対して写像 f: $X^m \to Y^n$ が埋め込みとは, $f(X^m)$ が Y^n の部分集合で同相写像であることをいう．つまり異なる 2 つの空間の間に大域的に一対一連続でかつ逆写像も連続であるような対応をとることができるとき, 埋め込みが可能だという．カオス力学系ではこれは次のように応用されている．未知の力学系の状態変化を 1 次元ユークリッド空間 $Y = R$ で時系列として観測したとき, $n = 2m+1$ が埋め込みのための十分条件である．すなわち, 観測時系列を 1 次元のデータとして $2m + 1$ 次元のユークリッド空間で軌道を構成したとき, その軌道は m 次元の未知の力学系が生み出す真の軌道と同じトポロジー (位相) を持つことが保証される．したがって, 観測データから未知の力学系を再構成できるのである．これにより, 埋め込みを使った認知や推定問題が研究され始めた．

カオス力学系にパラメーターを導入し，その変化に応じた力学系の解の変化を分岐として追うことができる．力学系のアトラクターには不動点，リミットサイクル，トーラス，カオスの4種類がある．複数のパラメーターがある場合，それらを同時に変化させたときの分岐は複雑になるが，局所的な解の変化はこれら4種類のアトラクター間の変化である．変数の数が多い力学系（しばしば大自由度力学系といわれる）ではこれらの間の間欠的で複雑な運動がおこることがあり，カオス遍歴として研究されている [1], [2], [4]．カオス遍歴は思考や推論，心の動きに対する動力学表現としても注目されている．分岐が起きる分岐点ではパラメーターを少し変化させただけで全く異なる状態へと変化するので，力学系は不安定になる．こういうパラメーター変化に対する不安定性は構造不安定性と呼ばれ古くから研究されている．

分岐は構造不安定性を介した異なる構造安定な力学系間の転移なので，分岐を物理現象に現れる相転移の一般化と見ることもできる．相転移とは温度，圧力，外部磁場などを変化させたときに現れる物質の異なる相間の転移である．たとえば，気体は圧力を一定にして温度を下げていくとある温度で液体になり，さらに温度を下げると個体になる．これらの変化は潜熱を伴うが，それは自由エネルギーの温度に関する一階微分の不連続性に由来するので一次相転移と呼ばれる．また，常磁性体が低温で強磁性体などに変化するとき，自由エネルギーの一階微分は連続で，二階微分が不連続になる．つまり潜熱は発生せず磁化が発生するので磁化率が定義される（二次相転移）．常伝導体が低温で超伝導体になるのも二次相転移である．これらは物質の平衡状態の間の変化である．相転移は物質を構成する原子や分子の数が巨大にならないと起こらない現象である．10の20乗個もあれば十分であ

ることが知られているが下限はわかっていない．したがって相転移は複雑系の標語として物理学者によってしばしば用いられる "More is different"（要素数が多くなれば新たな性質が創発するという意味．P. W. アンダーソンが提唱）の典型例である．しかしながら，複雑系を生命系でありそれゆえに知能を包含すると考える立場 [1], [2], [3] からはこの標語は複雑系の本質を射抜いていないと言える．

相転移概念を物質やエネルギーの流れがある非平衡状態に拡張したとき，転移点近傍では安定でも不安定でもない状態の集合が系の質的変化を創発させる構造であることが数学的にわかっており，この構造を中心多様体と言う．非平衡状態が重要なのは，あらゆる生命系は非平衡状態の中で生命を維持しているからである．平衡状態そのものは死を意味し，そこでは生命や知能は創発しない．中心多様体上で起きる相転移類似の現象が実は分岐である．この考えは雑音がある力学系に一般化されていて，隷属化原理 [7] による定式化が知られている．この原理によると分岐点（転移点）近傍では次のことが起こる．分岐点近傍では多くの状態変数が立ち上がるが，そのほとんどは少数の状態変数に吸収され（これを隷属化と呼んでいる）最終的には系のマクロな性質（エントロピー，温度，圧力などの熱力学的な量の他情報，知能など）を決めるのはこの少数の状態変数だけである．この少数の状態変数が中心多様体を構成し分岐を決める，つまり系の行く末を決めるのである．また，隷属化原理が破れると，実質的にどの状態が創発するかがわからなくなりカオスが発生する．このように中心多様体の生成と崩壊は知能の創発を考える上でも重要なものになるだろう．

参考文献

[1] 金子邦彦，津田一郎，『複雑系のカオス的シ

ナリオ』朝倉書店，1996年; K. Kaneko and I. Tsuda, *Complex Systems: chaos and beyond*, Springer-verlag Berlin Heidelberg, 2001.

[2] 『岩波 数学辞典 第 4 版』, 391(XXII-11) 複雑系, 岩波書店，2006.

[3] 中島秀之，『知能の物語』，公立はこだて未来大学出版会，近代科学社，2015.

[4] 津田一郎，『脳のなかに数学を見る』，共立出版，2016.

[5] H. ポアンカレ，『ポアンカレ 常微分方程式―天体力学の新しい方法―』，福原満洲雄，浦太郎 訳 共立出版，1970.

[6] E. N. Lorenz, Deterministic nonperiodic flow, *J. Atmos. Sci.*, Vol.20, pp. 130–141. 1963.

[7] H. ハーケン，斉藤信彦，小森尚志，長島知正 訳，『シナジェティクスの基礎―不安定性の階層 ＝ システムとデバイスの自己組織化』，東海大学出版会，1986.

9.3
群知能（粒子群最適化，蟻コロニー最適化）
Swarm Intelligence
Particle Swarm Optimization and Ant Colony Optimization/ 小野 智司

群知能 (Swarm Intelligence：SI) とは，単純な知能を持つ個体の群れから構成された系において創発的に形成される振舞いや，それを模倣した技術を指す．中央集権化された意思決定の仕組みによらず，個体間の局所的な相互作用によって群れ全体の集団的自律行動が生み出される点に特徴がある．鳥や魚，蟻などの社会性を有する動物や昆虫の振舞いを模倣した様々なアルゴリズムが考案されており，特に，粒子群最適化 (Particle Swarm Optimization：PSO) や蟻コロニー最適化 (Ant Colony Optimization：ACO) がよく知られている．PSO や ACO は，多峰性である，微分が不可能である，あるいは，ノイズ等の曖昧性を含む目的関数を持つ問題において，良好な初期解を与えることなく準最適な解を発見できる点に特徴がある．

粒子群最適化 (PSO)

PSO は集団で群行動を行う鳥に着想を得たアルゴリズムであり，関数最適化問題を対象として提案された．PSO では，設計変数を軸とする多次元空間（設計変数空間）における個々のベクトル（解候補）を位置と速度を持つ粒子とみなし，個体間の相互作用により生み出される群行動により大域的な最適解の効率的な発見を試みる．

基本的な PSO のアルゴリズムを図 1 に示す．PSO は，確率的な直接探索手法であり，粒子の移動（解候補の生成）と評価の繰返しを基本とする．ステップ t における粒子 i の位置を $\vec{x}_i(t)$，速度を $\vec{v}_i(t)$ とすると，ステップ $t+1$ における速度および位置は以下のように計算される．

$$\vec{v}_i(t+1) = w\vec{v}_i(t) + c_1\vec{r}_1(t)\left(\vec{b}^{(g)}(t) - \vec{x}_i(t)\right)$$
$$+ c_2\vec{r}_2(t)\left(\vec{b}_i^{(p)}(t) - \vec{x}_i(t)\right) \quad (1)$$

$\vec{b}_i^{(p)}(t)$ は粒子 i がステップ t までに発見した位置の中で最良の位置を示し，$\vec{b}^{(g)}(t)$ は全粒子が発見した位置の中で最良の位置を表す．$\vec{r}_1(t)$ および $\vec{r}_2(t)$ は $[0,1]$ の一様乱数を成分に持つベクトルである．式 (1) の第 1 項は慣性項，第 2 項は $\vec{b}^{(g)}$ に向かう成分，第 3 項は $\vec{b}_i^{(p)}$ に向かう成分を表し，第 2 項および第 3 項はそれぞれ粒子の社会性と自己性に基づく動きを表現する．

w，c_1 および c_2 はそれぞれ，慣性項，社会性および自己性の強さを調整するパラメータである．

図 1 に示す PSO は，集団全体の最良解の位置情報 $\vec{b}^{(g)}$ を全粒子が共有する gbest と呼ばれるモデルである．集団内において $\vec{x}^{(g)}$ の情報を共有する範囲を調整することで，探

Algorithm Canonical PSO algorithm (gbest PSO)

1: Initialize $\vec{x}_k$ and $\vec{v}_k$ for $\forall k = 1, \ldots, NP$
2: **while** termination condition not satisfied **do**
3:   **for each** particle k
4:     update velocity $\vec{v}_k$ and position $\vec{x}_k$
5:     evaluate $\vec{x}_k$
6:     update personal best $\vec{b}_k^{(p)}$
7:   **end for**
8:   update global best $\vec{b}^{(g)}$
9: **end while**

図 1 基本的な PSO のアルゴリズム (gbest モデル)

索領域の集中化と多様化のバランスを調整することが可能となる.

式 (1) における w, c_1, c_2 は PSO の主要な制御パラメータであり,収束性を保証するためのこれらのパラメータの条件について理論解析が行われている [1]. また,問題の特性や探索の状況に自己適応する PSO アルゴリズムも提案されている [2].

蟻コロニー最適化（ACO）

ACO は,フェロモンと呼ばれる芳香性の物質を介して情報伝達を行う蟻の採餌行動を模倣し,最適化問題を解く手法である. ACO は,探索の過程で得られた有望な解構成要素に関する情報をフェロモンとして蓄積することで,良質な解の発見を試みる.

ここで,組合せ最適化問題における設計変数 x_i に値 v_i^j を割り当てることを,解の構成要素 c_i^j と表す. ACO において,フェロモン濃度 $\tau_i^j(t)$ は,最適化の最中に推定された c_i^j の良さを表す. たとえば,巡回セールスマン問題 (Traveling Salesman Problem：TSP) においては,フェロモン τ_{ij} は 2 つの都市を結ぶ経路の有効性を表す. また,ナップサック問題のように,各変数が 0 または 1 の値をとる問題では,フェロモン τ_i は変数 v_i における 1 の値の有望さを表す.

Ant System (AS) と呼ばれる基本的な ACO アルゴリズムの処理手順を図 2 に示す. ACO は,解の構成要素の選択を繰り返すことで解候補を確率的に生成する. 蟻が解の構成要素 c_i^j を選択する確率を以下に示す [3].

$$p(c_i^j \,|\, \vec{s}_p) = \frac{[\tau_{ij}(t)]^\alpha \cdot \left[\eta(c_i^j)\right]^\beta}{\sum_{c_i^l \in \mathcal{N}(\vec{s}_p)} [\tau_{il}(t)]^\alpha \cdot \left[\eta(c_i^l)\right]^\beta} \tag{2}$$

ここで,$\vec{s}_p$ はこれまでに生成された部分解であり,$\mathcal{N}(\cdot)$ は,追加可能な解の構成要素の集合である. $\eta(\cdot)$ は対象問題に特化したヒューリスティクスであり,たとえば,TSP では

Algorithm Canonical ACO algorithm

1: Initialization
2: **while** termination condition not satisfied **do**
3:   **for each** ant k
4:     generate solution candidate $s^k(t)$
5:     evaluate $s^k(t)$
6:   **end for**
7:   update pheromone map
8: **end while**

図 2 基本的な ACO のアルゴリズム

都市 i および j 間の距離の逆数をとる. α および β は,フェロモン濃度 τ_{ij} とヒューリスティクス $\eta(\cdot)$ の重要性の度合いを調整する制御パラメータである.

全ての蟻が解候補を生成した後に,各蟻によって生成された解候補をもとにフェロモン濃度の更新を行う.

$$\tau_{ij}(t+1) = (1-\rho)\tau_{ij}(t) + \sum_{\vec{x} \in S_{\mathrm{upd}}(t) \,|\, c_i^j \in \vec{x}} g(\vec{x}) \tag{3}$$

ここで,$S_{\mathrm{upd}}(t)$ はフェロモンの分泌に利用する解候補の集合であり,ρ は蒸発係数と呼ばれる制御パラメータである. $g(\cdot)$ は解の品質を表す関数であり,TSP であれば総経路長の逆数となる.

ほかの多くのメタヒューリスティクスと同様,ACO においても探索領域の集中化と多様化のバランスをとることが重要であり,このためにフェロモンの更新方法を工夫した様々な手法が提案されている [4]. また,上記の処理に,対象問題の特性を活かした局所探索法を組み入れることや,式 (2) とは別の解の構成要素の選択操作を追加することも多い.

その他の群知能

その他,詳細は省略するが,人工蜂コロニーアルゴリズム (Artificial Bee Colony),カッコウ探索 (Cuckoo search),ホタルアルゴリ

ズム (Firefly algorithm) など，様々なアル
ゴリズムが提案されている．鳥や魚の群れの
行動を解析する研究，シミュレーションをと
おして群知能や自己組織的な構造の発現の要
因を探る試みや，実際の生物とロボット等の
エージェントとの対話的な相互作用の実現を
図る研究も行われている．

参考文献

[1] Poli, R.: Mean and Variance of the
Sampling Distribution of Particle Swa-
rm Optimizers During Stagnation, *IE-
EE Transactions on Evolutionary Com-
putation*, Vol.13, No.4, pp.712–721,
2009.

[2] Zhan, Z.-H., Zhang, J., Li, Y., and
Chung, H. S.-H.: Adaptive particle
swarm optimization, *IEEE Transac-
tions on Systems, Man, and Cybernet-
ics, Part B (Cybernetics)*, Vol.39, No.6,
pp.1362–1381, 2009.

[3] Dorigo, M. and Stützle, T.: Ant colo-
ny optimization: overview and recent
advances, in *Handbook of metaheuris-
tics*, pp.311–351, Springer, 2019.

[4] Stützle, T. and Hoos, H. H.: MAX–
MIN ant system, *Future generation com-
puter systems*, Vol.16, No.8, pp.889–
914, 2000.

9.4
集合知
Collective Intelligence/ 笹原 和俊

自然界や人間社会には，単独では解決困難な問題を集団行動で解決している事象がたくさんある．たとえば，ハチの群れはダンスによる情報伝達で効率的な採餌を実現し，鳥の群れは同期的な集団飛行によって捕食リスクを軽減している．そして，人間集団は多様なメンバーからなるコミュニティーを形成し，調整や協調によって高度な意思決定を行っている．このように，個体レベルでは見られないような優れた知が集団レベルで生じる現象を「集合知」という．集団的知性とも呼ばれる．集合知の類義語に「群知能」と「群衆の英知」がある．広義にはどちらも集合知だが，狭義には，群知能は，生物の群れが全体として1つの個体（超個体）のように振る舞う仕組みや機能を主な対象としているのに対し，群衆の英知は，人間集団のもつ多様な知識の集約や価値の創造を主な対象としている．ここでは人間集団における集合知を扱う．

集合知が生じるためには，単にたくさんの個体が集まればよいというわけではなく，次の4つの条件を満たすことが重要であることが知られている．

① 多様性：情報の多様性，つまり，異なる視点や意見やアイデアが集団内に存在しなければならない．

② 独立性：ほかからの影響を受けずに独立して判断できる必要がある．外部の規範や他個体の情報を参照できる状況では，模倣，同調，社会的影響などによって情報の多様性が容易に失われ，偏った結果を導く可能性がある．

③ 分散性：各個体が分散し，自律的に判断や行動できる必要がある．自律分散性とも言う．

④ 集約性：最後に，集団内の多様な情報を集約する仕組みが必要である．単純な多数決から集団内の「部分知」を利用する高度な集約（後述）まで，様々な集約の仕組みが考えられる．

以下では，人間集団における集合知の具体例を紹介する．

最も知られた例の1つは，ゴールトンの雄牛の重量予測のエピソードである [1]．1906年，英国の家畜見本市において雄牛の体重当てコンテストが開催された．参加者は体重の予測値を記入して提出し，正解に一番近い回答をした人に賞品が贈られるというものである．正解者は1人もいなかったが，参加者全員の予測値の平均値はほぼ正解の1197ポンドだった（正解は1198ポンド）．これは集団平均が個人予測を精度で上回った例である．

このような統計的集約が常に有効なわけではない．たとえば，「フィラデルフィアはペンシルベニア州の州都である．○か×か？」という問題の場合，単純な集約は機能しない．なぜならば，州都は知らなくてもフィラデルフィアが大都市であることを知っている人は多く，先入観で多くの人が誤答してしまうからである（州都はハリスバーグ）．そこでプレレックらは，回答者に他者の答えの分布を予測させ，予測値よりも多い方の回答を選ぶという方法を提案した [2]．先の問題の場合，集団内には州都に関する知識を持っている人たちがいて，その人たちは当然バツと回答し，ほとんどの人が勘違いして○と答えるだろうと予測する．一方，○と答えた人たちは，先入観からほかの人たちも○と答えるだろうと予測する．その結果，予測値としては○が圧倒的に多くなるのだが，実際は○の回答数は

予測値ほど多くはならない．したがってこの場合，×が正解ということになる．集団内の「部分知」を活用するこの集約方法は，アート作品の価格予測などの高度な問題でも機能することが確認されている．

インターネットの登場は集合知の新たな可能性を切り拓いた．インターネットは，人々に ① から ④ の条件を整える「場」を提供し，集合知が生まれる機会や規模を増大させた．Wikipedia や Linux などのオープンソース・ソフトウェアは，多数のユーザの協調による集合知の典型例である．Google のインターネット検索の要である PageRank アルゴリズムが機能するのも，ウェブのリンク構造の民主的な特性を集約できるためである．また，SNS（ソーシャル・ネットワーキング・サービス）の登場によって，人々はリアルタイムかつ大規模に他者と相互作用できるようになり，集合知を生み出す新たなプラットフォームとして機能している．

他方，インターネットは，意見の似た者どうしが過度につながり，同質の情報のみが流通する「エコーチェンバー」と呼ばれる閉じた情報環境の形成を促進する．これが意見の極性化や社会的分断を生じさせ，集合知の形成を妨げる要因にもなっている [3]．この状況を改善するためには，エコーチェンバー化に関わる人間の認知傾向とともにインターネットの負の側面を理解する必要がある．

適切な条件のもとで集合知は創発し，高度な意思決定や問題解決を可能にする．しかし，それは有識者の専門知や既存の民主的プロセスを置き換えるものではない．むしろそれらを補完するものである．情報化社会の発展のために，インターネット時代における新しい集合知のデザイン論が求められる．

参考文献

[1] Galton, F. Vox populi (The wisdom of crowds). *Nature*, Vol.75(7), pp. 450–451, 1907.

[2] Prelec, D., Seung, H.S. and McCoy, J.A solution to the single-question crowd wisdom problem. *Nature*, Vol. 541, pp.532–535, 2017.

[3] Sunstein, C.R. *Republic.com*, Princeton University Press, 2002.

9.5
マルチエージェント協調
Coordination of Multi-Agent System / 栗原　聡

　エージェントとは，自律的に動作するソフトウェアもしくはハードウェアの総称であり，複数のエージェントがお互いになんらかのインタラクションをすることで，エージェント全体として機能するシステムのことを「マルチエージェントシステム」と呼ぶ．そして，その定義に基づけば，生物は，細胞というエージェントによるマルチエージェントシステムであり，社会システムは，我々人をエージェントとするマルチエージェントと言うように，我々を含む全てのシステムはマルチエージェントシステムなのである．

　そして，マルチエージェントシステムの特徴を大きく左右するのが，個々のエージェントの構造と，エージェント同士の協調の仕方の2つである．エージェントの数が多くなるほど後者である協調の仕方が重要となる．協調様式は，中央集権型，直接協調型，そして間接協調型の3種類に分けることができる．

　中央制御型協調は，エージェント集団の中の1つのエージェントがサーバーエージェントとなりエージェント集団に与えられたゴールに対する最適な解決策を計算し，ほかのエージェントに対して個別にタスクを依頼し，タスクが完了しだい，結果をサーバーエージェントに集約してゴールを達成させる協調方式である．集中的に計算を行うことから最適性を有する熟考型の協調方式であるが，サーバーエージェントに負荷が集中する問題を有する．

　これに対し，直接協調型協調ではサーバーエージェントは存在せずに最適性の高いゴール達成が可能である．各エージェントはそれぞれ独自にゴール解決のためのプランニングなどを実行するが，エージェント同士がお互いのプランニングの過程や収集したデータなどを密に交換することで，お互いのプランニングの精度や，計算効率の向上を行い，エージェント全体としての高い最適性を発揮する．契約ネットプロトコルなどが有名である [1]．ただし，各エージェントが分散してエージェント全体としての作業を行うことで，サーバーエージェントのような1点への負荷集中は回避できるものの，高い最適性や協調の効果を発揮するにはエージェント同士の通信に高い負荷をかける必要があり，場合によってはエージェント全体としての意思統一に時間を要してしまう可能性もある．

　また，中央制御型であればサーバーエージェントがプランニング中に環境が動的に変化してしまうと，そして，直接協調型であれば，エージェント全体としての意思統一を行っている最中に環境が動的に変化してしまうと，これに対応することができない．つまり，中央制御型と直接協調型は，最適性は有するものの，実時間性は有していない．

　これに対し，間接協調型連携は，最適性は保障されないものの環境の動的な変化に対して高い適応力がある．サーバーエージェントは存在せず，エージェント同士の直接的な連携も行わない．そして，個々のエージェントは，基本的には利己的に動作する．では，どのようにしてエージェント同士が連携するのかというと，環境を利用する．個々のエージェントの動作は，利己的であるとしても，その振舞いは環境に影響を与え，その影響が間接的とはいえほかのエージェントの振舞いに影響を与えることになる．このような間接的な連携を協調に利用することから，最適性は保障できないものの，個々のエージェントは独自に動作することができることから環境の動

的な変化への追従性が高い.

我々が工学的に設計するマルチエージェントシステムにおいては中央制御が多い. 中央に情報を集約し, 大域的な情報を集中的に計算することで最適解を得ることができるからである. マルチエージェントシステムとしての交通制御システムにおける信号機の制御も中央制御型である.

一方, 我々生物は, 間接協調型のマルチエージェントシステムである. 間接協調型の利点はエージェント数が大きくなることでより顕著に現れる. エージェント数が多くなると, 中央制御ではサーバーエージェントへの負荷が集中し, 直接協調型ではエージェント間の通信が複雑化してしまう. 間接協調型では個々のエージェントは基本的に利己的に動けばよいことからエージェント数が膨大になっても機能できる. そして, 間接協調型のマルチエージェントシステムにおいては, マルチエージェントシステムとしての目的と個々のエージェントの行動目的との間に乖離が見られ,「マルチエージェントシステムとしての目的が個々のエージェントの協調による創発により達成される」ことが大きな特徴である. これに対し, 中央制御型と直接制御型では, 通常, 個々のエージェントの目的が, マルチエージェントシステムとしての目的の明確な一部となっている.

間接型協調の特性を利用した最適化手法として有名なのが, 自然界の蟻のフェロモンに基づく採餌行動等の集団行動を参考にした ACO(Ant Colony Optimization) や, PSO(Particle Swarm Optimization) である. ACO [2] では, 巡回セールスマン問題といった NP 困難な問題に対しても適度な計算時間で準最適解を求めることが可能である. また, 個々のエージェントが独立に動作することから, 並列計算環境での実装による処理の高速化も容易である.

ただし, 間接協調型では, 個々のエージェントの動作目的と, マルチエージェントシステムとしての目的が異なり, 我々が解きたい目的は後者であり, 設計するのは前者であることから, 適切にエージェントを設計することが重要となるが, 経験的に設計するしかない, というのが現状である.

参考文献

[1] Smith, R.G., The Contract Net Protocol: High-Level Communication and Control in a Distributed Problem Solver, *IEEE Trans. on Computers*, Vol. C-29, pp.1104–1113, 1980.

[2] Dorigo, M. and Gambardella, L.M. Ant Algorithms for Discreate Optimization, *Artificial Life*, Vol.5 No.2, pp.137–172, 1999.

9.6
知能の進化
Evolution of Intelligence/ 有田 隆也

ヒトの知能を創り出してきた進化と学習

近年の人工知能，特に深層学習関連の発展は目覚ましい．そのような手法の潜在力が明らかになるにつれて，逆に，ヒト独自の知能（たとえば心や言語）がいかなるもので，いかに創発したかという問いかけの重みが増してきた．言うまでもなく，そのような知能は短時間スケール・個体レベルの適応プロセスである学習と，長時間スケール・集団レベルの適応プロセスである進化の両者が生み出したものである．

知能の創発は人工生命のターゲットであり続けてきた．同時に，知能を生み出した学習と進化がいかに相互作用するかという点も問われてきた．学習能力は進化の産物である一方，学習結果は子孫に直接的には伝わらないという事実からも，進化は学習の基盤をなすと言える．しかし学習が進化に影響しないというわけではない．学習が適応度地形における個体群の乗る斜面を見かけ上，急にするなら，適応度の分散を大きくするので，進化を速める．また，個体の学習可能性の進化に関しては，集団が適応度地形の山登りをするならば学習はメリットとして働いて学習可能性は進化するが，山の頂上近辺に分布するならば，学習せずに形質を獲得できるほうが学習コストが不要なので学習可能性は減少する（遺伝的同化）．

ヒト独自の知能に関する人工生命研究でわかってきたことは，その創発において「学習の進化」が重要な役割を演じるということである．以下，言語と心に関してこのことを示す．

言語に関する生物進化と文化進化の相互作用モデル

言語の起源や進化に関する議論は未だに混沌としている．

・言語に関わる能力は適応進化したのか，
・適応進化なら，それは自然選択によるか，性選択によるか，
・自然選択なら，コミュニケーションの道具としてか，思考の道具としてか，
・コミュニケーションの道具なら，役立った場面は共同狩猟なのか，道具作りなのか，集団の連帯のためなのか，

などと論点が何重にも存在する．我々は諸仮説検討のための最小の枠組みとしての計算論的モデルを提案し，言語進化の問題2つを検討した [1]．

1) コミュニケーションに基づく言語進化には2つの相反する選択圧がある．複雑な言語を処理できる能力があるほど適応的である一方，コミュニケートできる相手が多いほど適応的なので，高言語能力の個体が一体だけ突然変異で生じても相手がいなければ適応的にはなりえない（「孤独なミュータント」問題）．

2) 言語処理に適した脳が生物進化する一方，言語使用に影響を受けて言語が変化（文化進化）するという遺伝子と文化の共進化の考え方があるが，言語の変化は生物進化に比べて速く，使われている言語が生物進化の標的にはなりえない（「動く標的」問題）．

我々のモデルでは1次元平面上に個体群と言語群が点として存在する．各個体は学習可能性としての領域（可塑性）をその点を含む線分として持つ．2個体の可塑性の重複する領域内に言語が存在すれば両者はコミュニケー

ション可能とする．軸は言語の複雑性を表す．コミュニケーションの成立を正，可塑性の幅を負として各個体の適応度を計算して，個体群の移動としての生物進化させる．文化進化は使用個体の引力による言語の移動，分裂，合体で表される．

進化実験の結果，可塑性が大きく高言語能力をもつ個体の出現による集団の牽引の繰返しによって言語や言語能力が複雑化していくこと，動く標的問題は文化進化の測定スケールに依存し，実際，共進化しうることが示された．つまり，2問題とも学習の進化で解決されうるのである．

二次学習の進化による心的表象の創発モデル

高等な知能には，外界をモデル化してシミュレートする能力「心的表象」が不可欠である．しかし，心は行動を動機付けはするが，必ずしも行動に直結しないので，適応進化を考えるのは難しく，実際，機械学習や進化的計算などにより作られた人工知能には表象が欠けていた．この問題に対し，我々は，二次学習の進化こそが表象の創発につながるという理論を立てた [2], [3].

理論の出発点は H. Spencer の見解「認知の要素と環境の要素の間の対応 (correspondence) が心の進化により拡大する」である．いかなる選択圧が対応を進化させたのだろうか？　どんな行動にもそれを実現する物理的「実装」は無数に存在するが，その中で適応的なのは実行効率のよい実装である．ここで，環境が変化するとしよう．行動の実装が環境の構造を反映していればいるほど，環境変化に対する実装の変更が迅速になるはずである．つまり，機能だけでなく，実装にも選択圧がかかる．

話の核心は，構造の普遍性の時間的スケールに応じてこのような選択圧の拡張が2つのレベル：行動の実装（先天的対応）と学習の実装（後天的対応＝心的表象）で働く点にある．

先天的対応は世代交代スケールで生ずる．たとえば，地球上に普遍的に存在する環境の構造があり，それに対応する行動や体構造がありうるが，環境変化への応答として，環境構造が種特異的な認知能力に取り込まれていく．後天的対応は個体生涯のスケールで生ずる．生物は環境変動に応じて行動を変えるが，その変え方自体，環境に内在する構造を反映しているほうが適応的である．したがって，効率的な二次学習（学習の学習）によって環境構造に対する対応を迅速に獲得する能力自体が進化するはずである．二次学習によって獲得された対応こそが心的表象である．

認知地図タスクと心の理論タスクを対象とし，ニューロン結合の学習率を動的に変える調整ニューロンによる「神経修飾」を導入した進化実験により，二次学習回路の働きで環境の特徴を反映した対応が創発することが示された．学習アルゴリズムの追究が盛んであるが，ニューラルネットワークを心のモデルとして十分機能させるには，学習を適応プロセスの主体としてだけではなく，客体ともみなす必要があるのだ．

参考文献

[1] Tsubasa Azumagakito, Reiji Suzuki and Takaya Arita: An Integrated Model of Gene-culture Coevolution of Language Mediated by Phenotypic Plasticity, *Scientific Reports*, Vol.8025, p.8, 2018.

[2] Solvi Arnold, Reiji Suzuki and Takaya Arita: Selection for Representation in Higher-order Adaptation, *Minds and Machines*, Vol.25, Issue1, pp.73–95, 2015.

[3] 有田隆也, Solvi Arnold, 鈴木麗璽: 二次学習の進化による心的表象の創発,『人工知能』, Vol.33, No.4, pp.476–483, 2018.

9.7
仕掛け
Shikakeology/ 松村 真宏

　仕掛けは，個人の利己的な行動が社会にとって利他的な行動になるような社会システムを実現する手段である．こう書くと難しいように思えるが，要するに社会的な課題の解決につながるような行動変容を仕掛けによって実現するものである．

　仕掛学では，公平性 (Fairness)，誘引性 (Attractiveness)，目的的二重性 (Duality of purpose) の 3 つの要件を満たすものを「仕掛け」と定義している（英語の頭文字をとって「FAD 要件」と呼ぶ）．

- 公平性とは，仕掛けによって損をする人がいないことである．
- 誘引性とは，行動が誘引される程度の強さのことである．
- 目的の二重性は，仕掛ける側と仕掛けられる側の目的が異なることである．

　これら 3 つの要件を全て満たすものが良い仕掛けである．

　例を上げて説明しよう．ゴミ箱の上にバスケットボールのゴールが付いたものがあるとする．このゴミ箱が使われても誰も損をしないので，公平性は満たされている．また，筆者の実験によると，ゴミ箱にバスケットボールのゴールが付いていると，ゴミ箱だけのときより 1.6 倍の人に利用されたことから，誘引性があると判断できる．また，仕掛ける側の目的はゴミ箱の利用促進であるが，仕掛けられる側の目的はバスケットボールのゴールにゴミを投げ入れたくなることであり，両者の目的は異なっているので，目的の二重性が満たされている．したがって，バスケットボールのゴールの付いたゴミ箱は FAD 要件を満たした仕掛けであると言える．

　仕掛けには，遊び心を使う仕掛けと社会規範を使う仕掛けがある．上述した仕掛けは遊び心を使った仕掛けの例である．社会規範を使った仕掛けは，たとえば歩道沿いにある駐輪場の地面に引かれた斜線が該当する．斜線が引かれているとそれに沿って停めるという社会規範が見えるようになるので，自転車を線に沿って停めるようになる．その結果，駐輪場から歩道への自転車の張出しが短くなり，歩道が歩きやすくなる．これも FAD 要件を満たしているので，良い仕掛けである．

　遊び心を用いた仕掛けは注意を引くものが多いので，最初は行動変容が期待されるが，次第に飽きられてくる性質がある．したがって，観光地や遊園地といった，たまにしか行かない場所に置かれることが多い．一方，社会規範を用いた仕掛けは飽きられる類のものではないので，日々接する機会のある場所に向いている．

　仕掛けによる行動変容の特徴は，行動変容を強要しないことにある．仕掛けはあくまで行動の選択肢を生むだけなので，興味を持った人だけ行動を変えればよい．全員の行動を変えることを目指していないので効果は限定的であるが，費用対効果を考えたときに効果が費用を上回れば，仕掛けを設置する価値はある．

　行動変容を強制させることは簡単である．行動を変えればご褒美を与える，変えなければ罰を与えるといった賞罰を利用したり，物理的に行動できないように障壁を設けるなどすればよい．しかし，そういった賞罰を利用したアプローチはご褒美がないと行動しなくなったり，罰を与えたり物理的にできないようにすると反感を買うといったさまざまな副作用を生み出す．一方，仕掛けによって魅力

的な選択肢を用意できれば，自ら進んで行動を変えてもらえるようになるので，他人から行動を強いられるような不快な思いは生じず，行動変容への意欲も高まることが期待される．

　人の行動を研究対象にすると，世の中のあらゆることが仕掛けの対象になる．社会の問題の多くは人の行動が作り出している．運動不足なのは自分が運動しないためであり，暴飲暴食を繰り返してしまうのも自分の行動のせいである．ゴミのポイ捨てや迷惑駐輪といった問題も人の行動が原因である．人の行動を変えることができれば，このような問題は解決する．

　仕掛けは行動変容を習慣化させるものではないので，仕掛けがなくなれば行動の選択肢がなくなり，行動変容は生まれない．しかし，行動した結果として意識が変わることはある．たとえば，かっこいい自転車に乗れる機会があったので乗ってみたら楽しくてサイクリングが趣味になった，といったことが起こりうる．このように，かっこいい自転車に乗ってみたいという外発的な動機付けから，サイクリングが楽しいという内発的な動機付けにうまく繋げることができれば，仕掛けは一度きりの行動変容ではなく，習慣化するためのきっかけになる．

　人は本人の意思だけでなく，無意識のうちに個人的な経験や体験，趣味や嗜好，文化や風習，社会規範などからも大きな影響を受ける．そのような言語化，明文化されていないことは計算機で扱えないため，仕掛けは一般的に考えられている狭義の人工知能の定義（計算機による知能の実現）からは外れるが，社会的な観点から見たときに人を知的に振る舞わせるという意味で広義の人工知能に含まれる．

9.8
言語発生・進化
Language Emergence, Language Evolution/ 東条　敏

言語の発生と進化は，さまざまな研究分野が関係する複合領域である．人文科学系からは言語学・認知科学・考古学・文化人類学・哲学・心理学など，生物学・医学系からは脳機能・動物行動学などが関わり，工学系に関してようやく計算機シミュレーションと人工知能に至る．したがって，言語進化のテーマは多様である．たとえば言語構造の複雑さにおいて（文法の階層において）その生物学的進化を考える研究，人間が文明を得たのちの言語ルールの変更を考える文化進化（世代をまたぐ垂直伝達・同世代間での水平伝達）の研究，子供の言語獲得の研究，さらには語用論・方言・流行語など歴史から見れば比較的短時間において起こる現象などもこの分野に含まれる．すなわち言語進化は進化だけにとどまらず，言語の経時的変化一般に関わる研究分野である．

言語の進化は，動物の進化と違って化石が残らないために，思弁的な説に終始し，科学的な方法論にはなかなか至らなかった歴史がある．1866 年のパリ言語学会においては，「言語の起源と進化に関する論文は受け付けない」とする声明が出されたほどである．

まず言語の発生とは，言語のない状態から言語のある状態への相転移を指す．しかしながら，言語の発達段階においてどのレベルを言語とみなすか，ということには客観的な尺度がない．たとえば動物の発声はそれだけでは言語とみなしにくい．ある個体がほかの個体に対して意味のあるメッセージを送り，コミュニケーションが取れた状態をもって言語と考えるのが自然な定義である．一方，それではコミュニケーションだけが言語の機能かというとこちらも曖昧であり，極端には人間

が 1 人いても思索のためには言語が必要であるとも考えられる．

言語の起源としてチャールズ・ダーウィンは音楽に言及した．ダーウィンは音楽を太古のころの言語と考え，オス−メス間で愛のメッセージを伝える手段であったと論じた．確かに我々は咽頭を使って発声し，耳を使って聞く．すなわち生物としての入出力デバイスは音楽と言語で共通である．さらには言語にはその言語に依存した抑揚・アクセント・母音の長さなどの規範があり，これらはまさしく音楽において音符を指定するのに必要な概念である．すなわち言語には音楽が内在しているとも言える．

ノーム・チョムスキーは，人間には生得的に言語を獲得する装置 (Language Acquiring Device) が内蔵されていると仮定し，自然言語を規定する文法のもとを原始文法 (Universal Grammar) と呼んだ．さらにチョムスキーは形式文法の階層を定義し，人間の言語はほぼ文脈自由文法のクラスに属するとした．すなわち，人間の言語は一文の中において語間で係り受けの関係を持ち，その係り受け関係が非交差であることから，再帰的に埋め込み構造を持つことができる．すなわち，文の中にさらに文構造を節として埋め込むことができる．（ただし，オランダ語の節内の動詞後置の順序など，例外現象もいくつか指摘されている．）一方，ほかの動物の言語においては，このような再帰埋め込みはほとんど認められず，チョムスキー階層において正則文法のクラス以下に分類されると考えられる．

さらに人間の言語が持つ機能として，記号化が挙げられる．文字の使用が人間のみに限られることは言うまでもないが，さらに記号・

言語発生・進化　**253**

記号列がグラウンディングされており（それが意味する概念に結び付けられており），特定の状況に関わることなく，抽象的に事物・事象を記述することができる．

　以下に，近年の研究状況を俯瞰する．まず動物行動学からは，ティンバーゲンの問いかけを嚆矢として，岡ノ谷らのジュウシマツの言語の文法化などの成果がある．またピンカー (Steven Pinker) やブルーム (Paul Bloom)，ビッカートン (Derek Bickerton)，トマセロ (Michael Tomasello) らには人間の言語獲得・言語機能についてさまざまな著作がある．言語の創発と進化のシミュレーションにおいては，橋本らの言語階層の転化プロセスの研究がある．ノヴァク (Martin Nowak)らは人口動力学を提唱し，これをもとに言語接触によってピジン・クレオールといった現象が創発されることが示された．またスティール (Luc Steels) は実際にロボットを用いて意思疎通のプロトコルが自己組織される過程を実験した．さらにはハーフォード (James Hurford)，カーヴィ (Simon Kirby) らは繰り返し学習モデル (Iterated Learning Model)を提唱し，世代間における言語入力数のボトルネックが文法の合成性 (compositionality)を導くことを示した．同プロセスには認知バイアスを加えることで学習が加速することが検証されている．

9.9
共創システム
Co-creation System/ 三宅 美博

内側から捉える

共創システムとは人間のコミュニケーションをその内側から捉えるシステムである。たとえばサッカーのような人間同士の協調的かつ即興的振舞いについて考えてみよう。ここには観客と選手という2つの異なる視点が存在する。前者はサッカーの試合を外側から捉える視点であり、選手の振舞いを物理的な時空間の中で客観的に記述することになる。しかし、後者は選手という当事者の視点であり、このとき空間や時間は1人1人の主観的領域に生成され、その中で内側から相互に協調するのである。

共創とは後者の視点に関わる在り方であり、ここに共創システム研究の本質的な難しさがある。ある人にとって時間は早く流れ、別の人にとってはゆっくり流れることは自明であろう。つまり多様な主観的世界を生きている人々がどうして即興的に協調できるのか？この一見、絶望的にさえ思われる人と人の隔絶の地点から、コミュニケーションを捉え直すことになるからである。結論を先取りすれば、それは乖離した主観を接続するのではなく、「場」において内側から主観的領域を共創するということになる。人々が未来のシナリオを共創できるからこそ、互いに信頼し即興劇を演じることができるのである。

システム論として

これをシステム論として捉えると次のようになる。前者のようにサッカーというシステムの外側に主体が置かれ、そのシステムを客観的に観測できる状況にあれば、システムを客体として区別できる主客分離システムになっている。しかし、後者のように主体がシステムの一部分として内部に含まれるのであれば、状況は全く異なってくる。これはシステムを内側から捉えることに対応し、自己言及性によって主体がシステムと不可分な関係になる主客非分離システムである。このとき、自己という主体にとってシステムは非完結な開かれた領域として立ち現れる。

このような主客非分離システムこそ、共創としてのシステムである。共創システムとは、コミュニケーションをその内側から自己言及的に捉える非完結なシステム論であり、システムを観測する主体を包摂するインクルーシブなシステムになっている。そして、コミュニケーションの内側から創出的に世界を捉えるために、自他分離された明在的な（意識に上る）作用関係だけではなく、それと同時に暗在的な（意識下の）自他非分離なインタラクション（「場」）にも注目し、その相補的な関係の中でコミュニケーションを捉えなければならないのである。これは、コミュニケーションの「二重性」を介する集団的な自己言及プロセスとしての共創に着目することになる [1], [2], [3].

未来を共に創る

ここでは一例として「間」(ま) に注目し、その生成とインターパーソナルな共有から共創のメカニズムを説明する。具体的には、周期的なリズム音に同期させて指でボタンを押す同期タッピング課題において、知覚される主観的な同調状態と、タップ動作のタイミングに時間的なズレが生じる現象に注目する。主観的にはリズム音刺激とボタン押しが同調しているにも関わらず、客観的にはボタン押しが音刺激のタイミングに数十ミリ秒先行するのである。このことから主観的な間 (ま) とい

う時間感覚は，客観的には未来の時間領域に予測的に生成されることがわかる [4]．

この知見に基づいて，2 人のタッピングのリズムが相互に同調する協調タッピング課題において間 (ま) がどのように共有されるかを調べた．同期のズレの時間変化を計測し，その時系列データからモデル推定を行うことで，間 (ま) としての未来の共創の仕組みを分析したのである．その結果 2 種類の相互作用モデルが推定された．一方はリズムの相互引込みを介する自他非分離なダイナミクス（「場」）であり，もう一方は履歴性の強い自他分離的なダイナミクスである．このような二重化されたプロセスを介して間 (ま) が共創されることが示された [5]．これは「二重性」に対応する現象である．

さらに，このような共創のモデル化によってさらなる展開も可能になっている．モデルとして表現するだけでなく，モデルの一部として人間が参加すること，つまりモデルと共に共創することが可能になるからである．このことはモデルを外側から客観的に理解するだけではなく，モデルを内側から主観的に体験できることを意味している．この方向性は，共創的コミュニケーションを内側からサポートする新しい支援技術の確立につながるものであり，既に，歩行リハビリやコミュニケーション評価への活用が進められ有効性も確認されている [6]，[7]．

「場」と共創

人間のコミュニケーションをその内側から自己言及的に捉えるのが共創システムであり，そこにおいて最も重要なことは自他非分離の「場」に我が身を置くことである．そして「場」を介する自己言及というメカニズムによって実現される共創プロセスに参加することである．共創とは何物にも代えられないこの自分自身を現場に立たせるという姿勢なのであるから．だからこそ「場」において自己を非完結なものとして捉え，「場」を拘束条件として，未来のシナリオを共創できるように自己表現しなければならない．そのような当たり前の姿勢にこそ共創の本質があり，共創される未来に出会う奇蹟が与えられるのである．

参考文献

[1] 三宅美博，「生命」おける設計，『現代思想』，Vol.25，No.6，pp.301–317，1997.

[2] 清水 博，久米是志，三輪敬之，三宅美博，『場と共創』，NTT 出版，東京，2000.

[3] 三宅美博，システム設計における共創という姿勢: 自他分離の「境界」から自他非分離の「場」へ，『計測と制御』，Vol.51，No.11，pp.1037–1044，2012.

[4] Miyake, Y., Onishi, Y., Pöppel, E., Two types of anticipation in synchronization tapping, *Acta Neurobiologiae Experimentalis* Vol.64, 415–426, 2004.

[5] 今 誉，三宅美博，協調タッピングにおける相互同調過程の解析とモデル化，ヒューマンインタフェース学会論文誌，Vol.7，No.4，pp.477–486，2005.

[6] Miyake, Y., Interpersonal synchronization of body motion and the Walk–Mate walking support robot, *IEEE Transactions on Robotics*, Vol.25, No. 3, pp.638–644, 2009.

[7] Yokozuka, T., Ono, E., Inoue, Y., Ogawa, K., Miyake, Y., The relationship between head motion synchronization and empathy generation in unidirectional face–to–face communication, *Frontiers in Phycology 25*, 01622, 2018.

9.10

Webマイニング・情報発見

Web mining and Knoledge discovery/ 土方 嘉徳

知識ベースとしての Web

World–Wide Web（以降，Web）は，1989年にティム・バーナーズ＝リー（Tim Berners-Lee）によって分散型のハイパーテキストシステムとして発明された．インターネットプロトコルを採用したため，多くの人々によるオープンな情報共有システムとして普及した．

Web が人工知能に与えた影響は非常に大きい．Web の誕生から遡ること 10 年，実用的な人工知能としては，エキスパートシステムが注目を集めていた．エキスパートシステムは，多くの人が IF–THEN ルールのような機械可読な形式で断片的な知識をコンピュータに与えることで，未知の問題に対しても解を導くことができるシステムであった．しかし，世の中に存在する様々なドメインでこのようなシステムを実装するには，ドメインごとに人手で知識を与えなければならず，知識整備の問題（知識獲得のボトルネック）があった．

Web は，技術者や専門家だけでなく一般の人々にも普及したため，機械可読ではないものの多くの知識を含むようになった．この知識を，コンピュータ（人工知能）でも理解できるようにする技術が Web マイニングである．Web マイニングは大きく，Web コンテンツマイニングと Web リンクマイニングの2 つに分けられる．この 2 つの分類で代表的な手法を説明する．

Web コンテンツマイニング

Web コンテンツマイニングとは，Web ページ中のコンテンツ（主にテキストデータ）を用いて，何が書いてあるのかを理解する技術である．最終ゴールは，コンピュータ（人工知能）が直接扱える知識にすることであるが，

人の判断を手助けするような情報要約であってもよい．ここで用いられる技術は，主として自然言語処理の分野から援用されるものが多い．

Web コンテンツマイニングのオリジナルの技術としては，Web ページが記述されている HTML という構造情報を使うことであろう．これは特に，人工知能が扱う知識ベースにおける属性やその値（属性値）を抽出するのに有効な手がかりとなる．このような技術を情報抽出と呼び，特にこれを行うプログラムを Web ラッパと呼ぶ．

代表的な Web ラッパは，クシュメリック [1] によって提案された LR ラッパである．LR ラッパの一般形は

$$W := ((\alpha_1, \beta_1), (\alpha_2, \beta_2), \ldots, (\alpha_n, \beta_n))$$

と表現される．これは，抽出したい値（属性 i）の左側にくる文字列（α_i）と右側にくる文字列（β_i）のペアで表現されるテンプレートとみなすことができる．たとえば，図 1 のような HTML があったときに，CPU の名前を取り出す LR ラッパは以下のようになる．

$$W_{CPU} :=$$
$$(\langle /H2 \rangle ¥n \langle B \rangle CPU \langle /B \rangle :, \langle BR \rangle ¥n \langle B \rangle)$$

クシュメリックは，多くの抽出事例から LR ラッパの α_i と β_i を帰納的に学習する方法論を一般化している．

Web リンクマイニング

Web リンクマイニングとは，Web を構成するリンクの情報を用いて，重要な Web ページを発見したり，意味のあるクラスタを発見したりする技術である．ここで用いられる技

```
<HTML>
<BODY>
<H2>PC1</H2>
<B>CPU</B>:  Core i5 8265U 1.6GHz/4core<BR>
<B>Storage</B>:  SSD:256GB<BR>
<H2>PC2</H2>
<B>CPU</B>:  Celeron N4000 1.1GHz/2core<BR>
<B>Storage</B>:  eMMC：64GB<BR>
</BODY>
</HTML>
```

図 1 抽出元の Web ページ (HTML) の例

術は，主としてグラフ理論の分野から援用されるものが多いが，実用上は理論による導出よりも，繰返し計算や機械学習を用いたものが多い.

　Web リンクマイニングの代表的な技術として，Web ページの重要度を算出するランキングアルゴリズムがある．多くのランキングアルゴリズムでは，どの Web ページが重要であるかを，その Web ページの内容は用いず，そのページに接続されたリンクの情報のみから判断する．そのようなランキングアルゴリズムの中でも，HITS (Kleinberg 1999) [2] は，計算手法の単純さから最も知られたアルゴリズムである.

　HITS は，あるトピックに関連する Web ページ集合（およびリンク）を集めてきて，その集合の中でハブとオーソリティを発見してくれるアルゴリズムである．ハブとは，たくさんの高い価値を持つページ（オーソリティ）にリンクを張っているページを指す．オーソリティは，多くのハブからリンクを張ってもらっているページを指す.

　HITS では，各ページ ν は，ハブの度合いである $h(\nu)$ とオーソリティの度合いである $a(\nu)$ という 2 つの値を持つ．これらの値は，以下の式で計算される.

$$h(\nu) := \sum_{w \in \text{out}(\nu)} a(w)$$

$$a(\nu) := \sum_{w \in \text{in}(\nu)} h(w)$$

これらの式は，互いに参照し合っているため，片方の計算が終われば，その結果をもう片方の計算に利用することができる．すなわち繰返し計算により，ハブの度合いとオーソリティの度合いの近似値を得ることができる（適切な正規化を行うことにより，計算が収束することが示されている）．このようにして計算した値は，人や人工知能が Web ページの重要さを判断するときに利用できる.

参考文献

[1] Nicholas Kushmerick, Wrapper. Induction, Efficiency and Expressiveness, *Artificial Intelligence*, Vol.118, Issues 1–2, pp.15–68, 2000.

[2] Jon M. Kleinberg: Authoritative Sources in a Hyperlinked Environment, *Journal of ACM*, Vol.46, No.5, pp. 604–632, 1999.

9.11
複雑ネットワーク
Complex Networks / 白山 晋

ネットワークと複雑ネットワークの違いを述べることは難しい. 多くの文献では, 複雑性と規模性の違いが挙げられる. しかし, 正方格子, およびランダムグラフではないこと, 大規模であるという曖昧な記述にとどまる. 近年では, 単にネットワークとして複雑で大規模なものが扱われるため, 複雑ネットワークに明確な定義を与えることがさらに難しくなっている.

いずれにしろ, 両者において, グラフ理論を数学的基盤とし, 隣接行列によってネットワークの構造を表すことは共通している. 隣接行列は, その成分を $a_{i,j}$ とすると, ノード i から j にリンクがある場合, $a_{i,j} = 1$, ない場合, $a_{i,j} = 0$, また $a_{i,i} = 0$ で構成される行列である. 一般的には A と表記される. リンク属性を重み $w_{i,j}$ で表し, $a_{i,j} = w_{i,j}$ とする場合もあるが, 基本的な分析はリンクの有無のみによって行われることが多い. ここで, $a_{i,i+1} = 1$ ($1 \leqq i \leqq N-1$), $a_{i,i-1} = 1$ ($2 \leqq i \leqq N$), それ以外は 0 となる隣接行列を考える. これは, 1 から N 番までの番号が振られたノードに対して, ノード 1 と N 以外は隣同士にリンクがある無向グラフを表す. この無向グラフにリンクを加えていくと, $2^{\frac{(N-2)(N-1)}{2}}$ 通りの連結グラフが生成される. このことは, ノード数が同一でもつながり方だけで多くの情報が表現できることを意味する. しかし一方で, 行列成分からネットワークの違いを説明することや, 特徴的なノードやリンクの識別が難しいことも意味する. そこで, 隣接行列を近似するものとして, 平均頂点間距離 (平均経路長) L, クラスタ係数 C, 平均次数 $\langle k \rangle$, 次数分布 $p(k)$ といった指標が用いられる. これらの指標によってネットワークの類似性 (あるいは非類似性) が示される. マクロ的な見方である. また, ミクロ的な見方として, 個々のノードに対して算出される媒介中心性などの中心性指標から特徴的なノードやリンクの抽出が試みられる. ネットワーク上で起こる事象や現象に対しては, これらの指標に基づいた分析が行われる. この際, 「2 ノード間の情報は最短路で伝わる」, 「隣接ノード同士の接続によって情報の局所的な集中化が生じる」という仮定が置かれることが多い.

複雑ネットワークでも同様の手法と仮定が用いられる. これも定義を難しくしている一因である. 一方で, 複雑ネットワークには起源とされる研究がある. 1998 年の Watts と Strogatz によるスモールワールド性のネットワークモデルによる再現と, 1999 年の Barabási と Albert によるスケールフリー性の再現である. L が小さく, C が大きいネットワークはスモールワールド性を有するとされ, 次数分布がべき乗則に従うものは, スケールフリーなネットワークと呼ばれる. 彼ら／彼女らの研究においては, ネットワーク生成モデルなどの数理モデルに加えて, 大規模性という点からの極限操作による連続近似, あるいはマスター方程式を利用したネットワークの特徴量 (上述の指標) の理論的導出が試みられている. さらに, ネットワーク生成モデルで作られたネットワーク上の事象・現象のシミュレーションに対して平均場近似からの近似解の導出も行われるようになる. その後, 媒介中心性に基づいたネットワークの分割が試みられ, モジュラリティ Q と呼ばれるリンクの局所的な密集度を表す指標の最大化によるコミュニティ (クラスタ) の抽出が中心的テー

マとなる．これにより，ネットワークの階層構造とメゾ的な視点が分析において重要な役割を担うようになる．さらに，近年ではテンポラルネットワーク（時変ネットワーク）という隣接行列が時間変化するネットワークや多層のネットワークの性質が調べられている．

複雑ネットワークではこのように研究対象が変化するが，一貫して，多様な情報表現とより複雑な事象・現象の発現の説明が試みられている．この中で，扱う対象を近似しうるネットワークをネットワーク生成モデルから作り，ノード属性（状態）の変化を数値シミュレーションによって算出し，実現象との比較によって分析するという方法は中核をなしている．数学的な厳密性を考慮せず示せば以下となる．ある時刻 n において，コミュニティ c_n に属するノード i の状態を x^n_{i,c_n}，隣接行列を A_n，p_x と p_A をノードの状態とネットワークに関連するパラメータとすると，形式的には，

$$x^{n+1}_{i,c_{n+1}} = f(A_n, x^n_{i,c_n}; p_x)$$
$$A_{n+1} = g(A_n, x^n_{i,c_n}; p_A)$$

と表される．b_n を A_n を近似的に表す L や C などの指標や中心性指標とすると，分析には，被説明変数を $y^n = h(x^n_{i,c_n})$ とし，説明変数を b_n として，

$$y^n = \tilde{f}(b_n; p_x, p_A)$$

という関係性を調べるという方法が用いられる．あるいは，初期状態を $n = 0$，終状態を $n = \infty$ として，

$$\mathbf{y}^\infty = \hat{f}(b_0, x^0_{i,c_0}; p_x, p_A)$$

という関係性を調べる場合も多い．結果として，ノードの挙動が単純であってもネットワークとしての挙動が複雑になることや，ノードの挙動が複雑であってもネットワークとしてみると挙動は単純になることが変数間の関係性に基づいて示されてきた．このような方法，方法論を体系づけたものが複雑ネットワーク科学である．

なお，「スモールワールドだからこう」，「スケールフリーだからこう」という議論が散見されるが表層的なものが多い．複雑ネットワーク科学では，様々な被説明変数と説明変数に基づく詳細な分析がなされていることを知っておく必要がある．

9.12
人工生命
Artifical Life/ 池上 高志

2018 年に ALIFE（人工生命）の国際会議を東京で主催した（http://2018.alife.org/）．ヨーロッパとアメリカで隔年ごとにやってきた国際会議を統一した，その最初の統一会議だ．アメリカ，ロス・アラモスでクリストファー・ラントン（Chris Langton）が第 1 回を主催してから実に 30 年が経過している．

ロス・アラモスはアメリカの砂漠にある，第 2 次大戦時に著名な物理学者を集めて原爆が開発された研究所として知られている．第 1 回の ALIFE 会議は物理学者や数学者を中心に 1987 年に開催された．80 年代終わりは，コンピュータが普通に使えるようになった時代である．カオス理論を中心とした非線形科学と計算理論のアプローチが ALife の基本理論と方法論の基底をなし，生命現象を理論的に解明しようという気運が一気に盛り上がっていった時期である．

生命の理論研究は 60 年代のサイバネティクスの時代にもあった．フォン・ノイマン（John von Neumann）の自己増殖セル・オートマトン（CA），チューリング（Alan Turing）の反応拡散方程式，ジョン・コンウェイ（John Conway）の The Game of Life（LIFE）がそれで，生命をデジタルに再構築する研究の走りである．今ある生命ではない，ありえたかもしれない生命（Life As It could be）を追い求める．Alife 研究は，60 年代の研究を引き継いだ形で発展し，ノイマンの自己増殖 CA が初めてコンピュータに実装され，佐山弘樹の進化する自己複製ループ CA，トム・レイ（Tom Ray）の Tierra の進化システムや，形態の適応進化をシミュレートしたカール・シムズ（Karl Sims）の Evolving Creatures，鳥や魚の群れを模倣するクレイグ・レイノルズ（Craig Reynolds）の Boids モデルなどが相次いで発表された．これらの研究を通じて理論家でも実験家の心がわかる観察のドキドキ感と，現象論の構築，コンピュータによってもたらされた実験数学の喜びが，ALife 研究の核心部であり，それを共有するコミュニティが ALife の研究集団を作ったと言える．

ALife の研究はソフトウェアによる実装とは限らない．50 年ごろのイギリスのグレイ・ウォルター（Grey Walter）による亀ロボット "Elmer" と "Elise" の開発，2005 年の Boston Dynamics 社の Big Dog や Atlas に至るまで，まるで生きて動き回るような生命的なロボットが開発されている．

大きく進化したのは，ロボットでもコンピュータのプログラムでもない，ウェットウェアとしての試験管の中での化学進化，synthetic biology である．試験管の中で最初に RNA を使った進化実験を始めたのは，シュピーゲルマンの RNA ファージの複製実験である．短い間にファージはどんどんその形質を進化させた．これはその後市橋，四方らにより発展的に実験されている．豊田太郎，菅原正らによって人工的な細胞の自己分裂も実験された．2008 年の Martin Hanczyc，池上高志らによる動く油滴の実験では，アクティブ・マターとしての Alife 研究の走りであり，Lee Cronin はこの油滴の形質の進化実験を行った．人間の遺伝子の編集をすることも，いまや実質的に可能となっている．30 年前にコンピュータの中に見たソフトウェアの進化実験を，今では実際の RNA を使って試験管の中で行うことができるようになったのである．

ALife から生み出された遺伝的アルゴリズムや，Boids モデルの応用としての粒子最適

化法 (PSO) は，最適化手法としても知られている．また ALife ロボットに搭載されていた小規模のニューラルネットワークは，いまや大きなスケールの深層学習として第 3 次 AI ブームを起こすに至っている．

一方で AI は自動化の方法論であり，ALife は自律化の方法論だ．AI と ALife の違いは，最適化のアルゴリズムを作りたいのか，生命そのものを理解したいのか，に尽きるだろう．ALife の本質は生命の理解にあり，それが物理学者の集団から受け継いだ ALIfe 研究の精神である．いまその精神はさまざまな分野に受け継がれ，ALife はゲームデザイナー，経済システムモデル，ロボット，哲学の研究者が混じり合う学際研究となっている．

そこから見えてくる Alife の中心テーマは，Open Ended Evolution (OEE) だろう．単細胞から多細胞が生まれ，性が生まれ，言語が生まれてきたように，新しい形質の自律的生成は，進化の最も特筆すべき性質だ．OEE を可能とする物理化学的機構はなにか．OEE を図る指標はあるのか．OEE は人工的に起こせるのか．そうしたことがさまざまなレベルで議論されている．もし OEE が解明されれば，生命とは何か，なぜ進化は脳を作り出せたのか，そうしたことが解明できるかもしれない．

2018 年の東京の会議では，ALife によるアートの可能性が大きく注目された会議でもあった．真のアートとは，なんらかの形で生き死に関わるものであり，ALife の技術と思想は，そのまま新しいアートの分野を切り拓くと期待される．東京での国際会議初日にプレミアをした生命的アンドロイド Alter とオーケストラによるオペラ "Scary Beauty"（渋谷慶一郎 作）は，多くの注目を集めた．

最初の 20 年，Alife を牽引したのは非線形科学であり，新しく台頭してきたコンピュータ科学であった．2000 年を過ぎて生まれたインターネット，データサイエンスが作る巨大な Alife にも，2010 年以降大きな変化を生み出そうとしている．それは，仮想世界から現実世界への回帰である．たとえばウェブの進化は，生態系の進化を繰り返すのか？　複雑で猥雑なプログラムのスープの中に生命は生まれるか？　無限にスケールする計算のプラットフォームは生命を生み出すか？　アートは ALife をベースに新しい表現に到達するか？　複雑化し生命化してゆく技術の中で ALIfe は新たな問題に挑戦している．

9.13
俳句
Haiku/ 川村 秀憲

　俳句は，上五，中七，下五の十七音からなる有季定型句であり，世界最短の定型詩と言われている．近世の俳諧を源流とし，正岡子規が創作性と写生を重んじて俳句を成立させた．季節を表す季語を1つ，感動・詠嘆を表す「や　な　けり」などの切れ字を1つ含むものが典型的である．季語は歳時記に掲載されており，現代ではおよそ5000語を超える．俳句を詠む際，言葉の直接的な意味だけではなく，その言葉が持つ性質や在り方，様子などを踏まえた上で季語を用いることが重要とされる．

　これまで俳句は人が詠むものであったが，このような俳句を人工知能に生成される試みが行われている．俳句生成を人工知能の問題と捉えたとき，多くの未解決の課題に向き合う必要がある．

　俳句を詠むとき，どのようなことを伝えるのか，そしてどのような言葉を組み合わせるのかを考える必要がある．テーマとなる季語を限定して俳句を詠むことなどもあるが，それでも数多くの選択肢の中で伝えたいことや言葉を限定し，適切に可能性を絞っていくプロセスが必要となる．

　古典的な人工知能のアプローチに従う場合，伝えたいことが明確であるならば，それに応じて候補となる言葉の数を限定して良い組合せを探索する方法が思い浮かぶが，その際にどのように言葉候補を限定するのかは容易に解決できない．さらに，そもそも伝えたいことが明確でない場合には，俳句を詠む目的は何で，何を伝えるのか，どういう言葉の組合せを選ぶのか，無限の可能性の中からどのように探索のフレームを限定して人工知能に俳句を詠ませるべきか，解決すべき課題は多い．

　相互作用の側面から俳句を考えた場合，意味のある俳句を詠むためには，受け手の解釈能力を適切に想定し，伝えたいことを効率よく文字にエンコードする能力が必要となる．また，受け手となって俳句を解釈するためには，俳句を構成する文章と単語から適切に内容をデコードする能力が必要となる．現実世界の情報や人の情景，感情などが適切に言葉にシンボルグラウンディングされている必要があると共に，それらが共通認識であることを互いに知っている必要がある．人工知能同士，もしくは人との間で俳句をとおした情報のやり取りを成立させるためには，高度な相互理解と言葉を適切に操る能力が必要不可欠である，と考えるのが自然である．

　一方，人工知能に俳句を詠ませる試みとして，ディープラーニングの手法の1つであるLSTM (Long Short Term Memory) を使った俳句生成器が提案されている [1]．この手法では，人が作った数多くの俳句をLSTMに学習させ，確率的に選ばれた最初の言葉からそれに続く言葉を選択することで俳句を完成させる．たとえば，この手法で作られた俳句「かなしみの片手ひらいて渡り鳥」は，俳句愛好家から高い評価を得ており [2]，作品としてはおおよそ人が詠む俳句と同等以上のレベルに達しているというところまできている．

　作品だけを見ると，人工知能が生成する俳句の中には人のレベルに迫るものがある一方，LSTMを用いて俳句を生成するプロセスは確率的に俳句らしい文字列を生成しているだけと言うこともでき，伝えたい内容を言葉の組合せにエンコードしているわけではない．LSTMの仕組みを考えると，内部的にはシンボルグラウンディング問題やフレーム問題な

どとは無縁であり，それでも人にとって意味
のある心の琴線に触れる俳句を生成できると
いうことは深く考察するに値する．

　人が俳句を楽しむ際，多くは句会と呼ばれ
る集まりを行う．一般的な句会では，複数の
人が集まって無記名で自作の俳句を出し合い，
それぞれ作品を評価し，なぜその俳句が良い
のか，またどうすればもっと良くなるのかな
どを互いに批評し合う．人工知能に俳句を生
成させるだけでなく人と一緒に句会に参加で
きるまでを人工知能の研究対象と考えると，
さらに興味深い課題が生まれてくる．

　たとえば，俳句の良し悪しを評価する場合
を考える．囲碁や将棋などのゲームの評価関
数は，原理的には人とは無関係に盤面の良し
悪しをはかるものとして設計できるが，俳句
は本来人が評価すべきものであり，「人がその
俳句をどう思うか」という人の存在を前提と
した評価関数として設計する必要がある．そ
のことによって，時代背景や流行，過去の作
品の存在のみならず，そのときに俳句を鑑賞
する人のスキルや背景知識などの影響も受け
る．高浜虚子は，「選は創作なり」という言葉
を残しており，俳句を評価するということは
創作という行為と深く関わっていることを示
唆している．

　また，ある俳句が作品としてなぜよいのか
を説明し，他人に理解させるということも人
工知能の大きな課題に関わっている．近年の
ディープラーニングは膨大な学習データを利
用して確率統計的に適切な認識や判断をする
ことが可能となってきているが，その結果を
人が受け入れる形で説明することの必要性も
高まってきている．人工知能が聞き手の能力
や知識に応じて俳句の良し悪しを適切に説明
することができるならば，これから人工知能
の応用が広がる俳句以外のことにおいても適
切に人とコミュニケーションを取ることが可
能になると期待できる．

参考文献

[1] 米田航紀，横山想一郎，山下倫央，川村秀
　　憲．LSTM を用いた俳句自動生成器の開
　　発，第 32 回人工知能学会全国大会講演論
　　文集，1B2-OS-11b-01, 2018.

[2] 松原仁，川村秀憲．人工知能による文学創
　　作，『電子情報通信学会誌』, 3 月号, 2019.

第10章
ゲーム

Game/ 編集担当　松原　仁

　ゲームは，ずっと人工知能の適当な例題としての役割を果たしている．人工知能の研究はチェスから始まって，チェスを例題に探索を中心とした数多くの技術が開発されている．John McCarthy はチェスが人工知能におけるハエであったと表現した．コンピュータチェスが世界チャンピオンに勝ってその役割を終えたあとは，将棋と囲碁がその役割を果たしてきた．最近になって将棋も囲碁も相次いでコンピュータが世界チャンピオンに勝利した．チェスは機械学習の技術を（ほとんど）使わずに勝ったが，将棋と囲碁は機械学習の技術が勝利に大きく貢献した．二人完全情報確定ゲームのプログラムを強くするという研究は事実上終わったので，現在はチェス，将棋，囲碁については強くする以外の研究が進められている．それと同時に麻雀，ポーカー，人狼，カーリングなど多人数不完全情報不確定ゲームの研究が進められている．ゲームは今後も人工知能の適当な例題としての役割を果たしていくと思われる．この章は主要なゲームであるチェス，将棋，囲碁について詳しく説明して，そのあとにそのほかのゲームに触れている．ほかの章と異なり，この章は例外的に松原仁が全ての執筆を担当している．

10.1
AIのスタートとチェス
Beginning of AI and Chess/ 松原 仁

AI の研究はゲームその中でも特にチェスから始まったと言える．AI という名称を John McCarthy が提唱したのは 1956 年のダートマス会議であるが，AI の研究は 1950 年前後に Alan M. Turing と C. E. Shannon が独立に書いた論文から始まった．1940 年代に発明されたコンピュータは，当初は数値を早く正確に計算するためだけの機械であった．「それで計算するもの」あるいは「人」の意味でコンピュータという名称がつけられた（当時は計算を早く正確に行なう人間の仕事があって，彼らはコンピュータと呼ばれていた）．Turing と Shannon はコンピュータが数値だけでなく記号も扱えることに目をつけ，人間は記号処理によって知的なことを行なっていると思われるので，コンピュータも記号処理ができるのであれば人間のように知的なことができる可能性があると考えた．人間ができる知的なこととして彼らが選んだ題材がチェスであった．欧米ではチェスが知性の象徴だったのである．コンピュータにもチェスが指せる，そしてうまくすれば世界チャンピオンに勝つこともできるはずだと彼らは主張した．そしてチェスの手を探すアルゴリズムとしてミニマックス法を取り上げた．「ミニマックス法」は AI の研究で始まったものではなく，20 世紀の始めに von Neumann らが主導したゲーム理論で始まったものである．ゲーム理論で人間の意思決定のモデルとして提案されたミニマックス法をチェスの探索に使うことを提案したのである．

彼らの論文から AI の研究はスタートしたが，彼らがチェスを例題として取り上げた影響もあって多くの研究者がコンピュータチェスの研究に従事した．McCarthy, Allen Newell, Herbert A. Simon など第 1 世代の AI 研究者がみなチェスを研究テーマに選んだ．チェスに手を出さなかった第 1 世代は Marvin Minsky ぐらいであったと思われる（彼はこういう即物的な目標を立てるようなことを好まなかった）．1950 年代当時のコンピュータの性能ではルール通りにチェスを指すだけでも大変だった．チェスの一部だけを取り出したミニチェスを作って，ミニチェスの次の手を探すという研究も行われた．しかし当時の AI 研究者は AI の未来を楽観視しており，Simon は 1950 年代の半ばに，あと 10 年もすればコンピュータチェスは人間の名人に勝てるようになると宣言した．

しかし 1960 年代になってもコンピュータチェスは初心者のレベルからなかなか強くならなかった．当時は，ルール上指せる候補手全体（チェスでは平均 35 通り程度と言われている）の全ての手の先を読むのではなく，見込みの高い上位の手の先だけを読む方式を採用していた．それは 1 つには人間がそうしているという心理学的な知見があったことと，もう 1 つは当時のコンピュータの性能では全部の手の先を読むのが不可能だったこととによる．1960 年代には，人工知能批判の哲学者 Hubert L, Dreyfus（*What computers cannot do*『コンピュータに何ができないか』の著者）がチェスに強くなるためには人間しか持っていない（コンピュータには持ちえない）直感などの能力が必要で，コンピュータは永久に名人に勝てないと主張した（それどころか口というより筆がすべって彼自身にも勝てないと主張した）．永久に勝てないとまで言われて AI 研究者は頑張ったものの，1960 年代後半はようやく初級者から中級者に向かう

266 第 10 章 ゲーム

程度で，Simon が宣言した名人に勝つという宣言は達成できなかった（そのために Simon は「ほら吹きサイモン」というありがたくないあだ名がついた）．1967 年に「Mac hack」というコンピュータチェスが，人工知能を批判している Dreyfus と公開対局を行なった．Mac hack はまだまだ弱かった（将棋や囲碁でいうアマ初段ぐらいだったであろうか）が，Dreyfus はさらに弱く，Mac hack が勝って AI 研究者は少しだけだが溜飲を下げることができた（Dreyfus が大きなことを言う割にはチェスが弱かっただけではあるが）．

それから 30 年ほど後にコンピュータチェスの「Deep Blue」が世界チャンピオンの Garry Kasparov に勝ち，コンピュータチェスの技術の進歩に貢献した人たち（Mac hack の開発者も含む）を表彰したときに，Dreyfus も表彰された．彼がコンピュータチェスは絶対に名人に勝てないと主張してくれたおかげで AI 研究者は反発して頑張って強くできたということである（Dreyfus は表彰を拒否したと伝えられている）．このころにミニマックス法を改良した「アルファベータ法」が開発された．ミニマックス法は，探索の末端の局面の全ての評価値をしらみつぶしで求めなくてはならないので時間がかかってその分深く読めないという欠点がある．ミニマックス法と探索結果は同じで，それより効率がいい手法が経験的に開発された．それがのちのアルファベータ法である．チェスのプログラムで経験的に使われていたヒューリスティックをその後アルファベータ法のアルゴリズムとしてまとめたのが Donald E, Knuth である．Knuth は末端の局面の数が N 個のときに，アルファベータ法は最も効果が高い場合に $\sqrt{N}$ 個だけ評価値を求めればいいことを明らかにした．

人間がチェスをどのように指しているのか（次の手をどのように決めているのか，強いプレイヤと弱いプレイヤでどこが違うのか，などなど）に関する研究も進められた．最初の有名な研究は Adriaan de Groot(1965) である．彼はアイカメラを使って，強いプレイヤと弱いプレイヤが同じ局面で場合によって違うところを見るを見い出した．Newell と Simon は *Human Problem solving* (1972) という有名な本で，チェスのプレイヤの認知モデルを提唱した（W. G. Chase と Simon はその研究を進めたものである．1973）．

1970 年代になって，コンピュータチェスのアルゴリズムの方針に大きな変化があった．きっかけは「Chess x.y」というコンピュータチェスである（x と y はバージョン番号で数字が入る．あとになるほど大きな数字になっていった）．それまで見込みの高い上位の手の先だけを読む「人間の真似方式」（選択式探索）であったが，この Chess x.y はルール上指せる手を全部読む「ブルドーザー方式」（全数探索）を採用した．その採用についての裏話が伝わっている．Chess x.y の開発者は最初は「人間の真似方式」の新しい方法を思いついた．その方法の有効性を示そうと思い，仮想敵として（当時は弱いと思われていた）ブルドーザー方式のプログラムを作って対戦させる実験を行なった．そうしたら予想に反してブルドーザー方式のプログラムの方が断然強かった．そこで開発者は人間の真似方式の新しい方法を捨ててブルドーザー方式で Chess x.y を作ったのである．この Chess x.y がコンピュータチェスで最も強くなったので，ほかの AI 研究者もみんなブルドーザー方式を採用するようになった．これからコンピュータチェスは順調に強くなっていったのである．

ルール上指せる手を全て読むブルドーザー方式であればコンピュータは性能が高いにこしたことはない．1980 年代になって，ハードウェアでチェスの手を探索するチェス専用コンピュータや，スーパーコンピュータを使っ

たコンピュータチェスの開発が盛んになった. 力任せ方式であればコンピュータが高性能であるほど強くなるからである. 1980年代半ばに, CMUで開発された「Deep Thought」という専用ハードウェアのコンピュータチェスは, 1秒間に約70万局を読んでプロのプレイヤの実力に達した. チェスは日本の将棋や囲碁と異なり, プロの組織に加わっているのがプロということではなく, チェスの大会の賞金で生活しているのがプロである.

1980年代終わりに, Deep ThoughtのチームをIBMがスカウトして始まったのがDeep Blueの開発である. 1990年には, 世界チャンピオンのKasparovと2戦したが大差で両方とも負けた. その後ソフトウェアとハードウェアの改良を進め, 1996年に再度Kasparovと6回戦を行なった. このときもDeep Blueから見て1勝3敗2引き分けで負け越したものの, 公式戦で初めてコンピュータが世界チャンピオンに勝利を収めた. それが第1局である. Kasparovは, Deep Blueの実力を過少評価していて第1局は油断したものと思われる. 第2局以降は本気を出したようでDeep Blueをまったく問題にしなかった. 筆者はこの対戦をフィラデルフィアまで見に行ったものの, 都合で第一局には間に合わなかった. 見たのは第2局以降KasparovがDeep Blueを圧倒した対局だけであった. 筆者はDeep Blueのハードウェアを開発していたF. N. Hsuと知り合いだったので, 箱根で毎年秋に開催しているゲームプログラミングワークショップの1996年の回にゲストとしてHsuを招待して, Deep Blueについて講演をしてもらった. 1997年にKasparovとDeep Blueの間で3回目の対戦が行なわれた. 前の対戦から1年間しか経過していないが, その間にハードウェアの速さが2倍になったとのことである. このときの6回戦は, Deep Blueから見て2勝1敗3引き分けで勝ち越しを収め

た. スーパーコンピュータと専用ハードウェアを併用して, 1秒間に約2億手を読むことができた. 実は5戦を終えた段階で1勝1敗3引き分けの同点であった. 迎えた第6局の最終戦で, Kasparovが緊張のためか序盤で大悪手を指してしまい (チェスで最も重要な駒であるクイーンを只で取られてしまった), Deep Blueが劇的な勝利を収めた. この時点では実力的にはまだKasparovの方が強かったと思われる. まぐれの勝利であったとはいえ, 人工知能の研究が始まったときからの目標が達成されたのである. 筆者はこれらの6局もニューヨークに見に行った. 下馬評では (前の年の1996年はKasparovが圧勝だったので) Kasparovが圧倒的に優勢と思われていて事前にはあまり注目を集めていなかった. 1996年の秋に講演をしてもらったときに, Hsuが自信たっぷりで観戦に来いと言っていたので行った次第である. 観戦していた日本人は筆者以外は1人だけだったと思う. 結果的に世紀の一戦に立ち会うことができて非常によい経験になった. 最終局はイーブンの状態で迎えたのでさすがに大きな注目を集めていた (ダフ屋が出て数十ドルのチケットを千ドル近くで買い取ると言われたのを覚えている). Deep Blueが勝って世界中でIBMの株価が一気に上がったそうである (その上昇分で十分にDeep Blueの開発費用が賄えたと噂された).

世界チャンピオンに勝った以降も (極端に言えば数学的な必勝法を解明するまで), さらにコンピュータチェスを強くするという目標は存在する. しかし人工知能の目標としての役割はこのときに終わったと言える. 探索を中心とした多くの人工知能の技術がコンピュータチェスから派生している. アルファベータ法の効果が高くなるのは展開した探索木が評価関数の値の大きい順番になっているときである. したがって1手先を読むたびに評価値

を計算して大きい順に並べ替えておくのがいいことになる．チェスのプログラムで経験的にそのことがわかり，それがのちに反復深化 (iterative deepening) という探索手法として定式化された．ある指し手の評価値だけがほかの評価値とかけ離れているときにその指し手に注目してその指し手だけをより深く読むという選択的深化 (selective deepening)，評価値がどの程度信頼できるかを表す共謀数 (conspiracy number) とそれを拡張した証明数 (proof number)・反証数 (disproof number) などが有名である．探索を効率的に行なうためのハッシュ表，ビットマップなどデータ構造の工夫もチェスを通して確立した．チェスは（アルファベータ法を使って）ルール上，指せる全ての手を読むという全数探索が有効だったので，スーパーコンピュータやチェス専用マシンを使うことによって探索の速度を上げようという試みが盛んになされた．また並列に探索するアルゴリズムもチェスを例題にして盛んに研究された（アルファベータ法は探索全体をアルファ値，ベータ値によって制御するので並列に探索するには困難があった）．またチェスは駒の再利用ルールがないのでゲームの進行に伴って駒の数が単調に減少していく．駒が盤面に数個しか残っていない局面になると，コンピュータは（ほぼ）しらみつぶしの探索によってその局面を解く（双方が最善手を続けたら先手が勝つのか後手が勝つのか引き分けになるかを求める）ことができる．この探索をあらかじめ行ってデータベース化したものが「終盤データベース」である．コンピュータはこれを持っていればこのデータベースに含まれる局面で最善手を指すことができる．1980 年代には盤面残り 5 駒の全ての局面の終盤データベースが作られた．1990 年代から 2000 年代にかけて盤面残り 6 駒のほとんどの局面の終盤データベースが作られた（その間にコンピュータが世界チャ

ンピオンに勝ってしまったので，終盤データベースを作る意味が薄くなったと言える）．

このように多くの人工知能の技術がチェスから生まれている．McCarthy はそのことを「チェスは人工知能のハエ」であると表現した．生物学ではハエを実験材料として遺伝学などの研究が大きく進展した．チェスをそのハエにたとえたのである．コンピュータチェスの歴史のポイントは，機械学習の技術はほとんど使わずに人間に勝てるようになったということである．チェスのプログラムが強くなった時代はまだ機械学習の技術が未熟だったということと，チェスというゲームが結果的に機械学習の技術を必要としなくても強くできるものだったということだろう．

なおその後もコンピュータチェスの開発は進められ，パソコンのソフトウェアでも世界チャンピオンに勝てるまでになっている．もはやスマートフォンのアプリでも世界チャンピオンに勝てるはずである（そういうものを作っても意味がないので誰も作らないであろうが）．

10.2
将棋
Shogi (Japanese Chess) / 松原　仁

ゲームは人工知能のいい研究対象である．
それは，

1) ルールが明確で，ルール以外のことを考える必要がない．
2) 対戦して勝ち負けが決まることで，評価が容易である．
3) 人間に（生業にするほど）専門家が存在して目標とできる．
4) さまざまなむずかしさのものが存在する．
5) それ自体が面白い．

などの理由による．チェス以外にもチェッカー，オセロ，五目並べ，将棋，囲碁，コントラクト・ブリッジ，ポーカー，麻雀，大貧民などさまざまなゲームを対象として，おのおののゲームで強いプログラムの開発を目指した研究がなされてきた．その研究領域は（現在では）「ゲーム情報学 (game informatics)」と呼ばれる．「デジタルゲーム」（オンラインゲーム，ソーシャルゲームなどを含む）も重要な研究対象であるが，ゲーム情報学というときはいわゆる思考ゲームが中心になっている．国際的には 1977 年に International Computer Chess Association (ICCA) という組織が結成されている．当時はゲーム情報学の対象が主にチェスだったので，組織名にもチェスが使われていた．コンピュータチェスに関する研究が ICCA のジャーナル（原則として年に 4 冊発行）に掲載されていた．その後 1997 年にコンピュータチェスが世界チャンピオンに勝ってチェスがゲーム情報学の中心の座から降りたことに伴い，2000 年代になって組織名を International Computer Games Association (ICGA) と改称している．この組織がゲーム情報学の国際会議やゲームのプ

ログラムの国際大会を主催している．

日本国内ではゲームに関する研究を発表したり議論したりする場がなかったので，筆者が中心になって 1994 年にゲーム・プログラミング・ワークショップを始めた．2 泊 3 日の合宿形式で（ほぼ）毎年箱根で開催している（大涌谷の噴火の影響で 1 回だけ軽井沢に避難した）．日本なので将棋や囲碁に関する発表が多かったが，ほかのゲーム（デジタルゲームも含む）の発表も盛んに行われている．現在までこのワークショップが日本のゲーム研究の中心となっていると言える．このワークショップの活動を母体にして 1999 年に情報処理学会に「ゲーム情報学研究会」が発足した．そのことによってようやくゲームの研究は日本で市民権を得たと言える．研究会の発足に当たっては小谷善行，飯田弘之，筆者などが関与したが，筆者が最も苦労したのが研究会の名称である．日本はゲームに対する拒否反応が強いので，ゲームを学問対象として認めてもらうのにふさわしい名前にしたいと考えた．筆者が橋田浩一（当時電子技術総合研究所，現在は東京大学）に相談したところ，彼がゲーム情報学という案を提示してくれた．英語で game informatics と表記して，いかにももっともらしいということで採用させてもらってゲーム情報学という研究領域が正式に誕生したのである．

チェスよりもコンピュータにとってむずかしいゲームに，将棋と囲碁がある．コンピュータ将棋は主に日本で盛んに研究された．まず将棋のゲームとしてのいくつかの性質を確認しておく．将棋は，

・二人　（二人でプレイする）
・零和（一方が勝ちであればもう一方は負

けである．あるいは引き分けになる）

・有限（有限手数で必ず終わる）
・完全情報（敵の情報が全てわかっている）
・確定（偶然性の余地はない）

という性質を満たしているので，ゲーム理論
上は結論が出ている．すなわち，「先手必勝」，
「後手必勝」，「引き分け」のいずれかである．
なお，かつての将棋の「千日手」のルールは
「同一手順3回」で千日手（引き分け）になる
と決めていたが，同一手順3回を繰り返すこ
となく無限に続けることができることが指摘
され（厳密にはその時点の将棋は「有限ゲー
ム」ではなかったことになる），実戦でも無限
に続きそうな局面が出現したため，現在の千
日手のルールは「同一局面4回」に修正され
ている．なお，チェッカー，オセロ，チェス，
囲碁なども二人・零和・有限・完全情報・確
定ゲームなので理論上は先手必勝，後手必勝，
引き分けのいずれかである．

　将棋はチェスに似ているが，敵から取った
駒を再利用できるという持ち駒のルールの存
在によって量的にも質的にもチェスとはゲー
ムとしての性質が異なり，チェスで有効だっ
た手法が簡単には将棋に適用できない．チェ
スの平均分岐数（ルール上指せる手の平均）は
約35通りで平均手数は約80手なので，場
合の数は $35^{80} \approx 10^{120}$ になる．将棋の平均
分岐数は約80通りで平均手数は115手なの
で，場合の数は $80^{115} \approx 10^{220}$ になる．場合
の数では 10^{100} ほどの違いがある（チェスと
将棋でありうる局面の数はそれぞれもっと小
さく，それぞれ 10^{50}, 10^{70} 程度である）．こ
れだけ違うと将棋ではチェスとは異なる工夫
が必要と考えられる．ということで，ゲーム
でチェスの次の例題になったのは将棋である．

　コンピュータチェスの研究が1950年前後
に始まったのに対して，コンピュータ将棋の研
究が始まったのは1970年代になってからで
ある．遅かったのは，前述のように将棋がチェ

スよりコンピュータにとってむずかしかった
こと，および日本ではかつてゲームを研究対象
としにくかったことが原因と思われる．コン
ピュータ将棋協会の会長と副会長を務める滝
沢武信と小谷善行が，このころにコンピュータ
将棋を開発している．ちなみに筆者も，1977
年に大学に入学して大学の計算機センターの
アカウントをもらえたので，プログラミング
の勉強を始めると同時に将棋のプログラムを
書き始めるという無謀な挑戦を行なった．プ
ログラミング言語は Fortran であった．やは
りこの挑戦は無謀でまともな手を指すことは
できなかったので，詰め将棋を解くプログラ
ムを作ることに軌道修正した（詰め将棋を解
くプログラムは学部学生のうちに完成させる
ことができた）．1980年代には市販のプログ
ラムも出現した（たとえば「森田将棋」が有
名である）が，実力はまだ初級者レベルにと
どまっていた．将棋はチェスよりも場合の数
が大きく，チェスで成功した全数探索が当時
のコンピュータの能力ではむずかしかったた
め，見込みの高い一部の手だけを先読みする
という枝刈りが行われていた．評価関数も人
間の開発者が将棋の知識に基づいて手作業で
作成していた．

　1990年からコンピュータ将棋協会の主催
で，コンピュータ同士が対戦する大会が始まっ
た（その後毎年年大会が開催されている）．1990
年代半ばになってようやくアマチュアの有段
者の実力に達し，それからはほぼ順調に2年
に1段程度の割合で強くなってきた．2000
年代に入るとアマチュアの高段者に迫るまで
になってきた．2004年には，アマチュアの日
本一を決めるアマ竜王戦に「激指」というプ
ログラムが特別出場し，予選を突破してベスト
16に入った．2005年にはプロ棋士の組織で
ある日本将棋連盟が，プロ棋士が許可なくコ
ンピュータと対戦することを禁じる通達を出
した．プロ棋士はお金をもらって対局するの

10.2　将棋　**271**

が仕事であるという趣旨の通達であるが，プロ棋士がコンピュータに負けることが現実味を帯びてきたことの証明でもある．このころにチェス同様に将棋の強い人の知能のモデルをコンピュータ内に再現する，たとえば羽生善治三冠のモデルをコンピュータ内に作るという，将棋を対象とした認知科学的研究も伊藤毅志や筆者らによって進められた．

コンピュータ将棋に革命をもたらしたのが保木邦仁（当時東北大学のポスドク．今は電気通信大学准教授）が開発した「ボナンザ」である．ボナンザはチェスのように将棋でも全数探索（「ブルドーザー方式」）を行う．また，数千万から億の単位のパラメータを用意して機械学習によってその値を学習させて評価関数を自動生成する（この機械学習の方法はその後「ボナンザメソッド」と名付けられた）．ボナンザはコンピュータ将棋の従来の常識を覆す手法で 2006 年の大会で優勝し，多くのプログラムに影響を与えてその後のほとんどのプログラムはボナンザメソッドを採用した．またボナンザはそのソースコードがインターネット上に公開されており，誰でも簡単に参照することができる．ボナンザがソースコードを公開したことで，コンピュータ将棋の業界は強豪プログラムが（アルゴリズムだけでなく）ソースコードを公開することがふつうになった．このことがコンピュータ将棋の研究を促進し，大きな進歩につながったと思われる．

2007 年にはトッププロ棋士の 1 人である渡辺明竜王が，ボナンザと（当然許可を得て）対戦した．最終的には人間が勝利したが，途中までコンピュータが大善戦して将棋ファンに大きな衝撃を与えた．2010 年には清水市代女流王将と「あから 2010」という 4 つのプログラムの合議システムが対戦して，あから 2010 が勝利した（あから 2010 の項目を参照のこと）．複数のプログラムの多数決による合議で次の手を決める方がそれぞれのプログラム単独よりも強い，というのは興味深い結果である．2012 年には米長邦雄元名人と「ボンクラーズ」が対戦して，ボンクラーズが勝利した．2013 年には第二回電王戦が開催され，プロ棋士 5 人とコンピュータ将棋 5 種類が対戦して，コンピュータ将棋が 3 勝 1 敗 1 引き分けで勝ち越した．コンピュータが初めて現役男性プロ棋士に勝って大きなニュースとして取り上げられた．特に「GPS 将棋」が三浦弘行八段に勝った対局はコンピュータのできがよく，人間が特に悪手を指さなくても勝つことができた（ほかのコンピュータ将棋の 2 勝は逆転勝ちである）．その後も数年間電王戦が続けられた．

コンピュータ将棋には定跡にない新手，創造的な手は指せないと言われてきたが，プロ棋士の実力に近づくにつれて，プロ棋士にも評価される新手を見つけるまでになった．GPS将棋が三浦八段に勝った対局では GPS 将棋が 42 手目に指した 8 四銀が新手として評価された．2013 年の名人戦第 5 局で森内俊之名人が 62 手目に指した 3 七銀は定跡にない手と驚かれたが，この手を初めて指したのはコンピュータ将棋の「ponanza」であった．その後コンピュータ将棋が多くの新手を発見し，その手をプロ棋士を含む人間が真似するのがふつうになりつつある．コンピュータの存在によって将棋の世界が広がったと言える（人間だけでは見つけることのできなかった新たな将棋の世界をコンピュータが見つけて人間に提供してくれたのである）．

コンピュータ将棋の実力は人間のトップクラスに到達したと思われるものの，トップクラスのプロ棋士との対戦はなかなか実現しなかった．2010 年にあから 2010 を開発した情報処理学会の「トッププロ棋士に勝つコンピュータ将棋プロジェクト」は，2015 年に対戦は実現していないものの目標は事実上達成さ

れたとしてプロジェクトの終結宣言を行なった．そのときは一部のプロ棋士や将棋ファンから，勝ってもいないのに勝ったつもりでいるという批判を受けたが，2017年にようやく佐藤天彦名人と ponanza が2局対戦して2局とも ponanza が圧勝したということから推定すれば，やはり2015年の段階で追いつき追い越していたと考えるのが妥当である．2016年には「AlphaGo」が出現して一気に囲碁でもコンピュータが人間を超えたので，2015年の段階で終結宣言を行なったのは正しかったと考えている．

　現在のコンピュータ将棋の実力はプロ棋士をはるかに超えた．将棋の次の一手の決定がなんらかの計算によってなされているとするならば，コンピュータ将棋がプロ棋士に追いつき追い越すのは当たり前で，いわば歴史的な必然である．人間対コンピュータという対決図式は注目を集めやすいが，あまり強調すべきではない．コンピュータのハードもソフトも人間が開発したという意味では人間対人間のいわば異種格闘技であり，100メートル競走で人間の世界チャンピオンが F1 の車より遅いとしても，その世界チャンピオンの尊厳は決して損なわれるものではないのである．

　すでに述べたように，強くするという方向での目標であるトッププロ棋士に勝つことは達成済みである．強くするための研究はもちろんトッププロ棋士を超えて進めることも可能である（コンピュータチェスはトッププロ棋士に勝ってから20年以上経つが，いまでも強くなっている）．しかし人工知能の例題としてのむずかしいゲームという地位は他に譲ることになる．コンピュータ将棋の研究にとって，強くするという方向はその一部にすぎない．改めて言うまでもなくコンピュータは人間の道具であり，強くするというのは道具をもっと使いやすくするための1つの切り口に過ぎないのである．コンピュータ将棋はプロ

棋士に勝つまでに強くなったことにより，他の方向性の研究を本格的に進めることができるようになってきた．その例を3つあげてみよう．

(1) アドバンスド将棋

元は「アドバンスドチェス (advanced chess)」からきている．アドバンスドチェスとは，2人の人間が，それぞれが1台のコンピュータを対局中に自由に使っていいというルールで対戦するものである．人間だけの対局よりもアドバンスドチェスの方が高いレベルの対戦になることが期待される．人間は常にコンピュータを参照して，コンピュータがどの手を選ぶか，それはどういう読み筋かを知ることができる．それがもっともだと思えば人間はコンピュータの選んだ手を指せばいいし，もっといい手があると思えば人間が考えた手を指せばいい．少なくともミスの手を指すことはなくなる．人間だけよりも，人間をコンピュータが助けた方がチェスの高みに近づける可能性がある．チェスでは，最近盛んにアドバンスドチェスが試みられている．

　これを将棋に適用しようというのがアドバンスド将棋である．将棋の局面の中には人間の方が最善手を見つけるのが得意な場合もあるし，コンピュータの方が得意な場合もある．両方の長所を併せ持ったアドバンスド将棋は，チェス同様に将棋の高みに近づける可能性がある．また，チェスや将棋を離れて人間とコンピュータの新しい協調の在り方を考えさせてくれる．いまアドバンスド将棋の研究が進められつつある．

(2) 接待将棋

プロ棋士にとっての将棋は生活するための手段であるが，将棋ファンにとっての将棋は楽しい時間を過ごすための手段である．いい勝負の将棋がもっとも楽しいと思われる．誰と対局してもその相手の実力を対局中に把握して，うまく手抜きをしていい勝負に持ち込むこ

とができるコンピュータができると将棋ファンはうれしい．それを目指しているのがいわゆる接待将棋の研究である．

　これはトッププロ棋士を含めて誰にでも勝つコンピュータを開発するよりも，はるかにむずかしいことである．対局中に相手の指し手から相手の思考モデルを構築し，それをシミュレートすることによって相手の手を予想し，予想した手に基づいていい勝負になるような指し手を選ぶ．手を抜くといっても，あまりに悪い手を指すと相手の人間に手抜きがばれてしまう（相手は楽しくなくなってしまう）．相手の実力では手抜きをしていることがわからない程度の悪い手を指す必要がある．

(3) 将棋の教育

これはいわば将棋の e ラーニングである．以前は日本人の多くは将棋を知っていたが，最近はデジタルゲームに押されてプレイする人が減ってきている．将棋に興味を持って学びたい人がいても，周りに将棋に詳しい人がいて教えてくれるということがむずかしくなりつつある．人間の代わりにコンピュータが将棋を教えてくれてその実力を伸ばしてくれれば，将棋の普及にコンピュータが貢献できることになる．外国での将棋の普及にも活用が期待される．プロ棋士でも若くして強くなって有名になった藤井聡太七段は，コンピュータ将棋と対局してそこから学ぶことで序盤中盤が強くなったと言われている．

10.3
囲碁
Go / 松原 仁

囲碁は中国発祥のゲームである。2000年以上前から打たれていたという記録が残っている。しかし清の時代に中国では廃れてしまった。中国から日本にいつごろ伝わったかは不明であるが，奈良時代には打たれるようになっていたらしい。平安時代には貴族のたしなみの1つとして盛んになった。江戸時代には囲碁を生活の糧とするいわゆるプロ棋士が誕生した。今日，中国や韓国で囲碁が盛ん（プロ棋士も総じて日本よりも強い）になったのは，いわば日本からの逆輸入の側面がある。囲碁は，ほかに似たルールのゲームが存在しない，漢字を使っていないので親しみやすい，などの理由で世界的に普及している。最初にコンピュータ囲碁の研究がなされたのは，1960年代の欧米である（チェスよりは遅いが将棋より早い）。囲碁もチェスのように探索によって次の手を決めようとしたが，囲碁の，場合の数は 10^{360} とチェス（や将棋）よりはるかに大きく，ふつうの探索によっていい手を見つけるには候補手が多すぎるので，探索以外の方法がいろいろ試みられた。初期のコンピュータ囲碁の論文には，そのコンピュータ囲碁の強さがアマ38級と認定されたと書いてある。日本では，初心者が囲碁の最低限のルールを覚えただけでアマ20級以上と認定される（級位は数字が小さいほど強い）。欧米は日本より強さの認定が厳しいとはいえ，アマ38級というのは非常に弱いことを意味する。それから数十年にわたってさまざまな工夫が試みられた（たとえば「場」のような概念の導入が提案された）が，2000年代になってもまだとても弱い状態であった。アマ初段にも届かないほど弱かった。

囲碁にも，将棋のボナンザ・メソッドのような革命的な手法が現れた。それが「モンテカルロ木探索」である。これの元となった「モンテカルロ法」は，Neumann（ミニマックス法の元祖である）の命名と言われるシミュレーションによって統計的に解を求める方法である。たとえば円周率を求めることを考えよう。円とそれをちょうど囲む正方形を書き，正方形の中にランダムに点を大量に（たとえば1万個とか10万個とか）配置する。そのあとで，円の中に割る点と円の外にある点の数を数えれば円周率の近似値が求まるというものである。1990年代に，このモンテカルロ法を囲碁に適用するというアイデアが発表されたものの，そのときは成功しなかった。2000年代になって Remi Coulom が，「Crazy Stone」という囲碁プログラムの中でモンテカルロ法を応用したモンテカルロ木探索というものを採用し，この Crazy Stone が圧倒的な強さを示した。囲碁にモンテカルロ法を適用するということは，ある局面から白と黒が交互にランダムに終局まで打ち進めるというシミュレーションを多数行なって，勝つ確率が一番高い手を選ぶということである。そこには囲碁の知識はほとんど何も入っていない。この一見単純な方法（実は細かい工夫が重要なのではあるが）で強くなることに関係者が驚き，その後の囲碁プログラムはみんなこの方法を取り入れている。それで囲碁プログラムは，一気にアマ六段程度の実力に達した。アマのトップクラスまでもう一歩である。

2010年代の前半は，尾島陽児が開発した「ZEN」（これもモンテカルロ木探索を用いている）が Crazy Stone を抜いて最も強い囲碁プログラムであった。ZEN と Crazy Stone はまだ互先（ハンディなし）で戦うのは無理

であるが，トッププロ棋士と4子（コンピュータ側が初期局面に4個の石をあらかじめ置かせてもらう）のハンディで勝つまでになっていた．まだアマ強豪のレベルであり，トッププロ棋士に勝つにはまだ10年はかかると思われた．筆者も2015年に将棋はもう事実上コンピュータの方が人間よりも強くなったが，囲碁はそのレベルにまでいくにはまだ10年はかかる，と講演などで言っていた．残念ながら結果的には先を読めなかった専門家になってしまった．2016年1月にGoogleがScienceに論文を発表して，「AlphaGo」というプログラムが二段のプロ棋士に互先で5戦5勝の成績をあげたと公表して大ニュースになった．AlphaGoは，

1) 深層学習（ディープ・ラーニング）
2) モンテカルロ木探索
3) 強化学習

という3つの手法をうまく組み合わせている．大量のプロ棋士の棋譜（3000万局面）をデータとして深層学習によってある程度の強さのプログラムを作り，そのプログラム同士の強化学習によってさらに強くした．これまでコンピュータ囲碁で成功しなかった評価関数を，実質的にうまく作ったことがAlphaGoの大きな特徴である．手を決める部分では従来手法であるモンテカルロ木探索を使っている．このときはまだ二段という（失礼ながらそれほど強くない）プロ棋士に勝っただけであった．それでもアマ強豪とプロ棋士の間には大きな実力の違いがあり，AlphaGoがその壁を超えたことに驚かされたのである．2016年3月に，韓国のイ・セドル九段（元世界チャンピオン：当時のランキングで世界4位）というトップレベルのプロ棋士と対戦することが発表された．プロ二段から一気にトッププロへの挑戦である．Scienceの付録にAlphaGoとプロ二段の対局の棋譜が載っていた．筆者が判断できるレベルは越えていたが，知合い

のプロ棋士に聞いた情報ではそこまで強くないということで，世界中の囲碁関係者はイ・セドルが圧勝すると思っていた（イ・セドル自身もそう思っていたらしい）．当時筆者が少しだけ気になったのは，プロ二段に勝ってからもAlphaGoはずっと高性能のコンピュータで機械学習を続けていることであった．プロ二段に勝ったときよりはるかに強くなっている可能性があるのである．はたして筆者が思ったとおりになってしまった．4勝1敗でAlphaGoがイ・セドルに勝ったのである．これには囲碁関係者だけでなく世界中の人が驚かされた．10年かかると思われていたのが，囲碁でもコンピュータが人間に一気に追いついてしまったのである．

AlphaGoの技術を参考に深層学習を利用して強い囲碁プログラムを作るプロジェクトがさまざまなところで進められた．日本では，前述のZENが加藤英樹も加わって深層学習を取り入れた「DeepZenGo」というプログラムになり，2017年の2月に日本最強のプロ棋士である井山裕太6冠（互先というハンディなしで）に勝利した．中国では，「絶芸」や「刑天」という名前の深層学習を取り入れたプログラムがゼロから開発され，1年足らずの間にトップレベルのプロ棋士に勝てるまでになった．これらのことは，強いコンピュータ囲碁を作成するための方法論（深層学習＋モンテカルロ木探索＋強化学習）が確立したことを意味している．

2017年5月にAlphaGoの改良版が，現在最も強い中国のカ・ケツ九段と3回戦を戦って3勝0敗で勝った．これで囲碁においてもコンピュータが人間の実力を超えたことが明らかになった．

AlphaGoは人間の棋譜を利用して機械学習で強くなって人間を超えたが，2017年に人間の棋譜を利用しない「AlphaGo Zero」が開発された．人間の囲碁の知識（棋譜も含まれ

る）を使わずに，囲碁のルールだけから強化学習によって従来の AlphaGo よりも強くなったのである．このことは，人間にとっては受け入れることが辛いが，プロ棋士を含む人間が持っている囲碁の知識の信頼性がそれほど高くないということを示している．AlphaGo Zero は，その後囲碁だけでなくチェスや将棋にも適用可能な「AlphaZero」に拡張された．AlphaZero は将棋のルールから学習して数日間で名人よりも強くなった（正確に言えば，名人より強いコンピュータ将棋よりも強くなった）．強化学習の有効性を示していると言える．また，ゲームには勝ち負けという人間が関与しない絶対的な評価基準が存在することが大きい．

　人間をコンピュータが超えるとどういうことが起きるのか，囲碁がいい観察対象になっている．コンピュータ囲碁が弱かったときは機械学習によって強くなった．機械学習に使ったデータはプロ棋士を中心とした強い人間の棋譜である．弟子であるコンピュータの師匠は人間だったのである．人間の棋譜から学習したプログラムは師匠である人間に近い手を選んでいた．人間は囲碁で定石に沿った手を選ぶが，人間から学んだコンピュータも定石に沿った手を選んでいた．それからコンピュータは強くなって人間を超えるところまできた．そうなったコンピュータをさらに強くするためにはどうすればいいだろうか．以前は師匠である人間の棋譜から学習したが，すでに弟子であるコンピュータの方が師匠である人間より強くなりつつあるので，大変失礼ながら師匠の棋譜はもはや参考にならなくなってしまった．

　いま囲碁は，コンピュータ同士でたくさんの対戦を積み重ねてその棋譜によって強化学習をしている．コンピュータがコンピュータの棋譜から学んでいるのである．コンピュータは定石から外れた手をランダム

に選んでみる．それを（人間と違って休まずに延々と対局できるので）千局とか一万局とか打って勝率をチェックする．定石通り進めたときより勝率が下がっていたら断念してまた違う手を選ぶということを繰り返す．そうしているとまれに定石よりも勝率がよくなる手が見つかる．そうなるとコンピュータは（定石の手ではなく）その手を選ぶように学習する．このことをずっと繰り返している．というプロセスを経た今の囲碁のプログラムは序盤から人間には理解できない手をどんどん選んでくる．相手をする人間はその手の意味がなかなか理解できない．たとえば，コンピュータは序盤に三々にいきなり打ち込む．人間の定石にはなかったのだが，実はいい手なのである．プロ棋士は最初は戸惑っていたが，いまはその良さを理解して人間同士の対局でも序盤にいきなり三々に打ち込むことが多くなっている．

　人工知能は囲碁で人間に勝ち誇りたいわけではない．人工知能の技術のレベルが人間に信用してもらえる程度に高くなったことを示すために名人に勝つことを目標としてきたのである．何十年もかかったが，ようやく信用してもらえるレベルまで到達した．信用してもらえれば人工知能は人間を助けて（人間だけでは到達できなかった）さらなる高みに連れていくことができる．それが囲碁だけでなくいろいろな領域におけるこれからの人間とコンピュータの協力の在り方を示している．

10.4
その他のゲーム
Other Games/ 松原 仁

ここまでゲーム情報学の中心を担ってきたチェス，将棋，囲碁について述べてきたが，他のゲームを対象とした研究も多い．ここでは代表的なゲームの研究を紹介する．

チェッカーというゲームは，チェスと同じ 8×8 のマスに円盤を置いてプレイをする．日本ではあまりプレイされていないが，欧米では（プロは存在しないものの）盛んにプレイされていて世界選手権も開催されている．人工知能のごく初期に Arthur L. Samuel はチェッカーを対象とした有名な研究を行なった．彼はまずチェッカーをプレイするプログラムを作り，そのプログラムのパラメータをコンピュータが自動的に変更できる仕組みを開発した．あるプログラムと，そのプログラムのパラメータをランダムに変更したプログラムと対戦させて勝った方を残して，勝ったプログラムのパラメータをまたランダムに変更したプログラムと対戦させて勝った方を残す，ということを延々と繰り返す．すると最初のプログラムよりもずっと強いプログラムが出現したのである．これは機械学習の初期の成功例となっている．ずっと強くなったといっても実はそれほど強くはなかったのだが，当時は人間のトップクラス並みの強さまでになったと誤解されていたようである．1989 年から Jonathan Schaeffer らのグループが「Chinook」というチェッカーのプログラムを開発し始めた．チェッカーには Marion Tinsley という伝説的な強豪がいた．1950 年から 1992 年までで公式戦で負けたことが 3 回しかないと言われている（チェッカーは引き分けが多いゲームなのだが，それを考慮してもすごいことである）．したがって Tinsley に勝つことが Chinook 開発の目標となった．1990 年

の世界選手権で Chinook は人間を押さえて優勝して世界チャンピオンの Tinsley への挑戦権を得た．1992 年に Tinsley と Chinook はタイトル戦を戦い，Tinsley が 4 勝 2 敗 33 引き分けで防衛した．Chinook は負けたとはいえ，それまで 3 回しか負けていない Tinsley から 2 回も勝つことができた．次の 1994 年のタイトル戦で再戦し，6 度の引き分けの後で Tnsley が病気のために棄権（その後亡くなってしまった）したので Chinook は世界チャンピオンとなった．コンピュータがゲームの公式世界チャンピオンになったのはこの Chinook が初めてであった（ギネスブックにも載った）．その次のタイトル戦で人間相手に Chinook は勝って，防衛して世界チャンピオンのまま引退を発表した．Chinook が次に取り組んだのがチェッカーの必勝法の解明である．チェッカーの場合の数は 10^{30} と他のゲームに比べると小さくて比較的扱いやすい．2007 年に *Science* に Checker is solved という論文が掲載された．結果としてはチェッカーは引き分けのゲームであった．この研究には岸本章宏（研究当時はアルバータ大学の大学院生で，現在は IBM アイルランド研究所）も貢献した．

オセロは，似たゲーム（リバーシ）は以前からあったものの，ルールを整備してオセロという名称をつけたのは長谷川五郎である．1970 年代にツクダオリジナルから販売されて，日本だけでなく世界中でプレイされるようになった．ルールがわかりやすく小さい子どもから年配の人まで多くの人がプレイできるのが特徴である．人工知能の例題としても早くから取り上げられた．1980 年ごろに，Paul Rosenbloom が *Artificial Intelligence* に世界チャ

ンピオンレベルのオセロプログラム「IAGO」を開発したという論文を載せている（筆者は当時 AIUEO（「AIUEO」の項目を参照のこと）の会合でこの論文を取り上げて紹介した記憶がある）．1980 年に Reeve と Levy が作成した「Moort」というプログラムが，当時の世界チャンピオンの井上博と 6 番勝負をして負け越したものの 1 勝を挙げたという記録が残っている．その後もさまざまなプログラムが作られたが，1990 年代に Michael Buro によって開発された「Logistello」が有名である．Logistello は 1997 年にアメリカで当時の世界チャンピオンの村上健と 6 回戦を戦った．世界チャンピオンとプログラムが対戦するのは 17 年ぶりである．この対戦の実現には裏話が伝わっている．オセロのプログラムを開発していたアメリカの研究者がある雑誌のインタビューで，プログラムの挑戦を受けない人間は臆病だと批判した．村上健の本業は英語の先生だったのでその記事を読んで憤慨し，挑戦を断ったことはない，喜んで挑戦を受けるという抗議文を英語で送った．そのことがきっかけとして久しぶりの対戦が実現したのである．しかし 1997 年の対決は時期が遅すぎた（この対決の数ヵ月前にチェスで Kasparov と Deep Blue が対決していた）．Logistello は後半の二十数手は読み切って最善手を打つことができるなど人間を圧倒していた．この対戦は Logistello の 6 戦全勝に終わったが，数年前であればいい勝負になったはずである．オセロの必勝法の解明の試みもなされている．オセロの場合の数は 10^{60} で，まだオセロ自体の必勝法は解明されていない．小型にした 6 × 6 のオセロ（本来は 8 × 8 である）は，1993 年に Feinstein が後手必勝であることを見い出している（先手（黒）が最善手を尽くしたとしても後手（白）が「20 対 16」で勝つ）．

　五目並べは，外国では「Gomoku」と呼ばれてかなりの知名度がある（囲碁の知名度があるので碁盤を使う囲碁よりわかりやすいゲームとして普及している）．経験的に先手がかなり勝ちやすいことがよく知られており，後手にさまざまなハンディを付けて平等性を確保することが試みられている（そうしたものは「連珠」と呼ばれ，プロこそいないものの段位を持った専門家が存在している）．五目並べの先手の必勝定石というものが 100 年以上前から存在し，現実的にはその手順で必勝と思われるが，厳密な意味での証明とは言いがたいところもある．1992 年に Victor Allis が五目並べが先手必勝であることを先手を持って必勝手順を打つプログラムを作ることによって証明した．

　バックギャモンは，チェス，将棋，囲碁，チェッカー，オセロ，五目並べと異なり非確定ゲームである．サイコロを 2 つ振って出た目によって手が変わる（「西洋すごろく」とも呼ばれる）．世界中でプレイされて世界選手権も開催されている．人工知能の例題として取り上げられたのも比較的古い．有名なのは 1992 年の Gerald Tesauro の強化学習を利用した TD-gammon というシステムである．ゲームに勝つと正の報酬（いい手を指した褒美），負けると負の報酬（悪い手を指した罰）を与えて学習させるのだが，ゲームの勝ち負けは一般にゲームの途中のどこかの手に原因（勝ったら勝因，負けたら敗因）がある．どの手に原因があるかを見極めることを貢献度分配問題 (credit assignment problem) と呼ぶが，TD-gammon は工夫によってこの問題を解くことができた．TD-gammon は，人間のプレイを参考とすることなしに強化学習で人間のトップに近い強さを示した．その後の研究によってバックギャモンのプログラムは人間を大きく超える能力を得たので，現在はバックギャモンの人間プレイヤの能力をプログラムの判断との一致率によって評価する

のが一般的になっている.

麻雀は,日本や中国などで非常に盛んで敵が3人もいる（4人）ゲームで現実の社会に近く例題としてすぐれているが,ギャンブル性が高く不健全な雰囲気がある（麻雀というゲーム自体に罪はないが,金品を賭けることが日本では非合法であるにも関わらず賭けてプレイすることが多い）,世界的にさまざまなルールがあって統一されていない（標準となるルールを仮定しにくい）などの理由で以前は研究が少なかった.しかしインターネット上で（賭けない）標準ルールの麻雀が盛んになってきたので,それを対象とした麻雀の研究が盛んになってきた.たとえば,とつげき東北は多数の牌譜（麻雀のプレイ記録）のデータをインターネット麻雀から集めて,いわゆる格言の妥当性を統計的に調べる研究を行なった（とつげき東北『科学する麻雀』,講談社現代新書,2004）.水上直樹は2010年代に「爆打」という麻雀プログラムを開発した（水上直樹『麻雀AI戦術 人工知能「爆打」に聞く必勝法』,竹書房,2018）.爆打は天鳳というインターネット麻雀でトップレベルまでもう一歩のレベルに達した.最近では2019年にマイクロソフトのSuphx (Super Phoenix)が同じ天鳳でとうとうトップレベルに達した.麻雀もいよいよコンピュータが人間に追いついたと言える.

ポーカーも,敵の情報がわからない不完全情報ゲームの例として以前から例題として研究がされているが,なかなか人間に追いつけないでいる.ただし,限定的にはコンピュータも頑張っている.たとえば掛け金に上限のある2人の「テキサス・ホールデム」というポーカーが解かれている.統計的に必ず勝ち越す最適戦略を見つけたという論文（Bowling *et al.* Heads-Up limited Hold'em poker is solved, *Science*, Vol.347, pp.145–149, 2015）がサイエンスに載った.

最近になって例題として「人狼」が注目をあつめている.人狼は多人数,不完全情報,非対称というこれまでのゲームにないさまざまな特徴を持っている.さらには言葉によるコミュニケーションが重要というほかのゲームにない特徴を持っている.その分まだコンピュータは弱くてまともに人間とは勝負できないので発言の形式や内容を制限するなどをして対戦を行っている.

スポーツであるがカーリングも最近例題として注目されている.カーリングは「氷上のチェス」と言われており,ある状況でストーンをどこに置けばいいかを先読みすることが重要になる.ボードゲームとは異なり,思ったところにストーンを置けるかどうか,氷の状態がどうなっているか（滑り方がどう変化するか）という不完全情報と不確定の要素があるので面白い研究対象になっている.

ゲームは

1) ルールが明確で,ルール以外のことを考える必要がない.
2) 対戦して勝ち負けが決まることで,評価が容易である.

といういい性質を持っている.以前はこれらは長所であったが,いまはこれらは長所ではなく,非現実的な例題ということでむしろ短所になっている（それだけ人工知能が進歩したということである）.今後は不完全情報,不確定,多人数,非対称などの特徴を持ったゲームを例題にしていくことになる.「人生はゲームだ」という言葉が正しいのであれば,リアル「人生ゲーム」を人間よりもうまくプレイできる人工知能が実現できるまで,ゲームは人工知能のいい例題であり続けるはずである.

第11章
社会デザイン

Social Design/ 中島 秀之

　ITやAIは社会システムを飛躍的に改善する可能性を秘めている.「第五世代コンピュータプロジェクト」が引き金となったAIブームが去ったあと,AI技術を押し上げる研究より,その社会応用の研究が盛んになってきた.時期的には世界的なユビキタスコンピューティングの波に呼応するものだ.これはコンピュータが街中に出てきて様々な場面で人間のサポートをするという概念であったが,今のIoT (Internet of Things) の先駆けと言ってよかろう.本章ではAIの社会応用を中心に話題を拾った.

　米国では国防予算の一部がAI研究に注ぎ込まれ,日本より1桁あるいは2桁上の潤沢な研究予算を使ってAI研究が進められている（MITにはDARPA予算が大量に注ぎ込まれているが,スタンフォード大学のように国防予算を使うことを拒否しながらもAIで成果を上げている例もある）.日本でも最近は防衛省予算で研究する大学も現れたが,まだまだ例外的であるし,防衛予算を使うことへの抵抗も残っている.

　ならば,日本は防災であろう,ということで立ち上がったのが大大特（大都市大災害軽減化特別プロジェクト）である.その後日本は様々な災害に見舞われているが,このプロジェクトが軽減化に貢献したという話は聞かない.ただ,避難シミュレーションなどは自治体で避難計画に活用されている例がある.

　日本はロボット研究に強みがある.ロボカップチャレンジは日本が提案して世界標準となった大会である.最初にロボカップサッカーが立ち上がった.これは実機リーグとシミュレーションリーグに分かれ,前者はロボットの運動機能,後者はサッカーの戦略を磨くものとして続いている.その後,先の大大特の流れを汲んだロボカップレスキューが立ち上がった.近年ロボカップホームという家庭内ロボットのコンテストも追加され,ロボカップはどんどん大きくなっている.

　近年急激にMaaS (Mobility as a Service) の議論が盛んになったが,交通システムの研究はもっと前（2000年ごろ）から行われている.元々はスマートシティという大きなくくりで都市の知能化を目指したプロジェクトがあり,その中で電力網と交通というインフラの話題が生き残っている.AIの社会応用の一例であるが,新しい交通システムは社会の要請とマッチして実用化が始まったという意味で重要なものである.モビリティ改革は,インターネットがそうであったように,社会のデザインを変えることになると考える.

　『不便益』という本が出た.たとえばバリアフリー住宅は住宅内での移動を容易にするが,その分身体の衰えを加速するという負の面もあるということだ.不便である方が良い点があるという観点は好きだが,これで1冊の本をまとめたのには驚いた（褒めているつもり）.AIに直接関わる話題ではないが,AIの社会応用を考える上で重要な観点だと思い,項目を入れ,この本の著者に執筆いただいた.

　本章では,その他に,トレード,セキュリティなどの分野で活用されているAIや,その力の源泉であるデータの扱い（特に個人情報）など,広範囲をカバーすることになった.

11.1
人流・避難シミュレーション
Pedestrian Evacuation Simulation/ 野田 五十樹

大規模災害時における避難を始めとする大規模人流は，マルチエージェント社会シミュレーションの重要な応用分野の1つである．社会シミュレーションでは，エージェントとして代表される人々の振舞いにおいて，そのちょっとした違いが社会全体に及ぼすさまざまな影響を予見することが，重要な技術的目的となる．大規模な人流においても，些細に見える混乱が渋滞などを発生させ，群衆全体に影響が及ぶことが考えられ，その関係を見える化することが，避難シミュレーションの大きな役割となる．

人流・避難シミュレーションの行動モデルは主として空間的要素と情報的要素からなる．空間的要素は，エージェントが動き回る空間の表現（地図モデル）と，その空間の中の事物やほかのエージェントとの衝突を避けるために歩く方向や速さを決める速度モデルに分けることができる．地図モデルでは，二次元・三次元の空間として表現する自由空間モデルや，空間をグリッドなど小区分に分けたセルモデル，辺と頂点で表すグラフモデルがある．自由空間モデルは複雑な形状の空間などでの人流を詳細にシミュレーションするのに適するが，計算量が多い．グラフモデルは都市規模などにおける大規模な人流を少ない計算量で扱うのに優れるが，細かい相互作用は表しにくい．また，セルモデルではその中間の性質を持つ，といった特徴がある．

情報的要素は，エージェントが持つ情報の不完全さとそれに伴う判断・行動のモデルである．たとえば災害時を扱う場合，避難所などの目的地が不明であるとか，建物倒壊などにより地図モデルが変化し，エージェントの知識とズレが生じる，などを反映できる必要

がある．このような不完全情報での人の行動のモデルは，多数に対する追従行動などいくつかの部分的傾向が知られているが，人間の認識と行動についてのデータ不足もあり，信頼に足るモデルはまだない．よって，実際にシミュレーションでは，確率的に判断にゆらぎをもたせるなどをモデルに組み込んで実施することが多い．

人流のシミュレーションの評価軸は多目的である．シミュレーションの目的は一般に，与えられた条件に対する予測や評価と，その評価に基づいて望ましい結果を得る条件を探索する「最適化」である．この最適化について，人流という文脈では複数の目的を想定する必要がある．たとえば避難というと，避難の効率，すなわち，全体の避難時間の短さや，一定時間に逃げきれる人数の多さなどがまず第一の評価軸となる．加えて，その避難を実現するのに必要な災害対策のコストや，長期に渡る対策の維持コストなども評価軸として考慮する必要がある．このコストは金銭的なコストだけでなく，訓練などにかかる人的コスト，地域の体制作りなどの社会的コストを含む．このような多目的の最適化として出てきたパレート解の集合を示すことが，人流シミュレーションの最も重要な役割となる．

人流・避難シミュレーションを使うタイミングとしては，事前と事後の2通りが考えられる．事前については，建物の設計や災害対策の策定や訓練などにおいて，考えられる様々な条件を想定して，上記のような多目的最適化による分析を行う．この場合，幅広い状況に対応できる対策を実現するために，できるだけ多様な被害状況を想定して多数のシミュレーションを行うことが望ましい．一方，事

282　第11章　社会デザイン

後については，今そこにある群衆に対して最適な誘導方法を探るものになる．この中で，事後の応用については，現状では限定的にしか適用できない．シミュレーションを行うためには初期条件を与える必要があるが，人流の環境を厳密に計測することが難しい．また，行動モデルの精度も十分ではないため，実際の誘導に使えるほどの予測精度を出すことはまだ困難である．したがって，シミュレーションを行うにしても，厳密な状況が把握できる限られた場合に限定されることになる．

　人流を始めとする社会シミュレーションにおいては，多数の条件をできるだけ網羅して評価する網羅的シミュレーションを実施することが重要となる [1]．特に，上記の事前での応用では，想定外をできるだけ減ずるためにも，可能な限り幅広い条件でのシミュレーション評価を行う必要がある．また，シミュレーションで必須となるモデルの検証のためにも，人流計測・センシングと連動し，シミュレーションモデルの妥当性を検証する枠組みを構築することが重要となる [2]．

参考文献

[1] 野田五十樹, 山下倫央. 網羅的シミュレーションを用いた社会システム設計支援.『情報処理』, Vol.58, No.7, pp.590–593, 7月, 2017.

[2] 大西正輝. 混雑環境における群衆計測 ——シミュレーションとの融合を目指して——.『情報処理』, Vol.58, No.7, pp.594–597, 6月, 2017.

11.2
社会シミュレーション
Social Simutation / 寺野 隆雄

　従来の社会現象 (Social Phenomena) の研究において，典型的な手法は，歴史的な事実に注目して文献を調査するという事例分析による接近法か，もしくは，対象をモデル化し数理的・統計的に扱う接近法であった．たとえば，物理学と統計的な分析法を金融の問題に適用したものが金融工学である．金融工学 (Financial Engineering) では，自然界に存在する物理的現象と同様に，市場は所与のものと仮定されている．しかし，この仮定は一般に成立しない．市場は，それを構成する個々の人間の意思と行動に基づいて構成されるものであり，また，市場での取引きの法則は，自然現象とは異なり，市場を構成する人間の意思によって設計されるものだからである．このような従来手法を補完するものとして，近年研究が盛んになっている手法が，コンピュータシミュレーション (Computer Simulation) を積極的に利用しようというものである．社会シミュレーションは，コンピュータを利用して社会現象に潜む原理や原則を知るとともに，社会の仕組みをより良く設計するための手段となりうる [1].

　意識するにせよ，しないにせよ，シミュレーションと社会現象との関連性は長く深い．「社会のさまざまな事象を思うがままにあやつってみたい」こんな思いを感じたことはないだろうか？　たとえば，アクション映画に登場する悪役の親玉は，こんな思いを強烈に持っているように見える．また，このような社会実験を行った結果，いろいろな事件が発生するという類の話は SF 小説によく登場するテーマである．もちろん，そんなことはできない．かつての王国の専制君主（の幾人か）は，そんな気分で，戦をしかけ，それなりの快楽を味わったのではないだろうか？　そして，これではいけないということで発明されたのが，完全情報ゲーム (Complete Information Game) としての囲碁や将棋であったという話もある．この説に従うと，囲碁や将棋は，もともと戦のシミュレーションだったということになる．実際，現在でもなお戦闘シミュレーションは，防衛訓練としてさまざまな場面で使われている．

　スケールの大きなシミュレーション研究として実施されたのが，「成長の限界 (Limits of Growth)」プロジェクトであった [2]. そこでは，システムダイナミクス (System Dynamics) という手法が考案され，非線形微分方程式系としての世界モデルが構築され，世界の将来像に関してかなり悲観的な結果が得られている．その後の後日談も興味深い [3].

　システムダイナミクスは，社会現象をマクロな観点から把握しようとする手法である．その一方，社会を構成する個々の構成員（エージェント）とそれを取り巻くワールド，両者のインタラクションに注目するのがエージェントベース・モデリング (Agent Based Modeling) の考え方である [4]. エージェントは，囲碁や将棋のようなゲームにおいてはコマに相当する概念である．複数のコマが，ワールドであるマス目という与えられた環境の中で互いに相互作用しながら，いろいろな状況を形作っていくのが，エージェントベース・モデルの特徴となる．エージェントは内部状態と意思決定・問題解決能力，ならびに通信機能を備える．そしてワールドにおけるインタラクションに基づいて，いろいろ興味深い創発的現象 (Emergent Phenomena) が発生する．すなわち，1) ミクロ的な観点においてエー

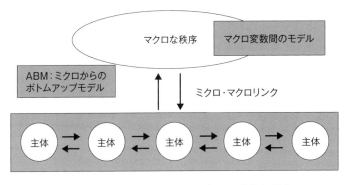

図 1 エージェントベース・モデルの一般的な構造

ジェントが（個別の）内部状態を持ち，自律的に行動・適応し，情報交換と問題解決に携わる点，2) その結果として対象システムのマクロ的な性質が創発する点，3) エージェントとエージェントを囲む環境とがミクロ・マクロリンク (Micro・Macro Link) を形成し，互いに影響を及ぼしあいながら，システムの状態が変化していく点にある．

図 1 に示すように，エージェント間のミクロレベルのインタラクションで創発するマクロな現象，ならびに，それがトップダウンにエージェントに影響を与えることになる．たとえば，株式の取引を行うときに人々をエージェントとみなそう．すると，個々の取引きというミクロな行動によって，金融市場の価格の変化というマクロな現象が創発することになる．さらに，金融市場の価格というマクロな情報が個々のエージェントの意思決定に大きな影響を与える．このように，ミクロな現象とマクロな現象がからみあって非常に複雑な動きをするのが現実の社会である．

しかし，社会シミュレーションは未来を予測する手段ではない．社会のシナリオを考察し，社会を設計する方法を与える手法である．そこから何が得られるか？ たとえば，[4] を参照されたい．

参考文献

[1] 遠藤薫（編）．『社会シミュレーション ── 世界を「見える化」する──』（横幹〈知の統合〉シリーズ），東京電機大学出版，2017．

[2] Meadows, D.H. *Limits of Growth*, University Books, 1972. (D.H. メドウス．『成長の限界──ローマクラブ，人類の危機レポート──』，ダイヤモンド社，1972．

[3] Randers, J. 2052: *A Global Forecast for the Next Forty Years.* Chelsea Green Pub., 2012. 野中香方子訳：『2052：今後 40 年のグローバル予測』．日経 BP 社，2013．

[4] 寺野隆雄．研究のネットワークがつながるとき，人工知能 レクチャーシリーズ．「つながりが創発するイノベーション」（第 6 回），『人工知能』，Vol.31, No.2, pp.287–298, 2016．

11.3
経済シミュレーション
Economic Simulation / 和泉 潔

経済分野での人工知能技術の応用は，大きく分けて2種類ある．1つは，経済データを機械学習の手法を用いて分析し，将来予測やパターン抽出を目指すデータ解析での応用である．しかし，経済データの解析には難しい問題がある．経済現象の構成要素である人間は知能を持ち，自らの行動ルールを環境や他人との相互作用で変化させる．ミクロな行動変化の集積によりマクロな経済現象の新しい挙動が常に発生しうるので，過去データの分析だけでは不十分である．この経済分析の根本的な課題に取り組むのが，人工知能技術のもう1つの応用である経済現象のマルチエージェント・シミュレーションである．複数の計算機プログラムが，自律的に情報を分析し意思決定を行うエージェントとして，経済現象のモデルを構成する．複数の知能の相互作用により生じる複雑な経済現象を機械に再現する試みであり，社会経済的状況における人工知能プログラムの振舞いを分析する試みでもある．経済シミュレーションの応用は，多くの経済分野で実際の経済現象のメカニズムの解明や従来の経済理論の検証，そして現実の経済現象でのルールの設計などに用いられている．

金融分野への応用

人工市場とは，金融市場のエージェント・モデルである．1990年代後半に，複雑系研究で有名なサンタフェ研究所が，人工市場に学習と創発という観点を初めて導入し，バブルの発生や予測ルールの複雑化を分析した [1]．2000年代に入り，人工市場はより詳細で現実的になり，手数料率や値幅制限などの市場制度のテストや，現実のある時期のバブル発生・崩壊のメカニズムの解明に使われるように

なった [2]．特に，制度の効果検証で次のような成果を挙げている [3]．

(a) 異なる価格決定方式（市場に出された注文をマッチングし価格を決定する方式）を採用した人工市場により，それぞれの市場効率性や価格変動の性質を比較した [4]．

(b) 空売り制限やサーキットブレーカー，取引税などの市場安定化のためのさまざまな規制の効果を人工市場で検証した [5]．

(c) NASDAQ証券取引所 [6] や東京証券取引所 [7] に人工市場を適用して新しい制度(価格変動幅の最小単位の切り下げ) の投資家へのインパクトを検証した．

マーケティング分野への応用

消費者の購買行動とコミュニケーション行動をモデル化したマルチエージェント・シミュレーションにより，消費者行動のミクロな変化と商品売上などのマクロな動態との関係を分析する研究が多くある [8]．たとえば，市場の動きがエージェントの意思決定過程と製品特性，および社会ネットワーク構造の3つの要素間の相互作用に依存することを示した研究がある [9]．ほかの研究では，消費者の情報チャネルの増加により，各消費者の選択が特定の財に集中する傾向を強める可能性があることが示された [10]．近年の消費者行動の多様化により，より詳細で高度な生産・在庫管理の手法が提案されている．これらの新たな生産・在庫管理システムを実装したシミュレーションが，複数の市場環境のもとでのシステムの有効性を評価することに使用されている [11], [12]．

電力・エネルギー経済分野への応用

この分野でのマルチエージェント・シミュレーションの主な応用事例は，電力卸売市場

と送配電システムに関する新制度を，安定性と効率性の両方の観点から評価するものである．電力市場に関しては，国内外の多くの研究でエージェント・シミュレーションが使われ [13]，[14]．すでに米国ではエージェントベースの大規模な電力市場テストベッド AMES が構築され，電力市場制度の研究で利用されている [15]．送配電システムについても，実際の電力需要データや発電データを用いて電力消費エージェントの挙動を決定し，スマートグリッド・システムの効率性を評価した研究 [16] や，分散した小規模な電力市場により電力価格と配電ネットワークを創発的に構築する新たな電力流通システムの有効性を分析する研究 [17] などがある．

製品や技術の普及過程分析への応用

　消費者や企業を対象としたエージェント・モデルを利用して，革新的な製品や技術の普及過程の解明を目指す研究が増加している．たとえば，規模の小さな初期市場から主要市場に発展するまでの溝（キャズム）の分析 [18]，消費者間の複雑ネットワーク構造が与える競合サービス普及への影響分析 [19]，企業間競争と社会ネットワークの相互作用の観点からの技術普及の分析 [20] などがある．

環境経済への応用

　社会における環境意識の高まりとともに，資源を効率的に利用する循環型社会のための新制度を設計する必要性が高まっている．この分野でのエージェント・シミュレーションの応用は，家電リサイクル法など生産者および消費者にリサイクルや回収に関するなんらかの義務を課す制度の有効性を評価するもの [21] や，環境に配慮した製品の，市場への普及過程を分析したもの [22] など，制度の社会的評価や消費者行動の分析を対象にしたものである．

参考文献

[1] Arthur, W., Holland, J., LeBaron, B., Palmer, R., and Tayler, P. Asset pricing under endogenous expectations in an artificial stock market. *In The Economy as an Evolving Complex Systems II*, pp.15–44. Addison–Wesley, 1997.

[2] 和泉潔. 『人工市場：市場分析の複雑系アプローチ』，森北出版，2003.

[3] 山田隆志. 社会シミュレーション手法による金融市場制度研究. 『計測と制御』，Vol.52, No.7, pp.635–640, 2013.

[4] Bottazzi, G., Dosi, G., and Rebesco, I. Institutional architectures and behavioral ecologies in the dynamics of financial markets. *Journal of Mathematical Economics*, Vol.41, No.1–2, pp.197–228, 2005.

[5] Westerhoff, F. The Use of Agent–Based Financial Market Models to Test the Effectiveness of Regulatory Policies. *Journal of Economics and Statistics*, Vol.228, No.2–3, pp.195–227, 2008.

[6] Darley, V. and Outkin, A.V. A NASDAQ Market Simulation. Insights on a Major Market from the Science of Complex Adaptive Systems. *World Scientific*, 2007.

[7] 水田孝信, 早川聡, 和泉潔, 吉村忍. 人工市場シミュレーションを用いた取引システムの高速化が価格 形成に与える影響の分析. 日本取引所ワーキングペーパー, Vol. 2, 2013.

[8] 水野誠. 消費者行動の複雑性を解明する——エージェントベース・モデルの可能性——. 『流通情報』，Vol.41, No.4, pp.29–36, 2009.

[9] Janssen, A.M. and Wander, J. Simulating market dynamics. Interactions

between consumer psychology and social networks. *Artificial Life*, Vol.9, No.4, pp.343–356, 2003.

[10] 山本仁志, 岡田勇, 小林伸睦, 太田敏澄. 音楽ソフト市場における消費者選択の多様性に対する情報 チャネル効果. Winner-Take-All 現象への Agent-Based Approach.『経営情報学会誌』, Vol.11, No.3, pp.37–53, 2002.

[11] Kim,C.O., Kwonb,I–H., and Kwak, C. Multiagent based distributed inventory control model. *Expert Systems with Applications*, Vol.37, No.7, pp.5186–5191, 2010.

[12] Jiang, C. and Sheng, Z. Case–based reinforcement learning for dynamic inventory control in a multiagent supply-chain system. *Expert Systems with Applications*, Vol.36, No.3, pp. 6520–6526, 2009.

[13] 渡邊勇, 岡田健司, 栗原郁夫, 永田真幸. 電力市場のシミュレーション―市場シミュレータの開発とエージェントモデルの分析, 電力中央研究所報告, R02022, 2003.

[14] Qudrat–Ullah, H. *Energy Policy Modeling in the 21st Century*, Springer, 2013.

[15] Sun, J. and Tesfatsion, L. Dynamic testing of whole-sale power market designs: An opensource agent–based framework. *Computational Economics*, Vol.30, No.3, pp.291–327, 2007.

[16] Vytelingum, P., Voice, T. D., Ramchurn, S., Rogers, A., and Jennings, N. Agent–based Micro Storage Management for the Smart Grid. In *Proc. Autonomous agents and multiagent systems*, pp.39–46, 2010.

[17] 井上淳, 藤井康正. パケット電力取引に基づく革新的配電システムの提案. 電気学会論文誌 B, Vol.131, No.2, pp.143–150, 2011.

[18] 酒井博章, 河合勝彦. エージェント・ベース・モデルを利用した新製品普及戦略の考察.『オイコノミカ』, Vol.43, No.2, pp.1–16, 2006.

[19] 藤井信忠, 貝原俊也, 吉川智哉. 複雑ネットワーク を用いた複数競合サービスの普及に関する研究：消費者効用の非均質性の影響. 計測自動制御学会論文集, Vol.48, No.5, pp.249–256, 2006.

[20] Watts, C. and Gilbert, N. *Simulating Innovation: Computer-Based Tools for Rethinking Innovation*, Edward Elgar Publishing, 2014.

[21] 西野成昭, 小田宗兵衛, 上田完次. リサイクルシステムにおける行動主体の意思決定と制度設計―使用済み製品の回収市場における分析―. 電子情報通信学会論文誌, Vol.J88-D-I, No.9, pp.1312–1320, 2005.

[22] Zaima, K. Agent–Based Simulation on the Diffusion of Research and Development for Environmentally Conscious Products. In *Agent-Based Modeling Meets Gaming*, pp.119–138. Springer, 2006.

11.4

社会の仕組みのデザイン：
エージェントによる大規模合意形成支援を目指して

Designing Societal Mechanisms Towards Large-scale Consensus Support based on Agents / 伊藤 孝行

昆虫や魚の群れの動きには，知性を感じることができる．これは集合的知性（コレクティブインテリジェンス）と呼ばれる．彼らの個々は全体を把握はしていないが，全体の社会としては知的に振る舞うことができる．彼らは，自らの社会の仕組みをたえず進化させることで，群れとしての優位性を保ち続けている．一方，人類の集合的知性について言えば，人類はこれまでの社会の仕組みとして，市場，階層組織，民主主義制度，などさまざまな仕組みを進化させ生き残っている．しかし，これらの仕組みは，インターネットやスマホがない時代のものである．さらに近年，計算機パワーが著しく向上し，深層学習を中心とした破壊的技術が出現しており，過去のあらゆる社会の仕組みを新しく変えていかなければならない．

人間の集合的知性を，情報技術によって促進するための方法論や概念を提供するのがマルチエージェントシステム研究である．マルチエージェントシステム研究は，主に社会の知性の本質を探りながら，新しい社会システムの可能性を探っている．分散人工知能を中心として，シミュレーション，ロボティクス，ゲーム理論といった学際的な研究が展開されている．初期の頃は，ソフトウェアやロボットをエージェントと呼んでいたが，最近になって，人間自体もエージェントとしてみることで，社会全体を捉えるような理論と応用に関する研究がなされている．つまり，スマホのような強力なネットワーク機能と計算機パワーにより，人間もプログラムと同様に合理的に

行動できるエージェントと捉えることができるのである．

筆者は，特に計算論的メカニズムデザイン，自動交渉エージェント，合意形成支援について研究を行ってきた．計算論的メカニズムデザインでは，合理的なエージェントを前提とした場合の社会的に効率的なメカニズム（制度）を数理経済学的に設計する．自動交渉機構では，人間の代理で交渉を行うエージェントを研究する．合意形成支援に関する研究では，インターネットと知的情報処理の技術を用いて，新しい民主主義の仕組みを作ることが目標である．具体的には，インターネット上で群衆の合意を形成するシステムを実現する．近年のインターネットでは，Twitter やFacebook などの SNS によって，インターネットで何万人，何百万人という人たちの意見を収集できるようになった．これらの意見をうまくまとめて，何百万人という人たちの合意を形成できる可能性がある．大規模な合意を形成できれば，これまでには不可能だった，大規模な人数による意思決定が可能になる．しかし，規模が非常に大きいことから，人間の手で行うのは困難である．そこで本研究では，エージェントによって，大規模な人数の人たちの意見を効率的に収集し，合意を形成するシステムを創成する．

本研究により，従来では不可能だった極めて大規模な人数（たとえば，10,000 名以上）で，ネット上で議論し，効率的に合意を形成することが可能になる．これにより，時間と場所と労力をかけて，大規模な人数の議論を

繰り返さなくても，効率的に合意を得る，もしくは，合意できる案をみんなで探すことができるようになる．この効果により，たとえば，非生産的な意味のない会議を激減することができ，対面方式の会議では，本来的な生産的な議論にのみ集中することもできる．

合意形成には創造的な視点が必要である．合意形成とは，さまざまな視点から課題を議論することで共有理解を促進し，集団としての意思決定をすることだからである．つまり，創造的な視点がないと——対立しているような状況では——いくら交渉や議論を続けても対立したままになり，より良い合意を探せないからである．たとえば，まちづくりにおいて新しい発電所を建設する場所について議論をしているとき，住民は誰も自分の近所には巨大な施設である発電所を建設したいと思わないと考えられ，議論は対立的になる．そこで，新しい案として「発電所を建設する代わりに近所の住民には無料で電気を提供する」という元の議論にはない創造的な案が得られれば，合意に達成することも可能である．

群衆のアイデアの集約や質問応答を支援するシステムとしては，Innocentive, QuOLAなどがあるが，主にアイデアを生成することに主眼が置かれ，意見や好みに基づく合意形成を支援することまでは対象としていない．群衆の討論を支援するシステムとしては，Deliberatorium がある．ただしこのシステムでは，群衆は規定の構造に基づいて討論を展開する必要があり，自由な自然言語による討論はできない．規定の構造に基づいて討論をする場合，全てのユーザがこの構造について深く理解している必要がある． 1990 年代に，PERSUADER や JUDGE といった人工知能の事例ベース推論を用いた合意形成の支援システムが開発されたが，特定のドメインでの合意形成を支援するもので，インターネット上で多人数を対象とした内容ではなかった．

本研究では，インターネット上での群衆を対象とし，群衆の意見や好みに基づいて合意を形成するシステムを実現する．群衆の合意を形成するために，群衆の議論を大規模かつ高速に仲介し，より創造的な合意を導くファシリテータエージェントを新たに作成する．ファシリテータエージェントは，ファシリテーション技法の 1 つである IBIS にヒントを得た問題解決の構造化手法を用いて，議論の中にある問題解決の構造を抽出しながら，ファシリテート，すなわち，大規模かつ高速に問題解決の構造を抽出することによって創造的合意を導く．

議論の構造を抽出する方法として Argumentation Mining があるが，その研究のほとんどが論理的な議論の構造を抽出するものであり，仮に抽出がうまくできたとしても，対立したものは対立しており，合意を得ることは難しい．合意を形成するためには，今ある議論の構造を抽出するだけでは不十分で，本研究で提案するように問題解決の構造を抽出しながら，創造的な合意案を群衆とインタラクションをして，合意を形成していくことが重要だと考えらる．ファシリテータエージェントプログラムは，テキスト文書による議論の中から構造を把握するために，深層学習を高度に最適化した手法を用いて問題解決の構造の抽出する．

本システムは，2018 年に名古屋市の時期総合計画の中間案に対する市民からの意見収集に実際に応用され，実際の市民による議論をエージェント技術によってファシリテートした世界で初めての試みとなった．

11.5
交通システム
Transportation System / 平田 圭二

交通システムに要求される機能は大きく2つある．車両運行管理と道路制御である．車両運行管理には，運行計画の立案・修正，配車と指示，運行監視・指示，異常検知・手動介入，旅客案内，遠隔操縦，保守などがある．道路制御には，交通状況の監視・予測，信号機制御，渋滞や大気汚染地域の情報の共有などがある．今後の日本では，三大都市圏への人口集中が加速するので[1]，道路や駐車場に利用できる資源はより限られ，持続可能性の観点からも交通に対する安全や環境汚染に関する厳しい基準が課せられる．

交通システムにおける AI 関連の研究課題は大きく2つある．モデル化と最適化である．大量の車両群の統計的モデル構築あるいはマルチエージェントによるシミュレーション，モデルの（自動）分析手法，（都市全体をカバーする）実時間の車両の最適経路生成（NP 困難），スマートな配車サービスの実現などが挙げられる[2]．統計的モデルは，系全体をマクロに捉え，交通流に関する現象のメカニズム解明や交通状況の実時間推定に用いられる．マルチエージェントによるシミュレーションは，車両や旅客レベルのミクロな挙動や特徴を記述し，よりマクロなレベルで創発する現象を観察したり，新しい交通制御や交通サービスに対する反応を予測することに用いられる．ここで，最適経路の判断基準は多様かつ競合的であり，たとえば，移動時間，走行距離，待ち時間，送迎予想時刻と実際の時刻との差，価格，相乗り率などが考えられる．

輸送最適化問題 (VRP) から Dial-A-Ride 問題 (DARP) については [1] を参照されたい．交通シミュレーション技術全般については [2] を参照されたい．現在利用可能なツールとしては，市街地の地理情報データを提供する OpenStreetMap (https://openstreetmap.jp/) や，エージェントベースの交通シミュレータ SUMO (http://sumo.dlr.de/index.html)，ADVENTURE_Mates [3] などがある．

今後の交通システムは，限られた交通資源のより効率的な活用とより高い持続可能性が求められる．近年注目されている MaaS (Mobility as a Service) は，都市や社会全体における最適な交通の在り方を探ろうという考え方である．MaaS では，車両の移動だけでなく，鉄道，飛行機，自転車，歩行者，物流等も同時に考慮し，さらにビジネス的な観点から，新規サービス，価格感度，収益モデル，ユーザ体験についても考慮する．最も高度な交通システムの形態（MaaS レベル4）は，都市計画・交通政策におけるポリシーを統合し，人流や物流，防災，エネルギーマネジメント等を含めた最適制御である．このとき，交通システムはこれまでの応答的[3]なシステムから，実時間で予測誘導するシステムへとシフトせざるを得ない．したがって，現況再現性が高くホワイトボックス的なマルチエージェントによる統合シミュレーション技術の需要は高まるだろう．

海外の事例として，米国 CMU で，世界中

---

[1] 現在でも大都市圏の人口割合は 28%以上ある．米国も同様の傾向で向こう 20 年間の内に 36%に達すると言われている

[2] AI 関連以外では，自動運転，乗合など特殊目的のための車両設計，ガソリンから電気へという駆動機構，移動サービスのためのネットワーク技術などがある．

---

[3] responsive. あるいはリアクティブ reactive.

で適用できるような交通ソリューションを研究開発するため，ピッツバーグ市をラーニング・ラボとして利用する Traffic21 プロジェクトが 2009 年より開始された (https://traffic21.heinz.cmu.edu/)．研究分野には，AI，交通アクセス，交通ルート，ヒューマンファクタ，Web アプリケーション，重要インフラ，自律型車両などが含まれる．

参考文献

[1] Sophie N. Parragh, Karl F. Doerner, and Richard F. Hartl. A survey on pickup and delivery problems, Part II: Transportation between pickup and delivery locations, *Journal für Betriebswirtschaft*, Vol.58, Issue2, pp. 81–117, 2008.

[2] 藤井秀樹, 小特集：交通のシミュレーションと AI, 日本シミュレーション学会, Vol.37, No.3, 2018.

[3] 藤井秀樹, 吉村忍, マルチエージェントシミュレータを用いた交通システムの包括的評価, 日本シミュレーション学会, Vol.37, No.3, 2018.

11.6
自動運転
Autonomouse Vehicles/ 武田 一哉

「自動運転」の概念は，「人工知能」という言葉よりも古くから，おそらく自動車の普及が始まった当初から存在していたのではないだろうか．遅くとも 1939 年には，ニューヨークの万国博覧会で，自動運転を含む未来社会の自動車の模型が GM 社によって展示したとされている．しかし当時の人々が，運転がいらない夢の自動車に「知能」を想起したかどうかは興味深い疑問である．すなわち，長い間，自動運転は高速に運動する物体を外界に適応的に制御する工学の問題として研究され，人工知能の研究と直接関係づけられることはまれであった．その証拠に，本書の第 1 版にも第 2 版にも，自動運転の項は見当たらない．

制御工学としての自動運転技術は，センサー技術や計算技術の進歩も相まって社会実装が始まっている．たとえば，車間距離に基づく速度制御 (Adaptive Cruise Control：ACC) や，主に高速道路上で車線維持を行うハンドル制御 (Lane Keep Assist System：LKAS) といった高度運転支援機能 (Advanced Driving Assistance System：ADAS) がすでに多くの車に採用されてきた．また，衝突被害軽減ブレーキは，近年急速に普及し国際的に義務化の動きも出ている．

ところで，今日「自動運転」という言葉が意味するものは実は明確でない．少なくとも幅を持って定義されている．たとえば，「アクセルやブレーキを操作しなくても適切なスピードや車間距離を自動で保ってくれるが，ハンドルは運転者が操作する」のように，自動化される機能には段階がある．米国高速道路安全局 (National Highway Transportation Safety Agency：NHTSA) は，2013 年に，機能に基づき自動運転を 5 つの段階に分類した．しかし，近年，運転者と自動システムとの役割分担に着目した段階分けが普及しつつある．すなわち，2016 年の自動車技術者協会 (Society of Automotive Engineers International：SAE) による 6 分類である．この分類では，「自動運転機能を使って人間が運転する」，「補助的支援者 (fallback-ready) の下で自動運転システムが運転する」，あるいは，「自動運転システムだけが運転に関与する」のように，運転の主体を分類基準の柱としている．この SAE の分類の前提にあるのは，人間とは独立した知能である「運転知能」(この用語は現在神奈川工科大学教授の井上博士による) が人間と協調することで，自動運転が実現されるという考え方であり，運転知能が人間と対等な「人工知能」であることが明確に示されている点で極めて興味深い．すなわち，2016 年の SAE による分類は，自動運転を人工知能として正式に認知した．

SAE による自動運転の分類では，OEDR (Object and Event Detection and Response：「対象物・事象検知・反応」) という概念を運転知能の根幹に据えている．OEDR は，自動車運転における「自律性」を過不足なく説明する概念として興味深い．外界の変化を「交通事象」として検出し対応するために，周囲の事物を総合して対応の要否を判断し，適切な動作を計画するのが運転知能である．なお，本項執筆時点で，OEDR 機能を実現するためにどの程度「機械学習」技術が使われているかは，筆者には不明である．周辺物体の検知（画像やセンサデータの認識）に深層学習が用いられることは一般的だが，それを交通事象として理解し何らかの判断の

下で経路計画を行う機能は，多くの場合手続き的に実現されていると思われる．少なくとも，センサデータから制御データを出力する，End–to–End 型の自動運転は未だ実用化されていないと考えられる．

自動運転が人工知能と認知された結果，人工知能の宿命ともいえるさまざまな社会的問いかけが自動運転技術に投げかけられつつある．それらは，いわゆるトロッコ問題のような倫理的課題，事故時に発生する民事的・刑事的責任と法の在り方，安全性の検証方法など多岐に渡る．特に安全性の検証は極めて重大な課題である．閉鎖された空間でない限り，自動運転車を取り巻く環境には無限の多様性が想定され，その全ての場合で安全性を検証することが不可能なためである．

この安全性の検証方法の確立には，これまでの人工知能研究の成果が大いに活用されるべきである．大量の交通データをボトムアップに分類して典型的なパターン（運行シナリオ）を見い出す技術や，運行シナリオから特定の交通データを自然な頻度で生成する技術などは，人工知能の様々な応用領域での研究成果が活用できるであろう．

多くの課題が存在する一方で，自動運転が普及することでヒューマンエラーに起因する事故が減少し，大きな社会的便益が期待されること，あるいは，自動車関連産業のわが国社会における重要性などから，自動運転の普及促進には政治的な側面が存在することも無視できない．自動運転は，目に見える人工知能であるからこそ，人工知能社会の様々な問題を顕在化させている．人間知能による「人工知能」研究が，その課題解決に大いに貢献することを期待したい．

1965 年に日本で放映された TV アニメ「スーパージェッター」に登場する「流星号」（実は自走・飛行できるタイムマシン）は，「電子頭脳」を搭載する設定であり，「知能を持つ自動車」ではあったが，流星号の知能は自動車を運転する（ような簡単なことの）ためではなく，ジェッターを補佐するパートナーの役割を果たす知能であったと思う．

制御工学としての自動運転の研究の歴史は古く，デジタルコンピューターの出現以前から様々な実験が行われてきた．巻き取り式の巻き尺を使って車間距離を測ることで，車間距離を計測制御する自動運転の実験も行われていたという．

（オハイオ州立大学教授 Umit Ozguner 氏 提供）

11.7
検索連動型広告
Keyword Auction / 横尾　真

理論的に優れた性質を持つ入札方式として，第二価格封印入札，もしくはヴィックリー入札と呼ばれる方式がある．この方式では，単一の商品が販売される場合，入札において最も高い金額を入札した人が落札するが，支払う金額は2番目に高い入札額とする．この方式を用いた場合，商品の評価値を曖昧性なく決められる個人価値の商品であれば，自身の評価値をそのまま入札することが支配戦略（自身の利益を最大化する方法）となる．また，この方式を用いた場合に，全員が自身の評価値を入札するなら，得られる結果は，よく用いられる競り上げ型／英国型と同じとなる（1番高い評価値を持つ入札者が，2番目の価格＋少額で落札する）．また，英国型では，物理的に，もしくは通信ネットワークを利用して参加者が一堂に会する必要があるが，封印入札であれば，そのような必要はない（郵便や電子メールでも入札が可能）．

このように，第二価格封印入札は優れた性質があるにも関わらず，近年までは広く一般に用いられることはなかった．この理由としては，そもそも第二価格封印入札の良さを理解するのが難しいのに対して，英国型の方が直感的にわかりやすいということがある．しかしながら，近年，第二価格封印入札（厳密にはその拡張）が，とある事例で用いられるようになり，現在では世界中で最も頻繁に用いられるオークション／入札方式となっている．その事例とは，検索連動型広告と呼ばれるものである．検索エンジンは我々が情報を得る手段として必要不可欠なものになってきているが，検索エンジンによるサービスをビジネスとして成立させるための不可欠な要素が，以下に示す検索連動型広告である．

たとえば，「ハワイ」というキーワードをグーグル等の検索エンジンで検索した場合，検索結果と共に，「広告」という但し書きのついた，旅行代理店等のリンクが表示されるようになっている．様々な広告主が，「ハワイ」というキーワードで検索したユーザーに対して，自身のサイトに対するリンクを表示してもらうようグーグルに依頼している．このような広告の利点は，ターゲットを絞った広告が可能であることである．「ハワイ」というキーワードで検索しているユーザーは当然，ハワイに興味があると思われる．検索エンジンに頼めば，広告主の売りたい商品に関して興味を持ってくれそうな人を，自身のサイトまで連れてきてくれるということになる．

以下，検索連動型広告の詳細について説明する．広告主は「ハワイ」等のキーワードに関して入札を行う．実際にそのキーワードを検索したユーザーに対して，入札額の上位数件（厳密には入札額だけでなく，広告の品質等も考慮して調整された順位での上位数件）に関する広告が表示される．各広告が表示される場所をスロットと呼ぶ．上の方のスロットの方が，より目についてクリックされる可能性が高いので，入札額が高い順に，上のスロットに割り当てられる．さらに，広告が表示されるだけでは課金されず，実際に広告のリンクがクリックされ，広告の効果があった場合のみに課金される，ペイ・パー・クリック課金という仕組みになっている．

さて，ここで広告料はどのように設定すべきだろうか？　広告主が自身の入札額を支払う場合，広告主は，勝てる範囲でなるべく入札額を下げようとする．通常の入札であれば，どのくらい下げればよいのかを決めることは

難しいのが，検索連動型広告では，実際に自分で入札しているキーワードを検索して，自分の広告が表示されるかどうかを確認することができる．実際，検索連動型広告が導入された当初には，自身の入札額を支払う方式が用いられており，広告主自身が検索を行い，入札額を調整することが頻繁に行われていた．複数の広告主が同時に調整を行うと，入札額が振動してしまう．そこで，あるスロットを得た広告主は，自分の入札額ではなく，自分の入札額の1つ下の入札額を支払うという，第二価格封印入札に準じた方式が用いられるようになった．この方式は，第二価格封印入札を一般化したものになっており，Generalized Second Price Auction (GSP) [1], [2] と呼ばれている．入札額を下げても自身の支払額が減る訳ではないので，調整を行う必要がない．世界中で誰かが検索を行うたびに，原理的には裏で第二価格封印入札が行われていると思えば，世界中で最も頻繁に用いられているオークション/入札方式は，第二価格封印入札ということになる．理論的に優れた性質を持ちながら，実際に使われることが稀であった第二価格封印入札が，インターネット上での応用事例での必要性から脚光を浴びている．

1996年には日本国内で16億円程度であったインターネット広告費は，2016年には1兆3100億円と広告費全体の2割を占め，新聞，雑誌，ラジオの広告費の合計を超えている．そのうち7割程度が，検索連動型広告を含む，ユーザの反応を見ながら配信対象や費用などを柔軟に変更できる運用型広告となっている．

参考文献

[1] Edelman, B., Ostrovsky, M. and Schwarz, M. Internet advertising and the generalized second price auction: Selling billions of dollars worth of keywords. *American Economic Review*, Vol.97: pp.242–259, 2007.

[2] Varian, H.R. Position auctions. *International Journal of Industrial Organization*, Vol.25(6): pp.1163–1178, 2007.

11.8
防犯システム
Crime Prevention System/ 梶田 真実

推理小説が好きな方は，人間の心への洞察と非日常な犯罪発生状況に思いをはせ，犯人予測に思いを巡らせたことがあるだろう．人間が行ってきたこの推理を人工知能が行い，さらに犯罪が起きる前にそれを予測し未然に防ぐ，そんなシステムの開発が進んでいる．映画『マイノリティ・リポート』で描かれるような，"犯罪を犯す人物が事前にわかる"，"犯罪が起きる前に警察官が現場に現れる"といったSFが，現在，大量のデータが集積されたことや分析技術の進展を背景に，現実味を帯びている．

犯罪予測技術を活用した予測型警察活動 (predictive policing) アプリケーションには大きく分けて2つある．「誰が」と「いつどこで」犯罪を犯すのか，である [1]．

現在のアメリカでは，「誰が」を予測することで，将来の犯罪被害者，加害者の予測ヒートリストを作成し，事前介入するといった実運用がなされている．その予測では，刑事司法制度システムのデータベースに登録されている，年齢，性別，身長等の身体的・病理的特徴，名前，住所，収入，逮捕歴，職歴，家族構成，家庭・教育環境，同時逮捕者情報，といった個人やコミュニティに紐づく情報を用いてリスク評価される．シカゴのある銃撃事件では被害者の80%がヒートリストに載っていたという事例もある．

「いつどこで」の予測については，位置情報に紐づく情報——ツイートなどのSNS，天気，都市構造，人口，経済，性別比率，年齢構成等の社会経済学的データ，Google Street Viewの画像等——を用いて予測する方法と，犯罪がなんらかの時空間的なパターンを持つことに基づき，過去の犯罪の時系列に着目し

予測する方法の2つがある．後者の代表的な犯罪予測には，犯罪が1度起きるとその周辺で繰返し起きやすい傾向（近接反復被害：犯罪者は犯行を犯す前に事前に周辺知識を得るため，再び犯行を繰り返す現象）を表現する点過程モデルをベースにした機械学習が用いられている．この犯罪予測手法を用いたアプリケーションは多数の警察で採用され，今日では高い予測精度を出すための手法開発が続いている．たとえば，2017年春に米国のNIJ：National Institute of Justiceが米国民・米国企業に限定して開催した犯罪予測コンテストで最も良い精度を出した手法でも，この種の点過程モデルが使用されている．最近ではデータからグリーン関数（微分方程式を解くための数学的解法）を学習することで，犯罪を予測する数理融合型機械学習手法の提案もなされている．このような数理モデルを用いた予測手法は，ひとたび犯行が起きたら，1，5，9日後に再犯が起きやすいというような犯罪の傾向を，一見規則性が見えない過去の犯罪データだけから導き出すことができる．このような数理と機械学習との融合は，今後の犯罪予測の発展にとって大きな可能性を秘めている．

人工知能を用いた防犯システムは犯罪予測に加え，防犯カメラ，ドローンによる監視，という3分野で進展が目覚ましい．既にサイバーセキュリティ，クレジットカードの不正利用等の金融犯罪の分析では大きな成功を収め，人工知能は欠かせないものとなったが，近年ではより多くの分野へ浸透している．防犯カメラの動画分析では，歩き方，音声解析，顔認証，仕草，表情などの認識技術が急速に進化し，警察だけでなく空港等の施設でも導入

が進んでいる．人間の心の状態をデータから多面的に数値化することで，警備だけでなく，捜査や尋問にも役立つだろう．ドローンを用いた監視・警備は，警察だけでなく民間企業でも採用され，産業施設，港湾や空港，沿岸部や河川の警備で導入が進んでいる．Stanford 大学の人工知能研究者らによる報告書では，2030 年には全米のほとんどの警察で，この 3 分野は人工知能防犯システムに依存するようになるだろうと予想している．また，犯罪組織の国際化を背景に，各国の警察が国際的なチームとして動く際のトレーニングやコラボレーションツールにも適用可能であると指摘されている [2].

一方でデータ活用には課題もある．監視力は無制限に増長しやすく，法執行機関が監視を強化し個人（特に有色人種や貧しいコミュニティに属する人々）のプライバシーを侵害する可能性について慎重な配慮が必要である．データそのものに人為的ミス，故意のデータ操作，データ収集プロセスの曖昧さなどの課題もある．警察や犯罪予測システム開発企業がどのようなアルゴリズムを用いているのかが秘匿事項であることが多く，近年ではアルゴリズムの透明性を示すため犯罪予測プログラムがオープンソースとして公開されているソフトウェアも出現した．その一方で，情報工学・人工知能に関する技術進歩をより柔軟に取り入れているのはむしろ犯罪者側かもしれない．犯罪者側の技術向上に対応するためには，防犯活動側の技術進化を止めるわけにはいかないだろう．つまり重要なトレードオフは，個人のプライバシーの保護と社会の利益とのバランスとなる．たとえば，グローバル化・複雑化・多様化した現代社会において，データサイエンスで犯罪リスクをゼロに近づけるには個人情報の精緻化が必要となる．しかし，そのまま進めれば結果的にプライバシーの侵害になってしまう．「他者による自分の心身の状況の把握」という極めてセンシティブな問題を，バランス良くデータや数理的アルゴリズムへいかに上手に埋め込み，危険にきちんと向き合った社会を制度設計できるかどうか，それが我々が答えを出さなければならない大きな課題である．

参考文献

[1] Perry, Walt L. *Predictive policing: The role of crime forecasting in law enforcement operations*, Rand Corporation, 2013.

[2] Peter Stone, Rodney Brooks, Erik Brynjolfsson, Ryan Calo, Oren Etzioni, Greg Hager, Julia Hirschberg, Shivaram Kalyanakrishnan, Ece Kamar, Sarit Kraus, Kevin Leyton-Brown, David Parkes, William Press, AnnaLee Saxenian, Julie Shah, Milind Tambe, and Astro Teller. Artificial Intelligence and Life in 2030. One Hundred Year Study on Artificial Intelligence. Report of the 2015–2016. Study Panel, Stanford University, Stanford, CA, September, 2016.
Doc: http://ai100.stanford.edu/2016-report. Accessed: September 6, 2016.

11.9
スマートシティ
Smart City/ 田柳 恵美子

スマートシティの理念モデル

スマートシティ (smart city) とは，急進展する IT を知的社会基盤として，従来考えられなかったような効率的・効果的な都市機能・サービスを成立させる，新しい都市の姿を指す [1].

2000 年代以降，IoT(Internet of Things) やクラウドネットワークの進展を背景に，都市に網羅されたセンサネットワークから様々なデータを収集・分析・シミュレーションしたり，モノやサービスの情報を仮想化（クラウド化）して最小のタイムラグとコストで，最適な状態に配置・配分・取引したりすることが可能になってきた．従来はモノや書類や人などリアルな世界を介して処理されていた都市システムの大部分が，デジタルの世界の中に仮想化されたシステムへ置き換わりつつある．

スマートシティの概念を先導的に世界に広めた IBM は，2008 年に「スマータープラネット」という新たな企業理念を掲げ，事業分野を横断するキーコンセプトにも据えた．2010 年のメッセージ映像 "Internet of Things" では，当時の戦略広報担当副社長 Mike Wing が，スマートシティの本質を「既存の異質なもの同士を知的な方法で組み合わせ，効率的な社会を創出する」「今までにないまったく新しいものの見方，行動，新しい社会関係の在り方を創出する」というきわめて明快な 2 つのドグマ（教義）で表現している [2]. スマートシティを狭量で近視眼的な定義におとしめることなく，未来志向の理念モデルとして捉えた定義として，卓見である．

スマートシティの実現においては，人知を超えた AI の能力が大きな役割を果たす．ビッグデータ解析，マルチエージェント技術を始め，幅広い分野の AI 技術が，都市の複雑な課題に対して，きわめて妥当性・戦略性の高い意思決定や問題解決を提示し，異なる課題間の利害関係を超えて社会的全体最適への道筋を知的に提示する．

汎都市システムとしてのスマートシティ

スマートシティは，エネルギー，交通，人流，物流，金融，観光，医療，福祉，教育など，各分野領域の IoT 化や仮想化，オープンデータ化を進展させ，その情報基盤の上に，領域横断的な利活用を図るデジタルプラットフォームを構築する．

2000 年代の初期の取組みとして，スマートグリッドと言われる電力の需要−供給網のスマート化，都市全体の省エネ化を志向したスマートハウスやスマートビルディング，ウエアラブルセンサ等からの健診データを活用するスマートヘルスケア，上下水道や雨水など水資源の有効利活用を目指したスマートウォーターなど，エネルギー・環境分野を入口とするプロジェクトが，日本を始め世界各地のモデル都市で盛んに進められた．しかし，これらの多くは，領域特化型あるいは地域限定型のクローズドなパイロットプロジェクトに留まり [3]，領域横断や地域連携によって自律的に拡張・進化するようなスマートシティにはなりえていなかった．

2010 年代には，より異質な領域のデータや情報に基づいて多元的最適化を追求するといった，上位の目標が強調されるようになる．2011 年にスタートした EU のプロジェクト EIPs(European Innovation Partnership) [4] では，スマートシティの開発目標と

して「異なるエリア，異なるレイヤーを横断する多基準最適化 (multi-criteria optimization)」を掲げた．そのフラッグシップとなった取組みが，EU の主要な先進都市を中心に展開された，交通・移動のスマート化＝スマートモビリティのプロジェクトである．

ヘルシンキやウィーンでは，鉄道，バス，タクシー，レンタカー，レンタサイクル，駐車場など，交通・移動の多様なサービスを仮想化し，任意の地点間の移動プランの検索・比較から，予約・決済・発券まで，個人のスマートフォンから瞬時に可能とするデジタルプラットフォームの構築が進んだ．こうした取組みは，「MaaS：Mobility as a Service」と呼ばれ，欧米を中心に世界中に広がった．単に移動手段を最適化するだけでなく，その先にはライドシェアによる交通量の最適化，移動に伴うエネルギーの最適化へと拡張されていくことになる．さらには通勤，通学，通院，買物，旅行など，移動目的の側のサービスも仮想化されることで，移動手段と移動目的のサービスが領域を超えて統合され，都市生活全体にわたる多元的な最適化が志向されていく [5]．

スマートシティの飽くなき広範化と多元化の先に出現するのが，都市機能・資源・サービスを統合的に制御しようとする「汎都市 (pan-city) システム」としての，究極のスマートシティである．「汎都市」化というキーコンセプトは，インド政府が掲げる政策ビジョンでもある [6]．インドは全土に 100 都市のスマートシティを開発する計画を打ち出し，2022 年の完成が目指されている．ゴールは各プロジェクトの完成ではなく，それら先導的成果を周辺地域へ，全土へと，「汎化」していくことに置かれている．インドや中国では，先進都市と後進地域との格差が激化しているが，インドではこの格差是正，貧困対策，社会福祉の向上という面でのスマートシティの役割が重視されており，突出した都市政策としてでは

なく，国土計画としてのスマートシティという色合いが強調されている．2020 年代には，こうした新興国の大胆な取組みが，成熟した先進都市の取組みを一気に追い抜いていくことが十分に予測される．

持続的社会変革の装置としてのスマートシティ

究極的なスマートシティが，将来的にどのような都市を形成するのかは，執筆時点では想像することが難しい．AI の進化とともに，スマートシティはやがて都市機能を 1 つの人工知能と見立てた，AI 都市とでも言うべきものへ進化することが考えられる．都市経営のための政治や行政，法治なども，人間より AI のほうが妥当性や信頼性の高い意思決定の道筋を導き出すことになるだろう [7]．その先の未来像は，汎用 AI がどのような進化を遂げるかにかかってくる．いずれにせよスマートシティの定義は拡張され，未来志向の社会変革を持続的かつ自律的に追求するようなダイナミックなシステムへと進化していくことになるだろう．

参考文献

[1] 田柳恵美子．スマートシティ，『人工知能学大事典』，人工知能学会編．共立出版．pp.1445–1447, 2017.

[2] IBM(2010) The Internet of Things（プロモーション映像），https://vimeo.com/15543802

[3] 国土交通省，スマートシティの実現に向けて：中間とりまとめ，2018. http://www.mlit.go.jp/common/001249774.pdf.

[4] EC(European Commission). European Innovation Partnership on Smart Cities and Communities Strategic Implementation Plan, 2013. http://ec.europa.eu/eip/smartcities/

files/ship_final_en.pdf.

[5] 中島秀之，松原仁，田柳恵美子編著．『スマートモビリティ革命 未来型 AI 公共交通サービス SAVS』，公立はこだて未来大学出版会，近代科学社，2019.

[6] Ministry of Urban Development (2015a). Smart cities mission statement and guidelines. New Delhi. http://smartcities.gov.in/upload/ uploadfiles/files/SmartCityGuidelines (1).pdf

[7] マカフィー，A.，プリニョルフソン，E. 村井章子訳．『プラットフォームの経済学：機械は人と企業の未来をどう変える？』，日経 BP 社，2018. (McAfee, A. and Machine, Brynjolfsson, E. (2017) Platform, Crowd: Harnessing Our Digital Future, W. W. Norton & Company).

11.10
不便益
Fuben_eki / 川上 浩司

不便益とは，不便から得られる効用である．ここで言う不便とは，必ずしも主観的にネガティブである必要はなく，客観的に以下に示す労力が多いこととする．

物理的労力：手間がかかる

心理的労力：認知リソースが消費される（注意・記憶・思考など）

逆に，手間が少なく頭を使わずに済むことを便利と呼ぶ．

不便益に注目することは，既存のモノゴトにある手間の意義を見直し，手間いらずを便利と呼んで無批判に追求することを問い直すことにつながる．また，モノゴトを新たにデザインするときにも，「効率化」や「高機能化」以外の指針として「不便益の実装」を据えることができる．

人と人工物との関係を考えるとき，人工物の開発者は無意識的に「代替」を考えていることが多い．このときは，いわゆる自動化が指向される．これに対して，本質的に人が含まれるべきであった系における人間疎外，ブラックボックス化の弊害，人間のタスク変容などの問題が指摘される．たとえば自動運転が実現されれば，人のタスクは「駆る」から「見張る」に変容する．さらには，たとえば介護などの目的でロボットが家庭に入り込むようになれば，そのロボットには特定のタスクを自動的にこなすことだけでなく，社会性が求められるであろう．

すなわち，「代替型」以外の人と人工物の関係が構築される必要がある．そのような関係として，支援型，協調型などが考えられる．その場合，人と人工物との間のインタラクションは不可欠であり，手間をかけ頭を使うことは，不便であるからと忌避すべきどころか関係構築のための本質となる．

手間をかけ頭を使うからこそ得られる効用は，様々な分野で観察される．

- アニマルセラピーでは，動物の世話をすること自体が精神的な安定をもたらす場合が知られる．
- バリアアリーでは，デイケアセンターの中に段差や階段などの小さなバリアーを敢えて設置し，施設内の移動には不便であるが日々の暮らしが身体能力の衰えを軽減し，利用者の主体性を回復する．
- 足こぎ車椅子は，足の不自由な人に足でペダルを漕がせるが，利用者は自分の足で移動しているという喜びを得る．
- 幼稚園の園庭を凸凹にすると，移動には不便であるが，園児が活き活きとすることが知られる．

様々な事例から，どのような不便からどのような益が得られるかを分析してパターン化することができる．また，逆に便利がいかなる害をもたらすかもパターン化される．

自動安全装置という便利が逆に人の危険な行動を引き起こすという現象は，様々な事例にみられる．また，誰か（AIも含む）が加工してわかりやすくなった情報が便利であると，一次情報を自ら解釈する気にならない，あるいはさせてもらえないという現象も，様々な分野で観察される．本来，自ら解釈した結果は，たとえ間違っていても自分事になる．たとえば防災の分野では，スマホから聞こえるアラート（加工情報）は無視されやすく，観天望気（一次情報である客観的な自然現象から，天気の変化を予想する）の結果として危険を感じると，防災行動が起きやすいことが

知られる．2018 年の中四国地方を襲った災害では，この違いが隣り合う 2 つの地区の被害を大きく左右した．

　この例のように，便利な自動化ができる場合でも，敢えて「不便であるが故に益のある方式」が採用できるという選択肢は残されるべきであろう．技術は，ブラックボックス化を進め，ユーザは何もしなくても，あるいは何も知らなくても結果だけ享受できる方向へ進みやすい．しかし一方で，ユーザが自ら手間をかけ頭を使って結果を出すことをサポートする技術も必要である．

　防波堤を高く長く巨大にすることによって，たとえ海が見えずに一次情報が得られなくとも，住民には何も考えさせずに安心させるという方策がある．安全を担う主体の「代替型」と言える．一方で，防波堤を無くして一次情報を得やすくし，そこから防災行動に確実につなげられるように科学技術がサポートするという方策もありうる．後者の場合，自らが一次情報を解釈して防災行動をするというロードがかかり，それゆえにその行動が自分事になるという益がある．この場合，「協調型」で安全を担う．

　モノゴトを不便にする方策はいくつかありうるが，その中の 1 つは，連続を辿らせることである．電子辞書より不便な紙の辞書は，所望の単語がピンポイントには表示されず，ページを辿り，アルファベット順に辿らねばならない．しかし，その辿るプロセスの中で，気づきや出会いがある．車の変速機において，オートマより不便なマニュアルトランスミッションは，クラッチ操作においてアナログで連続を辿る必要がある．しかし，それゆえに独自の運転を試みる余地を多くする．これらを含めいくつかの事例を一般化すると，連続を辿らねばならないという不便は，気づき，試し，そして習熟する余地を与えてくれる．

　現在のところ，不便であることの益は，

・気づきや出会いの機会を増やす
・能動的工夫の余地を与える
・対象形理解を促進する
・主体性を持たせる
・上達の余地を与える
・スキル低下を防ぐ
・安心（信頼）させる
・自分だけ感を与える
という 8 つにパターン化される．

11.11 データ市場
The Market of Data / 大澤 幸生

データ市場とは，データの利活用により生み出される，あるいは期待される価値を取引する市場である．この概念と，データ自体を金銭化する意味でのデータ取引市場とは区別した上で前者のデータ市場を設計・構成する方法がなければ，データの価値評価が難しいためデータ取引市場も成立しない．

すなわち，データ D の価値は使用する目的 P や状況 S，人 H などに応じて定まるため，value(D, P, S, H) など多様な引数を持つ関数となる．目的 P はデータの直接的なユーザの目的に限らず，データを用いて生み出される製品やサービスの顧客の要求に由来することもある．さらに，状況 S は多様である．

たとえば D が食品店における POS データであり，目的 P が商品の売れ行き予測であるならば，状況 S は天候や市場のセンチメントなどの要素を含む．すると，もし SNS の内容からセンチメントを捉え消費者の欲する飲食品が推定できるならば，需要予測者にとって POS データの価値は下がる．あるいは，SNS の書き込みに特筆すべき変化もなく気温の上下動が緩やかなら市場変化を予測/説明する上で頼りは POS データとなる．いずれの場合も，POS データの価値が状況 S と目的 P によって変わってしまう．データ利用者 H あるいは H が用いる分析技術によってもこの D を用いて得る知見は変わり，D の価値が変わったように見えることになる．

このようにデータの価値評価はさまざまな要素に左右されるため，データを商材と見ると定価をつけることは困難となる．定価のつかない商材を取引する市場の信頼性は参加者のコミュニケーションに委ねられる．この結果，データ取引市場の安定運営は容易ではな

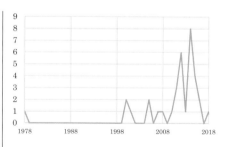

図 1 データ市場運営事業者の開業件数の変遷（早矢仕他 2019）

い．図 1 は，異業種のデータ取引を司る事業者の開業件数が，近年，増加しつつも大幅に下降する年もあり，安定性に欠けるデータ市場発展の様子を示している．

同時に上記の議論は，D の評価のために状況 S や目的 P を表すデータとの組合せが必要であることも示唆している．データ市場においては，多様なステークホルダーが参加し，有意義な組合せを実現するために上流からも下流からも多様なデータを受け入れてデータ利活用目的 (P) と組合せ案を検討する．すでに存在するデータ取引市場の運営事業者は，データ市場への参入者にとって窓口として機能するため，後述の様に検討手法も導入しつつある．運営事業者の業態は，（株）日本データ取引所のようにデータ取引市場の運用に専念する企業のほか，エブリセンス（株），オムロン（株）のようにデータ取引以外の事業を行う企業がデータ取引市場を運営するなどさまざまである．しかし，一般の企業買収について買収側が被買収側の所有したデータを目当てとしたというような解釈は，実際の買収者はそのデータを用いた被買収者のサービスも活かすため適切ではない．データだけを切

り離しでビジネスを解釈する考え方は，データ取引を部分品とするデータ市場のダイナミクスを見誤る要因となる.

多様な組織や個人を巻き込むデータ市場を運営する上での障壁としては，データの価値評価の不安定さのほかにも，

① データを供出する障壁，
② データ利活用方法を検討する難しさ，
③ ② で発案した利活用を実施することの難しさ，
④ ③ におけるデータ分析の結果見い出したビジネスシナリオを実施する難しさ

等がある. 個人情報保護法や欧州における General Data Protection Regulation (GDPR) 等のようにデータ所有者のおかれた社会的あるいは制度的な制約と，他社へのデータ供出による機会損失に対する警戒という最低 2 つの理由があり，共に ② に関係している. なぜなら，個人情報の取扱いに関する法的制約においては，通常，データを利用する目的を個人に説明することを義務づけているが，実際にはデータ利活用方法はこの説明よりあとで見い出されることが多いからである. また，供出したデータを潜在的競争相手が利用するシナリオが不明では，機会損失への過剰な警戒が起きビジネスの障害となる. さらに，データの利活用方法ならずとも，新たな着想の実施は所属組織内で承認されにくい. ゆえに ③ ④ は普遍的な障壁である.

このようなわけで，② すなわちデータ利活用の目的や方法を効率的かつ多視点で表出化する手法——特に異種データの組合せを含むプロセス——が導入されるようになった. たとえばデータジャケット (Data Jacket：DJ) は，データ内容や含まれる変数（属性），利用価値への期待感を端的に記載したテキストである. データの内容を供出できない所有者は DJ だけを書いてデータ市場に提供する. 集まった様々な DJ 間の結合可能性が可視化さ

れるので，データ市場参加者らはデータの結合と利活用の方法を考えて商談を行うことが可能となる. 産業界では DJ をデータ書評のような著作物として扱う考えもある. その考えの先には，DJ の公開についての制度設計のみならず，人が新しい DJ を創造することによってデータを設計する手順も視野に入る. このため DJ に基づくデータ市場である Innovators Marketplace on DJ (IMDJ) の副産物は，センサ開発や新規データの取得，これらのデータを利活用目的に合わせて分析するアルゴリズム（可変幅深の深層学習），クラスタエントロピーに基づく変化説明および予兆検出などさまざまである. (Data Trading Association：DTA) において，データジャケットは産業界におけるデータカタログの 1 つの標準形式となる予定である（2018 年 12 月 10 日現在）.

11.12
パーソナルデータ
Personal Data/ 橋田 浩一

日本を含むほとんどの国で，GDP の 60〜70％を家計消費（小売を含む生活者向けサービス）が占める．勤労者としての個人に対するサービスは GDP に含まれないが，その売上げは GDP の 30％ほどと思われる．さらに家事や育児など無料の C2C サービスも，貨幣価値に換算すると GDP の約 20％に相当すると考えられる．したがって，個人向けサービスは社会の価値のほとんど（GDP の 110〜120％）を生み出していると言えよう．その価値をさらに高め生活や業務の質を向上させるには，サービス受容者のリッチなパーソナルデータ（個人に関するデータ）を簡単に利用できるようにする必要がある．

AI の運用と開発においても，パーソナルデータが簡単に利用できる必要がある．AI の運用では，ほとんどの場合 AI によるサービスの相手は個人であり，その個人に関するリッチなデータが簡単に得られないと AI はその人に合ったサービスを提供できない．また，そのような AI の開発においても多数の個人のパーソナルデータを収集して分析する必要がある．

個人向けサービスの価値を最大化するには，パーソナルデータの活用を最大化するためのパーソナルデータの分散管理が必要である．分散管理とは，管理者を本人（または代理人）のみとする，すなわちデータの管理を個人に分散することである．集中管理方式では，管理者が多数の個人のデータに（法律や契約に反して）アクセスすることが技術的に可能であるため情報漏洩のリスクが大きく，そのリスクを管理するコストを含む運用経費が高いので拡張性が低い．実際，集中管理システムからの大規模な情報漏洩事件等が頻繁に生じ

ている．また，たいていの人には他人に知られたくない秘密があり，そのような機微な情報の活用は，特に高い価値を生む可能性がある．この可能性を生かすには，本人がその情報を他者に開示せずに活用できる必要があり，それにも分散管理が必須である．

パーソナルデータを本人が管理し活用するための仕組みを PDS (personal data store) と呼ぶが，中でも，分散管理に基づく PDS が，パーソナルデータの活用を最大化するために必須である．そのような分散 PDS の一例である PLR (personal life repository) の仕組みを図 1 に示す．

PLR は個人アプリや事業者アプリに組み込まれるミドルウェアである．PLR が PLR クラウドとデータを共有することによって，PLR 利用者 (個人や事業者) 同士がデータを共有できる．ここで PLR クラウドは，Google ドライブ等のオンラインストレージの集合であり，各 PLR 利用者が自分のデータ領域を保有するので，PLR によるサービスは利用者数が何十億になってもアプリの保守費だけで運用可能である．個人端末でも，事業者のコンピュータでも，PLR クラウドでも，保存される非公開データは全て暗号化し，DRM (digital rights management：暗号化されたデータにアクセスする手段の限定) を適用する．したがって，図のフキダシのように，たとえばデータ主体本人も，暗号を解いた平文のデータをファイルに保存したり外部に送信したりする手段を持たず，ゆえに利用者の過失によるデータ漏洩はあり得ない．また医師の紹介状や学校の内申書のデータを，患者や生徒本人が物理的には保有していてもその内容がわからないようにしたり，医療機関由

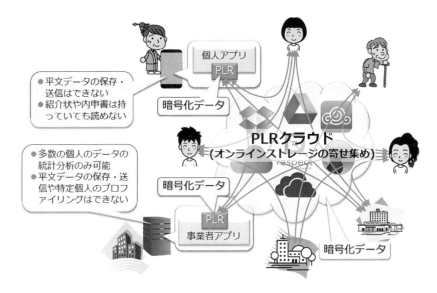

図 1 PLR (personal life repositry) の仕組み

来のデータを患者本人が開示する相手を医療機関が制限したりすることも可能である．同じくDRMによって，権限定義（データの各部に対する各利用者のアクセス権限を定義してそれが改竄されたりしないように管理すること）が可能であり，どのデータを誰がどう使ったかに関する追跡可能性 (traceability) も成立する．データの安全性 (security) のうち，機密性 (confidentiality) と完全性 (integrity) もDRMで保証され，またPLRクラウドは通常の情報システムよりはるかに可用性 (availability) が高い．

図2に示すように，パーソナルデータの活用は，マッチング，特定個人へのサービスにおける本人のデータの1次利用，および統計分析（2次利用）の3種類に分類できる．マッチングとは，パーソナルデータに現われる本人のニーズに合うサービスを選定すること（個人が持つデータを使う統計分析の選定も含む）である．このマッチングは，個人とパーソナルAIエージェントとの対話によってインタラクティブになされることが多いだろう．マッチングのための計算は個人端末が担っても図中のメディエータ（個人とサービス提供者等の間を仲介する事業者）のサーバコンピュータが担ってもよい．後者の場合も前述のDRMにより，メディエータの社員が顧客の個票データを閲覧したりすることは技術的に不可能とする．

パーソナルデータの以上3種類の活用法のうち，最も収益性が高いのはマッチングである．前述のように個人向けサービスはGDPを越える価値を生むから，パーソナルAIエージェントによるサービスのマッチングに基づく購買支援の手数料の合計は，GDPの約20%であり，国家予算に匹敵する金額になるだろう．

一方，個人向けサービスは医療や教育やモビリティなど多くの種類からなり，種類ごとに異なるデータ処理の仕組みが必要で，それらのサービスの価値の大半はデータ処理以外によるものだから，各種のサービスにおいてパーソナルデータが生む価値はさほど大きく

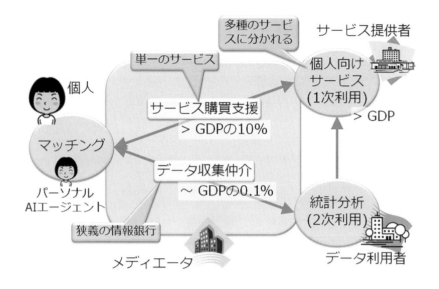

図 2 パーソナルデータの活用

ない．

　また，統計分析のためのデータ収集を仲介する事業（狭義の情報銀行）の市場規模は GDP の 0.1%程度だろう．たとえば日本の場合，各個人が自分のデータを企業等に売った場合の 1 年間の平均的な売上げは 3 万円未満で，全国では 4 兆円未満だろうが，その売買を仲介する手数料の合計は 5〜6 千億円と推定される．

　この購買支援に関与した個人や事業者に，その貢献度に応じて購買支援手数料の収益を分配するのが自然である．とりわけ，マッチングに用いたパーソナルデータを本人に提供した事業者に対して収益を適切に分配すれば，各事業者はより良質のデータをより多く作成して本人に提供することでより多くの収益が得られる．こうして，リッチなパーソナルデータの生成とポータビリティが促進され，データの活用が拡大することにより分配される収益がさらに増大し，なおさらデータの生成とポータビリティが促されるという，パーソナルデータエコシステムが成立する．サービスの購買支援のほうがデータ収集仲介より分配可能な収益が圧倒的に大きく，ゆえにパーソナルデータエコシステムの基盤として強力である．

　個人向けサービスの購買支援のためのマッチングを担うパーソナル AI エージェントは，AI の応用のうちで経済的利益が最も大きく，ゆえに急速かつ広範に普及する可能性が高い．それは，各個人の行動を少なからず左右して GDP を上回る価値を操り，国家予算規模の富の分配を司り，さらにデータの 2 次利用も促進することによって，生活や産業や政治や文化にきわめて大きな影響を及ぼす．そのようなエージェントには高度な中立性と倫理性が要求され，AI 関連技術の中でもとりわけそのガバナンスが国際的にも重要な課題になるだろう．

11.13
AIの標準化
Standardization for AI / 丸山　宏

　AIとは計算機科学のフロンティア領域であり，そこには常にさまざまな最新のアイディアが含まれ，共通化は難しい．その意味で，AIは本質的に標準化に馴染まない．技術の共通化が必要なほど安定化してくれば，それは情報技術の最先端ではなく，AIとは呼ばれなくなるだろう．AIのようなフロンティア領域における標準化の意味とはなんだろうか．

　標準化とは，異なるステークホルダの間で共通の基準を決めることである．標準は，直接比較しにくいものを比べることを可能にする（たとえば，メートル法によって，遠く離れた2人の人の身長を比べることができる）．また，特に情報技術の世界では，標準によってさまざまな技術の相互運用性が担保される（たとえば，USB仕様によって，さまざまなメーカーのキーボードを交換して利用することができる）．このような標準化の2つの側面，すなわち(1)「比較のための指標」と，(2)「相互運用性」という2つの観点から，AIにおける標準化を考えてみよう．

AIにおける「比較のための指標」

　あるタスクを解くアルゴリズムAとアルゴリズムB（プログラムA，プログラムBと呼んでもよい）があったとしよう．AとB，どちらが優れているだろうか．双方の実装が手元にある場合，同じ問題に対してAとBを実際に走らせ，比べてみることができる．もし，いくつものアルゴリズムがあり，それらの実装が必ずしも手に入らない場合はどうだろうか．その場合は，共通の問題を設定してその結果を比較すればよい．比較のために用いられるこのような問題を標準問題と呼ぶ．

標準問題

　画像認識の標準問題としてよく使われるのが，手書き文字認識データセット MNIST [1] である（図1）．データは，0から9までの数字を手書きしたものを 28×28 ピクセル，256階調の白黒グレースケールの画像データとしたもので，正解ラベルとして0から9の10種のラベルのいずれかが付与されている．このような画像が，訓練用6万枚，テスト用1万枚用意されている．同じデータセットなのでアルゴリズムの優劣が比較しやすい．データセットもコンパクトで，訓練にかかる時間も小さい．そのため，画像認識の標準データセットとして定着した．「MNIST で xx%の精度」という指標は広く普及していて，認識アルゴリズムの精度の目安として使われることが多い．

　同様に画像認識研究のための研究用標準データセットとしてよく知られたものに，ImageNet [2] がある．MNISTと異なり，カラーの自然画像を対象としたもので，1,400万枚

図 1　手書き文字認識用データセット MNIST の一部

図 2 画像認識用データセット ImageNet の一部

を超える画像に，画像に写っている物体を 2 万種以上のラベルで示したものである（図 2）.

そのほかにも，文献検索の標準データセット NTCIR [3]，音声認識用の標準データセット Switchboard 会話音声認識タスク [4] など，各研究分野において標準問題があり，これらの標準問題の存在が，健全な研究開発を促進している．その一方で，既存の標準問題に過度に依存しすぎるのもよくない．新しい画像認識アルゴリズムはまず MNIST で精度を測定し，それで良い結果が出れば論文発表する，という傾向があるために，画像認識の研究分野全体が，MNIST というデータセットに過剰に適合しているのではないかという批判もある．標準問題は，研究の進化に伴い，高度化していく必要があるだろう．

コンペティション

標準問題では，評価用のデータセットが公開されているために，評価用データセットを訓練に使えばいくらでも精度の高い結果を出すことができる．極端なことを言えば，評価用データセットをデータベースに格納し，それを検索すれば，評価用データセットに関して言えば 100% の精度を得ることができる（ピアレビューに基づく学術研究においては，そのようなことは研究不正とされる）．一般に

は，アルゴリズムを公平に比較するためには，評価を第三者機関が行う必要がある．このような比較の方法としてよく行われるのがコンペティションである．

コンペティションの仕組みとしてよく知られているのが Kaggle [5] である．もともとは，企業などが予測や最適化などの問題を Web 上に提示し，それを世界中のデータサイエンティストが解いて，最も性能の高いものを買い上げる，といういわばクラウドソーシングのような仕組みとして使われていたものである．コンペティションでは訓練用データセットは入力・出力の双方が提示されるが，評価用データセットについては入力の値しか提示されない．コンペティションの参加者は，訓練用データセットから予測モデルを作成し，その予測モデルを使って評価用の入力データに対応する出力を予測する．その結果を，kaggle サイトが評価する．

レーティング

チェスや将棋などの対戦型ゲームを行うアルゴリズムはどのように比較したらよいだろうか．標準問題やコンペティションでは問題が固定されているが，対戦型ゲームでは相手の強さによって勝ったり負けたりするため，直接対戦せずに比較することは難しい．

チェスやテニスのように，2 者間で戦うゲーム・スポーツの世界では，レーティングという概念があり，ある時点においてアクティブに試合を行っているプレーヤー集合の中で，強さがどのくらいの位置にあるかを指標化することが行われている．たとえばチェスで使われているイロ・レーティングという指標では，平均的なプレーヤーの強さを 1500 点とし，200 点のレート差がある対局者間では，レートの高い側が約 76 パーセントの確率で勝利するように分布を調整する．

チェスや将棋のアルゴリズムでも，十分な数のプレーヤーがあり，また，十分な数の対局

が継続的に行われていれば，このようなレーティングで強さを比較することができる．ただし，これらのレーティングは，あくまでもその時点におけるアクティブなプレーヤーの中での相対的な強さであることに注意する必要がある．

AI における相互運用性

AI はフロンティア領域であるが，それでもシステム開発に共通な部品はあり，それらを標準化することで相互運用性を確保することは研究開発の効率化につながる．AI 一般のプログラミング言語と，特に深層学習のフレームワークについて，そのような共通部品を考えてみよう．

プログラミング言語

第 1 次，第 2 次人工知能ブームでは，人工知能研究の主流は記号処理であり，そのために使われたのが，John McCarthy が 1958 年に設計した LISP である．LISP はその後，多くの亜流を生み出し，相互運用性に問題を残した．そのため，LISP の言語仕様を標準化しようという試みがなされ，1994 年に Common Lisp (ANSI X3.226-1994) として標準化された．

一方，第 3 次人工知能ブームにおけるフォーカスは統計的機械学習であり，そこでは主にプログラミング言語 Python が用いられる．Python はもともと，Web アプリケーションなどを開発するためのスクリプト言語として設計されたものだが，その上に多次元配列をサポートする数値計算ライブラリ NumPy と，機械学習のさまざまなアルゴリズムを実装したライブラリ scikit-learn が整備されたため，一気に機械学習のための主流言語の地位を占めた．Python は，大きく 2.x 系のものと，3.x 系のものがあり，その間の互換性がない．現在は，多くのライブラリが 3.x 系に移行しつつある．

深層学習フレームワーク

TensorFlow, Chainer など, 深層学習に基づくアプリケーション開発のためのプログラミングモデル・ライブラリ (伝統的に「深層学習フレームワーク」と呼ばれる) が多く開発されている. これらの多くは Python の上に実装されている. 残念ながらこれらのフレームワーク間の相互運用性はないが, フレームワークが生成する訓練済みモデルについては, サーバーやエッジデバイスなどさまざまなプラットフォームに展開する必要があるため, 標準化しようという動きがある. ONNX(Open Neural Network Exchange) [6] はそのような標準化の動きの 1 つである.

参考文献

[1] http://yann.lecun.com/exdb/mnist/
[2] http://www.image-net.org/
[3] http://research.nii.ac.jp/ntcir/index-ja.html
[4] https://catalog.ldc.upenn.edu/ldc97s62
[5] https://www.kaggle.com/
[6] https://onnx.ai/

第12章
コミュニケーション

Communication/ 編集担当　橋田 浩一

　AI におけるコミュニケーションの研究は自然言語処理や音声認識の分野にわたるが，最近の
ニューラルネットワーク技術の進歩はそこでもさまざまな成果をもたらしている．たとえば機
械翻訳の性能向上は目覚ましいが，これはかつて機械翻訳が「AI 完全」（つまり，AI が完成し
なければ機械翻訳もできない）と言われていたのが間違いであり，機械翻訳は実はさほど難しく
はなかったということだろうか．いや，2019 年の機械翻訳技術は訳語の選択や照応の解釈にま
だまだ問題が多く，その解決は現在のニューラルネットワーク技術の延長線上にはないように
思われる．一方，ニューラルネットワークに限らない自然言語処理と言語理論との関係は第 2
次 AI ブームのころより現在の第 3 次 AI ブームの方が希薄になっており，それはコミュニケー
ションに関する AI が言語理論のような宣言的 (declarative) な理論を持たない方向に進展し
てきたということだが，その先にはゴールがないのかも知れない．たとえば 1980 年代に始ま
る制約に基づく文法理論には単一化 (unification) という AI の概念が寄与しているが，AI と
言語理論の間のそうした関係がさらに成熟することによって次の展望が開けるのではないか．

12.1
統語論と意味論
Syntax and Semantics/ 田窪 行則

モリスの記号論 [1] によれば，統語論は記号同士の関係に関わり，意味論は記号と記号が指し示す対象との関係に関わる．記号論の統語論と意味論は記号一般の性質に関わるが，自然言語の場合，言語記号が統語論によって無限の組合せを持つことがその特徴である．記号の組合せによって産出された複合的な概念は，言語記号の持つ恣意性という性質により，必ずしも現実世界と直接関係を持たず，人間の持つ空想，発想，想像力などを支えると同時に虚構，妄想などを発生させる．

言語記号の恣意性と意味

たとえばパソコンで使われるアイコンはそれが指し示すものと形態が似ており，その意味でアイコンとそれが指し示すものは因果的に結び付いている．ファイル・フォールダアイコンは物理的なフォールダを模したものだし，ごみ箱アイコンはごみ箱の形をしている．したがって，この場合，どの言語の話者でも理解が可能である．同様に交通信号はアイコン的で多くの場合言語が違う外国でもほぼ理解ができる．これに対し自然言語はその言語を知らなければ理解できないのが普通である．ソシュール以来，自然言語において記号とそれが指し示す対象との関係は恣意的であると言われる．「猫」が / neko / （日本語），/ kæt / （英語），/ kojaŋi / （韓国語）と呼ばれる必然的理由はない．その音と対象との結び付きが各言語コミュニティーでの言語の歴史的な理由により，決まっている．プログラミング言語などの人工言語のように，定義により特定の音連続や文字連続とその指示対象が決まっているわけではない．ただ，音象徴に関係する擬音語・擬態語はその音の形式と意味がある程度因果的に決まっているため，異な

る言語間で類似の音連続を持つ場合がある．たとえば幼児語の犬を表すワンワンは犬の鳴き声からきているが，韓国語の幼児語である / məŋməŋ / も同じく犬の鳴き声に由来するため類似している．ほかにも，ある種の語彙は音の印象と結び付いているため，母音や子音の音色が「大小」，「重軽」の違いに結び付いていることが知られている．

構成的意味

記号が（心理的な状況を含む）外界を指示する場合，語や句，文の意味は，外界を要素の集合としてモデル化し，そのモデルの取る状態と相対的に真偽を決める場合が多い．これをモデル理論的意味論という．句や文の意味がどのように構成されるかについては論理意味論の構成的な意味論が使われる．構成的意味論にはさまざまな種類があるが，基本的には集合演算とタイプを用いた関数適用が用いられ，文全体の意味はそれを構成する部分の意味から構成される．構成的意味論では，意味論と統語論はほとんど一対一に対応するように作られている．認知意味論と呼ばれる人間の認知機能を重視する言語理論においても，関数適用を用いた構成的意味論が用いられているが，その使用は理論の中では明示化されていない．これは認知意味論が独立的で，明示的な統語論を認めないからであると思われる．

統語論の自律性仮説

前述のように，自然言語の意味の特徴は統語論により要素の組合せが構成されていることである．統語論の単位に関しては，単語を単位とするという考え方と，意味と結び付いた最小の要素である形態素を単位とする，という考え方がある．前者では単語という単位

はレベルとしては意味をもたないことになり，形態素の組合せから文までを一貫して表示させると考えて，単語という表示レベルを設定しない．この2つのアプローチにどれほどの経験的違いがあるかは明らかではない．

また，統語論と意味論の関係に関しては，統語的操作自体に意味を認めるかという問題と，統語論と意味論は独立しているかという問題がある．前者の場合，特定の統語操作，統語構造に意味が結び付いていることになる．たとえば，「この本を買ったのは東京でだった」というような，文を [この本を買ったのは] という前提の部分と [東京で] という焦点とに分裂させる機能を持つ「分裂文」とか「疑似分裂文」とかいう構文があるが，この構文を作る操作に前提と焦点を結び付け，その意味を表す機能を結び付ければ，統語構造，統語操作に意味が結び付いているということができる．特定の構文に対して意味機能を結び付ける構文文法 (Construction Grammar) はそのようなものと考えることができる．構文文法においては，構成的意味以外に構文の意味が加わる．

生成文法の基本的なテーゼでは，統語操作および統語操作によってできた統語構造は意味とは独立しているとされる．統語操作の対象である単語や形態素は当然意味を持っている．意味に言及せずに，単語・形態素が持つ統語特徴のみに言及して，統語構造を構成し，構成された統語構造を意味構造に写像するというのが基本的な生成文法のアプローチである．これを「統語論の自律性のドグマ」と呼ぼう．この問題は，多くの生成文法研究者が前提にしているにも関わらず正面から議論されることは少ない．「統語論の自律性」をもっとも強い形で採用すると言語学の論文で提案されている多くの一般化は述べられなくなる．たとえば，「新情報は削除できない」という至極まっとうと思われる制約は，統語論の自律性を仮定すると，新情報を統語的な特徴として形式的に扱わない限り述べることはできない．また，語順と意味を結び付けるのも困難となり，語順に関わる「意味」は何らかの形で統語的な特徴として抽出されるか，統語論と関わらない音声形式の問題となる．自律的な統語論を仮定すると，単語や形態素の意味は，その統語的特徴のみに言及する統語操作を媒介として文に組み上げられる．意味解釈はその文に対して行われる．統語操作は単語や形態素を組み合わせて別の要素にする併合 (merge) だけだとすると，併合操作は意味と独立して行われることになる．多くの統語現象は意味と切り離して記述するのは困難であり，「統語論の自律性のドグマ」を仮定すると統語操作は非常に大きな制限を受けるが，実は，これを仮定し，できた仮説を反証していくことで理論の進歩が見込まれる．詳しくは [2] を参照.

参考文献

[1] Morris,Charles,W. *Foundations of the Theory of Signs*, 1938. University of Chicago Press. 内田種臣，小林昭世訳『記号理論の基礎』勁草書房，1988.

[2] 藤田耕司，西村善樹編，『日英対照・文法と語彙への統合的アプローチ』，「統語論の自律性仮説について」（第3章：田窪行則）．pp.34–47，開拓社，2016.

12.2
生成文法
Generative Grammar／大津 由紀雄

言語機能 (Faculty of Language: FL) の解明をとおして，こころ (mind) の構造と機能についての洞察を深めようとする認知科学を指す．1950 年代に，当時の主流であった構造主義言語学およびその基盤にあった行動主義心理学を鋭く批判したアメリカの言語学者 Noam Chomsky(1928–) によって創始され，彼の考えに賛同する多くの研究者によって着実な進展を遂げている世界的研究プロジェクトである．

生成文法では，言語を心的器官とみなし，自然科学的方法によって，遺伝的に決定された言語機能の本質に迫ろうとする．言語研究をこのように性格づけることによって，言語学は哲学，心理学，計算機科学などとともに 1950 年代半ばに起こった「認知革命」の中核を担うことになった．なお，このような性格づけを強調する場合には「言語生物学 (biolinguistics)」という呼称が用いられる．

生成文法にとっての主要な研究課題は次のように整理できる．

(1) 言語知識の解明

(2) 言語獲得の解明

(3) 言語使用（運用）の解明

(4) (1)～(3) の脳内基盤と過程の解明

(5) 言語の起源と進化の解明

これらの課題は相互に有機的に関連している．例を挙げよう．言語知識の解明を進めていくと，その普遍性と個別性が浮き彫りになってくる．（暫定的に）普遍性の存在は生物学的理由によるものと考えると，その理論（普遍文法 Universal Grammar: UG）は言語に関する遺伝要因の理論と位置づけられる．個別性については経験（子どもが生後外界から取り込む情報），つまり，環境要因を反映した

ものと（暫定的に）考える．こうして，言語知識の解明は言語獲得の解明に重要な手掛かりを提供する．一方，言語獲得に関する理論的・実証的研究は言語知識研究が打ち出す UG，経験，その相互作用による言語獲得のモデルの妥当性を検証する役割を果たす．

もう 1 つ例を挙げる．言語使用の解明に取り組むためには，使用される言語知識の性質についてある程度の解明が進んでいなくてはならない．同時に，言語知識の解明にあたっては，そのための資料となる容認性判断や運用コーパスの情報から言語使用に関わる処理要因（たとえば，記憶や注意）を捨象する必要があり，言語使用の解明がある程度，進んでいなくてはならない．

上記の課題に向けた研究の遂行は関連領域の進展状況とも有機的に関連する．言語の脳内基盤と過程に関する研究（「言語の脳科学」）は脳科学，ことに，神経認知科学の状況に本質的な影響を受ける．言語の脳科学は，脳内活動を計測するための非侵襲的脳機能画像法の技術と，得られた画像の解釈理論の状況に制約を受ける．同時に，言語の脳科学の成果は，画像法技術と画像の解釈理論の発展に寄与してきた．

生成文法の研究史を振り返ったとき，本質的に重要なある変革が認められる．1950 年代から 60 年代の生成文法研究では言語知識を規則の体系と捉えており，その点では生成文法以前の言語研究と軌を一にするものであった．しかし，UG 研究と言語獲得研究が進展すると，言語知識を規則の体系と考えたのでは言語獲得の事実を説明できないことが徐々に明らかとなり，1970 年代になると，「UG に対する原理とパラメータのアプローチ (Principles–and–

Parameters Approach to UG, P&P)」が採用されるようになった．P&P では，UG はパラメータを内包した普遍的原理からなる体系であり，経験と照合することによってそのパラメータ値を全て設定することでおとなの言語知識が形成されると考える．

現在，生成文法では極小主義（ミニマリスト・プログラム Minimalist Program）と呼ばれる研究プログラムが進展している．極小主義は以下の 2 つの考えがその基にある．1 つは「方法論的極小主義 (methodological minimalism)」と呼ばれる考えで，単純性，経済性，エレガンス性などの条件を満たす理論の構築を模索する．もう 1 つは「実質的極小主義 (substantive minimalism)」と呼ばれる考えで，言語機能が持つ，それに固有の属性を最小に留める研究努力により，言語機能の本質を従来以上に鮮明に浮かび上がらせようとする．この研究プログラムでは，言語機能の進化に対する説明も射程の中に入れ，言語機能の本質を探る．Hauser, Chomsky, and Fitch [1] は厳密な意味での言語機能には再帰 (recursion) のみが認められるとし，その後の言語進化研究に大きな影響を与えた．

参考文献

[1] Hauser, Marc D., Noam Chomsky, and W. Tecumseh Fitch. The Faculty of Language: What Is It, Who Has It, and How Did It Evolve? *Science*, Vol.298, pp.1569–1579, 2002.

12.3
制約に基づく文法
Constraint-based Grammar/ 郡司 隆男

言語は意味と音声を持つ記号の体系である. 1960 年前後から 1970 年代にかけての生成文法においては, この両者の対応を句構造規則および変形規則と呼ばれる文字列に対する演算を用いて記述していた. 変形規則の典型的なものは範疇の移動であり, 音が観測される場所と意味が計算される場所が異なる現象を, それぞれに対応する構造の間で移動が起こるとして記述していた.

規則の体系は, 記述的妥当性を満たそうとすると複雑化してしまい, 説明的妥当性に欠けてしまうが, それを克服するきっかけが 1960 年代の後半にあった. Ross が, 複数の変形に対して共通に働く制限があり, それらは個々の変形規則ごとにではなく, 普遍的な制約として述べられるべきだと主張したのである. たとえば, 一定の構造の中から構成素を取り出すような移動は認められないという制約を仮定すれば, 変形規則を複雑に述べる必要がなくなるのである.

Ross は独立な制約を個別に提案したが, 1980 年前後までに, 一見独立に見える制約の間の共通性が気付かれ, 制約の体系が見直された. 1980 年代の GB 理論およびその後の原理とパラメータ理論では, 単純な移動変形のみを仮定し, 移動時にかかる制約（派生に関する制約）と移動前後の構造にかかる制約（表示に関する制約）によって, 全体として限定されたタイプの移動のみを許すように文法理論を構成する.

一方, 2 種類の制約を仮定するやり方は冗長であるとして, やはり 1980 年前後に, 一般化句構造文法 (GPSG) や語彙機能文法 (LFG) のような, 表示のみを用い, 全く移動を用いない文法理論も登場した. これは, 表示に関する制約のみを仮定して, 文法的な構造を決定するという考え方である.

派生に関する制約と表示に関する制約とは, 制御すべき情報の性質に違いがある. 前者は構造変化の際の情報の流れ方に対する制限となるが, 後者は情報の流れを捨象した静的なものになる.

文法理論は, 人間が脳の中に持っている言語機能の解明を目的とするものであり, 説明的妥当性を満たすには, 脳内の文法の働き方を反映すべきであろう. その観点からは, 対称性を持った静的な文法理論は, 人間の文法に, 処理の方向に依存した二重性を仮定しなくてすむという利点を持つと考えられる.

1980 年代後半からの生成文法では, 移動を用いる理論は極小主義プログラムとなり, 扱う文法的構造を極限にまで切りつめ, 移動も最小限に抑えている. また, 今まで範疇全体が移動するとされていたものを素性の移動という形に改め, さらに, 素性値の照合のみがあり移動は実際には起こらないという考え方もあり, 構成素の移動という考え方はほとんど意味をなさないくらいにまで縮小している.

一方, 移動を用いない理論は, GPSG のあとを受けて開発された主辞駆動句構造文法 (HPSG) においては, 語彙的主辞 (head) の持つ情報が精密化され, 表示に関する制約のみで文の構造がほとんど自動的に決められる. また, 統語情報に加えて, 音韻・意味情報も同時に記述され, これらの間の相互作用も許される. この点は, 音声化 (spell-out) 以後は音韻的な構造と意味的な構造とが相互作用を持つことを禁止する極小主義プログラムの考え方とは異なる.

このように, 制約は今日の生成文法諸理論

で重要な概念となっているが，特に，派生を全く用いない理論を「制約に基づく文法理論」と呼ぶことがある．これらの理論では，情報を大局的に制御するようなモジュールが存在しない．言語に関する情報は偏在せず，個々の単語に分散している．表示に関する制約は単語同士の局所的な結び付きを規定するだけであるが，それらの相互作用で全体として適正な構造が認可されるのである．

制約に基づく文法理論では語彙の役割が大きく，語彙主義の立場に立つ．音と意味に関する語彙情報の充足関係が互いに制約し合って文法的な構造を決定するという考え方である．制約の中で典型的なのは，構造の共有と呼ばれる，言語情報が構成素間で共有されるという形の制約であり，情報の交換が言語記号同士を結び付けている．

多かれ少なかれ制約を用いている今日の生成文法の諸理論は，ただ1点，派生に関する制約を仮定するかどうかで分かれる．どちらの理論の方が説明的妥当性において，より優れているかということは経験的には決めがたい．HPSGのような理論でも，一部の「移動」現象（wh移動など）に関しては，「空範疇」（痕跡）に相当するようなメカニズムを想定しており，記述的妥当性においてより優れた理論であるとは言いきれない．

メタ理論的に考えれば，制約の体系は，ある種の経済性の実現であると考えられる．表示の経済性は，表示の中に意味解釈や音声実現に無関係の要素がないことを要求し，派生の経済性は意味解釈にも音声実現にも関係しない移動を禁止する．ただし，派生の経済性をそのままに実現しようとすると，局所的な情報だけでは決定できず，大局的な制約を考えなくてはいけない可能性がある．

文法に派生があるとしたら，人間が言語を使う際には，何らかの形で，経済性を（疑似）計算していると考えざるを得ない [1]．いわ

ゆるフレーム問題にも通じる問題である．はたして人工知能にそのような計算ができるのかどうかが，人工知能による言語理解を解決する鍵となるのかもしれない．

参考文献

　ページ数の関係から，詳細な文献にたどりつける基礎的な文献のみをあげておく．[1]は，派生を仮定する立場からの論考だが，かなり根本的なところから振り返るのに向いている．[2] は HPSG の基本的な概説書．手っとり早くは，[3] を参照されたい．

[1] 福井直樹．『新・自然科学としての言語学？ 生成文法とは何か』，ちくま学芸文庫，2012.

[2] Sag, I.A., Wasow, T. and Bender, E. *Syntactic Theory : A Formal Introduction, 2nd ed.*, CSLI Publications, Stanford. 2003.

[3] 郡司隆男．主辞駆動句構造文法 (HPSG) の概要, Theoretical and Applied Linguistics at Kobe Shoin, No.5, pp.23–42, 2002.

12.4
形式意味論
Formal Semantics/ 今仁 生美

意味がわかるというのは，一体どういうことなのか．そもそもわれわれが口にする「意味」とは何なのか．もしかすると「意味」という用語を手に入れたがゆえに，かえって何か重要なことを見落としてしまってはいないか．代数的な手法で自然言語を分析するのが常套手段となっているが，何かそのことでわかったことがあるのか．形式意味論にはそのような疑問が常につきまとう．

現在の形式意味論の礎を築いたのは，論理学者・言語哲学者のリチャード・モンタギュー (Richard Montague) である．モンタギューの代表的な論文 "Universal Grammar (UG)" と "The Proper Treatment of Quantification in Ordinary English (PTQ)" は 1970 年代初頭に出版された．当時は，自然言語は曖昧性を含むため厳密な論理学の領域でそれを扱うことはできないと考えられていたが，モンタギューはその考えを覆す．彼は，自然言語を代数として定義し，自然言語を論理学の体系に準同型なものとして規定することで，論理学の体系を自然言語に適用したのである．論理学の世界では，公理的な論理体系（その源流はアリストテレスの三段論法である）に加えて，モデルを用いるモデル理論的な論理体系も整備されていた（形式意味論におけるモデル M は，個体の集合 D および記号に対象を割り当てる関数 I の対がそのもっとも基本的なものである：$M = \langle D, I \rangle$）．モンタギューが導入したモデル理論的な論理体系では，記号に割り当てられる対象は「意味」と捉えられる．ここに，形式意味論が「自然言語を代数的に分析することで意味を取り扱う」という考え方および方向性（その是非はともあれ）を得るに至った理由の一端がある．

モンタギュー文法 (MG) という名称で包括されるモンタギューの理論の技術的な部分は，現在ではほとんど用いられていない．しかしながら，内包論理や範疇文法，タイプ理論を含み，さらには λ 記法を効果的に取り入れた彼の理論は，その後の形式意味論のさまざまな発展を引き起こした．その影響力は強く，ある意味で，現在の形式意味論は方法論的にはモンタギューの構想からほとんど一歩も出ていないと言っても過言ではない．

形式意味論の潜在的な問題はまだある．（モデル理論的な）形式意味論では，全ての命題は，モデルが与えられると，（どのような場合に命題が真（あるいは偽）になるかを定める）真理条件 (truth condition) によって真か偽かが決まる．たしかに，われわれは，「猫は哺乳類でネコ科である」がどういう場合に真であるかを知っている．その意味では，真・偽の概念がこの文に働いていることは否めない．しかしながら，だれかが「あんなところに猫が…」と言ったとき，そこには真偽では捉えきれない言語（とおそらく心）の働きがある．たとえばロボットに「あんなところ」で世界を切り取らせ，「猫が」で発話を止めさせるにはどのようにすればよいのか．述語論理などによって理論を厳密化してきた形式意味論は，こういった「柔らかい」問題を解くことができない．論理化は，形式意味論の 1 分野としての確立とその拡張を助けたが，このことがかえって，形式意味論が柔軟性を失う結果を招いたとも言える．

さて，70 年代はＭＧの枠組みの中で自然言語の現象が分析され，Hilary Putnam らの言語哲学からの影響も受けることで，形式意味論は理論的に急速に成長した．しかしながら，同時

に理論の技術的な限界も見えてくる．その中で登場するのが，談話表示理論 (Discourse Representation Theory: DRT) と一般量化子アプローチ (Generalized Quantifier Approach: GQ) である（なお DRT と同じ発想に基づく理論としてファイル変換意味論 (File Change Semantics: FCS がある)．80 年代は，この 2 つの理論が形式意味論の世界を席巻した．量化子としては全称量化子 ∀ と存在量化子 ∃ しか持たない述語論理は，most などの自然言語の量化子をうまく扱うことができない．GQ では，MG における名詞句の扱い（名詞句を個体の集合の集合に翻訳する）を継承しつつ集合論的な枠組みを用いて量化子のより詳細な研究を可能にした（たとえば most boys の意味は GQ では $\{A \subseteq D || [\![boy]\!] \cap A | > | [\![boy]\!] - A |\}$ である）．また，自然言語では，代名詞の照応に代表されるように，「文と文の間に情報の流れ」があるが，述語論理でこういった情報の流れを扱おうとすると恣意的にならざるをえない．DRT は，統語表記と意味解釈の間に談話表示構造という中間的な表示を介在させ，文の入力があると構造の内容を update させることで，情報の流れを捉える．また，DRT の 10 年後には，DRT の中間的な構造を必要としない動的述語論理 (Dynamic Predicate Logic: DPL) が世に出た．現在では DRT（および FCS）と DPL を合わせて動的意味論 (DS) とよぶことが多い．

DS と GQ における研究が一段落してから現在に至るまでは，語用論的な要因を形式意味論と融合させる試みが活発化している．推意 (implicature) のように従来語用論で扱われていた概念が尺度表現の分析などに応用され，また David Kaplan にまで遡ることができる Oops のような表意表現 (expressive) の研究も盛んである．また，条件文や様相の研究が端緒となり，意味解釈における「状況」

の重要性が強く認識されるようになってきている（たとえば様相表現に対して様相基盤・順序源を用いる Angelika Kratzer の理論など）．近年のこういった流れの中で，形式意味論の中に統語論や音韻論は言うまでもなく確率やゲーム理論といった他分野のシステムが学際的に取り込まれるようになり，またさまざまな言語で理論や現象を検証するということも盛んになってきている．

ところで，「状況」そのものは，80 年代から 90 年代にかけて，形式意味論というよりむしろ情報理論の枠の中で研究されていた．それが，バーワイズとペリー (Barwise and Perry) による状況意味論 (Situation Semantics) である．状況意味論は，のちにチャンネル理論 (Channel Theory) に発展する．状況意味論では，形式意味論が意味論的対象として扱う「可能世界」ではなく「状況」が扱われる（状況によっては文は真でも偽でもない）．この理論で重要な概念は「同調 (attune)」である．人間は，状況の中にあるさまざまな規則に同調しながら生きている．黒雲を指さして「あれだとそのうち雨だね」と言うことが意味を持つのは，そのためである．「意味」というものを，人間，言語，情報の間のこういった仕組みからも捉えようとするならば，形式意味論は可能世界や真偽という概念を一度根底から見つめなおす必要がある．

人間は「状況」の中で情報を得，その情報は言語を介してさらに伝播する．このとき，われわれが「意味」と呼んできたものがどう働くのか．それを解明する 1 つの方法として，AI の中で形式意味論を捉えなおし，実装という観点から理論を見直すという試みもありうるであろう．この場合，計算言語学と再び接点をもつ努力が必要になるであろうし，視野や外界認識さらには環境の中の位相と言語の関わりも重要になってくるだろう．形式意味論が昨今の AI の方法論も身につけることで，

これまでとはまったく方向性の異なる新しい
活路を見い出せる公算は大きい.

参考文献

[1] Barwise, Jon and Robin Cooper.
Generalized quantifiers and natu-
ral language, *Linguistics and Philos-
ophy*. Vol.4 (2) :pp.159–219. 1981.

[2] Barwise, Jon and John Perry. *Situ-
ations and Attitudes*, MIT Press,
1983.

[3] Barwise, Jon and Jerry Seligman.
*Information Flow: The Logic of Distri-
buted Systems*. Cambridge University
Press. 1997.

[4] Kamp, Hans and Uwe Reyle. *From
Discourse to Logic*. Dordrecht: Kluwer
Academic Publishers, 1994.

[5] Montague, Richard. Universal Gram-
mar. *Theoria* Vol.36, pp.373–398.
1970. (reprinted in Thomason, 1974).

[6] Montague, Richard. Proper Treat-
ment of Quantification in Ordinary
English, In: Jaakko Hintikka, Julius
Moravcsik, Patrick Suppes (eds.):
Approaches to Natural Language. pp.
221–242. Dordrecht: Kluwer Acade-
mic Publishers, 1973. (reprinted in
Thomason, 1974).

[7] Thomason, Richmond (ed.). *Formal
Philosophy. Selected Papers by Richard
Montague*. New Haven, Yale Univer-
sity Press, 1974.

12.5
言語理解
Natural Language Understanding/ 松本裕治

コンピュータによる文章や対話の理解を言語理解と言い，自然言語処理の究極の目標である．言語理解には，文の意味，特に，文脈における文の意味の理解が必要である．自然言語の文の意味や文脈をどのように記述するかは長年の問題であり，特に，複数の文からなる文脈の表現については，DRT (Discourse Representation Theory) [1] や RST (Rhetorical Structure Theory) [2] などわずかな理論があるだけで，ほとんど進展していない．

文の意味は，述語論理式，あるいは，それに準ずるシンボリックな表現によって記述するのが旧来の方法であり，古くはモンタギュー文法，新しくは CCG (Combinatorial Categorial Grammar) [3] でも，ラムダ式を用いた述語論理式を意味表現法として利用している．このようにシンボルに基づく意味表現に対して，近年のニューラル自然言語処理では単語の意味表現をベクトル空間に埋め込むことによって単語間の類似性や関係性を表現することに成功しており，これと同様に文の意味もベクトル空間へ埋め込み，文の意味的類似性や文間の関係を表現しようという流れがある．一方，シンボルに基づく文の意味表現として最近注目されているものに，AMR (Abstract Meaning Representation) [4] があり，文の意味を，根を持つ非循環有向グラフで表現する．実際に行われていることは，文中の単語や句の曖昧性解消を行ってグラフの節点あるいは部分グラフで表現し，述語と項（意味的な主語や目的語など）の関係を枝で連結し，同じ実態を指す単語や句は 1 つの節点にまとめるなど，従来行われてきた語義曖昧性解消，述語項構造解析，共参照解析などの意味解析を統合的に行った結果をグラフ表現

する方法と言える．

言語の理解が何を意味するかを定義すること自体が困難である．文や文章の意味に関係する個別の処理によって評価するか，あるいは，言語理解が必要と考えられる具体的なコミュニケーションやタスクによって評価することが考えられる．前者としては，90 年代に米国 DARPA によって MUC (Message Understanding Conference) という一連のコンペティションが開催され，テロリズムや企業統合に関する新聞記事の理解が共通のタスクとして設定された．その成果として固有表現認識 (Named Entity Recognition) が新聞記事理解には重要であることが明らかになった．MUC に続く ACE (Automatic Content Extraction) プログラム [5] では，表層的な固有表現だけでなく，実体そのものの同定，実体間の関係認識，事象とそれに関係する項の認識など，文章理解に必要なより詳細なタスクが設定された．これらのタスクが高い精度で解析できることが必ずしも言語理解とは言えないが，文章を理解するためには最低限必要な処理と言える．

機械が知的に言語を操ることができるかどうかを判定する方法として，アラン・チューリングが提唱したチューリングテストが有名である．人間の判定者が，人間と機械それぞれとキーボードによる対話を行い，判定者が人間と機械を区別できなかった場合，機械は知的な対話を行ったとみなされる．人間を騙すことができたからと言って，言語が理解できたとは言えないが，言語理解とは何かを正確に定義することができないのであれば，このような実際のコミュニケーション実験や言語理解が必要なタスクを通じて言語の理解度

を判定することは1つの方法であると言える。なお、チューリングテストは、ローブナー賞として1990年より毎年競技会が開催されている。

　言語理解に強く関連するタスクとして、機械読解（Machine Reading Comprehension, あるいは単に、Reading Comprehension）と呼ばれるものがあり、様々なデータセットが用意されている。Stanford大学で開発されたSQuAD (The Stanford Question Answering Dataset) [6] は、Wikipediaの記事に対し、回答が記事中に存在する質問をクラウドワーカーに作らせることで作成された（SQuAD1.1）が、最新のSQuAD2.0では、回答が記事中には存在しない「敵対的な」質問も作成され、そのような質問には回答をしないという選択をする必要がある。SQuAD2.0に対しては、最近の文脈を考慮した単語表現を利用することにより、人間の性能を上回るシステムがいくつも報告されている。そのほかにも、機械読解用のデータセットが構築されている。RACE (Large-scale ReAding Comprehension Dataset From Examinations) [7] は、英語の試験問題を元に作成されたデータで、英語の文章に対する選択肢の回答が文章中の語を使っている保証がなく、また、推論を必要とする問題を含んでいる。MS MARCO (Human Generated Machine Reading COmprehension Dataset) [8] は、ほかのデータセットに比べて1桁大きい100万規模の質問からなり、実際にMicrosoftのBingに投げられた人間の質問に基づいたデータセットである。また、HOT-POTQA (Dataset for Diverse, Explainable Multi-hop Question Answering) [9] は、Wikipediaの複数の記事を参照しなければ回答できない質問からなるデータセットとなっている。さらに、機械読解だけでなく、様々な言語理解技術を評価するためのタスク

を集めたGLUE (General Language Understanding Evaluation) benchmark [10] が公開されている。

参考文献

[1] Kamp, H. and Reyle, U. *From Discourse to Logic*, Kluwer, 1993.

[2] Mann, W.C. and Thompson, S.A. Rhetorical structure theory: toward a functional theory of text organization, *Interdisciplinary Journal for the Study of Discourse*. Vol.8 (3): 243–281, 1988.

[3] Steedman, M. *The Syntactic Process*, The MIT Press, 2000.

[4] Banarescu, L., *et al.*, Abstract Meaning Representation for Sembanking, *Linguistic Annotation Workshop*, 2013.

[5] Doddington, G., *et al.*, The Automatic Content Extraction (ACE) Program-Tasks, Data, and Evaluation, *International Conference on Language Resources and Evaluation*, 2004.

[6] https://rajpurkar.github.io/SQuAD-explorer/

[7] Lai, G., *et al.*, RACE:Large-scale {R}e-{A}ding Comprehension Dataset From Examinations, *Conference on Empirical Methods in Natural Language Processing*, pp.785–794. 2017.

[8] Bajaj, P., *et al.*, MS MARCO: A Human Generated Machine Reading COmprehension Dataset, *Conference on Neural Information Processing Systems*, 2016.

[9] Yang, Z., *et al.*, HotpotQA: A Dataset for Diverse, Explainable Multi-hop Question Answering, *Conference on Empirical Methods in Natural*

Language Processing, pp.2369–2380, 2018.

[10] Wang, A., *et al.*, GLUE: A Multi-Task Benchmark and Analysis Platform for Natural Language Understanding, *International Conference on Learning Representations*, 2019.

12.6
談話と対話
Dicourse and dialogue / 片桐恭弘

物語や論説あるいは交渉のやりとりなど，複数の文が連なって意味のあるまとまりを構成するものを「談話」と呼ぶ．また，複数の参加者の間の言語インタラクションは「対話」と呼ばれる．談話・対話の理解には言語と文脈との相互作用の理解が不可欠である．

生物は社会集団を構成することによって進化的優位性を獲得した．ヒトにとって言語は，社会集団を構成・維持するための中心的機能を果たす．言語は精密な社会的学習を通じた知識と文化の蓄積と，緊密な合意形成を通じた共同行為の計画と実行によって，さまざまな資源を有効に活用する術を獲得した．

ほかの生物のコミュニケーション手段と比較して，ヒトの言語には複雑な内容を精密に表現することができるという特長がある．この特長を支える中心的な機能の1つが，複数の文を連ねて複合的情報を表現する「談話」である．

複数の文を連ねて意味のある情報の集積を実現するためには，複数の文が同一の対象に言及すること，複数の文がばらばらではなく，相互に意味的関係を持つことが必要である．たとえば，2文からなる談話「先生，山本君を叱ってください．だって，みんなで決めた分担の仕事を全然やらないんです．」では，第1文で山本君が談話参照対象として談話文脈 (discourse context) に導入されたあとに，続く第2文で「仕事をやらない」の主体として言及されている．さらに，「だって」という接続詞によって第2文の表わす情報が第1文の表わす情報に対して理由という関係にあることを示している．談話文脈に談話参照対象 (discourse referent) を導入して，後続する文からそれに言及することによって，1つの

対象について無限定に多くの情報を集積することができる．談話文脈が，複数の文をつないで一貫性のある情報の蓄積を媒介する役割を果たす．

談話文脈に導入される対象は一般には複数となるので，談話理解には談話参照対象と代名詞との間の照応関係 (anaphora) の正確な復元が必要となる．一般的には，代名詞の出現に先立ち，最も直近に導入された談話参照対象で，意味的制約に適合するものという推測が適用されるが，現実の談話には該当しない照応も数多く登場する．「和美の誕生日のプレゼントにセーターを買ってあげようかと思うのだけれど．セーターは先週和美が気に入ったのを見つけて自分で買ったばかりだから，そんなのはいらないと言われますよ．」という談話では，照応表現「そんなの」が指すのは直近に現れる和美が自分で買ったセーターではなく，父親がこれから購入を考えているセーターである．また，次の例のように，代名詞 (it) が談話参照対象として談話に明示的に導入されていない対象を指すこともある．"Either there's no bathroom in the house, or it's in a funny place." 照応関係同定は自然言語処理の統計的手法にとっても未解決の課題である．

「対話」では，談話文脈に加えて，対話が行われるその場の現場文脈が重要な役割を果たす．現場文脈には話し手，聞き手，その他の現場環境に存在する対象，対話参加者の有する常識的知識や文化的知識などが含まれる．対話インタラクションでは話者は「私」「君」「今」「ここ」のような直示表現や，「これ」「それ」「あれ」のような指示詞を用いて対話の生起する現場文脈の対象に言語的に言及するば

かりでなく，その場の対象を指差して指示する，相手に視線を向けて指差した対象への注意共有を確認するなど，対話現場での参加者の非言語的な行動が対話の成立に重要な位置を占める．

対話の中心的な機能は，対話に参加するエージェント間での合意形成による共同行為の遂行である．言葉を発することは，物を持ち上げるなど物理的行為と並列する言語行為と捉えられる．言語行為には主張する，依頼する，約束する，挨拶する，謝るなど，聞き手の信念や意図に変化を及ぼすという心理的効果や，さらには判決宣告のように社会的事実を作り出すという効果を生み出す力がある．言語表現と言語行為との対応は平叙文，命令文など文の種類や用いられる動詞によって表示されるが，「駅の場所がわかりますか?」のように能力を問う疑問文が依頼となるなど対応が直接的でない間接言語行為も多い．さらに，「もし君が明日出勤してくれれば作業は今週中に終わるのだけれど」のように，条件文の前提部が命令になることもある．対話エージェントのために言語行為の詳細な分類が ISO 基準に定められている．

対話では，参加者が言語行為 (speech act) を交換して合意形成を進める．対話インタラクションの中でそれまでに共通了解となった事項は，「共通基盤 (common ground)」と呼ばれる．共通基盤の形成には先行する発話に対する承認（「はい」）や問い返し（「何ですって?」）のような基盤化 (grounding) の言語行為が重要な働きをする．

対話にはさらに，やり取りの円滑な進行や社会的人間関係の維持という機能がある．人間の対話では参加者の発言は，言い争いなどを特殊な場合を除けば，3 人以上であっても時間的に重ならずに次々に適切なタイミングで交代する．人間と AI エージェントの円滑なインタラクションには，自然な番交代 (turn taking) の実現が必須である．発話の音声韻律やあいづち，さらには，うなずき，視線，まばたきなどの非言語情報の交換が，番交代に寄与することが知られている．

人間同士の対話では敬語や丁寧体の利用など，その場や相手に合わせた言葉遣いが要求される．AI エージェントが日常生活に浸透するにつれて，対話の持つ人間関係維持機能に対する要求が増大する．年齢・性別・職業に応じた言葉遣い（役割語）は，アイデンティ構築や集団帰属性表示に関わる．これらは話し手の属性を静的に表示して社会的規範への適合を示すだけにとどまらず，意図的に女性が男言葉を使って規範への反抗を表示する，わざとくだけた言葉遣いや冗談で対話の場を和ませるなど，動的変化に主要な意義がある場合もある．

人間同士の場合と同様に，ヒトと AI の共存にとっても談話・対話による文脈の操作・参照が中核的な役割を果たすだろう．

12.7
ニューラルNLP
Neural NLP / 松本 裕治

自然言語処理の対象は，クラス分類，構造の解析，生成など多岐に渡る問題を含むが，1990年代から大規模な言語データ（コーパス）が利用可能になり，種々のタグ付けが施されたタグ付きコーパスが構築さるようになって以来，ほとんどの問題に機械学習が適用されるようになった．さまざまな機械学習手法が利用されたが，2010年代途中からは，ニューラルネットに基づくニューラル言語処理が支配的になっている．その大きな理由は，単語の表現学習，および，系列–系列モデルに代表されるエンコーダ・デコーダモデルの2つの技術の急速な進展である．

自然言語は多くの単語を持ち，数千あるいは数万の種類の単語を扱う必要がある．これらを独立に扱うのではなく，意味的な類似度を表現する方法が模索されてきた．既存のシソーラスや階層的なクラスタリングによる木構造を用いた意味クラスの利用，また，単語の意味はそれと共起する語によって決まるという分布仮説に基づき，各単語を文中でそれと共起する単語のベクトル（共起頻度あるいは相互情報量などの共起度に基づく確率ベクトル）として表現し，コサインやKL情報量によって類似度を測る分布類似度 (distributional similarity) などが提案された．文書と単語あるいは単語と単語の共起に基づき，潜在意味変数によるベクトルによって単語を表現する LSI (Latent Semantic Indexing)，p-LSI (probabilistic Latent Semantic Indexing)，LDA (Latent Dirichlet Allocation) は，単語を固定長のベクトルで表現することができ，単語間の類似度尺度として用いることができるが，性能や計算時間に問題があった．ニューラル言語モデルが，単語を任意長のベクトルとして表現する新たな手法として提案され，その後，Mikolov ら [1] によって word2vec のアイデアが提案された．簡単なモデルで計算が軽いことから大規模なコーパスから単語のベクトル表現が学習でき，かつ，意味の加法性が成り立つことなどの特徴が示され，大々的に用いられるようになった．基本的な学習手続きは，各単語に固定長のベクトル，および，同次元の文脈ベクトルをランダムに与え，単語のベクトルとその周辺に現れる単語の文脈ベクトルの内積をそれら以外の単語間の内積より大きくするようにベクトルを更新することである．その結果，お互いに共通の文脈を持つ単語のベクトルが近くなり，そうでない単語同士はベクトル空間上で遠くに配置されるようになる．中央の語を前後の語から予測するモデル (CBoW: Contextual Bag–of–Word) と，中央の語から前後の語を予測するモデル (skip-gram) がある．初期値として適当な次元のベクトルを与え，与えられた評価値を高めるように更新された表現は，分散表現 (distributed representation)，単語埋め込み (word embedding) と呼ばれる．コーパス中の単語の共起確率とベクトルの線形性を前提に，いくつかの必要な性質と高頻度共起の上限を設定したベクトル学習法を導出した GloVe が Pennington ら [2] に提案された．word2vec と GloVe は，代表的な単語表現法として広く使われている．分散表現による意味表現は，単語だけでなく，句や文や文書，逆に，文字や部分文字列 (subword) にも適用されるよう発展している．word2vec や GloVe などの単語表現の欠点として，1つの単語には1つの表現しか仮定されておらず，語義曖昧性の問題に対応できていないと

いう問題があった．語義曖昧性解消の問題は，単語の出現文脈からその語義を分類するタスクであるが，各単語にいくつの語義があるかを決めること自体が恣意的であるという問題もあった．大規模コーパスを用いて文の順方向，逆方向の階層的なニューラル言語モデルを学習し，事前学習した単語の表現だけでなく，前後文脈から予測される単語表現と合わせた文脈的単語表現 (Contextualized word representation) ELMo が Peters ら [3] によって提案され，多くのタスクで性能向上に寄与することが示された．言語モデルとして，双方向の文字言語モデルを用いた単語表現法 Flair が Akbik ら [4] によって提案された．また，連続する 2 文を考慮に入れ，いくつかの単語をマスクしてそれを予測する言語モデルを Transformer (後述) のアーキテクチャを用いて実現した BERT が Devlin ら [5] によって提案され，多くのタスクに対して ELMo を上回る性能向上が報告された．

ベクトルによる単語表現はニューラルネットワークの入力として親和性が高く，さらに，事前学習した単語表現を各タスクの学習時に再学習 (fine-tuning) が容易であることが，ニューラル NLP の隆盛の大きな要因になっている．自然言語文は，単語の列からなり，順序を持つデータであるため，CNN や RNN など相対位置を考慮できるニューラルモデルが盛んに使われるようになった．RNN は，前文脈を中間層に記憶できるため言語と相性がよいが，長距離の情報が失われる勾配消失の問題があった．しかし，前文脈の保持や忘却を選択できるゲート機能をもつ LSTM (Long short-term memory) や GRU (Gated Recurrent Unit) を用いることで長距離の情報が学習可能になった．これらは，品詞タグ付けなどの系列ラベリングとして，あるいは，長い文の表現を得るためのエンコーダ，および，何らかの表現からのデコーダの両方に利用さ

れるようになり，自然言語の解析，生成両方のタスクで広く利用されるようになった．エンコーダでは双方向のモデル (Bi-LSTM, Bi-GRU) やこれらを多層化したモデルが使われる．デコーダでは，単語の表現を利用して単語数規模の多クラス分類を行うことで出力単語の予測を行うことができ，文を直接生成することができるようになった．特に，ニューラル機械翻訳のための系列–系列モデルが，Sutskever ら [6] に提案され注目を浴びた．この単純なモデルは長文の翻訳には適さなかったが，その後，注意機構 (attention mechanism) が Bahdanau ら [7] に導入され，入力文の単語の内部表現の重み付き和によって必要な情報を参照することにより長文翻訳に対応できるようになった．注意機構は，文の断片や複数の文など多くの入力の必要な箇所に注目する技術として広く使われるようになった．入出力に RNN を使わず，注意機構が全て (Attention Is All You Need) というタイトルの論文が Vaswani ら [8] によって発表された．このモデルは Transformer と呼ばれ，RNN のような再帰ユニットがなく，位置情報のエンコーディングや自己注意機構などを用いた多層のモデルによって，高い機会翻訳性能を達成した．Transformer のエンコーダは，先に説明した BERT の言語モデルの学習に使われるなど，翻訳以外の応用にも使われている．

参考文献

[1] Mikolov, T., *et al.*, Distributed Representations of Words and Phrases and their Compositionality, *International Conference on Neural Information Processing Systems*, pp.3111–3119, 2013.

[2] Pennington, J., *et al.*, GloVe: Global Vectors for Word Representation, *Conference on Empirical Methods in Nat-*

ural Language Processing, pp.1532–1543, 2014.

[3] Peters, M., *et al.*, Deep Contextualized Word Representations, *Conference of the North American Chapter of the Association for Computational Linguistics: Human Language Technologies*, pp.2227–2237, 2018.

[4] Akbik, A., *et al.*, Contextual String Embeddings for Sequence Labeling, *International Conference on Computational Linguistics*, pp.1638–1649, 2018.

[5] Devlin, J., *et al.*, BERT：Pre-training of Deep Bidirectional Transformers for Language Understanding, *Conference of the North American Chapter of the Association for Computational Linguistics: Human Language Technologies*, pp.4171–4186, 2019.

[6] Sutskever, I., *et al.*, Sequence to sequence learning with neural networks, *International Conference on Neural Information Processing Systems*, pp.3104–3112, 2014.

[7] Bahdanau, D., *et al.*, Neural Machine Translation by Jointly Learning to Align and Translate, *International Conference on Learning Representations*, 2015.

[8] Vaswani, A., *et al.*, Attention is All you Need, *Conference on Neural Information Processing Systems*, pp.5998–6008, 2017.

12.8 スマートスピーカー

Smart Speaker / 長尾 確

近年，非常に注目を集めているエージェント的システムにスマートスピーカーがある．Amazon が，2014 年に発売した Amazon Echo という製品を皮切りに，Google が Google Home を 2017 年に発売し，Apple が HomePod を 2018 年に発売した．図 1 にそれぞれの製品の外観を示す．

これは，部屋のどこかに置いておくと，人間の呼びかけに応じて，情報検索をしたり，照明や空調などの家電を操作したりする．また，本来は音楽を再生するためのシステムなので，好きな曲をリクエストすると再生してくれる．スマートフォンも PC も，直接触れることで操作していたので，声で操作できることで機械との距離が少し自由になる．もちろん，家電をリモートコントロールする仕組みは以前からあったが，そのための機械（リモコン）を使う必要があった．声は道具を使わずに発信できるので，いくつかの明確なメリットがある．それはたとえば，機械を操作するための手順を覚える必要がなく，操作する目的のみに注意を払うことができる点である．つまり，「○○を知りたい」「○○して」「○○って何？」のような要求を直接入力にすることができる．

このようなことは，音声認識の研究者がかなり以前から主張していたことであるが，ようやくそれが現実のものになりつつある．エージェントにとって，人間と対話するというのは，とても重要な機能であり，音声対話技術の発展に伴ってエージェントがより高度なものになるのは必然的なことだと言える．

スマートスピーカーによる音声認識とスマートフォンや PC などの汎用的な情報デバイスによる音声認識の違いは，マイクロフォンの性能によるものである．一般にスマートスピー

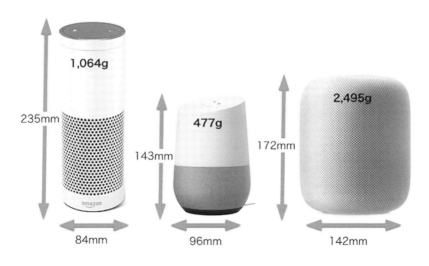

図 1 スマートスピーカー（左から，Amazon Echo, Google Home, HomePod）

カーにはマイクロフォンアレイという仕組みがあり，複数のマイクロフォンを利用して，それぞれのマイクロフォンへの音声の到達時間のずれとマイクロフォン間の距離から音源（つまり話している人間）の位置（角度）を計算する．そのため，その声に焦点を当て，それ以外の音をノイズとして除去することができる．人間が機械との距離や向きをあまり意識しなくてもよいというのは，音声認識にとって大きな進歩である．音声認識に関しては，不特定話者の大規模語彙に対応するなどの従来からの進歩もあり，対話処理に関しては，「何か面白いことを言って」のような非タスク指向の対話にも部分的に対応している点で進歩が見られる．

また，以前に話題になった音声対話ロボット（図2を参照）[1] と，スマートスピーカーの最大の違いは，機械に顔があるかないかということだけではない．それは，知能を実現するシステムが，目の前にある機械の中にあるか，それ以外のところにあるか，ということである．スマートスピーカーにとって，知能の本体はクラウド（サーバー）にある．クラウドに知能が実装されていることの利点は，機械学習に有利なことである．機械学習にとって，ほとんどの場合，データはできるだけ多いほうが有利であり，クラウドはさまざまな機械とつながることができるので，入力されるデータは，単独の機械よりはるかに多くなる．

人工知能を実現するのに，クラウドほど適切な場所はないが，それによる弊害もいくつかある．それは，人間の生の声（場合によっては，その周囲の映像データを含む）がクラウドに送信されてしまうことである．学習のためには，実世界の信号そのものを入力にした方がよいが，当然ながら，それでは困る場合がある．

スマートスピーカーが問題なのは，普段話している会話の一部がクラウドに送信されて

図2 音声対話ロボット

しまうことである．それは学習用のデータとして使われるが，それ以外の用途に使うことも可能である．たとえば，そのユーザーの日常の行動や生活水準を推定するための手がかりにすることができる．犯罪者を特定するための証拠として使われることもありうる．実際，Amazon に対して，Amazon Echo によって得られたあるユーザーの声のデータをアメリカの裁判所が証拠として提出するように要求した事例があった（もっとも，Amazon はその要求を拒絶したが）．

プライバシーとテクノロジーの関係に関して，Ann Cavoukian が「Privacy by Design」というコンセプト [2] を提唱しており，情報システムの設計と運用において，個人情報をその個人がコントロールする（公開範囲や用途の制限などを行う）仕組みを取り入れるべきだと主張している．スマートスピーカーの場合は，クラウドに送信する段階で暗号化等のロックをかけ，ユーザーに音声の利用履歴が確認できるようにするなどのやり方が考えられる．

このように，クラウドを使うときは，何らかの処理をして個人情報が漏れないように配慮してデータを送信するというやり方が必要である．一方，スマートスピーカーを悪用するために，人間が聞こえない音で音声コマン

ドを送信するやり方 (ドルフィンアタックと呼ばれる) [3] や,通常の音声に人間が聞こえない隠し音声を埋め込んで人間の意図とは異なる操作を行わせる方法 [4] などが論じられている.これらの問題に対処するには,スマートスピーカー自体に高度に適応的な仕組みを実装する必要がある.その場合,知能の仕組みは,ユーザーが直接利用する機械 (スマートスピーカー) とクラウドに分散される.つまり,個人の使う機械にも,ある程度の知能を持たせるということである.このような考え方を,エッジ・インテリジェンスと言う.エッジとはネットワークの末端のことを指し,エッジでもある程度の機械学習ができなければならない.それには,データサイズの問題から,ディープラーニングの仕組みは必ずしも有効ではないが,統計的機械学習や能動学習などの仕組みは有効に機能するだろう.

筆者は,エージェントをエッジ・インテリジェンスの考え方に基づいて実装していくことで,十分に知的で,また,プライバシー保護も可能なパーソナルアシスタントシステムが実現できると考えている.しかしエージェントは,人間のやるべき仕事を手伝ってはくれるが,肩代わりしてくれるわけではない.部分的な仕事を担当してくれる可能性はあるが,全てを任せることはできない.エージェントは自律的なシステムであるが,自己完結したシステムではない.エージェントは,あくまで人間の支援システムとして設計され,人間の管理下で稼働するものである必要がある.それは,エージェントが人間と共生するために不可欠な要件である.

参考文献

[1] Nagao, K. Situated Conversation with a Communicative Interface Robot, In *Proc. of the First International Workshop on Intelligent Media Technology for Communicative Reality*, 2002.

[2] Cavoukian, A. Privacy by Design: 7 Foundational Principles, Information and Privacy Commissioner of Ontario, https://www.ipc.on.ca/wp-content/uploads/Resources/7foundational principles.pdf, 2011.

[3] Zhang, G. Yan, C. Ji, X. Zhang, T. Xu, W. DolphinAttack: Inaudible Voice Commands, In *Proc. of ACM CCS* 2017.

[4] Carlini, N. Wagner, D. Audio Adversarial Examples: Targeted Attacks on Speech-to-Text, https://arxiv.org/pdf/1801.01944.pdf, 2018.

第13章

脳

Brain/ 編集担当　山川　宏

　人工知能が目指す知能は，しばしばヒトのようなものであるが，そこには未だ解き明かされていない様々な知能が存在する (13.2)．それゆえ，その内部メカニズムとしてヒトの脳を参考にしようとすることは自然であるが，20 世紀においては難しいものであった．

　今世紀に入り，動物に対する侵襲的な測定であれば数千個以上のニューロン活動を同時計測できる 2 光子イメージング (13.10) などが発展し，人間に対する fMRI(13.11) を中心とした非侵襲の脳機能計測技術も進歩した．こうして，認知行動の脳内メカニズムの研究 (13.3) が進展し，脳内の意味表現の解析 (13.1) も可能になり，たとえばマインドフルネス (13.12) などへの応用も始まっている．

　他方で 2010 年代になると，深層学習を中心とした人工ニューラルネットワーク (ANN) の研究が大きく進展した．こうした技術進展を背景に，脳の様々な領野における情報処理のモデル化も進んでいる．ここでは，視覚野 (13.5)，聴覚野 (13.6)，海馬 (13.7)，小脳 (13.8) におけるモデルを取り上げる．また脳全体を結合された機械学習装置として実現しようとする全脳アーキテクチャ (13.9) という研究活動も活性化した．

　情報技術は，信号処理や解析など多岐にわたり，神経系科学分野の進展を加速させているが，神経科学分野のビッグ・データ化に伴い，その編纂を行う Neuroinformatics(13.4) の分野の研究も進んでいる．

13.1
脳内の意味表現
Semantic representations in the brain/ 西本 伸志

　私達は日常的に視聴覚を代表とする多様な感覚入力を受け取っており，それらを介して，あるいは時には内発的に，様々な思考を巡らせる．「信号が青に変わったから進もう」「食パンを買ってきてって言われてたっけ」といった自然な体験は，物理的な光や音などからまとまりをもった特徴（「信号」「食パン」等）を取り出す脳の働きによって支えられている．このような，主には言葉や記号と対応づいたまとまりをもった情報，あるいはそれが指し示す内容を意味と呼ぶとすると，これらの意味を体験する私達の脳には意味と対応した（意味を表現した）脳活動が存在すると考えられる．脳内では感覚入力から運動出力まで様々な段階における情報表現があり，特に上記のような一定のまとまりと指示内容を持った情報表現を脳内における意味表現と呼ぶことができる．脳内意味表現の内容や性質を調べることで，脳が世界をどのようなまとまりを持ったものとして把握しているのか等についての知見を得ることができる．本項では，ヒトやサル等の脳活動計測を介して得られた脳内意味表現の性質や人工知能技術との関連について述べる．

　脳内における各種の意味表現を包括的に調べる手法として，多様な意味内容を含む映像や物語を視聴中の脳活動について磁気共鳴画像法等によって全脳記録する方法が挙げられる．各映像の意味的内容（人がビーチでくつろいでいる，等）と脳活動の関連性を定量的に調べることで，数千種類以上の物体や動作等の意味情報が脳内のどこで（どのような空間パターンとして）表現されているかを可視化することが可能になった．またその際の脳活動パターンから，脳内ではどのような意味的内容

が類似しているかを相対的位置関係で表す脳内意味空間を定義することも可能になっている（図 1a に概念図．Çukur et al., Nature Neuroscience, 2013 より抜粋）．このような意味空間の分布を検証することで，たとえば脳内では動くもの（人，車等）と動かないもの（山，街等），あるいは生物と無生物 (animate/inanimate objects) の差異が重要な区分けとして表現されていることや，動物関連（サル，ネコ等）とヒト関連（男，バックパッカー等），乗り物関連（船，バイク等）の意味内容等がそれぞれクラスタ上に離れて表現されていること，さらに文字は他の事物とはかけ離れた存在として表現されていること，などの性質が明らかになっている．

　さらには，探索課題等の特定の意味内容に注意を払っている状態（人を探している，等）の脳活動を調べると，上記の意味空間が注意対象およびその意味的近傍をより詳細に表現する形にワープする（歪む）ことも実験的に確認されている（図 1b）．これらの知見から，脳は多様な意味内容を固有のまとまりをもって表現しており，しかも認知的状態によってそれらの意味表現を合目的的に変化させる柔軟性を持つことなどがわかる．

　またこれらの意味空間表現の大局的な構造は個人間で再現性があるが，より微細な構造を検証すると個人に固有の差異を見て取ることができる．このような個人差と行動上の差異にも関連性があることが知られており，脳内意味空間は個人の特性を定量的に理解するための枠組みとなる可能性がある．

　脳内意味空間の定量によって得られた知見を用いることで，ある種の機械学習・人工知能技術をより人と親和性の高いものに近づけ

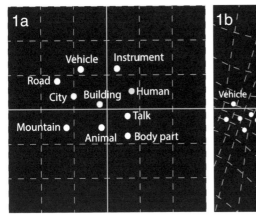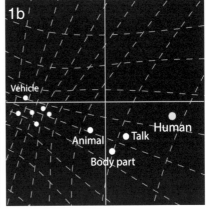

出典：Çuker *et al.*, *Nature Neuroscience*, 2013. より抜粋

図1 脳内意味空間とそのワープ

ることができることも知られている．脳活動データから定量的に得られた脳内意味空間は，脳内におけるある種の常識や相対的世界観（何と何が似ているのか/異なるのか）を定量的に定義したものと捉えることができる．これらの情報を従来型の機械学習手法と併用することで，言語や映像認識課題の性能が向上した例が報告されている．

上記のような，外的刺激に由来する体験内容と脳活動の関係を見ることで意味表現を調べる方法論への批判として，特定の脳活動が意味体験を誘発しているのか，あるいは体験とは関係しない副次的な効果を見ているだけなのかが判らない，といった論点が挙げられる．この可能性に関する議論としては，内的体験や脳損傷・電気刺激の影響について調べた研究を参照することができる．画像や言語などの外的刺激ではなく，想像や夢などの内発的な意味体験下においても，外的刺激によって誘発されたものと相同性を持った脳活動が生じることが知られている．これは脳活動と意味体験の間に単なる相関を超えた関連性がある ことを示唆する．また，たとえば顔を見たときに応答することで知られる fusiform face area(FFA) が損壊すると顔認知が特異的に阻害される（目前の人がお母さんなのか他人なのかが判らなくなる）等の重篤な障害が起きること，さらには FFA を電気的に刺激すると体験内容が顔特異的に変化すること等も知られている．これらは，脳活動によって定義された意味表現領域（の少なくとも一部）は意味体験と因果的な関係性を持つことを示唆する．一方で，顔刺激に対して応答する脳領域が残存していても上記のような顔認知障害が見られる例もあり，体験内容と脳活動の関連性については個別的な検証が必要である．

13.2
脳に残された知能
Intelligence left in the brain/ 酒井 裕

知能とは

「知能」とは何だろうか．科学技術の進展とともに，一般の人が感じる「知能」には変化が見られる．たとえば，電卓が一般的になる以前は，四則演算を正確にできる能力も「知能」と捉えられていた．しかし，今や電卓が知能を持つと感じている人は少ないだろう．たくさんのことを記憶できる能力も「知能」と一部と捉えられていたが，膨大な記憶容量を持つ記憶媒体と検索する技術の発達により，記憶そのものを「知能」とまだ感じている人は少ないだろう．

高校生の頃，微分・積分ができる人は羨望の眼差しを受けたものだが，今や，Mathematica や Maple などの数式演算ソフトの発達により，うんざりするような何千項もある式変形を，いとも簡単にソフトウェアでできるようになった．数式演算ソフトの発達は，論理やシンボルをベースにした初期の頃の人工知能研究の成果である．昨今では，深層学習の出現 [1] により，特に画像認識の分野で著しい発展を遂げているが，それが当たり前になるにつれ，「知能」とは感じなくなっていくのではないか．

逆説的ではあるが，筆者は「人工的にまだ実現できていない脳の機能」を「知能」と捉えている．すなわち「人工知能」というものは定義上存在せず，「知能」と感じる領域を狭めていくことが人工知能研究である，という捉え方をしている．したがって，人工知能研究が目指すべき対象は，常に脳の中にあることになる．

「別に脳に見習わなくても，脳より知的な機械を作ってしまえばいい」という考え方もあるだろう．しかし，それは CPU の処理速度の向上や記憶容量の増大と同様に，脳より性能を向上できたとしても，知能を探求しているわけではないのではないか，と考えている．ここでは，知能を探求すべき対象は常に脳の中にある，という立場で，脳は一体何ができているのか，紹介する．

脳に残された知能

コンピュータの発達で実現してきたのは，主に思考や論理推論といった機能である．これらは意識の上で完結する脳機能である．心理学的に，何かが意識にのぼっていたかどうかを判別するには，その内容を言語で報告できるかどうかを測るのが一般的である．言語化でき，その中で完結する場合には，必ず数式もしくはプログラムで記述できる．すなわち，意識上の脳機能は，全て人工的に実現できているため，本稿での「知能」の対象とはならない．無意識に実現している脳機能の中に知能が残されていると考える．

錯視の背後にある機能

視覚系の情報処理は最も理解が進んだ脳機能の１つである．外界からの情報を時間的にも空間的にも精度よく制御できるため，錯視などの心理物理学的手法と神経活動を記録する神経科学的手法がよく対応し，多くの機能のメカニズムが解明されてきた．錯視は，たとえば，意識の上で同じ長さだとわかっていても，どうしても違って見えてしまう現象である．意識にのぼらないところで感覚情報が変換されていることを実感できる．

網膜から視床を介して大脳皮質の視覚系に至る処理は，映像から特徴を抽出する画像処理として詳細に調べられてきており，画像処理技術に応用されている．画像認識用の深層

学習でよく用いられる畳み込みとプーリングを階層化するネットワーク構造は，視覚系皮質の特徴を取り入れたものである．この構造は網膜位置に依らない特徴抽出（位置不変性）をするために役立っている．視覚に限らず，ある種の不変性を実現するために有効な構造であろう．

視覚系では理解が進み，「知能」の領域が狭まってきているが，まだ未知の部分は多い．たとえば，まだメカニズムや意義がわかっていない錯視が数多く残っている．技術の向上により，視覚だけでなく，その他の感覚系も同様のアプローチで今後も解明が進んでいくことだろう．

ひらめきを生む機構

図1 隠し絵におけるひらめき

次に，図1のような隠し絵を例に挙げよう．情報が削減されているため，大抵の人は即座には何かわからないだろう．しかし，しばらく見ていると，突如としてひらめき，はっきりと見えてくるはずである．

深層学習による画像認識であれば，フィードフォワードに判断するため，即座にわかるか，わからないか，のどちらかであろう．では，しばらく見ている間に人間の脳の中では何が起きているのだろうか．何の縛りもないため，過去の膨大な経験を全探索して当たる確率は皆無である．経験の蓄積と現在の入力とが相互作用し，何かが起きているのであろう．ひらめくまでに脳内で起きている処理は，経験を効果的に蓄積する学習機能の秘密が隠されている．

条件付けの背後にある困難

パブロフの犬 [2] も無意識に起こりうる学習である．ベルの音とともに餌を与えることを繰り返すと，ベルだけでよだれが出るようになる条件付けである．誰もが知る条件付けであり，未知には感じないかもしれない．確かにベルと餌とよだれという3要素に限定すれば，その関係性を抽出するのは簡単なメカニズムで可能である．しかし，実際の動物にとっては，ベルの音だけでなく無限に近い次元の感覚情報に晒されており，餌の報酬だけでなく行動に伴うエネルギーのロスや，ほかに興味のある対象の発見など，その個体にとって様々な価値を生じる事象の中に囲まれている．そんな無限に近い次元の空間で，ある特定の事象の関係性を学習しているのである．

パブロフ条件付けの特性をよく再現するモデルとしてレスコーラ・ワグナーモデル [3] が知られている．レスコーラ・ワグナーモデルは，報酬期待値を感覚刺激パターンの線形回帰で予測し，逐次勾配法によって更新するモデルである．線形性により，感覚情報の次元がいくら高くても機能し，速やかに収束する（図2）．ただし線形ゆえに，排他的論理和のような複数の感覚情報の組合せが絡む関係性を学習できない．しかし，霊長類はもとより，げっ歯類 [4] でも異なるモダリティの排他的論理和の関係を学習できる．これを実現するためには，組合せを表現する新たな感覚特徴量の次元を追加すればいいのだが，もとが高次元の場合，組合せ爆発を起こし，次元の呪いにかかる．一体，脳はこの問題をどう解決しているのだろうか？

運動学習の背後にある困難

運動学習も無意識に起こりうる学習である．運動学習の特性は，図3のような手の到達運

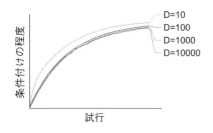

図 2 レスコーラ・ワグナーモデルの挙動

動において,運動中に外力を加えて,それに適応する過程でよく調べられている.到達運動は多関節で多数の筋肉が関わる高次元のダイナミクスであり,その空間における外力の効果は,関節座標にも速度にも依存して極めて複雑である.しかし,この種の外力に対する運動誤差はどんな方向に到達運動していても,どんな姿勢であっても,指数的に減衰し,似たような特性をもっている.様々な学習プロトコルにおける運動誤差の挙動は線形モデルでよく再現できる [5].高次元ダイナミクスの複雑さを脳のどこかで吸収し,線形で学習できるようにしているのではないかと考えられる.

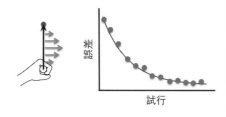

図 3 到達運動中の外力への適応

脳が苦手な困難

脳にとって苦手なこともある.報酬や罰を用いて自発的な行動を強化するオペラント条件付けで,行動の履歴に依存するような報酬や罰の与え方をする実験設定がある.このような場合,動物は報酬を最大化する行動を学習できないことがある.その代わり,マッチング則と呼ばれる法則を示す行動に至る [6].マッチング則は,履歴を無視して報酬最大化すると現れることが強化学習理論で示されている [7].動物にとって,直近の行動履歴の中から重要な入力次元を抽出することが困難であることを示唆している.

各瞬間の感覚情報であれば,どんなに次元が高くても,その情報にアクセスできるが,履歴に関しては脳内の内部状態として記憶を保持しなければアクセスできない.どのぐらい前までの履歴が関与しているかわからないため,可能性のある全てを保持することは到底不可能である.したがって,時間軸方向に広げるためには,全く違う戦略をとっているのではないだろうか.

おわりに

ここで挙げてきた「脳に残された知能」は,実は人工知能研究で直面してきた「フレーム問題」を脳が解けてしまっている例である.時間軸を含めた入出力の次元に無限の可能性がある中で,学習できる「フレーム」をどうやって見い出しているのか.人工知能研究も,脳の知能を探求する脳研究も,結局は「フレーム問題」に帰着すると考えている.

参考文献

[1] Hinton, J, E., Osindero, S. and Teh, Y-W. *Neural computation*, 2006.

[2] Pavlov. The 14th International Medical Congress, 1903.

[3] Rescorla and Wagner. *Classical Conditioning II*, Appleton-Century-Crofts, 1972.

[4] Terada, Sakurai, Nakahara, and Fujisawa. *Neuron*, 2017.

[5] Thoroughman and Shadmehr. *Nature*, 2000.

[6] Herrnstein. *The Matching Law: Pa-*

pers in Psychology and Economics, Harvard Univ Press, 1997.

[7] Sakai & Fukai. *PLoS One*, 2008.

13.3
認知神経科学
Cognitive Neuroscience/ 杉浦 元亮

脳を研究している人たちにはいろいろな種族がいる．研究の対象も方法も異なり，ときには言葉さえ通じない．もっと厄介なのは研究の目的や価値観さえも共有できないことだ．

神経細胞を構成しているタンパクやその設計図である遺伝子を研究している種族がいる．分子生物学者の一派である．謎のアルファベットと数字の文字列を符牒として（タンパク質や遺伝子の名前らしい），彼らの中で何か喜びと悲しみを分かち合っている．たまにそれが何を意味するのか尋ねてみることもあるのだが，「それが実はまだよくわからないんですよ」と，謎の答えをされる．自分で何を研究しているかさえもわかっていないのか！

その逆（研究対象のサイズという意味で）の端にわれわれ認知神経科学者がいて，心を実現する脳の仕組みを研究している．普段，相手にしているのは脳の「皮質領域」や内部の「神経核」が単位である（その中の無数の神経細胞一つひとつにはあまり関心がない）．たとえば私は，自己認知を実現する脳の仕組みを研究しており，「自分の顔を認知する際にpSTSという皮質領域の活動が低下する」といった事実を発見したりする．これは極めて興味深い知見なのだが，これを脳研究の別の種族に説明すると「そのpSTSというのは何なのですか？」と聞かれる．これは困る．pSTSという領域の範囲や機能にはいろいろな考え方があり，簡単には説明できない．「それが実はまだよくわからないんですよ」とお茶を濁しておく．

認知神経科学者も決して単一の集団ではない．脳というのは実にいい加減な建築で，（進化の）歴史上の異なる時期に異なる建築家が，それぞれの感性で好き勝手に増築を重ねてきた建物群である．それぞれの建物の住人はそれぞれの価値観で，それぞれ自分のいる建物こそがこの建築（脳というシステム）の中心だと思って生活している．

たとえば，基底核という建物の住人達は，行動の意欲と意思決定が心の中心的機能だと思っている．そのため基底核を中心とした行動制御ネットワークとその機能を調整するドーパミン系が，脳というシステムの基本骨格だと考えている．また，海馬という建物の住人達は，心の本質とは記憶だと思っている．したがって脳内のあらゆる情報処理は，海馬とのコネクションを形成して記憶痕跡となることで，初めて心の一部になるのだと考えている．小脳という謎の建物もあって，一番部屋数（神経細胞数）が多いにも関わらず，壊れても（損傷を負っても）あまり派手な機能障害を引き起こさない．ただネットワークの構造が比較的シンプルなため，その働きを数式でモデル化してコンピュータでシミュレーションすることができるという魅力から，結構住人がいて，彼らは小脳が脳の全てであると信じたがっているような節がある．

これらの古い歴史のある「本館」の建物群は，ネズミなどの小動物でもしっかり整っているため，神経細胞のネットワークのレベルでの基礎知見が蓄積されている．その知見の延長線上でヒトの心も説明できるというのが，本館の住人たちの暗黙の前提である．この前提に基づいて，彼らは対象とするヒトの心に関する現象を，その実験パラダイムに乗るように切り取ってくる．

一方で，ヒトはネズミとは違うのだ，と思いたい研究者はやはり大脳皮質，それも大脳新皮質の住人となる．大脳新皮質は（進化の

歴史の中では）結構最近増築された「新館」である．ヒトの脳では圧倒的な大きさを誇り，一般市民の「脳」のビジュアルイメージはほぼ大脳新皮質である．大脳新皮質は様々な機能領野の集合体である．新館の住人たちは機能的 MRI などを使って，様々な刺激に対する脳反応，様々な課題遂行中の脳活動を指標に，機能領野をマッピングしてゆく．しかし「その画像から脳内の情報処理について何がわかるのか？」と本館の住人からいじめられる．「われわれが知りたいのは脳ではない，ヒトの心だ」と大見得を切ってごまかすが，「じゃあ心について何がわかるのか？」と詰めよられると，あまり歯切れのよい答えは出ない．脳機能マッピングの解釈は認知仮説と他の知見に基づいた推論以上のものにはなかなかならない．ほとんどの知見は「状況証拠」であると言っても過言ではない．

　しかし，新館の一住人としては，どんなに研究手法に限界があっても，やはり現実の人間社会における心と行動をめぐる問題に挑戦してみたい．巨大地震からどうやって人と社会を守るのか，少子高齢化の問題にはどう対応するのか，隣国との不穏な関係をどうコントロールしてゆくのか，環境やエネルギーの問題とどう付き合ってゆくのか．ネズミはそもそもこんな問題を引き起こさない．問題を引き起こしたのも，解決するのも，やはりヒトの大脳新皮質である．「状況証拠」を地道に積み上げてゆけば必ず何かが見えてくる．

13.3　認知神経科学　**343**

13.4
ニューロインフォマティクス
Neuroinformatics/ 山口 陽子

ニューロインフォマティクスとは，脳神経科学において得られる実験データの整理解析から数理モデルによる計算論解明までを情報科学技術との融合をとおして展開しようとする研究分野である．基盤技術の開発，基礎科学としての推進のほか，医療分野や成果の工学利用などを対象としており，データサイエンス，人工知能，さらにオープンサイエンスの最近の動向とも併せて展開している．

この研究分野を推進するコアとなる組織として 2005 年に創設された INCF（International Neuroinformatics Coordinating Facility：ニューロインフォマティクス国際統合機構）がある．経済協力開発機構（OECD）のニューロインフォマティクスに関するワーキンググループ [1] の提言により 2005 年に創設されたもので，近年脳科学が急速に発達してきており その成果を社会に役立てることにより大きな経済的効果が見込まれるが，研究をより発展させるためには脳科学と情報科学を融合させて，複雑な脳を総合的に分析するニューロインフォマティクスの進展と国際協力が不可欠であるとした報告に基づいている．

INCF の本部は理事会などの組織を持ち，事務局はスウェーデンのストックホルムに置かれている [2]．各国からの参加は，INCF National Node（ノード）として代表者と事務局を置いている．ノードは各国のニューロインフォマティクス活動の連携を推進するほか，INCF 本部の運営に参加して国際的連携活動を進めている．INCF 初代理事長は Sten Grillner（カロリンスカ研究所），副理事長として甘利俊一（理研）が就任した．同組織は 5 年ごとに活動目標とメンバーを更新しており，現在の第 3 期理事長は Maryann Martone

であり，18 ヵ国のノードが参加している．日本は，同組織の開設準備より携わり 2005 年当初より理事国として参加，2019 年より連携ノードとして参加しており，全国の大学・研究所が参加して INCF 日本ノードとしての国際連携による共同開発を推進をしている．

ニューロインフォマティクスにおける研究開発課題は，次の 3 つに分けることができる．

データベース＆データ共有

一次データ（正常/疾病状態にあるあらゆる生物種や組織標本からの，ゲノム，分子，構造，細胞，ネットワーク，システム，および行動のレベルでの実験および実験条件），オントロジー，メタデータの共有する標準と仕組みの開発．

解析のためのツール開発

データを操作・管理するツールの開発．神経科学分野では，目的に沿って特別な分析ツールやアルゴリズムを共同で設計，開発．

計算論的モデル

データを使った検証可能な脳の構造や機能の計算論モデルの作成．神経科学で得られた実験データとニューロインフォマティクスによって開発された数理モデルを比較するための計算機シミュレーションこれらは個々にネットワーク上で共有して利用することができるツールとして開発される必要がある．さらに，これらのデータから脳の仕組みの解明と検証までをつなげるような包括的な情報共有のためのコンピュータ・ネットワークを介した情報基盤技術が必須となる．

INCF はこうした課題に取り組むために，まず人のネットワークの整備と，共同研究開発の推進の役割を担っている．INCF 創設当初は，戦略的に分野設定を行って，ワーキン

ググループによるツール開発を推進してきた.現在は,様々なレベルでのデータ・ツールに関する標準化への取組みに尽力している.

INCF の最近の活動や提供するリソースを以下に記述する.

1) INCF では,様々に開発されたニューロインフォマティクスツールを,総合化のために広く円滑に使えるようにするために,ニューロインフォマティクスツールの標準化を推進している.

公募形式で,プロジェクトで開発されたツールの利用実績などを審査して,INCF としての標準化への利用推進を認定する方法をとっている.公開性と FAIR (Findable, Accessible, Interoperative, Reusable) principles を標準化の指針としている.

参照:FAIR
https://www.incf.org/activities/standards-and-best-practices/what-is-fair

INCF endorsed standards & best practices は,2019 年 9 月現在で Brain-Imaging Data Structure (BIDS), NeuroML, PyNN の 3 つである.

参照:https://www.incf.org/resources/incf-endorsed-standards-best-practices
その他,INCF と各国ノードが開発してきたニューロインフォマティクスツールとして,脳アトラス,電気生理データの記述ツール,オントロジーなどがあり,公開されて利用可能となっている.

参照:https://www.incf.org/resources/other-standards-best-practices

2) プロジェクト連携によるビッグデータ共有技術の開発.

これまでに,Traumatic Brain Injury (TBI) Project として,参加各国の病院で得られる疾患データをデータベース化し解析するニューロインフォマティクスツールを開発した.また,米国の Brain Initiative をはじめとして,世界各国で進められている大規模脳研究プロジェクトの相互のデータ共有を目的とした NI 開発を進めるため,International Brain Initiative (IBI) を支援するほか,プロジェクトごとのデータの相互利用 (interoperativity) による human, non-human の脳の知見の統合を目指している.

日本からは「革新的技術による脳機能ネットワークの全容解明プロジェクト」(革新脳 Brain/MINDS) [3] が参加している.

3) 啓発・交流

ニューロインフォマティクスに関する様々な資料やツールの利用方法を教材として公開している.交流の中心となるのは年会として開催される国際会議 INCF Assembly で,広く周辺分野の研究者も含めて情報交換の場となっている.

日本国内のニューロインフォマティクスに関する活動は,INCF 設立以前に遡る.

1999 年からの 5 年間,文部科学省振興調整費目標達成型脳科学研究「視覚系のニューロインフォマティクスに関する研究」というプロジェクトで,臼井支朗 (当時豊橋技術科学大学) 代表の下に実施された.この中で,視覚関係の実験・理論の研究者が集まって視覚に関する実験データ,解析ツール,計算論モデルをデータベース化し,運用のための情報基盤開発が試みられ,のちに Visiome Platform として公開された.OECD によるニューロインフォマティクスの国際連携組織提案を受けて,日本では文部科学省で検討された.その要請を受けて,2005 年に理研の脳科学総合研究センターに神経情報基盤センターが置かれ,日本ノード事務局を務めることになった.初代センター長として甘利俊一,副センター

長として臼井支朗がそれぞれ就任した．日本ノードの主な活動は，データの共有の場である日本ノードプラットフォーム (PF) の共同開発である．共通の基盤技術開発は事務局が主に担い，テーマごとに大学・研究所の参加を得て PF 委員会を構成して，理研との共同研究として進められた．Visiome Platform はその第一弾となり，2019 年 3 月現在で，データベースやツールが 16 個のサイトとして一般公開されている．日本ノードへの参加機関は 2018 年度時点で 50 有余に及ぶ．日本ノード主催の年会 Advances in Neuroinformatics (AINI) [4] や日本ノードハッカソンの開催をとおして情報交換，ツールの標準化のための国際連携にも利用されてきた．また，2014 年に「革新脳プロジェクト」が始まり，霊長類の全脳マップの構築と大規模データベース共有と公開の技術開発 [5] が，理研神経情報基盤センターが参加して日本ノードの協力を得て立ち上げられた．脳のデジタルアトラスのオンライン利用技術開発，人工知能利用による大容量脳画像データの自動解析が始まっている．

理研の改組に伴い，理研は事務局の任を 2019 年度末に返納した．開発されたプラットフォームは，現在理研脳神経科学研究所の神経情報基盤ユニットが継続して公開運用しており，引き続き日本ノードポータルから利用できる [6]．

日本ノードの運営は，2019 年 4 月よりニューロインフォマティクス & ニューロテクノロジー研究会 (Research Society for NeuroInformatics and NeuroTechnology) 代表：古市貞一（東京理科大学）に引き継がれ，一部の日本ノードプラットフォームの継続開発と新規開発とが同研究会のもとに進められている．

ニューロインフォマティクスは，その使命上，境界を持たずに様々な新技術や新分野と連携しながら発展が期待される分野である．

脳研究分野での情報技術とその標準化の必要性，そのための国内，国際連携の重要性が今後ますます増大すると考えられ，ニューロインフォマティクスの発展が期待される．

参考文献

[1] Report of the Neuroinformatics Working Group (2002), ni OECD global Science Forum reports
https://www.oecd.org/sti/inno/globalscienceforumreports.htm

[2] INCF ポータル：
https://www.incf.org/

[3] 革新的技術による脳機能ネットワークの全容解明プロジェクト（「革新脳」，Brain/MINDS）
https://brainminds.jp/

[4] Advances in Neuroinformatics I-VI, ed. Neuroinformatics Japan Center, Wako, Japan, INCF 日本ノード国際ワークショップ (2012, 2014〜2018) の予稿集.
URL: https://www.neuroinf.jp/publication/

[5] Brain/MINDS Data Portal
https://www.brainminds.riken.jp/

[6] INCF 日本ノード理研ポータル：
URL：https://www.neuroinf.jp/
2018 年度までに開発されたプラットフォームを継続公開.

13.5
深層学習と視覚
DeepLearning and Vision/ 庄野　逸

　脳における情報処理は，AI にとっての重要なお手本であるといえる．特に脳における視覚システムの研究は深層学習の発展に大きな影響を与えている [1]．脳は生理学的な特性から "領野" と呼ばれる機能単位を有しており，視覚領野も様々な部位に分類できる．脳における経路は，視野中の対象の "形状に関する情報処理" を行う腹側経路と，"動きに関する情報処理" を行う背側経路に大別される．深層学習の中でも一般的な畳み込みニューラルネット (Convolutional Neural Network：CNN) のアーキテクチャは，腹側経路にヒントを得たネオコグニトロン (Neocognitoron) が，その原型となっている [2]，[3]．

　腹側経路は，後頭部にある V1 野から始まり，V2 野→ V4 野と呼ばれる領野を経由して高次領野である下側頭 (Inferior Temporal：IT) 野へと至る経路である．視覚野における神経細胞は，視野内に特定の局所的位置に対してのみ反応する領域をもち，この領域のことを受容野と呼ぶ．

　V1 野における神経細胞は，およそ 1° 程度の受容野を持ち，受容野中に "好み" の傾きの "線分" や "エッジ" が提示されたときに応答を行う．この各細胞の好みは選択特徴などと呼ばれる．V1 野の神経細胞は，この応答の仕方の違いによって単純型細胞と複雑型細胞に分類される．単純型細胞は，受容野内に提示される選択特徴の提示位置に敏感であり，提示位置がずれてしまうと反応が小さくなる．複雑型細胞は，受容野内部の位置ずれに対して寛容であり，提示位置がずれても反応が小さくならない．Hubel と Wiesel は，これらの細胞の特性を，単純型細胞と複雑型細胞とをカスケード接続したアーキテク

チャを用いた説明を行った [4]．

　一方，高次視覚野である IT 野では，耳や鼻といった顔の特定の部位に強く反応する細胞や，顔そのものに反応する細胞と抽象的な概念に対して反応する細胞が存在する．また IT 野の細胞の受容野の大きさは，ほぼ視野中の全領域をカバーしており，選択特徴を視野中のどこに提示しても反応するような細胞群となっている．福島は，V1 野における Hubel and Wiesel の階層仮説を拡張し，このようなカスケード接続が，続く V2 → V4 → IT 野においても同様に存在するという仮説をもとに外挿を行い，ネオコグニトロンのアーキテクチャを構築している．

　図 1 上部にネオコグニトロンの模式図を示す．

　V1 野の単純型細胞は局所的な受容野を持ち，1 つの細胞では視野全体をカバーすることはできないが．異なる位置に受容野を持ちながら同じような選択特徴を持つ細胞を配置することで，視野中のおおよそどこに特徴が提示されたかの情報を表現している．この計算様式は，工学的に考えると選択特徴を畳み込み核とした畳み込み (Convolution) 演算として表現でき，得られた計算結果は，選択特徴が画像中のどこに現れたかを表しているため "特徴マップ表現" 等と呼ばれる．また単純型細胞モデル (S-cell) では活性化関数として半波整流型のユニット (Rectified Linear unit：ReLU) などが用いられる．

　一方，複雑型細胞の特性は，選択特徴の位置ずれに対して寛容なことである．ここで，複雑型細胞モデル (C-cell) を特徴マップ表現として考え，このような選択特徴が少しずれたような位置に受容野を持つ細胞が特徴マップ上

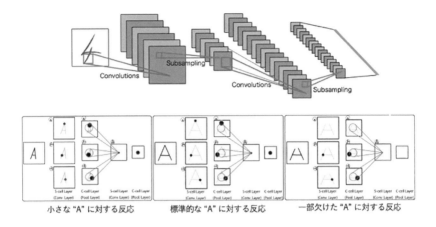

図 1 ネオコグニトロンの概要と反応の模式図

のどこに現れるかを考える．すると，これらは，S-cell の特徴マップ上で強く反応した細胞の周囲に存在することがわかる．したがって，S-cell 特徴マップの出力をぼかすようなフィルタをかけることで C-cell 特徴マップ表現を計算できることになる．このようなぼかした出力は冗長な表現となるため，特徴マップ上での局所的な空間平均や最大値演算を行うことで情報の圧縮を図る．このような演算は空間プーリング (pooling) と呼ばれる．

ネオコグニトロンは，このような S-cell と C-cell の特徴マップ群を交互に並べたビルディングブロックを，複数階層つなげることでアーキテクチャを構成する．現在では，S-cell 層がコンボリューション (conv) 層，C-cell 層がプーリング (pool) 層などと呼ばれるが基本的な構成は V1 野の細胞モデルに端を発している．図 1 下部に，ネオコグニトロンの動作メカニズムを示す．図のように "A" といったパターンが，局所的な逆 V 字型な形状と，T 字状の形状によって特徴づけられるものとする．スケールや形状のやや異なった "A" が提示された場合，conv 層での特徴は，異なった位置に抽出される．pooling 層では，これらの位置ずれを許容するために，ボカすような操作の後，平均操作などの空間プーリングを行う．それぞれの空間プーリングの結果が，次の conv 層の細胞の見ている結合範囲内に組合せとして入っていれば反応を引き起こすことになる．一番右端の図では，"A" のパターンの逆 V 字状のパターンを削ったものを入力としている．パターン全体としては，大きさが異なる "A" よりも似ているが，特徴の一部が喪失しているため，"A" としてはみなされない [1]．現在の CNN は，ネオコグニトロンのアーキテクチャを用いて，学習を効率的に行うために誤差逆伝搬 (Error Back Propagation：BP) 法を用いることが一般的であり，LeCun らの LeNet において現在の様式が完成され [5]，AlexNet，VGGNet といったネットワークへと進化してきている [6], [7]．

参考文献

[1] 本武, 庄野, 田村, 岡田. 脳情報科学が拓く AI と ICT：2. 脳情報科学と人工知能——ネオコグニトロンから Deep Learning へ——,『情報処理』, Vol.59(1), pp.42–47,

2017.

[2] K. Fukushima, *Neocognitron*: *A Self-Organizing Neural Network Model for a Mechanism of Pattern Recognition Unaffected by Shift in Position*, Biol. Cybern. Vol.36(4), pp.193–202, 1980.

[3] 吉塚, 庄野, 宮本, 岡田, 福島. ネオコグニトロンによる視覚腹側経路のモデル化. 『日本神経回路学会誌』, Vol.14, (4), pp.266–272, 2007.

[4] Hubel, D.H. and Wiesel, T.N. Receptive fields, binocular interaction and functional architecture in the cat's visual cortex, *The Journal of Physiology*, Jan; 160(1), pp.106–154.2, 1962.

[5] LeCun,Y. Boser,B. Denker,J.S. Henderson,D. Howard,R.E. Hubbard,W. and Jackel,L.D. Backpropagation applied to handwritten zip code recognition. *Neural Computation*, 1(4)pp.541–551, 1989.

[6] Krizhevsky,A. Sutskever,I. and Hinton,G.E. ImageNet Classification with Deep Convolutional Neural Networks, *Advances in Neural Information Processing Systems*, 25, pp.1097–1105.

[7] Simonyan, K. and Zisserman, A. Very Deep Convolutional Networks for Large-Scale Image Recognition, arXiv 1409. 1556, 2014.

13.6
聴覚野モデル
Auditory Cortex Model／寺島 裕貴

日常生活の中における聴覚は，視覚と比べ，意識に上ることが少ない感覚かもしれない．しかし，一旦聴覚に不具合が生じると生活の質は著しく低下し，実は普段から大きく依存していたことに気づく．特に幼少期に聴覚を失った場合には，言語獲得に大きな支障が生じてしまう．

聴覚神経系は耳から始まる深い階層構造をなす．大脳皮質の聴覚野はその中で比較的高次の処理を担っている．聴覚野モデルは，大きく分けて2種類に分類される．1つは，聴覚野で実際にどのような情報処理が行われているかを記述しようとするモデルだ．もう1つは，そのように記述できる聴覚野が，「なぜ」そのような情報処理様式を獲得するに至ったのかを説明・理解しようと試みるモデルである．どちらのモデルにも AI 技術が深く関わっているが，本節では，聴覚野自体の概略を紹介したあと，AI 抜きには成立しない後者のモデルについて紹介したい．

聴覚野の神経生理学的な知見は古くから蓄積されてきているものの，視覚野と比べると不明な点が多く，構造も視覚野と比べると乱雑なようである．聴覚野の構成を詳しく調べると，多くの領野に分割できることがわかる．ヒトやサルの研究では，中心の core を囲むように belt, parabelt があり，順により高次の処理を担っていると考えられている．さらにそれぞれが数個の小領域からなり，たとえば core は A1（一次聴覚野）・R・RT という3領域に分けられる．A1・R・RT はそれぞれが低周波から高周波に至る周波数地図構造を持っていて，その折返しが領野間の境界に対応する．周波数情報の処理の他に，リズム・ピッチ・感情・注意・空間情報などの処

理が示唆されている．領野間の関係については，feedforward な結合が強調される視覚野と比較して，聴覚野では再帰的な結合が多く見られる．視覚野の what, where 経路とのアナロジーとして，聴覚野でも what, where 経路が提案されているものの，視覚野ほどの同意は形成されていない．

このような聴覚野の機能を記述し，計算機で再現しようとするモデルは多く提案されてきた．それに加えて，そのような機能が「なぜ」獲得されたのかを AI 技術を用いて説明・理解しようとする計算モデルもまた現れてきた．特に，実際の脳を理解するための方策として，最適化という概念を通して人工ニューラルネットワークとの比較を行うモデル群がある [1]．そのような一連の研究を以下に紹介する．

聴覚野の神経細胞の特性は視覚野に比べ一見乱雑なようにも見えるが，統一的に理解できる可能性がある．一次視覚神経細胞の Gabor フィルタ特性は，自然画像を効率的に符号化するように教師なし学習を行った結果として得られる [2]．聴覚野の神経細胞についても，周波数選択性 [3]，ハーモニックな複数周波数への選択性 [4]，両耳チューニング特性 [5] が，同様のアルゴリズムを自然音に適用することで説明される．さらに，より複雑なピッチ選択性や，一見乱雑に見える周波数地図構造さえも，視覚野向けに提案されたトポグラフィック独立成分分析を自然音に適用することで説明できる [6]．これらの研究は，視覚野や聴覚野の機能が自然刺激を最適に表現するために獲得されたものであることを示唆する．また，両領野は異なる感覚入力を受け取っているものの，学習則自体は共有して

いることもまた示唆される.

視覚野と聴覚野を同じ計算モデルで説明することは，脳科学的により大きな意味を持つ．大脳皮質は多くの領野からなり，それぞれが異なる機能を持つ．しかし一方で，解剖学的には共通点も多い．この多様性と普遍性をどのように理解するか考えた際に，視覚野で提案された計算モデルの聴覚野への適用可能性を探ることは，何が大脳皮質全体で共通なのかを明らかにする重要な手法になりうる．メタな観点からは，このような取組みは言語学における普遍文法を明らかにする試みと相似である [7].

最後に，より高次の処理における近年の展開に触れておきたい．大脳皮質の中でも高次の領野における処理は，上記のような手法では説明が困難かとも思われていたが，深層学習の登場により局面は変化した．まず，視覚野の階層性が，自然画像タスクで訓練された人工ニューラルネットワークの階層性と類似していることが示された [8]. 同様に聴覚野についても，自然音タスクで訓練された人工ニューラルネットワークは，聴覚野の階層性を説明できることがわかった [9]. さらに，人工ニューラルネットワークを構成する個々のユニットに対して「神経生理学」的解析を行うことで，耳から聴覚野に至るまでの階層全てを，単一神経細胞レベルの特性に着目して比較することが可能になりつつある [10]. タスク最適性を検証するツールとしての深層学習の登場と，神経科学における計測手法の発展が相まって，聴覚野の計算理解は新たなステージに突入しつつある．

参考文献

[1] 人工ニューラルネットワークで聴覚系を理解する，『日本音響学会誌』，Vol.74, No.7, pp.401–406, 2018.

[2] Olshausen, B.A. and Field, D.J. Em-

ergence of simple-cell receptive field properties by learninga sparse code for natural images, *Nature*, Vol.381, pp.607–609, 1996.

[3] Klein, D.J., König, P. and Körding, K.P. Sparse spectrotemporal coding of sounds, *EURASIP J.Appl. Signal Process*, pp.659–667, 2003.
Saxe, A.M., Bhand, M., Mudur, R., Suresh, B. and Ng, A.Y. Unsupervised learning models of primarycortical receptive fields and receptive field plasticity, *Proc. Advances in Neural Information Processing Systems 24 (NIPS 2011)*, pp.1971–1979, 2011.

[4] Terashima, H. and Hosoya, H. Sparse codes of harmonic natural sounds and their modulatory interactions, *Netw. Comput. Neural Syst.*, Vol.20, pp.253–267, 2009.
Terashima, H., Hosoya, H., Tani, T., Ichinohe, N. and Okada, M. Sparse coding of harmonic vocalization in monkey auditory cortex, Neurocomputing, Vol.103, pp.14–21, 2013.

[5] Młynarski, W. The opponent channel population code of sound location is an efficient representation of natural binaural sounds. *PLoS computational biology*, Vol.11.5, e1004294, 2015.
Młynarski, W. and Jürgen, J. Statistics of natural binaural sounds. PloS one 9.10, e108968, 2014.

[6] Terashima, H. and Okada, M. The topographic unsupervised learning of natural sounds in the auditory cortex, *Proc. Advances in Neural In-*

formation Processing Systems 25 (NIPS 2012), pp.2321–2329, 2012.

[7] Computational Model for Auditory Cortex:An Analogy to Visual Cortex（大脳皮質聴覚野の計算論的モデル：視覚野との類比）TERASHIMA, Hiroki 寺島裕貴. Submitted for the degree of Doctor of Philosophy The University of Tokyo, Japan December 2013.

[8] Yamins, D.L.K., Hong, H., Cadieu, C.F., Solomon, E.A., Seibert, D. and DiCarlo, J.J. Performance optimized hierarchical models predict neural responses in higher visual cortex," *Proc. Nat. Acad. Sci.*, Vol. 111, pp.8619–8624, 2014.

[9] Kell, A.J., Yamins, D.L., Shook, E.N., Norman-Haignere, S.V. and McDermott, J.H. A taskoptimized neural network replicates human auditory behavior, predicts brain responses, and reveals a cortical processing hierarchy, *Neuron*, Vol.98, pp.630–644, 2018.

[10] Takuya, Koumura., Hiroki, Terashima and Shigeto, Furukawa. Cascaded Tuning to Amplitude Modulation for Natural Sound Recognition. *Journalof Neuroscience*, Vol.39.28: pp.5517–5533. 2019.

13.7
海馬モデル
Models of the Hippocampus / 佐藤 直行

海馬モデルは「海馬の神経構造を模しつつ海馬の機能を実装するような神経回路モデル」を表す．海馬は脳深部に位置し，進化的には古い脳である大脳辺縁系に属する脳部位の1つで，記憶機能を司る．ヒトの場合，海馬を損傷すると，新しい記憶ができなくなる（たとえば，数十分以前のできごとや，毎日会う人の顔や名前などを覚えられなくなる）ことから，海馬は長期記憶の固定以前に一時的に記憶を蓄える働きがあると考えられている．一方，海馬を損傷しても，短期記憶（たとえば，電話番号を一時的に覚える），運動学習（たとえば，編み物を覚える）などの記憶機能は保持されるので，海馬は特に，宣言的記憶（言葉で説明できる記憶）のうち「エピソード記憶（個人的な経験の記憶）」を司ると考えられている．ラットの場合，海馬を損傷すると，場所を覚えない行動が観察されることから，海馬は環境空間の記憶を担うものと特徴づけられる．

海馬の神経回路は，大脳皮質などの他の脳部位とは異なり，閉回路構造を持つ．大脳皮質の広範領域からの神経投射入力は，内嗅野と呼ばれる脳部位に収斂したのち，海馬の一連のサブ領域（歯状回，CA3野，CA1野，海馬台）を巡り，内嗅野にフィードバックされる．それぞれのサブ領域は，それぞれ固有の細胞構築とも関連して，入力パターンの直交化（歯状回），連想記憶回路（CA3野），入力と記憶のマッチング（CA1野）などの機能を担うと考えられる．ここで，CA3野の連想記憶回路は，ヘブ学習（結合した2つの神経細胞が同時に活動するとその結合強度が増大する）による活動パターンの記銘，保持，想起などの機能を担い，海馬記憶において中心的な

役割を果たす．また，海馬はシータ波（ラットは4〜12 Hz，ヒトは4〜8 Hz）の集団電位活動が顕著であり，個々の神経細胞の活動の同期を促すことでヘブ則による記憶形成を助ける働きがあると考えられる．

海馬モデルの代表例は空間ナビゲーションのモデルである．環境空間記憶に関する海馬のサブ領域の情報処理は，「場所細胞（ある特定の環境位置に来た場合にだけ活動する細胞）」の発見を起点として，その詳細が明らかにされている（この業績に対して，オキーフ（J. O'Keefe）とモザー夫妻（M.P. Moser and E.I. Moser）は2014年ノーベル生理学・医学賞を受けた）．異なる場所細胞は異なる場所をコードするため，場所細胞のネットワークとして環境の地図が記憶されると考えられる（「海馬認知地図仮説」）．CA1野には場所細胞が，海馬台にはヘッドディレクション細胞（ある特定の方角を向いた場合にだけ活動する）が，内嗅野にはグリッド細胞（場所細胞に類似しているが六角格子状の複数の場所で活動する）が多く存在することから，海馬全体としての空間処理メカニズムの詳細がモデル化されている．

海馬モデルのもう1つの代表例は連想記憶モデルである．連想記憶モデルでは，大脳皮質広範から受ける入力パターンを素早く記憶することが海馬の主な役割と考える．長期記憶の固定化は，海馬に速やかに記銘されたパターンが繰り返し想起され，それに伴い大脳皮質で徐々に学習が進むことで説明される．また，物体情報（視覚腹側経路）と空間情報（視覚背側経路）が海馬に収斂することから，エピソード記憶は物体情報と空間情報の連合記憶（「どこで」×「なにが」の記憶）として

モデル化される．物体情報は互いに独立な活動パターン，空間情報は連続的に遷移する活動パターンとしてコードされ，連想記憶回路においては力学系の概念としてそれぞれ点アトラクタ，連続アトラクタとして記憶貯蔵される．エピソード記憶は両者の組合せなので，想起においては時間的な活動が重要な役割を果たす．

　さらに，海馬の時間的な神経活動に関するモデルがある．海馬に特徴的な現象として，「位相歳差現象（複数の神経細胞の順序的な活動が，シータ波の位相の上で約 1/10 に時間圧縮された活動の繰返しとして現れる現象）」がある．位相歳差の時間活動パターンは，時間非対称ヘブ則により効果的に記憶貯蔵できることから，空間ナビゲーションのモデルでは方向性のある経路の記銘に，エピソード記憶のモデルでは「いつ」情報の記銘に用いられる．ところで，実際の行動時には記銘と想起が同時に必要な場合が多く，シータ波の半位相に記銘活動が，残りの半位相に想起活動が時分割で現れることで，両者の協調処理を実装するという仮説も提案されている．

　以上のように，海馬モデルは神経科学の知見に基づく比較的合意のとれた雛形があり，今後も脳情報処理研究において重要な役割を果たすことが期待される．一方，海馬はほかの広範な脳部位との相互の神経投射があり，具体的にどのような情報が授受されているかは必ずしも明らかではない．今後は，海馬モデルがほかの脳部位（大脳皮質，基底核，扁桃体，視床，小脳など）とどのように連携して働くかという視点で，海馬モデルが担うべき機能を検討していくことが重要である．

354　第 13 章　脳

13.8
小脳モデル
Cerebellar network model/ 山浦　洋，山崎　匡

コンピュータ上に脳を構築することはできるだろうか．原理的には可能である．どのように構築するのか，小脳を例としてみていきたい．

小脳神経回路は，整然とした構造になっている．小脳皮質は，分子層，プルキンエ細胞層および顆粒層の3層構造となっている．分子層は抑制性介在細胞（星状細胞，バスケット細胞），プルキンエ細胞層はプルキンエ細胞，顆粒層は顆粒細胞とゴルジ細胞で構成される．小脳皮質の唯一の出力細胞であるプルキンエ細胞が，小脳の出力細胞がある深部小脳核に投射している．小脳への入力として，苔状線維入力が顆粒層および深部小脳核へ，登上線維（下オリーブ核細胞の軸索）入力がプルキンエ細胞および深部小脳核へ入る．コンピュータ上に小脳を構築するためには，それぞれの神経細胞を数式として表現する．神経細胞のモデルとして，ナトリウムチャネルおよびカリウムチャネルの開閉の動態を正確に数式で表すことができる Hodgkin–Huxley 方程式は有名である．今回紹介する小脳モデルでは，比較的単純な数式で表せ大規模な神経回路シミュレーションを行う際に使われる Leaky Integrate–and–Fire モデルを用いる．

神経細胞のモデルに必要なパラメータとして，膜容量，静止膜電位，閾値電位などがある．それぞれの神経細胞は個別のパラメータを有しており，過去の電気生理学的研究のデータより決定できる．それぞれの神経細胞は，相互に結合し複雑な神経回路網を構成する．どの細胞とどの細胞が結合しているのか，樹状突起や軸索が空間的にどのように広がっているのかについては解剖学的研究のデータを参照できる．さらに，複数の神経細胞をパッチ

クランプ法により記録した研究から，細胞間の結合確率を参照できる．神経細胞同士は情報伝達を行なっているが，それはシナプスを介して行われる．紹介する小脳モデルでは，主要な AMPA 受容体，NMDA 受容体，GABA 受容体を数式としてモデルに組み込み，神経細胞間のシナプス入力とした．最後に，小脳モデルを構成するそれぞれの神経細胞の数については，細胞密度を調べた先行研究があるので，それを基に設定できる．

以上により，小脳の神経回路をコンピュータ上に構築することができる．それも解剖学的・生理学的データに基づいた，かなり精緻な小脳神経回路モデルを構築することが可能である．

小脳は，運動制御・運動学習に重要な役割を果たしている．神経回路の構造から小脳をパーセプトロンとして，運動制御・運動学習のための理論が提唱され，実験的にも実証が行われている．細胞レベルでの学習の基礎過程となるのが，シナプス可塑性である．小脳では，プルキンエ細胞の可塑性が特に重要である．

プルキンエ細胞は，平行線維（顆粒細胞の軸索）と登上線維から入力を受け取る．シナプス可塑性は，平行線維とプルキンエ細胞間のシナプスで生じる．平行線維の活動と登上線維の活動が同時に起こると平行線維—プルキンエ細胞間のシナプスで長期抑圧が生じるという特徴的な可塑性である．登上線維が活動せず，平行線維のみが活動すると平行線維—プルキンエ細胞間のシナプスで長期増強が生ずる．これらの可塑性ルールも，数式として記述でき，小脳モデルに組み込むことができる．具体的には，平行線維が登上線維発火の0–50 ms より前に発火したとき，平行線維—

プルキンエ細胞間シナプスの結合重みが減少する．平行線維のみ発火するとき，平行線維—プルキンエ細胞間シナプスの結合重みが増加する．登上線維からの入力は誤差の情報を伝えていると考えられている．平行線維の入力も，プルキンエ細胞の可塑性に重要であるが，どのような情報を伝えているのだろうか．平行線維は顆粒細胞の軸索であるので，顆粒細胞の情報処理について考えてみたい．小脳モデルの顆粒層は，顆粒細胞とゴルジ細胞のランダムな相互結合によって構成されている．顆粒細胞モデルは，ランダムなタイミングでバースト発火したり，発火が突然停止したりする．このような異なる時間活性パターンは，Reservoir computing として用いることができる．顆粒細胞は，苔状線維入力の時間経過を表現していると考える．

　構築した小脳モデルで実際に学習を行うことができるだろうか．小脳運動学習課題である瞬目反射条件付けおよび視機性眼球運動を具体例として考えてみたい．瞬目反射条件付けでは，条件刺激（音刺激等）が苔状線維入力として，無条件刺激（エアパフ等）が登上線維入力として小脳に伝えられ，条件反応を学習する．視機性眼球運動では，外界の像の動きが苔状線維入力として，網膜上での外界の像の滑りが登上線維入力として小脳に伝えられ，網膜に写る外界の像のブレをなくすように眼球の動きを学習する．それぞれの課題では行動レベルで学習により獲得した運動調節を行うが，細胞レベルでみるとプルキンエ細胞は学習により獲得した活動調節を示すようになる．このように，様々な小脳運動学習課題を単一の計算機構で説明できる．

13.9
全脳アーキテクチャ
Whole Brain Architecture/ 山川 宏

全脳アーキテクチャという言葉には, さまざまな側面がある. ここでは脳を参考として汎用人工知能 (AGI) の開発を進める「脳型 AGI」における, 1 つの開発アプローチという側面を説明する.

AGI 開発における残された難しさ

AI が, 与えられた問題を解決するには, なんらかの意味で未知の情報を推定する能力が鍵となる. 多くの伝統的な AI では設計者が持つ知識による推定を自動化た. しかし 2010 年台に深層学習の進展があり, データが潤沢にある場合なら, 知識を抽出する帰納推論が実用レベルになった. このため, 設計時には想定されておらず, かつ, 大量のデータも利用できない場合に, 仮説生成能力が残された大きな課題となっている.

AGI 研究は元来, 広範なタスクを解決する能力を追求していた. しかし上記の技術状況から, 個別のデータが潤沢なタスクではなく, それらの隙間となるタスクや未知のタスクにおいて仮説を生成しながら対処する能力の実現が課題となった. AGI がこうした能力を持つことで, 人類にとっての知のフロンティアの開拓が期待されている. この実現には, 人類社会が蓄積している知識を柔軟に組み合わせるだけでなく, 世界に対して新たな視点を見い出せる柔軟な思考が必要である.

知識の組合せに関しては, 伝統的な AI においては形式的な知識に対して行われていた演繹推論・プランニング・アブダクションといった知識の操作技術を, 学習された知識へと展開する研究が既に進んでいる.

一方で, 帰納推論で経験から知識を引き出す枠組みとして, 比較対象となる事例を指定する整列構造が必要である. 最も基本的には, 時間対称性を用いて, 同一時刻のできごとを事例とみなす. 人間は, 視覚処理において物体の並進・回転などの不変性や, 環境中心の座標系などの空間的対称性を扱えるよう進化している. しかし世界に対する新たな視点としての整列構造を見い出す方法は未確立である.

上述した AGI に固有の機能は, ほかの多くの認知的な機能に支えられる. 典型的には, 外界からセンサ情報を受け取って認識し, 行動を決定し, 外界に対してアクションを行うアーキテクチャとして設計される. 記憶, 注意, 学習, 推論などの機能を用いながら, 自らが持つ価値体系 (報酬系) に応じて, 社会的知能, 言語, 創造性などの諸能力が発揮される. しかし技術的な要素の組合せ方は多岐に渡るためいずれのアーキテクチャが AGI に到達しうるかは明らかでない. このため, アーキテクチャ全体の設計方針を決定することは大きな課題の 1 つである.

脳型 AGI ：脳を参考にする利点

機械学習による知識獲得が現実的でなかった 1970 年代ころには, 人が記述した知識に基づいて総合的知能を目指すさまざまなアーキテクチャが提案された. 近年は, データから知識や表現を獲得する帰納推論を利用できるために, それを部品としてアーキテクチャを構築することで汎用的な知能に近づく試みも盛んである.

脳型 AGI 開発は, こうした流れの中で, アーキテクチャや学習アルゴリズムを含む仕組みの設計を, 脳をガイドとして限定する試みである. たとえば, AGI 開発において最小限にとどめたい事前知識を, どのレベルにとどめるかは脳が参考となるだろう. こうして AGI の開発を効率化し, かつ, その全体像を

描こうとする．ただし必ずしも十分でない神経科学知見を参考とするには，しばしば部品となる脳器官の計算機能について仮説を含めた解釈が必要となるが，それは手段であって目的ではない．

AI開発のために神経科学知見を参考とするアプローチは目新しいものではない．しかし以前の神経科学では，測定技術の限界から，脳全体のマクロな振舞いか，神経細胞数個のミクロな振舞いしか捉えられず，ミクロ–マクロギャップが存在した．このため，情報処理装置としての解釈は困難で，脳型AIの設計を参考できるに範囲は小さかった．しかし急速な測定技術の進歩にともなってギャップが縮小し，多くの脳神経回路の振舞いが情報処理装置として解釈できつつある．このため脳型AGIを目指す組織は増加する傾向にある．なお脳は唯一存在する汎用知能であるが，生物学的な制約に縛られるためにAGIとしては最適な設計ではないと考えられる．よって，質的に脳を超える別の形のSuperintelligenceが存在するであろう．

脳型AGI開発では，段階的に詳細に脳に似せることでAGIに到達できる可能性が高いため，合意可能な参照モデルを持つ．さらに脳の構造はモジュール性を持つ．そうした性質から分業による共同開発を促進しうるだろう．脳型AGIは人と同様な内部構造を持つので，人から見て説明・予測・制御・コミュニケーションなどの点で有利である．

なおAGI開発そのものではない副次的なメリットとして，脳型AGIには，人間の心的な振舞いのモデルや，人々の行動予測や精神疾患医療などへの応用がある．さらに将来には，人格をマインド・アップロードする器としての可能性もある．

全脳アーキテクチャー・アプローチ

全脳アーキテクチャは，「脳全体のアーキテクチャに学び人間のような汎用人工知能を創る（工学）」と定義され，アーキテクチャに重きをおいた脳型AGIの開発アプローチである．その前提として「脳はそれぞれよく定義された機能を持つ機械学習器が一定のやり方で組み合わされる事で機能を実現しており，それを真似て人工的に構成された機械学習器を組み合わせる事で人間並みかそれ以上の能力を持つ汎用の知能機械を構築可能である」とする全脳アーキテクチャ中心仮説を設定している．

脳のアーキテクチャを参考とするために，げっ歯類や人の脳のメゾスコピックレベルの構造を真似て機械学習器を組み合わせるための設計論が研究されている．神経科学から提供される主な情報は，解剖学的な知見としての構造と生理学的な知見として表現とその挙動である．そこで，脳全体の構造と表現に対応づける形で，神経回路モデル等で実現しうる部品に分解した参照アーキテクチャの設計が進められている．この設計書は主に神経科学者により製作され，開発者による実装の基本仕様となる．この結果，異質の専門性が分離されることで，両専門性を兼ね備えた人材が不足する問題を解決できる．

アプローチの全体は，全脳に対応するシステムが汎用的な問題解決することを目指すため，分散した開発プロジェクトからなるインクリメンタルな反復型開発 (IID) が行われる．個々のプロジェクトでは，脳の部分的な回路に対応づけて，いくつかのタスクを解決する．各プロジェクトにおいて，各脳器官に対応する既存の実装を再利用することが推奨されるが，しばしば同じ脳器官に対する異なる実装が存在してしまう．この状況は，知識の再利用を促進するAGIにとっては望ましくないため，参照アーキテクチャに基づき，複数の実装を統合しながら完成系に近づける開発が計画されている．

脳器官に対応づく機械学習を結合した実装を動作させる計算基盤として，よく知られたものとしては Nengo [1] がある．また，非同期，イベント駆動で動作させる計算基盤である BriCA [2] という計算基盤を下記の WBAI において開発している．

　このアプローチを促進する組織として，NPO法人全脳アーキテクチャ・イニシアティブ (WBAI) があり，「人類と調和した人工知能のある世界」をビジョンとして掲げている．WBA のオープンな開発を促進するミッションのために，上記の開発方法論やプラットフォームの構築を先導するほか，脳と AI の専門性を兼ね備えることで知識の橋渡しができる人材の育成なども行っている．

参考文献

[1] Nengo (https://www.nengo.ai/)

[2] Brain-inspired computing Architectured

13.10
二光子イメージング
Two-photon imaging/ 松崎 正紀

2光子イメージングは，励起光レーザーを顕微鏡と対物レンズを通して標本に対して走査し，各走査焦点領域で蛍光分子に2つの光子を吸収させて励起（2光子励起）状態とし，そこから放出される蛍光を検出して蛍光強度を画像化する測定方法である．2光子励起される確率は光密度の2乗に比例するが，対物レンズによる集光によって励起光子の密度が急激に上昇する焦点領域でのみ分子は励起される．したがって，焦点面以外の蛍光分子も励起される1光子イメージングに比べて，深部方向の空間解像度が高く，長期ライブイメージングでの蛍光褪色と細胞障害が低いという利点が得られる．また励起光の波長が近赤外線領域 (700〜1100 nm) となり，組織内での散乱が可視光に比べて低くなるため，深部到達性が高い．2光子イメージングが可能な一般的な顕微鏡では，0.5 mm × 0.5 mm の視野を 30 Hz で2次元走査することが可能である．

神経科学分野において，この方法をマウスなどの小型実験動物での脳測定に応用すると，
1) 単一神経細胞レベルの空間解像度を持ち，
2) 脳組織内の神経細胞を測定でき，
3) 長期にリアルタイム測定が可能で，
4) 数百個以上の神経細胞を同時に測定できる，

という圧倒的な測定方法としての利点を持つ．ウイルスの導入によって，または遺伝子導入マウスの作製によって，GFP などの遺伝子によりコードされる蛍光タンパク質を特定の神経細胞に発現させて，これを2光子イメージングすることがよく行われている．視野領域を狭めると単一シナプスの解像度を持つ画像を得ることもでき，発達や学習に伴うシナプス新生などがマウス脳で明らかにされている．またアルツハイマー病モデルマウスでは老人斑のイメージングが可能であり，種々の疾患モデルマウスでのシナプス構造，血管構造，グリア細胞構造などのダイナミクスが明らかにされている．また2光子イメージング法と超解像顕微鏡を組み合わせることで，シナプスのサブ構造を 100 nm 以下の空間解像度でイメージングすることも可能である．

30 Hz の走査速度は，数ミリ秒の速度である活動電位それ自体を捉えるには不十分であるが，活動電位に伴う細胞内カルシウム濃度変化を蛍光強度変化に変換可能なカルシウム蛍光指示薬を用いたイメージング（カルシウムイメージング）では，数十〜数百ミリ秒の時間解像度で活動電位誘発タイミングを推定できる．遺伝子によってコードされるカルシウム蛍光タンパク質の開発はめざましく，上記 1)〜4) の条件を満たしつつ，細胞活動測定も可能となっている．視覚提示など感覚刺激を動物に与えたときの感覚野の多細胞活動様式や単一シナプスの感覚選択性，運動学習中の動物での運動野の新しい多細胞活動の生成，ワーキングメモリ課題実行中の動物での前頭前野の多細胞活動ダイナミクス，などが次々と明らかとなっている．

これらの実験では，マウス背側大脳皮質の一部頭蓋骨を薄いガラス窓に置換し，ガラス窓上部に対物レンズ出射部を近づけることでイメージングしている．細胞解像度を持つ2光子カルシウムイメージングの最高深部到達度は現在 1.2 mm であり，これはマウスの背側大脳皮質はほぼ全層イメージングできることを意味している．一方，より深部の組織である，海馬や線条体をイメージすること

はできない．このような場合，小型の屈折率分布型レンズを脳組織に挿入し，これを介して2光子イメージングすることなどが可能で，たとえば海馬シナプス新生の長期間変化が報告されている．3光子イメージングではより長い波長（〜1300 nm）を励起光として用いるため，より深部到達性が高い．最近では，脳表のガラス窓を通したマウス海馬神経細胞のカルシウムイメージングが実現された．

2光子イメージング法は，1990年に初めて発表され，すでに30年近い歴史を刻んでいるが，新規の光学デバイスやレーザーの開発や応用を通じて，さらなる改良が進んでいる．たとえば，適応光学デバイスの導入によって，マウス大脳皮質5層での単一シナプス構造がイメージング可能となった．巨大対物レンズを設計することで，3.5 mm直径の視野での2光子カルシウムイメージングが実現し，また体表面が透明なゼブラフィッシュでは全脳カルシウムイメージングの手法が開発されている．また，より離れた脳の二領域の神経細胞の同時カルシウムイメージングも実現されている．より高速に2次元・3次元走査する方法，異なった蛍光色のカルシウム蛍光タンパク質を用いた，複数の細胞種の同時活動イメージング法の開発も進んでいる．このような方法は，ある脳領域が遠距離の脳領域にどのような情報をどのシナプスを介して送っているか，受け手側の脳領域の細胞がその情報を受けてどのような活動を同時に示し，またシナプス可塑性を引き起こすのか，その活動は細胞種や層にどのように依存するのか，といった情報の流れを脳神経細胞構築に実装し，脳機能回路の作動原理を解明することに貢献できると期待される．2光子カルシウムイメージングはマカクザルやマーモセットへの適用も進められており，より高次な脳機能の解明にもつながる可能性がある．イメージング技術開発に加え，機械学習などを用いたイメー

ジングデータの処理法や解析法の開発も両輪となって進む必要がある．2光子イメージングは，脳機能を細胞レベルから理解するために必須の測定法である．

13.11
脳機能計測技術（fMRI）
Neuroimaging technique (fMRI) / 中谷 裕教

ヒトを対象にした非侵襲脳機能計測の概要

　脳機能計測の目的は，認知・判断・意思決定・行動・感情といった心の働きを実現している脳の仕組みを理解することである．脳は膨大な数の神経細胞（ニューロン）により構成されているため，理想的には神経細胞1つ1つの活動の詳細を分析して，脳機能に関わる情報処理の原理や特性を理解したい．しかし，脳を傷つけずに個々の神経細胞の活動を計測することは不可能であるため，2光子IMGなどの神経細胞を対象にした計測は動物実験に限られる．

　一方，神経活動に伴って様々な反応が生じる．たとえば，大脳皮質上に隣接した多数の神経細胞が同期して活動をすると，細胞外を流れる電流のために頭皮上の電位が変化する．また，神経細胞の活動にはエネルギーが必要であり，そのためには酸素によってグルコースを解糖する代謝活動が必要となる．このとき，酸素とグルコースは脳内にほとんど貯蔵されていないので，代謝活動に必要な酸素とグルコースを供給するために局所脳血流が増加する．神経活動に伴うこのような現象に着目することで，脳における神経活動の集団的な側面（脳活動）を，ヒトを対象にして非侵襲的に計測することができる．

　非侵襲脳機能計測手法の代表的なものに，「脳波計測」と「fMRI」（functional Magnetic Resonance Imaging：機能的磁気共鳴画像法）の2つがある．脳波計測では，多数の神経細胞の同期した活動に伴う電位変化を頭皮に取り付けた電極により計測する．脳波計測では電気的な信号を扱うため，時間分解能が高く，脳活動のダイナミクスを調べることに適している．しかし，空間分解能が低いため脳活動の部位を精度よく推定することは困難である．一方，fMRIでは神経活動に伴う局所血流動態を扱う．詳細は後述するが，局所血流動態を通して間接的に神経活動を観察する手法である．時間分解能が低いため脳活動のダイナミクスを調べることには適さないが，脳活動の部位を推定することには優れている．

fMRIの原理

　fMRIは「核磁気共鳴」と呼ばれる物理現象を利用して脳活動を画像化する．核磁気共鳴は外部静磁場に置かれた原子核が固有の周波数を持つ電磁波と相互作用する現象である．原子核はコマのように回転している（スピン）．通常はそれぞれのスピンの向きはバラバラであるが，強い静磁場をかけると磁場の方向に沿って（一部は逆向きで）スピンの向きが揃う．そのとき，スピンの共鳴周波数の電磁波パルスを与えると，電磁波のエネルギーを吸収してスピンの向きが一時的に変化する（励起）が，その後エネルギーが放出され再び静磁場方向に戻る（緩和）．緩和の際に放出されるエネルギーは自由誘導減衰信号として計測することができる．灰白質や白質など脳の構造に関する画像化は，水素原子の緩和時間が脳の組織によって異なる性質を利用している．

　脳活動の画像化の実現は，米国ベル研究所研究員であった小川誠二博士が1992年に発見したBOLD（Blood oxygenation level dependent：酸素濃度依存）効果によって可能となった．脳内の神経細胞が活動すると周囲の酸素が消費されるが，すぐに血流量が増加し，消費した以上の酸素化ヘモグロビンが一時的に供給される．その結果，活動した神経細胞の周辺の脱酸素化ヘモグロビン濃度が

減少する．酸素化ヘモグロビンは反磁性体であり核磁気共鳴信号に影響は与えないが，脱酸素化ヘモグロビンは常磁性体であり信号を弱める．そのため，脳活動に伴う脱酸素化ヘモグロビン濃度の一時的な減少は核磁気共鳴信号を強めることになり（BOLD 効果），脳活動の観察が可能になる．脳活動を画像化したものは脳機能を反映しているので機能画像（fMRI: functional MRI）と呼んでいる．なお，核磁気共鳴は英語では Nuclear Magnetic Resonance (NMR) であるが，Nuclear という言葉が核エネルギーや放射線を連想させるので，核磁気共鳴を利用して人体を撮像する装置のことを NMR 装置ではなく「MRI 装置」と呼んでいる．もちろん，被曝の心配はない．

実験課題のデザイン

fMRI データの解析では，脳活動に関する条件間の差分に対して統計処理を行うのが一般的であるので，実験課題には 2 つ以上の条件を用意する．たとえば，視覚的に提示された単語の意味理解に関わる脳活動を考えてみよう．このとき“人工知能”という単語を提示すると，単語の意味理解だけではなく，個々の文字の認識や視覚情報処理に関わる部位など，様々な部位が活動を示す．そこで，文字数など物理的には同様の性質を有しているが単語としては意味のない文字列，たとえば“人工知能”の文字を並べ替えた“知工能人”を提示したときの脳活動を計測し，“人工知能”に対する脳活動から“知工能人”に対する脳活動を差し引いたときに残った活動が単語の意味理解に関わる脳活動であると考える．

また，脳活動に伴う BOLD 効果は非常に微弱であるので，同様の課題条件での撮像を複数回繰り返して行う必要がある．繰返しの方法により大きく分けて 2 つの実験デザインがあり，それぞれ「ブロックデザイン」と「事象関連（イベント）デザイン」と呼んでいる．

ブロックデザインでは，同一条件の課題を複数試行連続的に一定時間（数十秒程度）繰り返して行う期間（ブロック）を設定する．1 つのブロックが終わったら 10 秒間程度の休止期間をおき，その後に別の条件でのブロックを行う．各条件のブロックを複数回行い，ブロック間での条件間比較を行うことで脳活動を解析する．なお，ブロックデザインでは試行ごとではなく，複数の試行をまとめたブロックごとに脳活動を評価するので，次に述べる事象関連デザインに比べて脳活動の信号が強いという利点がある．

一方，事象関連デザインでは，様々な条件の試行をランダムなタイミングで提示する．このデザインでは，試行ごとに脳活動を評価するので信号が弱いという欠点があるが，各試行の順序をランダムにしたり連続的な繰返しに不向きな課題にも適用できるので，課題設定の自由度が高いという利点がある．

安静時脳活動

従来の脳科学研究では，fMRI に限らず，脳波計測や動物を対象にした電気生理学の実験において，刺激提示や課題遂行に関連した脳活動が研究対象として扱われ，自発的に発生する脳活動は刺激や課題に無関係な“雑音”とみなされていた．しかし最近の研究によると，課題を行っていない“安静時”にも複数の脳部位間が協調して活動し，数種類のネットワークを構成していることが明らかになっている．またこの安静時の脳活動は，アルツハイマー病や自閉症など様々な疾患と関連があることも報告されている．

安静時脳活動解析のための fMRI データは，MRI 装置の中で十分程度安静にしているだけで取得できる．課題提示のための高価な装置は不要であり，また課題遂行が困難な被験者も対象にできるため，現在盛んに研究が行われている．

意味あるデータを取得するために

　fMRI データの解析では，「条件 A と B の比較の結果，脳部位 X は Y という機能に関連していることが示唆された」と結論づけられることが多い．しかしそれは単に条件 A と B の間で脳部位 X の活動に統計的に有意な差があったことを意味するだけで，脳部位 X が条件 A と B の比較から推測される機能 Y に関連していることを保証しない．

　fMRI によって心の働きを実現している脳の仕組みを理解するためには，fMRI の原理と限界を理解し，神経科学の基礎的な知見に基づいた十分な検討のもとに仮説を立てた上で，課題作成・実験・解析・結果の考察を慎重に行う必要がある．

13.12 マインドフルネス
Mindfulness / 廣安 知之・日和 悟

マインドフルネスとは

J. カバットジンによればマインドフルネスとは,「特定の方法で注意を払うことの意味：意図的に,今この瞬間に,そして非判断的に」としている [1]．その逆意が「マインドワンダリング」であり,心が,「今この瞬間」に起こっていることに注意を向けておらず,さまよう状態のことである．マインドワンダリングの頻度が1日の実に46.9%を占めるとの研究報告もある [2]．たとえば,過去の失敗の経験に捉われ,将来の心配に配慮しすぎるようなワンダリング状態になると,直面している仕事の質は低下し効率も悪くなる．直感的には,ワンダリング状態を回避し,マインドフルネスな状態にすることが望まれる．マインドフルネスを向上させる方法の1つが瞑想であり,深く仏教的思想と活動に紐付いている．しかしながら,近年,宗教的な側面を強調せずプラクティスな面を強化することで,タイム誌に「マインドフル革命」という特集が組まれるほど急速に大衆化し,注目を集めている [3]．このブームに対して,次の2点の批判が起こっている．1点目は,本来であれば,仏教的な背景を切り離して考え実行することができないはずなのに隠蔽してしまっている点．2点目は,瞬間に目を向けるということは,「何ごとにもとらわれない」ということであるはずなのに,仕事の効率化や世俗的な幸福を求めることにマインドフルネスの訓練が目的化され,結局マインドレス化しているのではないかという点である．本稿では,これらの批判には対峙せず,マインドフルネスがこれほどに広まったもう1つの要因である科学的検討 [4] について言及する．本章で解説されている脳および脳機能,そして人工知能がマインドフルネスと密接に結び付いていることを示す．

脳機能の状態推定法

ダライ・ラマと科学者は,科学と瞑想の知恵を結集して,心をよりよく理解し,世界に前向きな変化をもたらすことを目的としたマインド・アンド・ライフ・インスティチュートを創設した [5]．ここで使用された科学技術の1つがfMRI（13.11 脳機能計測技術 (fMRI) を参照のこと）を始めとする非侵襲な脳機能イメージング装置である．また,J. カバットジンは,痛みの緩和のためにマインドフルネスストレス低減法 (Mindfulness-based stress reduction：MBSR) を開発した [6]．そこでは,認知療法の枠組みに瞑想を統合した技法が使われており,マインドフルネスを中心としている．この方法は,その効用が科学的に判定することができることがポイントである．このような流れの中で,マインドフルネス時に特定の脳部位が賦活すること [7] や瞑想経験者は特定の部位の皮質の厚みが増していること [8] などが明らかになった．特に瞑想時脳活動のダイナミクスが明らかになったことは,重要である [9]．マインドフルネス状態

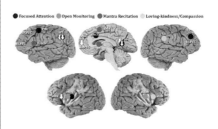

図1 マインドフルネス時の活性部位

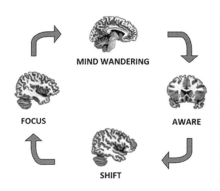

図 2 瞑想時脳活動のダイナミクス

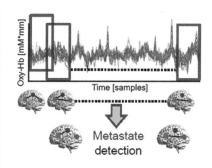

図 3 動的脳機能ネットワーク解析

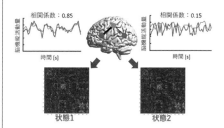

図 4 脳機能ネットワーク

は，ある状態が永続的に続くのではなく，マインドワンダリング状態に気づき，それを集中状態にもどす動作の繰返しであることが確認されたのである．マインドフルネスな状態は，マインドワンダリングな状態にならないのではなく，その状態を観察することができ，それに気づき，状態を遷移することができる能力なのである．この結果は，マインドフルネスの計測には脳状態の時変性の考慮が必要であることを示唆している．この状態推定のために，人工知能の技術が活用可能である．近年，脳機能の活動の検討に従来の部位における賦活を観測するだけでなく，複数の部位間の機能の時系列変化を調査し状態の推定を行う試みが盛んに行われている．この手法は，部位間の脳機能の活動量の変化の類似度を相関で表現する．部位をノードに相関係数をエッジ密度とすることで，脳機能状態をネットワークおよびマトリックスで表現することが可能となる．これを脳機能ネットワークと呼ぶ．脳機能ネットワークを利用することで，マインドフルネス状態を表現することができるだけでなく [10]，他の脳機能の状態も表現可能である [11], [12]．注目する状態の違いを観察するためには，状態ごとに得られる脳機能ネットワークから特徴的なノードとエッジを抽出する必要がある．そこでは，人工知能の技術である各種のスパース法 [13] や進化計算をはじめとする最適化手法が活用可能である [14]．さらにこの解析を時間軸にそって繰り返し行うことで動的解析が可能である．これが動的脳機能ネットワーク解析である．各時間ステップにおいて脳機能ネットワークが得られ，その時点での脳機能状態を表現することが可能となる．

マインドフルネスと人工知能

汎用人工知能（第 2 章）といった新たなシステムの構築は人工知能技術に関する重要な課題の 1 つである．マインドフルネスを対象としてヒトやヒトの脳機能の検討を行い，ヒトを 1 つのシステムとして考えることは，この新たなシステムの構築にもつながる知見が得られる．ここで，センシングを行う部 (S)，その情報から判断を行う部 (J)，その結果として行動を行う部 (A) から構成されるエージェ

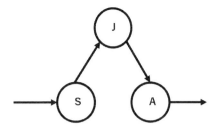

図 5 人工物エージェント

ントとして，人工物を捉えてみよう．人工物は目的を持って作られるため他律系であり，人工物エージェントの J 部は必ず外部からプログラムされる．S 部はシステム構築時に設置され，その性能の向上方法も他律的である．一方，ヒトは自律系であり，瞑想を行うことでマインドフルネスの能力を向上させることができ，それは S および J 部を自律的に強化することである．S 部の存在も，システム構築時に存在したものであるかどうか定かではない．さらに，センシングした情報をもとに，行動をスムーズに行うこととなり，この学習についても自律的に行われる．また，マインドフルネスはヒトの記憶や感情と密接に結び付いているために，扁桃体や海馬（13.7 海馬モデルを参照のこと）とも関連がある．このように，マインドフルネスは非常に人間的な動作であり，これを理解することが新たなシステムの構築のヒントになるのである．

参考文献

[1] Kabat-Zinn, Jon. *Wherever you go, there you are: Mindfulness meditation in everyday life.* Hachette Books, 2009.

[2] Killingsworth, Matthew A. and Daniel T. Gilbert. A wandering mind is an unhappy mind. *Science* Vol. 330, No. 6006, pp.932–932. 2010.

[3] 同志社大学良心学研究センター編，『良心学入門』，岩波書店，2018.

[4] Hasenkamp, Wendy. Fruits of the Buddhism-science dialogue in contemplative research. *Current opinion in psychology*, 2018.

[5] https://www.mindandlife.org/

[6] Kabat-Zinn, Jon. Mindfulness-based stress reduction (MBSR). *Constructivism in the Human Sciences*, Vol.8, No.2, p.73. 2003.

[7] Kieran CR, Fox. Matthew L. Dixon, Savannah Nijeboer, Manesh Girn, James L. Floman, Michael Lifshitz, Melissa Ellamil, Peter Sedlmeier, and Kalina Christoff. Functional neuroanatomy of meditation: A review and meta-analysis of 78 functional neuroimaging investigations. *Neuroscience & Biobehavioral Reviews*, Vol.65, pp. 208–228. 2016.

[8] Sara W. Lazar, Catherine E. Kerr, Rachel H. Wasserman, Jeremy R. Gray, Douglas N. Greve, Michael T. Treadway, Metta McGarvey et al., Meditation experience is associated with increased cortical thickness. *Neuroreport*, Vol.16, No.17, p.1893. 2005.

[9] Wendy, Hasenkamp, and Lawrence W. Barsalou. Effects of meditation experience on functional connectivity of distributed brain networks. *Frontiers in human neuroscience*, Vol.6, 38. 2012.

[10] Hiroyasu Tomoyuki, and Satoru Hiwa. Brain Functional State Analysis of Mindfulness Using Graph Theory and Functional Connectivity. In 2017 AAAI Spring Symposium Series. 2017.

[11] Mizuno Megumi, Tomoyuki Hiroyasu, and Satoru Hiwa. A Functional NIRS Study of Brain Functional Networks Induced by Social Time Coordination. *Brain sciences*, Vol.9, No.2, 43. 2019.

[12] Hiwa Satoru, Tomoka Katayama, and Tomoyuki Hiroyasu. Functional near-infrared spectroscopy study of the neural correlates between auditory environments and intellectual work performance. *Brain and behavior*, Vol.8, No.10, e01104. 2018.

[13] Miyoshi Takuma, Kensuke Tanioka, Shoko Yamamoto, Hiroshi Yadohisa, Tomoyuki Hiroyasu, and Satoru Hiwa. Short-term effects on brain functional network caused by focused-attention meditation revealed by Tucker3 clustering on graph theoretical metrics. bioRxiv (2019): 765693.

[14] Hiwa Satoru, Shogo Obuchi, and Tomoyuki Hiroyasu. Automated Extraction of Human Functional Brain Network Properties Associated with Working Memory Load through a Machine Learning-Based Feature Selection Algorithm. *Computational intelligence and neuroscience*, 2018.

索 引

数字

2 光子イメージング， 360
3 体問題， 238

A

AAAI， 10
AAMAS， 8
AAMAS (International Conference on Autonomous Agents and Multi-Agent Systems)， 26
ACO(Ant Colony Optimization)， 248
active inference， 222
ACT–R (アクトアール) 理論， 70
Add–if–Silent， 191
AIBO， 14
AIUEO (Artificial Intelligence Ultra Eccentric Organization)， 2, 279
AIξ， 72
AI 機能， 172
AI 将棋， 24
AI 診断， 168
AI 都市， 300
AI の第一次ブーム， 3
AI 兵器， 129
AI 兵器開発者， 130
Aldebaran， 14
AlexNet， 94
AliBaba， 16
ALIFE (人工生命)， 261
ALife (人工生命)， 99
Allen Newell， 70
Allis， 279
AlphaGo， 22, 273, 276
AlphaGo Zero， 276
AlphaZero， 277
AMR (Abstract Meaning Representation)， 323
Ant System (AS)， 243
Artificial Intelligence：A Modern Approach， 35
ASIC， 173
Auditory Scene Analysis (聴覚情景分析)， 182
Augmented Reality， 164

B

big switch statement アプローチ， 53

Bluetooth， 151
Boids， 261
BOLD (Blood oxygenation level dependent：酸素濃度依存)， 362
BriCA， 359
Brooks， 42
Buro， 279

C

CAD (Computer-aided diagnosis)， 168
CCG (Combinatorial Categorial Grammar)， 323
Chainer， 312
Chase， 267
CHC モデル， 54
Checker is solved， 278
Chess x.y， 267
Chinook， 278
co-dependent arising (相互依存的な生起)， 147
Cognitive， 31
Cognitive Computing， 32
Common Lisp， 311
Computers and Thought Award， 35
Concurrent Prolog， 5
Coulom， 275
CPS (Cyber-Physical System)， 169
Crazy Stone， 275
CTC， 195

D

David Israel， 10
de Groot， 267
Deep Blue， 267, 279
Deep Q-Network (DQN)， 87
Deep Thought， 268
DeepMind， 20
DeepMind 社， 22
DeepZenGo， 276
Deliberatorium， 290
DNA 鎖置換反応， 232
DNA 計算， 232
DNA ハイブリダイゼーション， 232
Dreyfus， 266
DRM (digital rights management)， 306
DRT (Discourse Representation Theory)， 323

E

EAAI, 10
Elise, 261
Elmer, 261
End–to–End, 194
Eurotra, 38
Evolving Creatures, 261

F

FAIR (Findable, Accessible, Interoperative, Reusable) principles, 345
fMRI (functional Magnetic Resonance Imaging：機能的磁気共鳴画像法), 362
Fortran, 271
FPGA(Field-Programmable Gate Array), 173
fusiform face area(FFA), 337

G

Gabor フィルタ特性, 350
Gated Recurrent Units(GRUs), 201
GB 理論, 318
GDPR, 305
GDPR の 22 条 2 項, 144
GENIA, 39
Giulio Sandini, 213
GNR (Genetics, Nano-technology, Robotics), 43
Gomoku, 279
Google, 19
Google Brain, 19
GPS 将棋, 24, 272
GRU (Gated Recurrent Unit), 329
Guarded Horn Clauses (GHC), 5

H

HARK, 183
Hayes, 126
HELIOS, 16
HITS, 258
HMD (Head Mounted Display), 164
Hsu, 268
Human SpeecHome プロジェクト, 99

I

IAGO, 279
IBM アルマデン研究所, 32
IBM ワトソン, 116
ICMAS, 26
ICOT (第五世代コンピュータ開発機構), 29
IDA, 76
IEEE 802.15.4, 150

IEEE ICA (International Conference on Agents), 27
IETF (Internet Engineering Task Force), 150
IFAAMAS, 8
IJCAI (International Joint Conference on Artificial Intelligence), 6, 10, 13
ImageNet, 309
ImageNet Large-scale Visual Recognition Challenge (ILSVRC), 94
INCF (International Neuroinformatics Coordinating Facility：ニューロインフォマティクス国際統合機構), 344
INCF 日本ノード, 344
InfoBalloon, 15
Innocentive, 290
Innovators Marketplace on DJ (IMDJ), 305
Intelligent Amplifier, 111
International Computer Chess Association (ICCA), 270
International Computer Games Association (ICGA), 270
IoT (Internet of Things), 150, 172
ITS (Intelligent Transport Systems：高度道路交通システム), 156

J

JAWS, 27
Jin-Hyung Kim, 10
John Anderson, 70
JSAI, 7

K

Kaggle, 311
Kasparov, 267, 279
Kiva System, 14
KL1, 5
Knuth, 267

L

L2 損失, 201
LDA (Latent Dirichlet Allocation), 328
Leaky Integrate–and–Fire モデル, 355
learning by doing, 33
Leg-in-rotor, 16
Levy, 279
LIDA, 76
Lisp, 4, 41, 115, 311
Logistello, 279
Long Short-Term Memory(LSTM), 201
LPWA (Low Power Wide Area), 150

LR ラッパ, 257
LSI (Latent Semantic Indexing), 328
LSTM (Long short-term memory), 91, 263, 329
LSTM（Long Short-Term Memory：長・短記憶）, 116

M

MaaS (Mobility as a Service), 291
Mac hack, 267
Marion Tinsley, 278
Mark Weiser, 150
McCarthy, 126, 266
MEMS (Micro Electro Mechanical Systems), 151
Mica Mote, 150
Michael Georgeff, 10
Minsky, 41, 266
Minsky のフレーム理論, 41
MNIST, 309
MNS, 228
Moort, 279
Mu, 38

N

NAO, 14
Narrative Cloze Test, 58
Newell, 266
Norman Foo, 10
NTCIR, 310
NumPy, 311

O

OEDR（Object and Event Detection and Response：「対象物・事象検知・反応」）, 293
ONNX(Open Neural Network Exchange), 312
Open Ended Evolution (OEE), 99, 262

P

p-LSI (probabilistic Latent Semantic Indexing), 328
PageRank, 19
P and P, 317
PDS (personal data store), 306
perceptual inference, 222
PHR (Personal Health Record), 169
PKAW, 10
PLR (personal life repository), 306
ponanza, 272
Prediction Coding（予測符号化）, 217
PRICAI, 10

PRIMA, 10, 26
Privacy by Design, 332
Prolog, 4
PSO(Particle Swarm Optimization), 248
pSTS, 342
Python, 311

Q

Quince, 17
QuOLA, 290
Q 学習 (Q-learning), 87

R

Randy Goebel, 10
Recurrent Neural Network (RNN), 91
Reeve, 279
Reservoir computing, 356
RFID (無線タグ: Radio Frequency IDentication), 150
RNA ファージの複製実験, 261
RoboCup, 210
Rosenbloom, 278
Ross, 318
RST (Rhetorical Structure Theory), 323

S

SAE, 293
Samuel, 278
Schaeffer, 278
scikit-learn, 311
self, 203
sequence to sequence (Seq2Seq), 91
Shannon, 266
Simon, 266
situated cognition, 202
Smart Dust, 150
Social Sensor, 174
SQL データベース DaRuMa, 16
Superintelligence, 358
Suphx (Super Phoenix), 280
Switchboard, 310
SyNAPSE プロジェクト, 31
synthetic biology, 261

T

TD-gammon, 279
Tensor Flow ライブラリ, 173
TensorFlow, 20, 312
Tesauro, 279
The Game of Life (LIFE), 261
Tierra, 261
TinyOS, 150

Transformer, 329
Tu-Bao Ho, 10
Turing, 266
Turing test, 162
Twitter, 174

U
UG, 316
UG に対する原理とパラメータのアプローチ, 316
Universal AI, 72

V
VICS(Vehicle Information and
  Communication System), 156
von Neumann, 266

W
Wai Yeap, 10
Waltz の線画解釈, 41
WAMOEBA, 226
Watson, 31
Web コンテンツマイニング, 257
Web マイニング, 257
Web ラッパ, 257
Web リンクマイニング, 257
Winograd schema, 58
Winston, 41
Winston の類推, 41
word2vec, 328

Z
ZEN, 275

あ 行
アイザック・アシモフ, 124
赤池情報量基準 (AIC), 141
阿伽羅（あから）, 25
あから 2010, 24, 272
アクティブパーセプション, 183
アクティブビジョン, 181
浅田稔, 12
アドバンスド将棋, 273
アドバンスドチェス (advanced chess), 273
アフェクティブコンピューティング, 153
アフォーダンス, 113, 159
アブダクション (abduction), 36
アブダクティブ (abductive), 36
アメーバ型分子ロボット, 232
アラン・ロイド・ホジキン, 115
蟻コロニー最適化 (Ant Colony Optimization：
  ACO), 242
蟻のフェロモン, 248

アルゴリズム情報理論, 59
アルゴリズム的確率, 59
アルファベータ法, 267
アレン・ニューウェル, 115
哀れみ, 228
安西祐一郎, 33
安静時脳活動, 363
アンディ・クラーク, 213
アンドリュー・ハクスリー, 115
アンドロイド, 124
アンドロイド型ロボット, 188
暗黙知的, 202
暗黙的な通信, 210

飯田弘之, 270
生きている, 203
池上高志, 36
囲碁, 270
意識, 76, 107, 139, 206, 220, 228, 338
意識の統合情報理論 (Integrated Information
  Theory: IIT), 107
石田亨, 10
石塚満, 10
異質な科学, 64
イスラム哲学, 106
イ・セドル九段, 276
痛み, 226
痛みの記憶と想起, 186
イチカイ, 6
位置情報, 297
一人称視点, 202
井筒俊彦, 106
一般化句構造文法 (GPSG), 318
一般化フレーム問題, 127
一般量化子アプローチ (Generalized Quantifier
  Approach: GQ), 321
遺伝学, 43
遺伝子, 342
遺伝的アルゴリズム (GA), 74, 99, 236
遺伝的プログラム (GP), 99
意図, 220
移動, 318
伊藤孝行, 10
伊藤毅志, 24, 272
井上博, 279
井上智允, 42
意味, 112, 318, 320, 336
意味表現, 336
意味表現領域, 337
医療 AI, 168
イロ・レーティング, 311
因果関係推定, 201

因果律, 139
インセプションスコア (Inception score), 89
インタラクション, 33, 91, 202

ヴィックリー入札, 295
ウェアラブルセンシング, 169
ウェットウェア, 261
ウォズニアックテスト, 53
「動く標的」問題, 249
埋込型人工網膜, 188
埋め込み定理, 239
運転手, 144
運転知能, 293
運動学習, 339
運動計画, 214
運動の帰結の予測, 207
運動の自己主体感, 207
運動の所有感, 207

英国型, 295
エクスポネンシャル（指数関数的）, 136
エクスポネンシャル・テクノロジー, 136
エコーチェンバー, 246
エージェント, 247, 282
エージェントアプローチ人工知能, 35
エージェントベース・モデリング (Agent Based Modeling), 284
エッジ・インテリジェンス, 333
エッジコンピューティング, 172
エトムント・フッサール, 117
エネルギー関数, 88
エピソード記憶, 213, 353
エポケー, 117
エミュレーション, 139
演繹 (deduction), 36
演繹的, 65
エンコーダ, 201
エンコーダ・デコーダモデル, 328
エンコーディング, 104
エントロピー量, 107

応答遅れ (レイテンシー), 172
大須賀節雄, 10
オークション/入札方式, 295
尾島陽児, 275
オセロ, 278
オーソリティ, 258
オッカムの剃刀, 141
オートエンコーダ, 200
音環境理解 (Computational Auditory Scene Analysis), 182
オプティカルフロー, 200

オペラント条件付け, 86
音源定位, 183
音源分離, 183
音声, 198, 318
音声化 (spell-out), 318
音声キャプション生成, 199
音声合成 (TTS: Text To Speech), 198
音声対話ロボット, 332
音声知覚の運動理論, 112
音声認識 (Speech Recognition), 41, 183, 198, 331
オントロジー, 344

か 行
外側膝状体, 180
概念記法, 115
海馬, 342, 353
開発方法論, 359
カオス, 238
カオス，フラクタルの理論, 107
カオス遍歴, 240
カオス理論, 261
科学と技術の離婚, 66
科学の自動化, 63
科学の疎外, 63
科学の方法論, 140
学習, 33
学習の進化, 249
学習理論, 100
革新脳 Brain/MINDS, 345
確定, 271
確率的降下法, 84
確率的生成モデル, 96
カ・ケツ九段, 276
仮説検証, 212
仮説検証サイクル hypothesis-test cycle, 112
仮説生成（アブダクション）, 65
仮説の生成, 212
画像, 198
仮想化, 299
画像キャプション生成, 198
画像認識, 41, 93
下側頭, 347
下側頭葉, 180
価値, 112, 304
価値観, 35
カッコウ探索 (Cuckoo search), 243
活動電位, 180
カーツワイル, 143
加藤英樹, 276
可能世界, 321
亀ロボット, 261

顆粒細胞, 355
カーリング, 280
カルシウムイメージング, 360
カルシウム蛍光タンパク質, 360
カール・シムズ (Karl Sims), 261
感覚運動学習, 207
感覚器官, 178
感覚代行技術, 188
環境, 74, 119, 202
環境経済, 287
ガングリオン細胞, 180
監視, 298
関手, 61
間主観性, 219
感情, 206, 225
関数最適化, 242
環世界, 117
間接協調型, 247
完全, 74
完全情報, 271
完全情報ゲーム (Complete Information Game), 284
桿体細胞, 180
感知器, 157

機械学習, 65, 80, 93, 95, 127, 332, 357
機械化経済, 67
機械可読, 257
機械感覚受容器, 185
機会損失, 305
機械読解 (Machine Reading Comprehension), 324
機械翻訳研究, 38
記号, 113, 318
記号学 (semiology), 91
記号学習, 212
記号主義, 95, 115
記号主義的人工知能, 107
記号処理, 4, 266
記号接地（シンボルグラウンディング）, 85
記号接地（シンボルグラウンディング）問題, 93, 95
記号創発, 95
記号創発システム, 95, 97
記号創発システム (Symbol Emergence System), 97
記号創発ロボティクス, 96
記号論 (semiotics), 91, 314
義肢（義手・義足）, 188
岸本章宏, 278
疑似問題, 127
技術的失業, 68

記述的妥当性, 318, 319
北野宏明, 12
基底核, 342, 354
帰納 (induction), 36
技能継承, 166
機能主義, 139
機能主義的アプローチ, 228
帰納推論, 50
機能的 MRI, 343
機能分化, 238
基盤化 (grounding), 327
棋譜, 276
棋風, 25
教育, 144
強化学習, 85, 216
共感, 186, 206, 214
共感発達モデル, 229
狭義のフレーム問題, 127
競合関係, 210
教師あり学習, 85, 200
教師なし学習, 85, 200
共進化, 111
共創, 255
共創システム, 255
協調, 156
協調関係, 210
共通基盤 (common ground), 327
共謀数 (conspiracy number), 269
極小主義, 317
極小主義プログラム, 318
局所視野的, 202
局所的, 319
金融工学 (Financial Engineering), 284
金融市場, 286

空範疇, 319
クオリア, 36, 228, 231
句構造規則, 318
國吉康夫, 12
クラウドコンピューティング, 172
クラウド（サーバー）, 332
グラウンディング, 93
クラシファイヤー, 99
クラスタ係数, 259
グラフ理論, 259
クリストファー・ラントン (Chris Langton), 261
グレイ・ウォルター (Grey Walter), 261
クレイグ・レイノルズ (Craig Reynolds), 261
群衆の英知, 245
群知能 (Swarm Intelligence：SI), 242, 245

経験, 74
経験再生 (experience replay), 87
経験接地意味論, 74
経済現象, 286
経済性, 319
警察, 297
計算言語学, 38
計算社会科学 (Computational Social Science), 175
計算量, 109
計算論的メカニズムデザイン, 289
形式意味論, 320
形式論理, 126
継続学習 (continual learning), 50
刑天, 276
契約ネットプロトコル, 247
系列–系列モデル, 328
劇指, 24
激指, 271
華厳哲学, 124
ゲノム差別禁止法, 144
ケプラー, 65
ゲーム, 266
ゲーム情報学 (game informatics), 270
ゲーム情報学研究会, 270
ゲーム理論, 162, 266
言語, 318
言語獲得, 97, 253, 316
言語記号, 314
言語機能, 316, 318
言語行為 (speech act), 327
言語コミュニケーション, 225
言語使用（運用）, 316
言語生物学, 316
言語知識, 316
言語データ（コーパス）, 328
言語の起源と進化, 316
言語理解, 323
減災情報共有プロトコル MISP, 16
検索連動型広告, 295
原始文法, 253
現象学, 46, 117, 219
現象学的還元, 117
健全, 74
現存在, 219
原理とパラメータ理論, 318
圏論, 61

語彙, 319
語彙機能文法 (LFG), 318
語彙主義, 319
語彙的主辞 (head), 318

行為, 214
合意形成, 290
合意形成支援, 289
光学的文字認識 (OCR: Optical Character Recognition), 198
広義のフレーム問題, 127
攻撃型 AI 兵器, 129
攻撃用ドローン, 129
貢献度分配問題 (credit assignment problem), 279
高次元科学, 141
合成可能性, 62
構成素, 318
構成的, 206
構成的意味論, 314
構成的な行為, 203
構成の発達科学, 213
構成論的アプローチ, 212
構成論的人間学, 206
構造主義, 220
構造の共有, 319
構造不安定性, 240
交通工学, 156
交通信号機, 156
行動学習, 216
行動規範型, 179
行動予測, 200
行動履歴パタン, 129
高度運転支援機能 (Advanced Driving Assistance System：ADAS), 293
購買支援, 307
高汎用型 AI, 56
構文文法 (Construction Grammar), 315
公理的システム, 74
公理的な論理体系, 320
交流型人工知能, 165
項論理, 74
語義曖昧性, 328
国際レスキューシステム研究機構, 16
コグニトロン, 190
苔状線維, 355
こころ, 230
誤差逆伝播学習 (error-back propagation learning), 82
誤差逆伝播法, 192
誤差逆伝搬法 (Error Back Propagation：BP), 348
個人情報, 305
個人情報保護法, 305
個人データ, 144
小谷善行, 270
ゴットロープ・フレーゲ, 115

後手必勝,　271
「孤独なミュータント」問題,　249
コネクショニストモデル,　70
コネクショニズム (connectionism),　82, 104, 115
コーパス,　328
コーパス言語学,　75
五目並べ,　279
ゴルジ細胞,　355
ゴールトンの雄牛の重量予測,　245
コルモゴロフ複雑性,　59
コンテクストアウェアネス,　152
混沌,　106
コンピュータ囲碁,　275
コンピュータシミュレーション (Computer Simulation),　284
コンピュータ将棋,　24
コンピュータ将棋協会,　271
コンピュータチェス,　24
コンピュータビジョン,　41, 93, 181
コンプライアンス,　209
コンボリューション (conv) 層,　348

さ 行
再帰的ニューラルネットワーク (Recurrent Neural Networks, RNN),　201
最小自己,　207
最適化,　236
最適行動価値関数,　87
サイバーセキュリティ,　129
サイバネティクス,　100
サイボーグ型ロボット,　189
サイン,　95
錯視,　338
佐藤天彦名人,　25, 273
サービスインタラクション,　153
座標幾何学,　115
サブサンプション・アーキテクチャ,　159
サブリミナル,　230
サポートベクトルマシン (support vector machine),　83
産業革命,　67
三段論法,　61
三人称視点,　152

自意識,　107
恣意性,　314
ジェームズ,　220
ジェームズ・ギブソン,　159
ジェームズ・グリーア・ミラー,　104
ジェローム・ブルナー,　202
ジェンダー,　132

自我,　212
視覚,　178
視覚性運動反射,　181
仕掛け,　251
仕掛学,　251
時間,　220
視機性眼球運動,　356
時空間 GIS DiMSIS/DyLUPAs,　16
時系列データ,　104
自己,　203, 206, 220
自己回帰生成モデル (autoregressive generative model),　88
自己干渉検査,　214
自己教師あり学習 (self-supervised learning),　85
自己創出性 (autopoiesis),　147
自己増殖セル・オートマトン (CA),　261
自己組織化,　233
自己認知,　215, 342
自己の概念,　207
自己複製,　210
自己複製ループ CA,　261
自己保存,　210, 226
視細胞,　178
事象関連（イベント）デザイン,　363
視神経,　180
次数分布,　259
システムダイナミクス (System Dynamics),　284
システム理論,　104
自然言語,　320
自然言語処理,　38, 41, 58, 94, 95
自然選択,　231
自然変換,　61
シソーラス,　328
自他認知,　228
実験の自動化,　65
実存主義,　220
実目的,　56
自動,　55
自動運転,　293
自動運転車,　156
自動化,　302
自動交渉エージェント,　289
自動車技術者協会 (Society of Automotive Engineers International : SAE),　293
自動定理証明,　142
自動翻訳,　116
自動要約,　116
シナプス可塑性,　355
支配方程式,　66
自閉スペクトラム症 (ASD),　215, 223

時変ネットワーク, 260
清水市代女流王将, 25, 272
射, 61
社会現象 (Social Phenomena), 284
社会シミュレーション, 282
社会的自己, 229
社会的相互作用, 212, 225
自由エネルギー原理 (Free Energy Principle:
　FEP), 107
自由エネルギー理論, 91
収穫加速の法則 (The Law of Accelerating
　Returns), 43
集合知, 245
集合的知性（コレクティブインテリジェンス）,
　289
集合論, 62
渋滞, 154
集中型, 210
終盤データベース, 269
周辺視, 179, 180
集約性, 245
主観的体験, 230
主客非分離システム, 255
主客分離システム, 255
主辞駆動句構造文法 (Head-driven Phrase
　Structure Grammar：HPSG), 38, 318
述語論理, 74, 320
シュピーゲルマン, 261
シューメーカー・レヴィ第 9 彗星 (CSL9), 239
受容体, 178
受容野, 347
ジュリオ・トノーニ, 139
巡回セールスマン問題 (Traveling Salesman
　Problem：TSP), 243, 248
純粋機械化経済, 68
瞬目反射条件付け, 356
照応関係 (anaphora), 326
将棋, 270
将棋電王戦, 25
将棋の教育, 274
状況, 321
状況依存, 203
状況意味論 (Situation Semantics), 321
将棋連盟, 24
条件付け, 339
常識, 57
常識オントロジー「ConceptNet」, 57
常識推論, 57
常識的知識データベース「Cyc」, 57
情動, 206, 225
情動感染, 228
情動的共感, 228

小脳, 342, 354, 355
情報処理学会, 24
情報生成理論, 231
情報抽出, 257
情報の流れ, 318
情報理論, 139
証明数 (proof number), 269
初期値鋭敏性, 239
食品産業, 144
触覚, 178
触覚センサ, 186
ジョン・コンウェイ (John Conway), 261
ジョン・サール, 139
ジョン・マッカーシー, 115
白井良明, 41
自律エージェント, 8
自律型, 13
自律型 AI 兵器, 130
自律型攻撃ドローン, 129
自律小型無人ヘリ, 15
自律システム, 56
自律性, 55, 206, 293
自律的アバタ, 164
自律分散システム, 97
真, 126
進化, 342
進化計算, 236
進化戦略, 236
進化の収斂, 178
シンギュラリティ（技術的特異点）, 43, 111
神経科学, 358
神経核, 342
神経細胞（ニューロン）, 82, 342
神経修飾, 250
神経生理学, 351
神経ネットワーク, 138
人工意識, 231
人工感覚拡張システム, 188
人工感覚システム, 188
人工市場, 286
人工生命 (artificial life), 36
人工知能, 8, 293, 319
人工知能学会, 41, 132
人工知能学会設立, 29
人工知能学会発起人会, 30
人工内耳, 188
人工ニューラルネットワーク, 351
人工蜂コロニーアルゴリズム (Artificial Bee
　Colony), 243
人工皮膚, 188
新世代コンピュータ開発機構 (ICOT), 45
深層学習（ディープラーニング）, 75, 80, 83,

84, 94, 96, 99, 101, 141, 194, 198, 219, 357
深層強化学習, 84, 216
深層生成モデル, 84, 88
深層畳み込みニューラルネットワーク, 191
深層ニューラルネットワーク, 84
身体図式 (body, schema), 214
身体性, 94, 101, 202, 206, 212, 225
身体像 (body, image), 214
身体的スキル, 164
身体の表象, 185
診断仮説形成支援, 168
心的器官, 316
心的経験, 225
心的表象, 250
シンボル, 93, 107
シンボルグラウンディング, 263
シンボルグラウンディング問題, 101, 263
真理条件 (truth condition), 320
人狼, 280

推意 (implicature), 321
錐体細胞, 180
垂直伝達, 253
随伴現象, 230
水平伝達, 253
推論, 74
数理論理, 74
スケールフリー性, 259
スコットランド常識学派, 57
図式の可換性, 62
スタックスネット, 129
スーパージェッター, 294
スマートシティ (smart city), 299
スマートスピーカー, 331
スマートモビリティ, 300
スモールワールド性, 259
スローイン・ファーストアウト, 155

生活的状態, 117
生産性, 166
精神疾患医療, 358
精神指導の規則, 115
精神病理学, 46
生成的深層学習 (GAN: Generative Adversarial Network), 100
生成敵対的ネットワーク (generative adversarial network), 88
生成文法, 315, 318, 319
生成モデル, 88, 231
正則文法, 253
生態学的自己, 229
生態心理学, 159

成長の限界 (Limits of Growth), 284
生物学的自然主義, 139
生物規範型の感覚システム, 179
生物の学習, 99
生物模倣, 208
生命 (Life As It could be), 261
生命科学分野のテキストマイニング, 38
制約, 318
制約 (constraint), 119
制約充足, 41
制約に基づく文法理論, 319
西洋哲学, 106
整列構造, 357
世界連環, 124
絶芸, 276
設計と制御の同時設計, 209
接待将棋, 273
説明原理, 212
説明性の欠如, 193
説明的妥当性, 318, 319
零和, 270
線画解釈, 41
線画抽出, 41
潜在空間, 75
センサネットワーク, 150
戦時国際法, 130
全称記号, 115
全数探索, 272
戦争の倫理, 129
選択的深化 (selective deepening), 269
前庭動眼反射, 181
先手必勝, 271, 279
千日手, 271
全脳アーキテクチャ, 51, 357
全脳アーキテクチャー・アプローチ, 358
全脳アーキテクチャ・イニシアティブ (WBAI), 67, 359
全脳エミュレーション, 123

相互運用性, 311
相互作用, 50
相互作用モデル, 256
相互変換, 198
荘子, 106
創造性, 143
相転移, 240
創発系, 238
創発原理, 238
創発的現象 (Emergent Phenomena), 284
創発的な知能情報処理, 239
創発特性, 97
蒼竜, 16

速度制御 (Adaptive Cruise Control：ACC)，293
粗視化，138
ソーシャルクラウドネットワークロボティクス，153
ソーシャルセンサ，174
素性，318
ソフトロボティクス，225
ソマティックマーカー仮説，225
ソローモデル，67
存在感 (presence)，36

た 行

第一次視覚野，180
大局的，319
第五世代コンピュータ，4, 45
第五の科学，65
胎児期，214
対人関係，143
対人的自己，229
体性感覚，202
体性感覚野，185
代替型人工知能，165
大大特，15
第二価格封印入札，295
大脳新皮質，342
大脳体性感覚野，214
大脳皮質，342, 354
大分岐 (Great Divergence)，67
大陸哲学，115
ダーウィン，253
互先（ハンディなし），275
滝沢武信，271
足し算の部屋，109
他者理解，215
多重知能理論，54
畳み込み LSTM(Convolutional LSTMs)，201
畳み込みニューラルネット (Convolutional Neural Network：CNN)，94, 192, 201, 347
ダートマス会議，104, 266
田中穂積，10
ダニエル・デネット，230
多人数，280
ダーパ (Defense Advanced Research Projects Agency)，31
ダマシオ，225
多目的最適化，236
多様性，245
単語埋め込み (word embedding)，328
探索問題，65
単純型細胞，347

単純型細胞モデル (S-cell)，347
タンパク，342
談話参照対象 (discourse referent)，326
談話表示構造，321
談話表示理論 (Discourse Representation Theory: DRT)，321
談話文脈 (discourse context)，326

チェス，266
チェッカー，278
知覚，202
知覚的シンボルシステム (Perceptual Symbol System)，96
チコブラーエ，65
知識，74
知識情報処理，4
地図モデル，282
知的エージェント，50
知的職業，143
知的スキル，164
知能，230, 238, 293, 338
知能ロボット，41
知能を持つ自動車，294
着眼する，203
チャンネル理論 (Channel Theory)，321
注意，206
注意機構モデル，195
中央集権型，157, 247
抽象代数学，61
中心窩，180
中心視，179
中心性指標，259
中心多様体，240
チューリング (Alan Turing)，261
チューリングテスト，109, 323
超越的な構造，239
聴覚，178, 350
聴覚野モデル，350
長期増強，355
長期抑圧，355
超知能，143
跳躍性眼球運動，181
直接協調型，247
直交型分子素子，233
チョムスキー，253

追従眼球運動，181
痛覚，178, 228
痛覚受容器，186
痛覚神経回路，228
辻三郎，10
詰め将棋，271

索 引 **379**

ディヴィッド・チャーマーズ, 230
定式化, 65
ディープラーニング, 104, 127, 168, 263
デカルト, 115, 219
適合 Q 反復 (fitted Q-iteration), 87
テキサス・ホールデム, 280
敵対的学習 (adversarial learning), 85
敵対的生成ネットワーク (Generative Adversarial Networks, GANs), 199, 201
デコーダ, 201
デコーディング, 104
デコヒーレンス, 146
デザイン, 302
デジタルゲーム, 270
デジタルフットプリント, 175
デジタルプラットフォーム, 299
データ科学, 65
データ共有, 344
データ市場, 304
データジャケット (Data Jacket：DJ), 305
データ中心科学, 140
データの利活用, 304
データベース, 344
データマイニング, 130
哲学, 33
手続き, 119
テレイグジスタンス, 164
テレプレゼンス, 164
テレプレゼンス型ロボット, 188
電王戦, 272
点過程, 297
電子技術総合研究所, 45
テンポラルネットワーク, 260
電力・エネルギー, 286

倒壊家屋実験施設, 16
動画像生成, 200
動画像補間, 200
道具使用, 214
統計的機械学習, 141
統計モデリング, 141
統合情報理論, 139
統語論の自律性仮説, 314
同情, 228
同調 (attune), 321
頭頂葉, 180
動的述語論理 (Dynamic Predicate Logic：DPL), 321
動的脳機能ネットワーク解析, 366
動的平衡, 157
東洋哲学, 106
特性ベクトル, 104

特徴抽出, 192
（特徴）表現学習, 84
特徴マップ表現, 347
特徴量, 93
特定通常兵器使用禁止制限条約 (CCW), 131
独立性, 245
独立成分分析, 183
登上線維, 355
とつぜき東北, 280
トップダウン, 220
ドナルド・ノーマン, 159
トポグラフィック独立成分分析, 350
トム・レイ (Tom Ray), 261
ドメインのランダム化 (Domain randomization), 87
ドローン, 17, 129
ドローン聴覚, 183

な 行

内部観測, 203
内部モデル, 222
中島秀之, 10, 24
ナノテクノロジー, 43
ナノボット, 44
ナビゲーション, 353

新潟中越地震, 17
二次学習の進化, 250
西田, 220
ニーチェ, 220
二人称視点, 152
日本将棋連盟, 271
日本認知科学会, 31
ニュートン, 65, 238
ニューラルネットワーク, 22, 104
ニューラルネットワークモデル, 70
ニューロインフォマティクス, 344
ニューロモーフィック, 139
ニューロモルフィック・コンピューティング, 179
ニューロモルフィック・ダイナミクス, 179
ニューロモルフィックデバイス, 179
ニューロン, 104
ニューロン現象, 107
人間学, 206
人間拡張技術, 188
人間型ロボット, 12
人間中心主義, 220
人間の真似方式（選択式探索）, 267
人間レベルの汎用性を持つ AGI, 50
認知アーキテクチャ, 50
認知意味論, 314
認知科学, 31

認知科学辞典, 32
認知科学の 12 の課題, 31
認知科学ハンドブック, 32
認知革命, 316
認知言語学, 75
認知コンピュータ, 31
認知情報学 (Cognitive Informatic), 32
認知神経科学, 342
認知的共感, 228
認知発達ロボティクス, 222, 225

ネオコグニトロン (Neocognitoron), 99, 190, 192, 347
ネットワーク生成モデル, 259

脳, 342
脳科学, 344
脳機能ネットワーク, 366
農業, 166
脳神経科学, 344
脳神経系, 239
能動スコープカメラ, 16
能動的知覚, 197
脳内意味空間, 336
脳内意味表現, 336
脳における視覚システム, 347
ノエシス・ノエマ, 117
野田五十樹, 12
ノーベル生理学・医学賞, 115

は 行
場合の数, 25, 271, 278
場合分け, 126
バイアス・バリアンス, 80
媒介中心性, 259
背側経路, 180
バイタルサイン, 168
バイタルセンシング, 168
バイタルデータ, 168
ハイデガー, 219
ハイパー蒼竜 IV, 16
牌譜, 280
爆打, 280
バーサロウ, 96
橋田浩一, 270
パースの記号論, 95
派生に関する制約, 318, 319
派生の経済性, 319
長谷川五郎, 278
パーセプトロン (Perceptron), 82, 99, 190, 355
パーソナル AI エージェント, 307

パーソナルアシスタントシステム, 333
バタフライ効果, 239
パターン認識, 102
パターンを認識, 93
バーチャル, 164
バーチャルリアリティ (VR), 164
バックギャモン, 279
バックワードマスキング, 230
ハッシュ表, 269
発達, 215
発達ロボティクス, 97
バート (BERT), 116
ハードクエスチョン, 230
ハードプロブレム, 230
バートランド・ラッセル, 115
ハーバート・サイモン, 115
ハブ, 258
羽生善治, 25
羽生善治三冠, 272
パレート最適, 154
番交代 (turn taking), 327
犯罪予測, 297
反実仮想, 231
判断, 167
範疇, 318
範疇論理, 74
ハンドアイシステム, 42
汎都市 (pan-city) システム, 300
ハンドル制御 (Lane Keep Assist System：LKAS), 293
ハンナ・アーレント, 122
万能推論, 59
万能量子コンピュータ (Universal Quantum Computer), 146
万能量子シミュレータ (Universal Quantum Simulator), 146
反復型開発 (IID), 358
反復深化 (iterative deepening), 269
汎用 AI, 64, 300
汎用人工知能 (Artificial General Intelligence：AGI), 50, 55, 60, 71, 77, 231, 357
汎用知能, 53

非確定ゲーム, 279
引き分け, 271
非言語コミュニケーション, 225
非公理的推論, 74
皮質, 342
非集中型, 210
非侵襲脳機能計測, 362
非対称, 280

ピーター・ストーン, 13
ビッグデータ, 130
ビッグデータ解析, 299
ビットマップ, 269
非平衡状態, 240
ビームフォーミング, 183
ヒューマンインタフェース (HI), 161
ヒューマンエージェントインタラクション (HAI), 161
ヒューマンオーグメンテーション, 111
ヒューマンロボットインタラクション, 91
ヒューリスティックス, 89
表意表現 (expressive), 321
評価, 53
評価関数, 264
表現学習, 95
表現空間, 231
表示に関する制約, 318, 319
表示の経済性, 319
標準化, 309
標準問題, 309
ひらめき, 339
非論理的 (scruffy) アプローチ, 57
ヒントン, 99

ファシリテータエージェント, 290
ファシリテータエージェントプログラム, 290
フィードバック, 230
フィードフォワード, 230
フェルベーク, 220
フォン・ノイマン (John von Neumann), 261
不確定, 280
不完全情報, 280
普及過程, 287
複雑型細胞, 347
複雑型細胞モデル (C-cell), 347
複雑系システム, 107
複雑性, 119
複雑ネットワーク, 259
輻輳運動, 181
腹側経路, 180
福村晃夫, 10
フーコー, 220
藤井聡太七段, 274
二人, 270
仏教, 106
フッサール, 219
物体認識, 192
物理記号系仮説, 4
物理レザバー, 179, 206, 213
物理レザバーコンピューティング, 213
部分性, 119

不便益, 302
普遍記号学, 115
普遍性 (universal property), 61
普遍文法, 316
プライバシー, 144, 298
フラクタル, 239
ブラックボックス, 302
ブラックボックス化, 144
ブラックボックス問題, 63
プラットフォーム, 346
プリンキピア・マテマティカ, 115
プーリング (pool) 層, 348
プルキンエ細胞, 355
ブルージーンズ, 32
ブルドーザー方式 (全数探索), 267
ブレイン・マシン・インタフェース (BMI), 188
フレーム, 263
フレーム問題, 93, 126, 147, 203, 263, 319, 340
プロジェクション科学, 213
プロダクションシステム, 70
ブロックデザイン, 363
プローブ情報, 156
フローモデル (flow model), 88
文化進化, 253
分岐, 240
分散意味表現, 75
分散システム, 233
分散性, 245
分散表現, 96
分子人工知能, 232, 234
分子ロボット, 232
分子ロボティクス, 232
文脈自由文法, 253

平均経路長, 259
平均次数, 259
平均頂点間距離, 259
平均手数, 271
平均分岐数, 271
併合 (merge), 315
平衡状態, 107
平行線維, 355
並行論理プログラミング, 5
米国高速道路安全局 (National Highway Transportation Safety Agency：NHTSA), 293
ベイトソン, 99
ペイ・パー・クリック課金, 295
並列推論, 4
並列推論マシン, 5, 45
並列分散処理モデル, 70

ペインマトリックス, 186, 228
ベーシックインカム (BI), 69, 122
ペッパー, 14
ヘッブ則, 82
ヘブ学習, 353
ベルマン演算子 (Bellman operator), 87
変形規則, 318
変分自己符号化器 (variational auto-encoder), 88

ポアンカレ, 238
法則性, 65
法則発見, 65
防犯, 297
防犯カメラ, 297
保木邦仁, 24, 272
ホジキン–ハクスレー方程式, 115
補助的支援者 (fallback-ready), 293
ボストロム, 143
ホタルアルゴリズム (Firefly algorithm), 243
発足時人工知能学会役員, 30
ボトムアップ, 220
ボトルネック, 155
ボナンザ, 24, 272
ボナンザ, 25
ボナンザメソッド, 24, 272
ホメオスタシス, 169, 225
ボンクラーズ, 272

ま 行
「間」(ま), 255
マイクロホンアレイ信号, 183
マインド・アップロード, 138, 358
マインドフルネス, 365
マインドワンダリング, 365
マーケティング, 286
麻雀, 280
マッチング, 307
マッチング則, 340
マッピング, 343
マニュエラ・ヴェロッゾ, 13
マルチエージェント, 55, 156, 291, 299
マルチエージェントシステム, 8, 26, 210, 247, 289
マルチエージェント社会シミュレーション, 282
マルチタスク学習 (multi-task learning), 50
マルチモダリティ, 153
マルチモーダル, 94, 196
マルチモーダル情報, 96
マルチロボットシステム, 210

三浦弘行八段, 272

ミクロ・マクロリンク (Micro・Macro Link), 285
水上直樹, 280
道, 106
ミニマックス法, 266, 275
ミラーニューロンシステム, 228
民生用技術, 129

ムーアの法則, 136
無意識, 338
無向グラフ, 259
村上健, 279

明示的な通信, 210
命題, 126
命題論理, 61
メカニズムデザイン, 162
メカノレセプター, 178, 185
メゾスコピック, 358
メタ知識, 57
メタデータ, 344
メタ認知, 202
メタ目的, 56
メルロー・ポンティ, 108, 212, 219

網膜, 180
網羅的シミュレーション, 283
目的指向性, 55
モジュラリティ Q, 259
モジュール構造, 119
モジュール性, 358
モダリティ, 196
モデリング, 154
モデル理論的な論理体系, 320
元田浩, 10
モニタリング, 202
物語る, 202
模倣, 214, 228
モラル, 228
森内俊之名人, 272
森田将棋, 271
モンタギュー文法 (MG), 320
モンテカルロ木探索, 275

や 行
焼き鈍し, 74
ヤーコプ・フォン・ユクスキュル, 117
柔らかい問題, 320

有限, 271
尤度, 88
有毛細胞, 178

索 引 **383**

ユークリッド幾何学，　115
ユーザエクスペリエンスデザイン，　161
ユビキタス (one person, many computers)，
　152

要素還元論，　238
用途限定型 AI，　55
予測学習「Predictive Learning」，　217
予測誤差，　222
予測誤差最小化 (Prediction Error Minimization:
　PEM)，　91
予測符号化，　222
米長邦雄会長，　24
米長邦雄元名人，　272

ら 行

ライプニッツ，　115
ライプニッツの普遍記号学の夢，　115
ライフロング学習 (life-long learning)，　50
ラトゥール，　220
ランキングアルゴリズム，　258

リアプノフ時間，　66
リアリティ，　164
理解，　63
理解の不足，　193
リカレントニューラルネットワーク，　220
力学系，　107
理研，　345
利己的な自律行動主体，　156
リザバー計算，　66
離人症，　46
リップリーディング，　196
リプソン，　65
リミットサイクル，　107
粒子群最適化 (Particle Swarm Optimization：
　PSO)，　242
粒子最適化法 (PSO)，　261
流星号，　294
量化記号，　115
両眼視野闘争，　230
量子重ね合わせ，　146
量子コヒーレンス，　146
量子コンピュータ，　147
量子生物学，　146
量子のもつれ (entanglement)，　146
量子ビット (qbit)，　146
両耳聴処理，　183
臨界密度，　154
隣接行列，　259
倫理，　132, 228
倫理的課題，　129

ルートヴィヒ・フォン・ベルタランフィ，　104

レイ・カーツワイル，　111
隷属化原理，　240
レザバーコンピューティング，　179
レスキュー・コミュニケータ，　16
レスキューロボット，　15
レセプター，　178
レーティング，　311
レベック，　109
連結グラフ，　259
連合学習，　212
連珠，　279
連想記憶，　213, 353

老荘思想，　106
ロジックセオリスト，　115
ロス・キング，　65
ロドニー・ブルックス，　160
ロボカップ，　12
ロボカップレスキュー，　17
ロボット J リーグ，　12
ロボット学，　206
ロボット工学，　43
ロボット工学三原則，　124
ロボット三原則，　35
ロボット聴覚 (Robot Audition)，　183
ロボットビジョン（教師あり学習），　216
ローブナー賞，　324
論理学，　115
論理関係の跳躍 (logical jump)，　100
論理プログラミング，　4

わ 行

渡辺明竜王，　272
ワードツーベック (word2vec)，　116

384　索 引

人工知能
ＡＩ事典 第3版

© 2019 Hideyuki Nakashima, Minoru Asada,
Kôhichi Hashida, Hitoshi Matsubara,
Hiroshi Yamakawa, Satoshi Kurihara,
Yutaka Matsuo

Printed in Japan

| 2019 年 12 月 31 日 | 初版第 1 刷発行 |
| 2021 年 1 月 31 日 | 初版第 2 刷発行 |

編　者	中　島　秀　之
	浅　田　　　稔
	橋　田　浩　一
	松　原　　　仁
	山　川　　　宏
	栗　原　　　聡
	松　尾　　　豊
発行者	井　芹　昌　信
発行所	株式会社 近代科学社

〒 162-0843　東京都新宿区市谷田町 2-7-15
電 話 03-3260-6161　振 替 00160-5-7625
https://www.kindaikagaku.co.jp

藤原印刷　　　　　　　　ISBN978-4-7649-0604-4
定価はカバーに表示してあります.

コンピュータ理論の起源 [第1巻] チューリング

編者：伊藤 和行
訳 / 解説：佐野 勝彦・杉本 舞
256 頁・A5 判・本体 4,200 円＋税

コンピュータ理論の古典に学ぶ！

　本シリーズは、「コンピュータ理論の起源」を当時の原典に探る試みとして、現在もコンピュータ理論の古典と呼ばれる、チューリングとフォン・ノイマンの論文を紹介する。

　第1巻である本書には、チューリングのコンピュータに関わる重要な論文4編の完訳と、それぞれの論文に対し、内容を的確に理解するための時代背景を含めた詳細な解説が収められている。

　コンピュータ理論に興味のある読者はもちろん、コンピュータに携わる読者には必携の書である。

主要目次	
序　章	チューリングの人生と業績
第Ⅰ部	計算可能な数について，その決定問題への応用
第Ⅱ部	1947年2月20日におけるロンドン数学会での講演
第Ⅲ部	知能機械
第Ⅳ部	計算機械と知能

人工知能関連書 好評発売中

一人称研究のすすめ
― 知能研究の新しい潮流 ―

編著：諏訪 正樹・堀 浩一
共著：伊藤 毅志・松原 仁・阿部 明典・大武 美保子
　　　松尾 豊・藤井 晴行・中島 秀之
264 頁・A5 判・本体 2,700 円＋税

深層学習 Deep Learning

監修：人工知能学会
　編：神嶌 敏弘
共著：麻生 英樹・安田 宗樹・前田 新一・岡野原 大輔
　　　岡谷 貴之・久保 陽太郎・ボレガラ ダヌシカ
288 頁・A5 判・本体 3,500 円＋税

人工知能とは

監修：人工知能学会
編著：松尾 豊
共著：中島 秀之・西田 豊明・溝口 理一郎・長尾 真・堀 浩一・浅田 稔
　　　松原 仁・武田 英明・池上 高志・山口 高平・山川 宏・栗原 聡
264 頁・A5 判・本体 2,400 円＋税

知のデザイン
自分ごととして考えよう

共著：諏訪 正樹・藤井 晴行
280 頁・A5 変型判・定価：本体 2,400 円＋税

アンサンブル法による機械学習
―基礎とアルゴリズム―

著者：Zhi-Hua Zhou（周 志華）
訳者：宮岡 悦良・下川 朝有
原著：Ensemble Methods, Foundations and Algorithms
260 頁・菊判・定価：本体 4,200 円＋税

知能の物語

著者：中島 秀之
発行：公立はこだて未来大学出版会
272 頁・B5 変型判・本体 2,700 円＋税

啓発書関連 好評発売中

裏側から視る AI
― 脅威・歴史・倫理 ―

著者：中川 裕志
192 頁・A5 変型判・定価：本体 2,200 円 + 税

マインドインタラクション
AI 学者が考える≪ココロ≫のエージェント

著者：山田 誠二・小野 哲雄
212 頁・A5 変型判・本体 2,200 円 + 税

知能はどこから生まれるのか？
ムカデロボットと探す「隠れた脳」

著者：大須賀 公一
192 頁・A5 変型判・本体 2,300 円 + 税

IT 技術者の長寿と健康のために

編：一般社団法人 情報通信医学研究所
編著：長野 宏宣・中川 晋一・蒲池 孝一・櫻田 武嗣・坂口 正芳
　　　八尾 武憲・衣笠 愛子・穴山 朝子
224 頁・A5 変型判・本体 2,400 円 + 税

スマートモビリティ革命
未来型 AI 公共交通サービス SAVS

編著：中島 秀之・松原 仁・田柳 恵美子
著者：スマートシティはこだてラボ＋株式会社未来シェア
発行：公立はこだて未来大学出版会
200 頁・A5 変型判・本体 2,500 円 + 税

Python 関連 好評発売中

ネットワーク科学の道具箱 II
Python と複雑ネットワーク分析
関係性データからのアプローチ

編著：林 幸雄
著者：谷澤 俊弘・鬼頭 朋見・岡本 洋
192 頁・A5 判・本体 2,600 円＋税

Python による問題解決シリーズ 1
データ分析ライブラリーを用いた
最適化モデルの作り方

著者：斉藤 努
224 頁・B5 変型判・本体 3,200 円＋税

Python で体験してわかる
アルゴリズムとデータ構造

著者：西澤 弘毅・森田 光
208 頁・B5 判・本体 2,400 円＋税

世界標準 MIT 教科書
Python 言語による
プログラミングイントロダクション 第 2 版
― データサイエンスとアプリケーション

著者：John V. Guttag
監訳：久保 幹雄
翻訳：麻生 敏正・木村 泰紀・小林 和博
　　　斉藤 佳鶴子・関口 良行・鄭 金花
　　　並木 誠・兵藤 哲朗・藤原 洋志
416 頁・B5 判・本体 4,600 円＋税